U0685080

湖北省学术著作出版专项资金资助项目

现代航运与物流：安全·绿色·智能技术研究丛书

现代内河航道助航技术

刘怀汉　初秀民　吕永祥　著

武汉理工大学出版社

·武　汉·

内 容 提 要

内河助航系统是船舶安全、经济和便利航行的重要保障，科学技术的进步赋予内河助航系统新的内涵，内河航道助航技术正朝着信息化、网络化和智能化方向发展，其内涵日益丰富、功能日益完善，从而使得船舶的航行更加安全、经济、便利。本书对现代内河航道助航技术进行了全面深入的阐述和总结，主要内容包括：航标技术（视觉航标、无线电航标、虚拟航标）、内河智能航道关键技术、内河航道水位感知与融合技术、内河航道通航环境监测技术、控制河段交通指挥关键技术等。

本书在撰写时力求通俗易懂，避免使用晦涩难懂的专业词汇，可作为内河航运从业人员了解现代内河航道助航技术的参考书。

图书在版编目(CIP)数据

现代内河航道助航技术/刘怀汉，初秀民，吕永祥著.—武汉：武汉理工大学出版社，2015.8（2016.11 重印）

ISBN 978-7-5629-4860-5

Ⅰ.①现… Ⅱ.①刘… ②初… ③吕… Ⅲ.①内河航道-助航设备 Ⅳ.①U644.34

中国版本图书馆 CIP 数据核字(2015)第 084070 号

项目负责：陈军东　陈　硕　　**责任编辑：**夏冬琴
责任校对：雷红娟　　**封面设计：**兴和设计
出版发行：武汉理工大学出版社
武汉市洪山区珞狮路 122 号　邮编：430070
http：//www.wutp.com.cn　理工图书网
E-mail：chenjd @whut.edu.cn
经 销 者：各地新华书店
印 刷 者：湖北恒泰印务有限公司
开　　本：787×1092　1/16
印　　张：17.75
字　　数：448 千字
版　　次：2015 年 8 月第 1 版
印　　次：2016 年 11 月第 2 次印刷
定　　价：60.00 元（平装本）

现代航运与物流:安全·绿色·智能技术研究丛书

编审委员会

出版说明

航运与物流作为国家交通运输事业的重要组成部分，在国民经济尤其是沿海及内陆沿河沿江省份的区域经济发展中起着举足轻重的作用。我国是一个航运大国，航运事业在经济社会发展中扮演着重要的角色。然而，我国航运事业的管理水平和技术水平还不高，离建设航运强国的发展目标还有一定的差距。为了研究我国航运交通事业发展中的安全生产、交通运输规划、设备绿色节能设计等技术与管理方面的问题，立足于安全生产这一基础前提，从航运物流与社会经济、航运物流与生态环境、航运物流与信息技术等角度用环境生态学、信息学的知识来解决我国水运交通事业绿色化和智能化发展的问题，促进我国航运事业管理水平与技术水平的提升，加快航运强国的建设。因此，武汉理工大学出版社组织了国内外一批从事现代水运交通与物流研究的专家学者编纂了《现代航运与物流:安全·绿色·智能技术研究丛书》。

本丛书第一期拟出版二十多种图书，分为船港设备绿色制造技术、交通智能化与安全技术、航运物流与交通规划技术、内河航运技术等四个系列。本丛书中很多著作的研究对象集中于内河航运物流，尤其是长江水系的内河航运物流。作为我国第一大内河航运水系的长江水系的航运物流，对长江经济带经济发展的促进作用十分明显。2011 年年初，国务院发布《关于加快长江等内河水运发展的意见》，提出了内河水运发展目标，即利用 10 年左右的时间，建成畅通、高效、平安、绿色的现代化内河水运体系，2020 年全国内河水路货运量将达到 30 亿吨以上，拟建成 1.9 万千米的国家高等级航道。2014 年，国家确定加强长江黄金水道建设和发展，正式提出开发长江经济带的战略构想，这是继“西部大开发”、“中部崛起”之后的又一个面向中西部地区发展的重要战略。围绕航运与物流开展深层次、全方位的科学研究，加强科研成果的传播与转化，是实现国家中西部发展战略的必然要求。我们也冀望丛书的出版能够提升我国现代航运与物流的技术和管理水平，促进社会经济的发展。

组织一套大型的学术著作丛书的出版是一项艰巨复杂的任务，不可能一蹴而就。我们自 2012 年开始组织策划这套丛书的编写与出版工作，期间多次组织专门的研讨会对选题进行优化，首期确定的四个系列二十余种图书，将于 2017 年年底之前出版发行。本丛书的出版工作得到了湖北省学术著作出版专项资金项目的资助。本丛书涉猎的研究领域广泛，在这方面的研究成果众多，首期出版的项目不能完全包含所有的研究成果，难免挂一漏万。有鉴于此，我们将丛书设计成一个开放的体系，择机推出后续的出版项目，与读者分享更多的我国现代航运与物流业的优秀学术研究成果，以促进我国交通运输行业的专家学者在这个学术平台上的交流。

现代航运与物流：安全·绿色·智能技术研究丛书编委会

2016 年 10 月

序

长江、黄河等流域孕育了古老的中华文明，内河航道在5000年的中华民族历史长河中发挥了重要作用。从春秋战国时期的战道到明清时期的槽道，再到今天的长江黄金水道，无不打下了时代的烙印。在内河航道资源的开发利用过程中，内河航道助航技术的革新始终伴随，并发挥了重要作用。约在7000年前，先民们便驾着独木舟开始了原始航行的行程；但直至宋元时期，才出现了人工助航标志，并有了航道测量和水位观测的记载；明朝时期，出现了长江水系中大型固定导航标志；1840年以来，开埠港口陆续设置少量助航设施；1949年以前的半个世纪，始终只是利用长江航道的自然水深，引进西方航道测绘技术与助航标志加以维护管理；1949年新中国成立后，长江干线航道上建立了一套锁链式的内河新航标，开创了上下水全面夜航，实现了航标改革与航标电气化、自动化、绞滩机械化；在1984至2004年间，新技术、新设备、新工艺、新材料得到广泛应用，航标、航道测绘等技术取得新的突破，航道助航水平显著提升；2009年长江干线2687.8km航道实现了电子航道图的全线贯通；2014年，在刘怀汉、吕永祥教授级高工主持的交通运输部科技成果推广项目《多功能航标成套技术应用推广》的支持下，长江干线推广了330座多功能航标；2015年又正式对外推广应用新型长江电子航道图系统。至此，长江航道助航技术无论是概念内涵还是体系组成均发生了很大的变化，形成了由视觉航标、无线电助航设施、电子航道图等组成的综合助航系统。长江航道助航技术的进步，也有力促进了长江航运的持续快速发展。当前，内河航道助航系统正在朝着标准化、系统化、数字化、多样化的方向发展，亟须对现代内河航道助航技术进行系统的总结。《现代内河航道助航技术》一书是交通运输部长江航道局刘怀汉、吕永祥教授级高工和武汉理工大学国家水运安全工程技术研究中心交通感知与控制研究所所长初秀民教授共同完成的著作，总结了他们团队“产学研用”的成果。本书的出版，能为广大读者了解、掌握现代内河航道助航技术提供帮助，同时，该书作为内河智能航运技术丛书的首部著作，对于丰富内河智能航运知识体系、推动内河智能航运技术的发展也将发挥重要作用。

严新平

国家水运安全工程技术研究中心主任

武汉理工大学智能交通系统研究中心教授

2015年4月20日

前　言

水运具有占地少、运能大、能耗小、成本低等比较优势。我国水运资源非常丰富，以长江、珠江、京杭运河、淮河、黑龙江和松辽水系为主体的内河水运格局，在现代综合交通运输体系中占有重要的地位。尤其是素有“黄金水道”之称的长江干线已成为世界上运量最大、运输最繁忙的通航河流，对促进流域经济和社会发展发挥了重要作用。2011 年国务院出台《关于加快长江等内河水运发展的意见》，提出利用 10 年左右的时间建成畅通、高效、平安、绿色的现代化内河水运体系，长江等内河水运进入了一个新的快速发展时期。2014 年国务院又颁布了《关于依托黄金水道推动长江经济带发展的指导意见》，内河航运发展被提升到国家战略层面。

在航运三大要素中，航道是基础，助航设施是航道的重要组成部分。近年来，内河航运快速发展，船舶流量逐年加大，船舶大型化、快速化趋势明显。传统的纸质航道图、视觉航标、信号台等已无法满足航行船舶的助航需求，内河助航系统亟须新方法、新技术、新装备提升其效能。信息技术的发展和在内河航运中的应用，为内河航道助航设施的功能创新提供了技术支撑，也赋予了内河航道助航系统新的内涵。因此，非常有必要对现代内河航道助航技术进行总结，为内河航运从业人员提供参考和帮助。

本书共 9 章，主要在传统助航设施介绍的基础上，阐述了内河助航系统的信息化、数字化、多功能化以及智能化等技术。本书主要内容如下：

第 1 章简述了助航系统的定义及内涵、助航系统的发展和现代助航系统的关键技术。

第 2 章描述了视觉航标的定义、分类以及功能，分析了视觉航标的特性及其影响因素，介绍了视觉航标的构成、设计关键技术等。

第 3 章介绍了无线电助航系统中最常用的几种无线电助航设施：雷达应答器、基于 AIS 的航标、虚拟航标，分别从它们的设计基础以及具体设计等方面进行描述。

第 4 章介绍了多功能航标的发展、组成、应用以及集成的关键技术，同时介绍了多功能数据管理与服务的关键技术。

第 5 章介绍了航行基面、航行水尺、航道水位信息感知与信息服务研究现状，分析了航道水位感知关键技术，提出了航道水位预测预报方法，介绍了航道水位信息服务示范应用系统。

第 6 章介绍了能见度监测技术发展现状与系统开发关键技术、能见度传感器及其布设方法、能见度信息采集精度提高方法以及航道能见度信息服务技术等。

第 7 章介绍了控制河段交通指挥系统的现状及发展趋势、控制河段交通流感知技术，阐述了控制河段交通指挥方法，提出了控制河段交通指挥系统的设计方法，建立了控制河段交通指挥应用示范系统。

第 8 章介绍了内河电子航道图的原理、技术标准，电子航道图显示的关键技术、应用及展望。

第 9 章分析了内河航道助航技术的发展趋势，分析了仿真技术以及智能决策技术在航道助航工程设计与维护管理中的应用，提出了智能航道的定义、构成、逻辑框架以及物理框架，构建智能航道的基础知识体系。

本书由刘怀汉、初秀民、吕永祥著，郭涛、刘兴龙、徐武雄、陈先桥、李学详、何乐也参与了部分编写工作。

本书的出版主要依托以下研究项目和工程实践：国家高技术研究发展计划(863 计划)《船-标-岸协同下的水上交通状态感知与交互(2012AA112303)》、交通运输部重大科技专项《长江航道要素智能感知与融合技术研究及综合应用(2013364548200)》、交通运输部科技成果应用推广项目《多功能航标成套技术应用推广》、长江数字航道建设系列工程。

本书在撰写过程中得到了长江航道局、长江航道规划设计研究院和武汉理工大学智能交通系统研究中心的大力支持，在此表示衷心的感谢。

由于作者水平有限，书中难免有错误和疏漏之处，恳请读者批评指正！

作　者

2015 年 1 月

目　录

1 绪　　论

1.1 助航系统与助航技术概述

1.1.1 航道助航系统的概念

1.1.1.1 航道

航道是指江河、湖泊等内陆水域中，以及内海、领海中经建设、养护可以供船舶通航的通道。航道包括通航建筑物、航道整治建筑物和航标等航道设施。

截至2013年年底，全国内河航道通航里程12.59万千米，设置航标8000余座，内河运输完成货运量32.39亿吨、货物周转量11514.14亿吨千米，形成以长江、珠江、京杭运河、淮河、黑龙江和松辽水系为主体的内河水运格局。特别是长江干线已成为世界上运量最大、运输最繁忙的通航河流，对促进流域经济和社会发展发挥了重要作用。

1.1.1.2 助航系统

助航系统是为保证船舶安全、经济和便利航行而设置的、最重要的船舶导航与航道辅助设施。广义的船舶助航系统包括：

（1）自然物标：高山、树林、烟囱、灯塔等地物地貌。

（2）船舶导航设施：船用雷达、船舶自动识别系统（Automatic Identification System，AIS）、测深仪、罗经等。

（3）港口与岸基助航设施：水深风向信号、CCTV、AIS基站、海事广播与电台、路标路牌、水位公告、航行通告等。

（4）航道助航设施：航标、信号台、航行水尺、航行参考图、电子航道图、通航环境感知系统等。

（5）空间定位助航设施：GPS、北斗、CORS地基增强系统等。

内河航道助航系统的研究范围主要包括广义助航系统的(4)与(5)的内容。在内河航道助航系统中最典型的设施是航标。根据国际航标协会（IALA）制定的《助航指南》，航标具有四项功能，即定位、危险警告、确认和指示交通。定位就是能确定船舶所在的位置；危险警告就是能标示航道中的危险物和碍航物；确认就是能确认船舶相对航标的距离和方位；指示交通就是能指示船舶遵循某些交通规则，如指示船舶分道通航制、指示深水航道和装载危险货物船舶的航道等。航标指示交通的功能除能帮助船舶安全航行外，还具有防止污染、保护环境的作用。

目前，大量先进技术引入到内河航道助航系统的建设和管理中，特别是AIS，它是工作在VHF水上频段新兴的标-船-岸通信系统。随着航标与内河电子航道图的发展，人类水上活动范围和方式的日益增多，内河航道助航系统被赋予了新的定义，即为各种内河航道水上活动提供安全信息的设施或系统，其内涵和服务领域都有了很大的变化。首先，新定义将助航的服务对象由船舶扩大到各种水上活动；其次，新定义将助航系统提供的信息从助航信息扩大到安全信息。助航系统实现数字化和信息化，将船、标和岸连为一体，互联互通，船舶随时随地可以获取标或岸发送的航道、水文、气象和安全信息。

近年来，随着内河航运的飞速发展，船舶逐步大型化，船舶流量逐年加大，影响通航安全的跨河、临河建筑物日益增多，传统的纸质航道图、视觉航标已无法完全满足内河航道助航的需求，以人工为主的信号台也无法适应控制河段船舶通行指挥的需求，内河航道助航系统亟须新方法、新技术、新装备提升其效能。针对传统内河航道助航系统存在的问题，设计新型内河航道助航设备，并通过将先进的信息技术大量引入水上助航系统建设和管理中，将有助于实现助航系统的数字化、信息化、智能化、标准化，促进助航系统技术升级换代，提升内河航道助航服务品质。

1.1.2 航道助航关键技术概述

1.1.2.1 视觉航标新能源、新技术和新材料应用技术

近年来，视觉航标建设始终把节能减排放在航标发展的重要位置，要求将新能源、新技术、新材料应用于航标上。打造“绿色”航标涉及的关键技术有：新能源技术、低能耗灯器技术、遥测遥控技术、新材料技术等。

1.1.2.2 无线电航标设计关键技术

随着 AIS 在内河船舶上的普及应用，AIS 航标已经成为内河航道最重要的助航基础设施之一。了解内河航道环境下 VHF 信号特性，是 AIS 航标设计的基础。因此，需进行内河航道环境下 VHF 信号特性分析试验方法、场强修正模型以及 VHF 发射功率条件技术研究。

1.1.2.3 基于无线通信系统的标 - 岸 - 船信息交互技术

实现内河标 - 岸 - 船信息有效交互是实现内河航道助航信息化的基础。船 - 船间、航标 - 航标间、船 - 航标间采用低功率 VHF/UHF 为通信手段，而航标体系与远程管理中心间，采用 2W/5.2W 的 VHF 频段通信链路或者 3G 通信链路。

1.1.2.4 船舶交通流信息采集和通航环境感知技术

船舶交通流信息采集技术，通过 AIS、雷达、视频、RFID、多功能航标等设施对船舶的动态和静态信息进行采集，并和岸基监控信息进行综合，需解决多源信息的采集、无效数据甄别与容错处理、信息的传输和信息的融合等技术；基于航标载体的通航环境感知技术，利用航标船感知航道水文、气象、航道尺度以及水域环境等信息，需要解决航标状态的远程感知以及自动报警技术、多种传感器（包括温度、湿度、大气压强、风速、风向、降雨量、水流、水深、能见度等）选型和低功耗供电技术。

1.1.2.5 内河电子航道图应用技术

内河电子航道图是实现数字化航道的核心内容，是开展内河水运信息化建设的重要保障，其关键技术如下：基于 S-57 的国际标准的空间数据组织技术、电子航道图生成技术、电子航道图编辑技术、电子航道图检验技术、电子航道图数据保护技术、WGS-84 与北京 -54 坐标转换技术等。

1.2 航道助航系统的发展

航道助航系统的发展历史源远流长，从最原始的天然助航标志到现代的高科技人工助

航系统经历了四千多年的发展。航道助航系统的结构从简单到复杂,其功能从单一到多样化,经历了从古代航标、近代航标到现代航标的发展演变过程,已经成为保障船舶水上安全航行不可或缺的重要组成部分。

1.2.1 发展历史

1.2.1.1 古代航标

在古代,人们以自然物作为船舶航行的标志,一块礁石、一座山头、一片树林都可能成为"航标",谓之"自然航标"。"上古之书"《尚书·禹贡》有"岛夷皮服,夹右碣石入于河"的记载。"碣石"就是公元前约21世纪至公元前约17世纪中国夏王朝时代的"自然航标"。"岛夷皮服"说的是当时东北辽东半岛的少数民族,取道渤海北部航行进入黄河口,再到中原都城进贡的一段历史。"夹右碣石入于河"指入黄河时右边有碣石作为航道的标志。

随着船舶数量的增加,船只触礁、搁浅、翻沉的事故也随之增长,自然航标已不能满足水运经济发展的需要。于是人们通过在水域中刻石示警、立标指浅、烽火引航以及修建宝塔或灯塔等作为航行标志,这些人工设置的航标,被称之为"人工航标"。在古时,开发长江山区航道时有凿石为标,或在岩石上刻上简单的指导航行的方法。例如,位于四川云阳县城东约5里的宝塔滩(即今宝塔沱,在宜昌上游269.4km),因南北两岸均有岩石延伸江中,如齿横阻,使江水流态十分紊乱,大水时行舟极险。为平安行舟,古人在下游石崖上"凿石作塔,以为舟标"。唐代贞观年间(627—649年),广州建伊斯兰教怀圣寺,寺内建光塔,高165尺,矗立在当时珠江岸边,夜间悬灯,指引船只到广州。元代至大四年(1311年),因漕运需要,海道府同意常熟州船户苏显的建议,自备两只船锚泊于刘家港(今江苏省太仓市浏河镇)西暗沙嘴两处,竖立旗缨,指引粮船绕过浅滩,是谓"记标指浅"。明代永乐十年(1412年)成祖朱棣钦准漕运总兵官陈瑄奏请,在苏州府嘉定县之青浦筑土为山,其上"昼则举烟,夜则明火",是谓"宝山烽喉",引导船只进出长江口。公元前285年,埃及人在亚历山大港附近的法罗斯(Pharos)岛建造了法罗斯灯塔,这座塔建在海拔185m处,塔高约120m,大理石塔身用熔铅粘合石缝,结构牢固,塔顶置一大火炉,夜间点燃木材,用巨大青铜镜反射,射程可达55km。公元50年前后,古罗马帝国在Ostia建造了他们的第一座灯塔。英国第一座灯塔建于1550年,美国第一座灯塔建于1716年。这个时期的灯塔都采用燃烧木材或煤炭获取火光,使用青铜镜作为反射镜。古代的自然航标和人工航标其形式是多样的,有的由民间集资修建,有的由官府修建,有的由官民共建,其航标规格、管理模式和经费来源都没有统一的规范,更没有专业队伍。但对船舶的航行安全、水运和渔业的发展,做出了不朽的贡献。

1.2.1.2 近代航标

进入19世纪后,由于科学技术的进步,发明了各种类型的航标,比如视觉航标(包括灯塔、灯桩、立标、灯浮标、浮标、灯船、系碇设备和导标)、音响航标(包括气雾号、电雾号和雾情探测器)。这些助航设施大部分都采用电能作为能源来控制和照明,航标设备开始迈入自动化运行阶段,可以实现航标设备在无人或少人介入的情况下连续可靠地工作。

20世纪20年代以后,出现了无线电导航设备和系统。一般认为无线电导航系统是航海导航的新技术。与视觉航标相比,无线电导航系统通常有更大的覆盖区,如果有足够数量的船舶载有相应的接收机,它就有较好的成本效益。

20世纪20年代,发明了无线电指向标,可以帮助船舶定位及归航。

20 世纪 30 年代中后期，开始在船上安装雷达来发现障碍物和其他船只，也可以用来测距、测速和确定目标方位；也有由管理当局操作的陆基雷达，用来实现对船舶的监管。根据国际海上人命安全公约，在一些船上配备雷达是强制性的。随后又出现了雷达反射器和雷达应答器。雷达反射器是一种无源设备，通过增大目标有效截面面积（也称为回波或反向散射面积）来增强目标的回波，以改善远距离目标的探测或海浪或风雪干扰下目标的探测。雷达应答器在被雷达扫到时，它会将所收到的信号放大后重新传递出去，可以增大导航标志的作用距离，并改善返回信号的一致性。

1.2.1.3 现代航标

美国于 1964 年建成“海军导航卫星系统”供军用，1967 年开放供民用。该系统覆盖全球，精度高，但不能连续定位。20 世纪 70 年代美国开始研制一种可连续定位、精度更高的卫星导航系统，称为全球定位系统（GPS）。到 1994 年，全球覆盖率高达 98% 的 24 颗 GPS 卫星星座已布设完成并投入使用。1996 年 5 月 28 日，国际海事组织承认 GPS 标准定位服务作为全球无线电导航的一个组成部分。由于 GPS 精确定位服务不公开提供，而标准定位服务又人为地降低了定位精度，致使需要高精度定位的民用用户使用差分技术，提高标准定位服务的定位精度，进而形成了差分全球定位系统（DGPS）。

随着雷达技术的发展，海事专家认识到岸基雷达结合船岸通信手段可以提高港口、航道的安全系数和效率，于是船舶交通服务系统 VTS 应运而生。第一座 VTS 系统于 1948 年在马恩岛的道格拉斯市建成。早期的 VTS 系统的主要技术特征是雷达加 VHF（甚高频）无线电话，雷达居主导地位。经过 60 多年的技术革新和发展，VTS 系统的结构和功能越来越完善。现在的 VTS 系统利用 AIS 基站、雷达、CCTV、无线电话和电子航道图等设施实现对港口和航道上船舶的管控，并实时提供航道、水文和气象等信息服务。VTS 系统除了增进船舶航行安全、提高船舶航运效率之外，力求减小对水域环境造成的损害。

人们在长期研究航行安全保障技术中越来越认识到船舶之间和船岸之间的信息交换与船舶识别的重要性，同时也深感现行助航设备存在的诸多局限性，为了解决以上问题，需开发一种助航装置。国际海事组织要求于 2012 年 7 月 1 日起，所有的新造船舶强制安装 AIS 船台终端，同时对其他类型的船舶做出了相应的强制安装的规定。我国国家海事局要求航行于长江干线、珠江干线、京杭运河及黄浦江的船舶从 2010 年 10 月 1 日起分阶段强制安装 AIS 船台终端。

近年来，随着 AIS 岸基系统和船台终端的普及，AIS 的功能不断被扩展，基于 AIS 技术和电子航道图的虚拟航标概念被提出，并已在内河航道示范应用。长江南京航道局组织科研力量开发了虚拟航标，并于 2012 年 11 月 9 日在长江干线江苏段进行了示范应用，取得了预期效果。

1.2.2 发展趋势

信息化建设是我国现代化建设的战略举措，是贯彻落实科学发展观和建设创新型国家的迫切需要和必然选择。国内外海事组织和政府部门都非常重视水上航运和内河航运监管的数字化和信息化建设工作，纷纷提出了“数字海事”、“数字航道”和“数字航标”等概念。助航系统的信息化、数字化和智能化是未来发展的必然趋势。

1.2.2.1 数字航标

"数字航标"将传统助航元素用数字化、信息化、虚拟化和可视化方式在计算机可视环境中再现并进行动态管理，将航标所感知的"信息"用数字的方式经由计算机系统加工、处理后，以可视化方式显示出来，供管理和服务对象使用。也就是说，数字助航就是将真实航行、港口、航道以地理位置相关关系为基础组成数字化的信息框架，再在该框架内嵌入所能提供的不同信息源跟踪矢量化数据、扫描栅格化数据、遥感栅格图像、AIS船舶自动识别信息及GMDSS和宽带网络，高分辨率传感器叠加构成全数字化、信息化、可视化、智能型助航体系。在数字化、信息化框架下，原来各自独立的传统助航系统将出现以"信息"为传媒的相互渗透、综合和一体化，从而促使航标事业实现新的发展，有效提高导助航服务能力和水平。

1.2.2.2 e-航海(e-Navigation)

在科技日益发达的信息时代，航路规划、船舶操纵、定位定向、通信导航和环境监测等航行行为的自动化和信息化程度越来越高。在船台端，通信和助航设备越来越多，比如有AIS终端、雷达、VHF电话、GPS定位系统和测深仪等设备；在岸基端，有雷达站、AIS基站、VTS系统和VTMIS(船舶交通管理信息服务系统)等导航系统。以这些设施和系统为基础，船-岸信息交互日益频繁，岸基导航服务内容日益丰富，为船舶安全航行和环境保护提供了有力的保障。然而，无论是船台端助航设备还是岸基端导航系统，设备与设备之间，系统与系统之间的功能很多都存在重叠，且相互之间实现互联互通的比较少，这不仅造成了设备投资的浪费，而且也因为信息太多容易造成混乱，影响航行安全和效率。因此，国际海事组织认为有必要改变这种状况。

2006年5月，国际航标协会(IALA)在上海召开了第16届以"数字世界的航标"为主题的大会，第一次正式提出了e-Navigation的概念：就是通过电子的方式，在船上和岸上收集、综合和显示海事信息，以增强船舶泊位到泊位的全程航行能力，增强相应的海上服务、安全和保安能力，以及海洋环境保护能力。

e-Navigation由船载端环境、物理链路和岸基端环境等构成。船载端环境主要由综合船桥系统(Integrated Bridge System，IBS)、综合航行系统(Integrated Navigation System，INS)和收发台等组成；岸基端环境主要由船舶交通管理机构、管理人员、岸基助航服务系统等构成；船-岸之间物理链路通过无线电信道进行连接。e-Navigation虽然是针对海洋航行提出的概念，但其设想和功能同样适合于内河航行，其最终目标是开发一个精确、安全和高效的对所有船舶全球覆盖的导助航系统，将现有的和新的技术与导助航工具整合到一个系统中。未来的e-Navigation是一种高效协作的信息化网络平台，其具体的技术细节、体系架构、技术标准已初步完成，要真正服务于内河航运，还有很多工作要做，还需要各国政府、海事组织和相关的科研力量共同努力才能实现。具体系统参见图1-1。

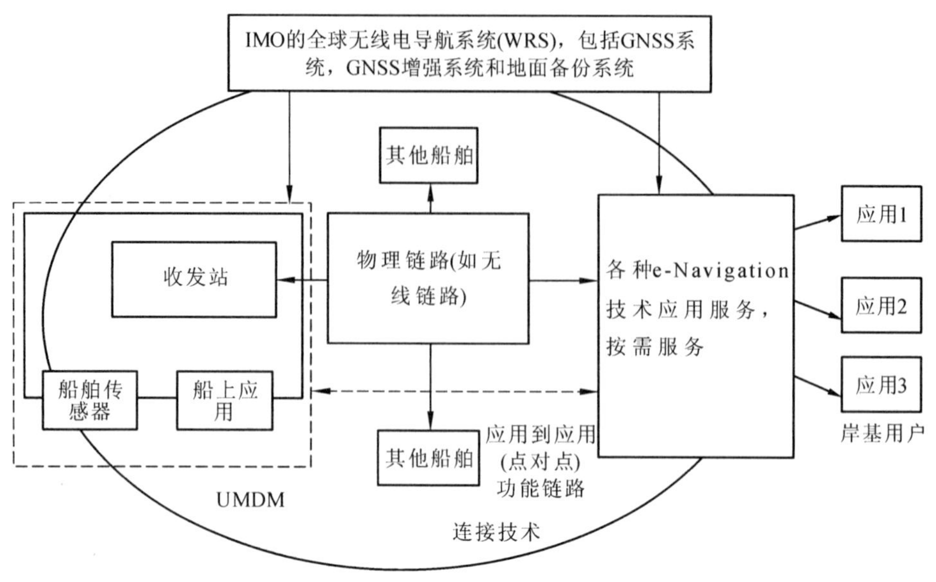

图 1-1　e-Navigation 系统

1.2.2.3　智能航道

欧洲于 1995 年开始进行一系列由荷兰领导、德国和奥地利为主要参与国的内河运输信息服务系统的项目研究，提出了构建统一的内河航运综合信息服务系统(River Information Services System，RIS)，以保障跨国、跨区域的内河航运的高效、经济与安全性，进而加快欧洲内河航运业整体发展；美国、澳大利亚等国家在数字流域的研究和应用方面也较早获得成功，通过数据采集和数据库的建立以及决策支持应用软件的开发与应用，实现了水文水质资料的共享；2011 年 9 月，Smart River 21(一个专注于 21 世纪河流水运资源的研究和具体运输策略实现的国际组织) 在新奥尔良市举办了第五次学术会议，围绕电子航道图(包括二维和三维) 的制作、RIS 系统及其应用以及基于电子航道图和 RIS 系统的内河航行技术与管理等内河信息化、智能化研究建设问题进行了讨论。

我国内河信息化建设起步相对较晚，但同样取得了较大进展。2000 年后，我国经历了一段时间的数字流域热，各大小流域管理机构纷纷提出建设数字流域并进行了数字流域平台的顶层设计，先后开展了数字清江、数字黄河、数字长江等几大流域的信息化建设工作，取得了一些成效。2006 年 10 月，交通部正式批准在具有通江达海、经济发达等优越条件的长江下游南京至浏河口河段(3910. 5km)，建设我国第一段数字航道；2008 年 9 月，南京至浏河口河段数字航道示范工程通过了交通运输部专家组的验收，我国首条数字航道正式建成并投入运行，成为我国水运信息化建设的里程碑。2011 年 5 月淮河数字航道建设完成并通过交通运输部组织的竣工验收，实现了航道图数字化、航标与船舶监控实时化、信息服务网络化、船舶导航自动化，将航道管理和对外服务从传统模式转入数字化和信息化模式。近年来，长江航道信息化建设在基础设施、应用系统、数据资源、人才队伍、规划标准、管理机制等各个方面，经历了一个较为快速的发展历程，取得了一定的成效。但从总体情况看，信息技术应用的广度和深度不够，应用层次较低；信息化建设与当前经济社会发展和人民群众日益增长的交通运输需求还不相适应；与构建现代综合交通运输体系和日新月异的信息技术发展还不适应，存在着诸多问题。航道通过能力还不能适应沿江经济社会发展的需求，航道服务与养护管理仍处在原始粗放的水平，因此加快航道智能化、现代化建设势在必行。“智能航道”(Intelligent Waterway)是指在数字航道基础上，利用智能传感器、物联网、自动控制、人工智能等技术，自动获取航道系统要素信息，通过融合处理与深度挖掘，实现航道规划科学化、建设养护智能化、管理现代化，为水路运输高效、安全、节能提供实时、精确、便捷的航道服务。智能航道系统具有如下特点：

(1) 航道信息感知更为全面、透彻

通过智能传感器、射频识别、无线传感网络、无线网络、机器人等手段，从空中、水面、水下实现航道要素信息全方位透彻的获取。同时基于航道演变模型计算高分辨率的航道水位、水深、流速、流态等信息，实现航道通航要素信息的精细感知。

(2) 航道信息交互更为通畅、友好

航道要素信息以不同方式嵌入网络，与各种先进的感知工具连接，实现了更全面的互联互通。同时依托多功能电子航道图系统，利用三维显示技术实现航道信息实时、顺畅地友好交互。

(3) 航道信息服务更为实时、便捷

基于云数据库平台，结合智能化电子航道图系统，利用云计算技术对海量数据进行整理分析，实现从数据到信息，从信息到知识，从知识到洞察力的过程，进而实现航道信息全面定制化服务。同时，通过多源航道信息服务发布平台，实现实时、便捷的航道信息服务。

(4) 航道管理与养护更为科学、低碳

基于航道知识库，利用人工智能技术对航道规划、执法、养护、资产管理等过程进行决策分析，实现航道管理的科学化。同时利用遥测遥控与智能控制技术，对航道工程船舶、航标状态进行主动监测与智能控制，实现航道养护过程的智能化，达到节能降耗的目的。

1.3 内河航道现代助航技术

内河航道现代助航系统由各种航标技术、电子航道图、内河航道通航环境监测系统、助航设施管理系统和控制河段交通指挥系统等组成。

1.3.1 航标技术

现代航标学是一门综合性学科，它涉及光学、声学、水道测量学、建筑与构造、电子技术、自动化技术、计算机技术、网络技术、通信技术、航海技术和无线电导航技术等多学科知识。因为航标涉及的知识面广，综合性强，所以航标的种类繁多，有多种分类方法。航标按配布的水域分类，有海区航标和内河航标；按配布位置的可靠性分类，有固定航标和浮动航标。比较常用的分类方法是按航标的工作原理进行分类。按工作原理分类，有视觉航标、音响航标和无线电航标等。随着计算机技术、AIS 技术、卫星导航定位技术和电子海图技术的发展，虚拟航标作为航标的前沿技术逐步获得发展和应用。以下是内河常用的航标。

1.3.1.1 视觉航标

视觉航标又称目视航标，如图 1-2 所示，是供直接目视观测的固定或者浮动的助航标志，具有易辨认的形状与颜色，可安装灯器及其他附加设备，用其标身的形状、颜色和顶标供航海人员白昼观察；而用灯质，即用灯光颜色、灯光节奏作为夜间识别的特征。视觉航标广泛设置于内河，是一种最重要、最基本的助航标志。它包括灯塔、灯桩、立标、灯浮标、浮标、灯船、系碇设备和导标等。

图 1-2　典型内河航道视觉航标

1.3.1.2　无线电航标

无线电导航是指航海中利用无线电波测定船位和引导船舶沿预定航线航行的技术，又称无线电航海。无线电导航是根据无线电波的传播特性测量地面，包括外层空间的导航台发射的无线电波参数，如频率、振幅、传播时间或相位，求得船舶相对于导航台的几何参数，从而建立船位线，实现船舶定位和导航。

(1) 雷达反射器与应答器

雷达反射器是无源雷达信标，是一种自身不能发射信号，通过增大目标有效截面面积(也称回波或反向散射面积)的方法来增强船用导航雷达反射波，进而提高船用导航雷达对目标识别能力的无源设备；亦即一种具有较强反射能力并向原发射方向反射雷达波的助航设备。雷达应答器，英文名 Racon，在助航领域属于船用的无线电救生救险设备，需要与船用雷达配合使用。当雷达需要寻找某一目标时，会发出信号，船用雷达应答器接收信号并立即作出回应，向发射源发出应答信号，雷达接收到此信号后会自动显示在荧光屏上面，从而得到被搜救者的位置。

(2) 船舶交通服务(VTS)

VTS(Vessel Traffic Services)可以针对每一艘船舶，以便帮助船舶的航行操作；也可针对整个交通，以便组织交通，防止产生危险局面和优化允许使用航道。它一般由雷达子系统、VHF 通信子系统、信息传输子系统、雷达数据处理子系统、交通显示及操作控制子系统、船舶数据管理子系统、记录和重放子系统组成，有些 VTS 安装了 AIS 子系统。VTS 功能包括数据收集、数据评估、信息服务、助航服务、交通组织服务和支持联合行动等功能。图 1-3 为 VTS 系统示例。

(3) 差分全球定位系统(DGPS)

全球定位系统(GPS)主要提供两种定位服务，即精确定位服务(PPS)和标准定位服务(SPS)。由于精确定位服务不公开提供，而标准定位服务又人为地降低了定位精度，致使需要高精度定位的民用用户使用差分技术提高标准定位服务的定位精度，从而形成了差分全

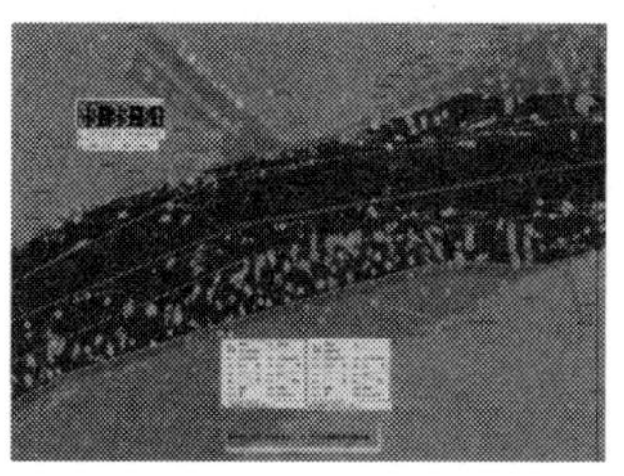

图 1-3 VTS 系统

球定位系统(DGPS)。其工作原理是:把已知的测定点作为差分基准点,在差分基准站安装基准GPS接收机,并用GPS接收机连续地接收GPS信号,经过处理,与基准站的已知位置进行比对,求解出实时差分修正值,以广播或数据链的传输方式,将差分修正值传送至附近GPS 用户,以修正其 GPS 定位解,提高其局部范围内用户的定位精度。现在船舶上常用的无线电指向标 / 差分全球定位系统(RBN/DGPS) 是一种新型、高精度、全天候的海上导航定位系统,它是利用航海无线电指向标来播发差分修正信息,向用户提供高精度服务的助航系统,在我国沿海已实现了多重覆盖。

(4) 船舶自动识别系统(AIS)

AIS是工作在VHF海上频段的船舶和岸基广播系统,系统组成如图1-4所示。该系统能连续向其他船舶和基站发送数据,将识别码、船位、航向、航速、船舶基本参数和货物信息等传递给其他船舶或岸上的接收机。AIS 的优点是信息准确度高、近乎实时的信息提供以及能瞬时显示目标航向的变更。

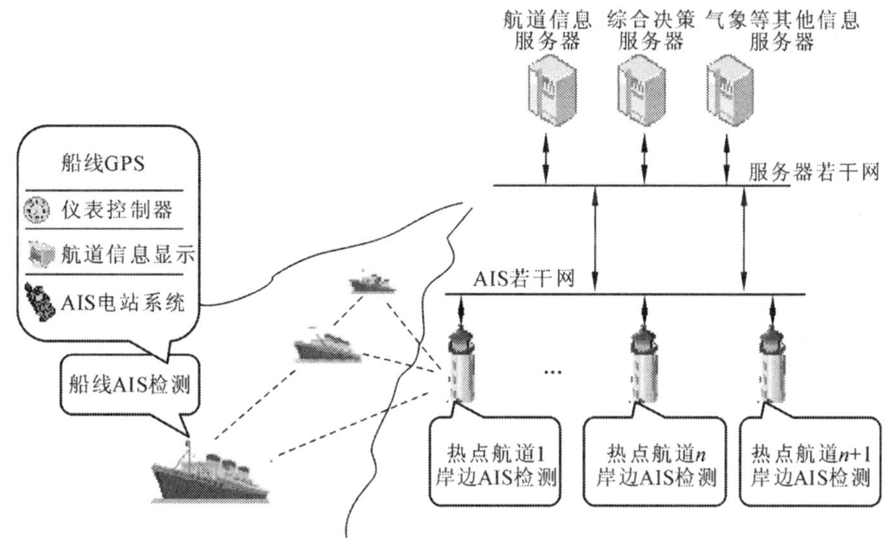

图 1-4 AIS 系统组成图

(5) 虚拟航标

目前研究和应用中的虚拟航标多指 AIS 航标,是 AIS 与电子海图显示和信息系统(ECDIS) 有机结合的产物。

① 有实体的虚拟航标

它是指航标是真实的,但发射航标信息的 AIS 站却在远离航标的地方。有实体的虚拟

AIS航标由GPS接收机、处理器和GSM(全球移动通信系统)组成。在岸上接收数据,按照ITU规定的AIS航标数据格式进行变换,由AIS岸站或AIS航标站重播,就如同由航标上的AIS设备发射的信息一样,该信息被船载AIS设备接收后将在电子海图上显示,即电子海图上将显示航行区域内每个航标的实际位置和当前工作状态信息。

② 无实体的虚拟航标

它是指航标实际上并不存在,通过岸基台站或AIS航标站广播信息,在AIS信息显示屏上产生一个虚拟的航标,在这种情况下,航标符号会出现在船舶AIS信息显示屏上没有实际航标存在的特定位置。在紧急情况下,可以用虚拟航标临时标志一个航行危险点,或用虚拟航标临时划分通航航道等,这些都是非常有用的。

1.3.2 电子航道图

目前,我国正在大力开展内河水运信息化建设,并以数字航道、智能航运为信息化发展目标。内河电子航道图(Inland Electronic Navigation Chart,IENC)是数字航道的核心部分。电子航道图系统的主要功能如下:

(1) 在航道信息服务方面,电子航道图能够实时显示航标、水深等航道要素和沉船、礁石等水下碍航物及桥梁、码头等跨、临河建筑物的信息,并可通过无线或有线网络通信自动更新最新数据,供用户使用。此外,电子航道图还能够实现航标、水深等航道要素信息的分层显示与查询,并可以放大、缩小、漫游及进行距离量算和面积量算。

(2) 在助航导航服务方面,船用终端系统能够通过GPS定位实时在电子航道图上显示本船的船位、航向、航速等;可自动接收周边船舶AIS信息,实现周边船舶的实时准确定位和航行状态的直观显示;能够根据用户需求自动获取所需要的不同水深航道,使用户直观地掌握不同水深的航道尺度信息,指导船舶安全航行;能够实现偏离航道预警、船舶交会预警、水下碍航物预警,桥区、锚地、横驶区、警戒区等特殊水域航行提示;同时,可以实现航道的表面流速信息显示、山区河段可视距离显示、数字雷达扫描信息叠加集成应用及虚拟航标应用等功能,为航行船舶提供全面的助航导航服务。当然,这些功能只有高版本的电子航道图才具备,比如:长江电子航道图3.0版本。

(3) 在辅助决策服务方面,用户能够根据需求查询当天实测水位信息和未来七天预测水位信息,并根据水位信息获取当天的航道水深和未来七天的航道预测水深,为用户设计经济航线、编制航次计划以及船舶配载等提供决策参考。

(4) 在管理监控服务方面,能够实现船舶所在位置及航行状态远程实时监控,管理人员不仅可对船舶的安全生产和任务执行情况做到实时跟踪、监管,还可通过航行轨迹回放协助事故调查。

1.3.3 内河航道通航环境监测系统

航道通航环境要素包括:航道尺度(水深、宽度、弯曲半径、净空尺度);水文(流速、流向、水位、流量、流态);气象(雨雪雾霾、能见度、风力、风向等);其他影响航道的要素(交通流、船舶吃水等)。

航道尺度中净空尺度变化不大,而受季节性因素、人为因素和水位等多重因素的影响,航道水深、航道宽度和航道弯曲半径等要素变化较大,而航道宽度和弯曲半径等因素由航道边界水深及航标位置所决定，因此，航道水深信息和航标信息是航道尺度监测中应该考虑的因素。水文要素中水位要素的检测目前已经较为成熟，关键是解决水位站布设(图 1-5) 以及水位数据处理等问题；而内河流速、流向复杂，对船舶航行安全影响较大，在水流要素检测中主要对水流流速和流向进行检测。气象条件包括雨雪雾霾、能见度和风等要素，目前船舶上均装载有测风仪，雨雪雾霾对航行的影响体现在能见度上，因此，需要重点进行航道能见度检测。

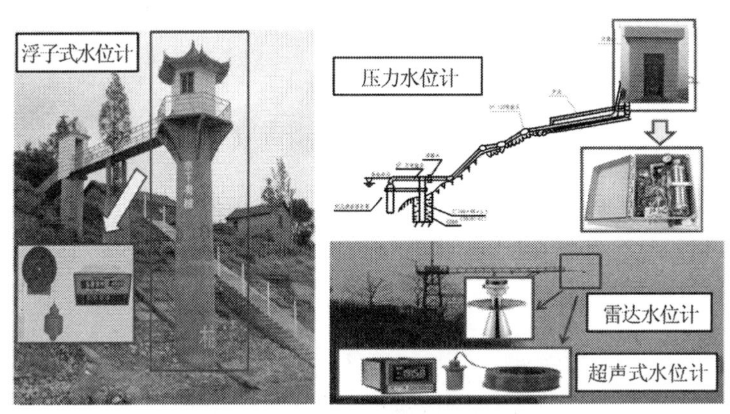

图 1-5　典型的内河航道水位监测站

1.3.4　助航设施管理系统

助航设施是船舶安全航行的重要保障，其管理模式直接影响航道的运输效率和质量。助航设施的管理系统主要有两种模式：一种是传统的管理模式，主要依赖巡检船定时巡检的形式进行管理和维护，由于助航设施数量巨大，采用这种管理模式需要耗费大量的人力物力，管理效率低，实时性差；另外一种是信息化管理模式，以计算机技术、网络技术、无线通信技术、传感技术、GPS 定位技术和电子航道图等信息技术为基础开发出了数字航标、遥控遥测航标等现代化助航设施管理系统，足不出户就可以实现对航标的工作状态、空间位置进行远距离和全天候的监控，提高了工作效率，节约了管理和维护的成本，增加了助航设施工作的可靠性和使用寿命。图 1-6 所示为助航设施实物图及其管理系统界面。

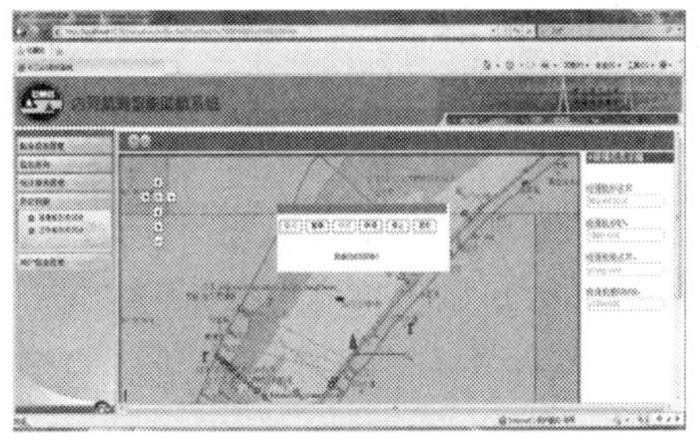

图 1-6　助航设施实物图及其管理系统界面

1.3.5 控制河段交通指挥系统

控制河段是指因航道狭窄、弯曲、通视条件差等因素，不能满足大型船舶间安全会让的要求，需设置信号台控制航行的水域。这些控制河段所设信号台(图 1-7) 均采用传统的指挥办法，即依靠人工瞭望、VHF 电话联系等方式获取上下游船位信息，凭借信号员业务水平和经验揭示通行信号。由于信号员难以主动掌握船舶准确位置，通行指挥比较被动，指挥的准确性较差、效率较低，人为地降低了控制河段的通航效率，易导致船舶滞航；且存在上游船舶虚报位置现象，造成指挥失当，引发船舶交通安全事故。因此，控制河段交通指挥智能化技术引起广泛的关注。

图 1-7 内河控制河段信号台

1.4 本书的内容概要

1.4.1 主要内容

随着加快内河水运发展上升为国家战略，国家对内河航道管理与养护发展更加重视，《国务院关于加快长江等内河水运发展的意见》和交通运输部《关于贯彻〈国务院关于加快长江等内河水运发展的意见〉的实施意见》明确提出了加强航道建设、管理、养护工作的具体措施。内河航道助航系统的建设是航道建设的重要内容之一，是实现内河水路运输畅通、高效、平安、绿色的重要保证。应对内河航道助航系统的内涵、设计方法、管理方法以及智能化等进行研究。本书研究的主要内容见图 1-8。

1.4.1.1 内河航标技术

现代内河航标系统以传统助航系统为基础，其结构越来越复杂，功能越来越强大，自动化和信息化程度越来越高，包括以下内容：

(1) 视觉航标。对视觉航标的设计基础以及开发与应用关键技术进行了研究。

(2) 无线电助航系统。对无线电助航系统的主要设施包括雷达反射器和应答器以及 AIS 航标的设计进行了研究，同时对内河虚拟航标的实现的关键技术以及相关技术标准进行了研究。

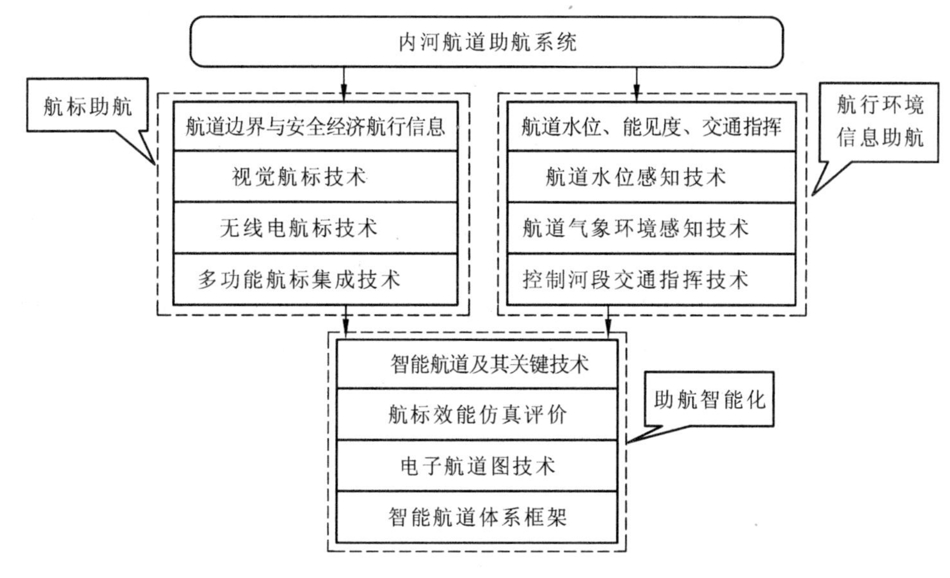

图 1-8 本书内容架构

(3) 多功能航标系统。主要对航标的遥测遥控、多传感器集成关键技术以及多功能航标信息管理等进行了研究。

1.4.1.2 内河航道通航环境感知与交通指挥技术

(1) 航道水位感知与信息服务技术。航道水位信息对于保障船舶安全与绿色航行具有重要作用。本书对内河航道水位传感器布设与数据处理方法以及信息服务技术进行了研究。

(2) 航道能见度感知与信息服务技术。航道能见度信息对于保障船舶安全航行具有重要作用。本书对内河航道能见度传感器布设与数据处理方法以及信息服务技术进行了研究。

(3) 控制河段交通指挥系统技术。在航道狭窄、转弯急、坝区和桥区等控制河段，船舶航行时容易发生事故，需要建立交通指挥系统对过往船舶进行监控和指挥。本书对控制河段交通指挥系统的关键技术和构成要素进行了研究。

1.4.1.3 内河智能航道系统框架与电子航道图应用关键技术

(1) 内河电子航道图。对电子航道图开发的关键技术进行了研究。

(2) 内河航标系统仿真评价技术。对内河航道仿真系统开发关键技术以及航标功效评价方法进行了研究。

(3) 智能航道是未来内河航道助航发展的方向，提出智能航道的框架组成及相互关系，可为智能航道研究的有序开展提供整体指导依据。本书将开展长江智能航道体系框架、技术体系等研究，并展望未来智能航道的发展。

1.4.2 本书研究的目的与局限性

1.4.2.1 研究目的

(1) 阐述内河航道助航系统的定义、内涵，研究了传统的航标和新的航标技术，提出了内河助航系统工程的设计和评价方法以及内河助航系统的管理系统的设计方法，对助航系统的工程设计实践具有指导作用。同时将新能源、新材料、新结构和新技术应用到助航设施上，减少航标器材损耗，并减少维护管理活动带来的消耗和污染，是建设“绿色航道”的重要保障。

(2) 明确航标的合理布设以及提升交通指挥调度系统运作效率，可以减少船舶事故、缩短船舶通过航道的时间，增加内河航道的通过能力，从而减少船舶能源的消耗和排放。

(3) 内河航道助航系统的信息化与智能化致力于实现船-岸之间的信息互通和共享，形成科学、智能、可视的指挥调度、决策支撑体系和综合信息服务平台，有助于实现对航道、船闸及船舶的全区域、全过程的及时、动态、准确的监测、管理和服务。

(4) 智能航道是内河航道助航系统现代化的表现形式之一。为解决制约内河智能航道发展的全局性、系统性问题，指导和规范内河智能航道发展，有必要提出智能航道的框架组成及相互关系，明确发展方向，并从信息系统、技术体系等方面为智能航道研究的有序开展提供整体指导依据。

1.4.2.2　研究局限性

本书是在项目组多年研究成果的基础上对内河航道现代助航技术进行总结，但内河航道助航技术涉及船舶导航、航道工程、信息技术、测量技术等诸多高新技术，本书在内河航道基础理论、助航服务的系统化与智能化等方面仍需要深入研究。

参考文献

[1] 王英志. 航标学[M]. 大连：大连海事大学出版社，1991.
[2] 中华人民共和国海事局. 国际航标协会助航指南[M]. 北京：人民交通出版社，2003.
[3] 王伟时，王英志. 新编助航指南[M]. 北京：人民交通出版社，1999.
[4] 白亭颖，朱勇强. e-Navigation发展研究[J]. 中国海事，2011(7).
[5] 张安民. e-航海中的动态信息服务若干关键技术研究[D]. 武汉大学，2013.
[6] D Patraiko. The Development of e-Navigation [J]. International Journal on Marine Navigation and Safety of Sea Transportation，2007(3).
[7] A Weintrit，R Wawruch， C Spechtetal. Polish Approach to e-Navigation Concept [J]. International Journal on Marine Navigation and Safety of Sea Transportation，2007(3).
[8] 安红松，高汉增. 我国“数字航标”的建设[J]. 中国海事，2010(1).
[9] 赵士达，王亚辉. 浅析信息化在航标管理部门中的作用[J]. 天津航海，2013(3).
[10] 毕方全. 信号台信号自动揭示与船舶通行智能辅助指挥系统技术研究[J]. 科技传播，2011(7).
[11] 郭涛，刘怀汉，万大斌，等. 长江智能航道系统架构与关键技术[J]. 水运工程，2012(6).
[12] 刘怀汉，李学祥，杨品福. 长江智能航道技术体系研究[J]. 交通信息与安全，2014(6).

2 视觉航标

2.1 视觉航标概述

2.1.1 视觉航标的定义

视觉航标，又称目视航标，是直观的助航标志，包括固定式和浮动式。视觉航标一般具有设备简单、形状和颜色易辨认、维护方便、使用直观、投资少等特点。它被广泛设置于沿海及内河上，是一种最重要的、最基本的助航标志。国际航标协会(International Association of Lighthouse Authorities，IALA)亦称之为传统航标(Traditional Aids)。

视觉航标是专门建造的、通过向船舶上训练有素的观察者传递信息来达到助航目的的设施，常用标身的形状、颜色或顶标来区分或表示不同的航标功能，供观察者在白天观察使用，而在夜间则以灯质即灯光颜色、灯光节奏、灯光周期等来区分识别。

1952 年 12 月开始，我国对内河，首先是长江的航标制度进行改进。改进体现在三个方面：一是航标设置密度大幅度增加，构成了一标接一标不间断的航标链，提高了船舶营运周转率；二是航标管理机构设置趋于合理；三是促进了内河航标电气化。在长江航标改革取得经验后，珠江水系的西江航标于 1954 年先在广州大尾角经陈村水道、容桂水道至莺歌嘴的陈容水道试点，然后在莺歌嘴至梧州航道上进行全面改革。此后，广东境内珠江三角洲各重点水道和东江、北江、韩江等干流航道逐步建设新式内河航标。1956 年，广西梧州以上(至南宁、柳州)水道也逐步进行了内河标志改革。珠江水系的西江航标管理机构也做了调整，并在运输繁忙的河段实现了航标灯电气化。经过漫长的岁月，航标经历了从天然到人工、从岸基到星基、从近程到远程、从实体到数字、从单一功能到综合信息服务多个发展历程，但传统的视觉航标依然是整个助航系统的基础。

2.1.2 航行标志的种类与功能

根据中华人民共和国国家标准《内河助航标志》(GB 5863—1993)的规定，内河视觉航标按功能可分为航行标志、信号标志和专用标志。

2.1.2.1 航行标志

航行标志指标示航道方向、界限和碍航物的标志，包括过河标、沿岸标、导标、过渡导标、首尾导标、侧面标、左右通航标、示位标、泛滥标及桥涵标等十种。

(1) 过河标

① 功能

标示过河航道的起点或终点。指示由对岸驶来的船舶在接近标志时沿着本岸航行；或指示沿本岸驶来的船舶在接近标志时转向驶往对岸。也可设在上、下方过河航道在本岸的交点处，指示由对岸驶来的船舶在接近标志时再驶往对岸。

② 形状

如图 2-1 所示，标杆上端装正方形顶标两块，分别面向上、下方航道。如过河航道过长以致标志不够明显时，可在标杆前加装梯形牌，梯形牌面向所指示的航道方向。过河标也可以安装在具有浮力的底座上作为浮标设置。

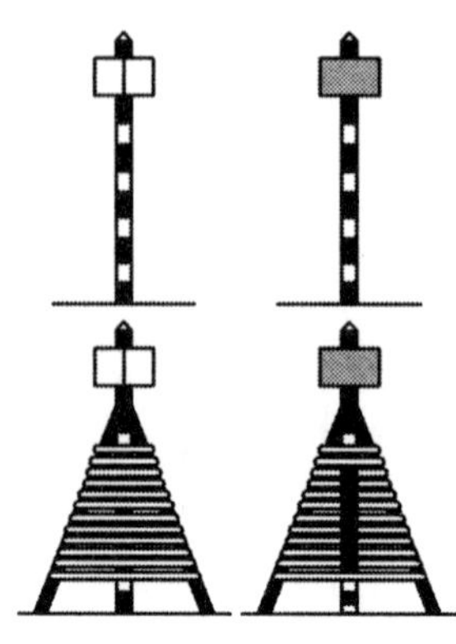

图 2-1　过河标

③ 颜色

左岸顶标和梯形牌为白色（黑色），标杆为白、黑色相间横纹。右岸顶标和梯形牌为红色，标杆为红、白色相间横纹。梯形牌的颜色也可按背景的明、暗来确定，背景明亮处的左岸为黑色，背景深暗处的右岸为白色。

④ 灯质

左岸，白色，莫尔斯信号“A”闪光（•—）；右岸，白色，莫尔斯信号“N”闪光（—•）。或左岸，白色，莫尔斯信号“M”闪光（— —）；右岸，白色，莫尔斯信号“D”闪光（••）。

（2）沿岸标

① 功能

标示沿岸航道所在的岸别，指示船舶继续沿着本岸航行。

② 形状

如图 2-2 所示，标杆上端装球形顶标一个。

③ 颜色

左岸顶标为白色（黑色），标杆为白、黑色相间横纹。

右岸顶标为红色，标杆为红、白相间横纹。

④ 灯质

左岸，绿色（白色），单闪光。

右岸，红色，单闪光。

（3）导标

① 功能

由前后两座标志所构成的导线标示航道的方向，指示船舶沿该导线标示的航道航行。

② 形状

如图 2-3 所示，前后两座标志的标杆上端各装正方形顶标一块，顶标均面向航道方向。如导线标示的航道过长以致标志不够明显时，可在标杆前加装梯形牌，梯形牌面向所标示的

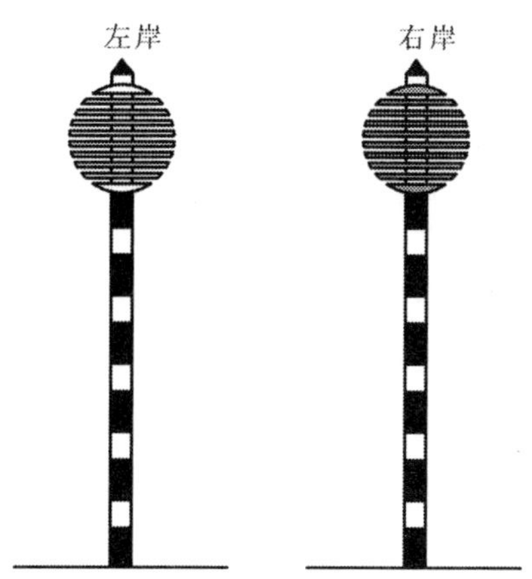

图 2-2 沿岸标

航道方向。

在导线标示的航道内应使船舶白天看到前标比后标略低，夜间保持后标灯光不被前标遮蔽。前后两标的高差及间距应与导线标示的航道长度相适应，以保持导标的灵敏度。

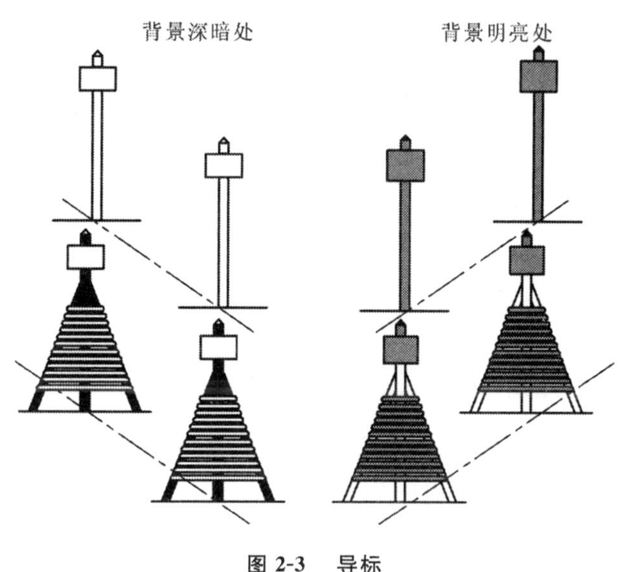

图 2-3 导标

如设标地点坡度较陡，前后两座标志高差过大时，可在两标连线之间加设一座形状相同的标志。

③ 颜色

按背景的明、暗确定顶标、标杆和梯形牌的颜色，背景明亮处均为红色(黑色)，背景深暗处均为白色。红色(黑色)梯形牌中央一道竖条为白色，白色梯形牌中央一道竖条为黑色(红色)。

④ 灯质

前后标均为白色单面定光，如背景灯光复杂、用白光容易混淆时，可用红色单面定光。

(4) 过渡导标

① 功能

由前后两座标志组成，标示一方为导线标示的导线航道，另一方为沿岸航道或过河航道，指示沿导线标示的航道驶来的船舶在接近标志时驶入沿岸航道或过河航道；同样也指示由沿岸航道或过河航道驶来的船舶在接近标志时驶入导线标示的航道。

② 形状

如图 2-4 所示，前标与过河标相同，后标与导标相同。前标的一块顶标与后标的顶标组成导线，前标的另一块顶标面向另一条航道方向。如导线标示的航道过长以致标志不够明显时，可以在标杆前加装梯形牌，梯形牌面向所标示的航道方向。

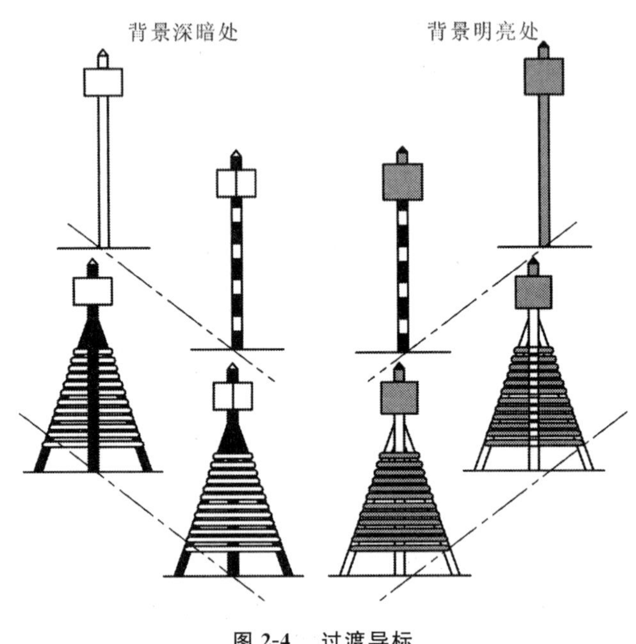

图 2-4　过渡导标

③ 颜色

前标的标杆和梯形牌的颜色与过河标相同，面向导线标示的航道的顶标与后标顶标的颜色相同，另一块顶标的颜色与过河标相同；后标的颜色与导标相同。

④ 灯质

前标左岸为白色（绿色）双闪光（顿光），右岸为红色（白色）双闪光（顿光）。后标左岸为白色（绿色）定光，右岸为红色（白色）定光。前、后标的光色须一致。特殊需要时，前标也可用定光。

（5）首尾导标

① 功能

由前后鼎立的三座标志组成两条导线分别标示上、下方导线标示的航道方向，指示沿导线标示的航道驶来的船舶在接近标志时转向另一条导线标示的航道。

② 形状

如图 2-5 所示，三座标志中，一座为共用标，其与过河标相同，另两座与导标相同。共用标的两块顶标与另两座标志的顶标分别组成两条导线，面向上、下方导线所标示的航道方向。根据航道条件与河岸地形,共用标可位于另两座标的前方、后方、左侧或右侧。如导线标示的航道过长以致标志不够明显时,可以在标杆前加装梯形牌,梯形牌面向导线所标示的航道方向。

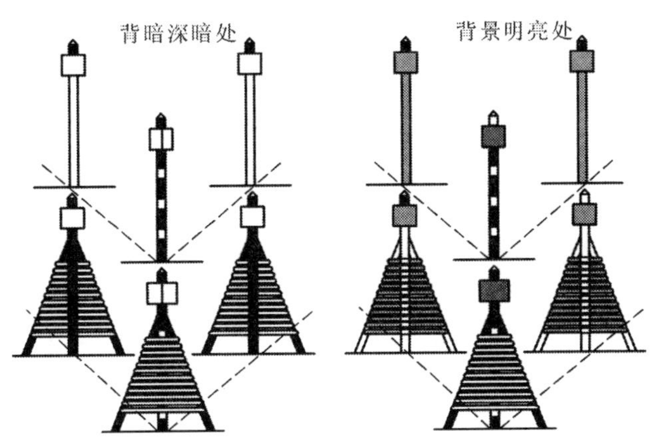

图 2-5 首尾导标

③ 颜色

共用标的标杆和梯形牌的颜色与过河标相同,顶标颜色与导标相同;另两座标志的颜色与导标相同。

④ 灯质

共用标的灯质与过渡导标的前标灯质相同,另两座标的灯质与过渡导标的后标灯质相同,但同一导线的前、后标的光色须一致。特殊需要时,各标都可用定光。

(6) 侧面标

① 功能

设在浅滩、礁石、沉船或其他碍航物靠近航道一侧,标示航道的侧面界限;设在水网地区优良航道两岸时,标示岸形、突嘴或不通航的汊港,指示船舶在航道内航行。

② 形状

如图 2-6 所示,浮标可采用柱形、锥形、罐形、杆形或桅顶装有球形顶标的灯船。需要同时以标志形状特征区分左、右岸两侧时,左岸一侧浮标为锥形或加装锥形顶标,右岸一侧浮标为罐形或加装罐形顶标;也可只在左岸一侧浮标加装球形顶标。固定设置在岸上或水中的侧面标(灯桩)可采用杆形或柱形。杆形灯桩需要增加视距时,左岸一侧可加装锥形顶标,右岸一侧可加装罐形顶标。

③ 颜色

左岸一侧,白色(黑色),杆形灯桩的标杆为白、黑色相间横纹;浮标加装的锥形或球形顶标为黑色(白色)。右岸一侧,红色,杆形灯桩的标杆为红、白色相间横纹;浮标加装的罐形顶标为红色。灯船的球形顶标均为黑色。

④ 灯质

左岸一侧,绿色(白色),单闪光或双闪光。右岸一侧,红色,单闪光或双闪光。

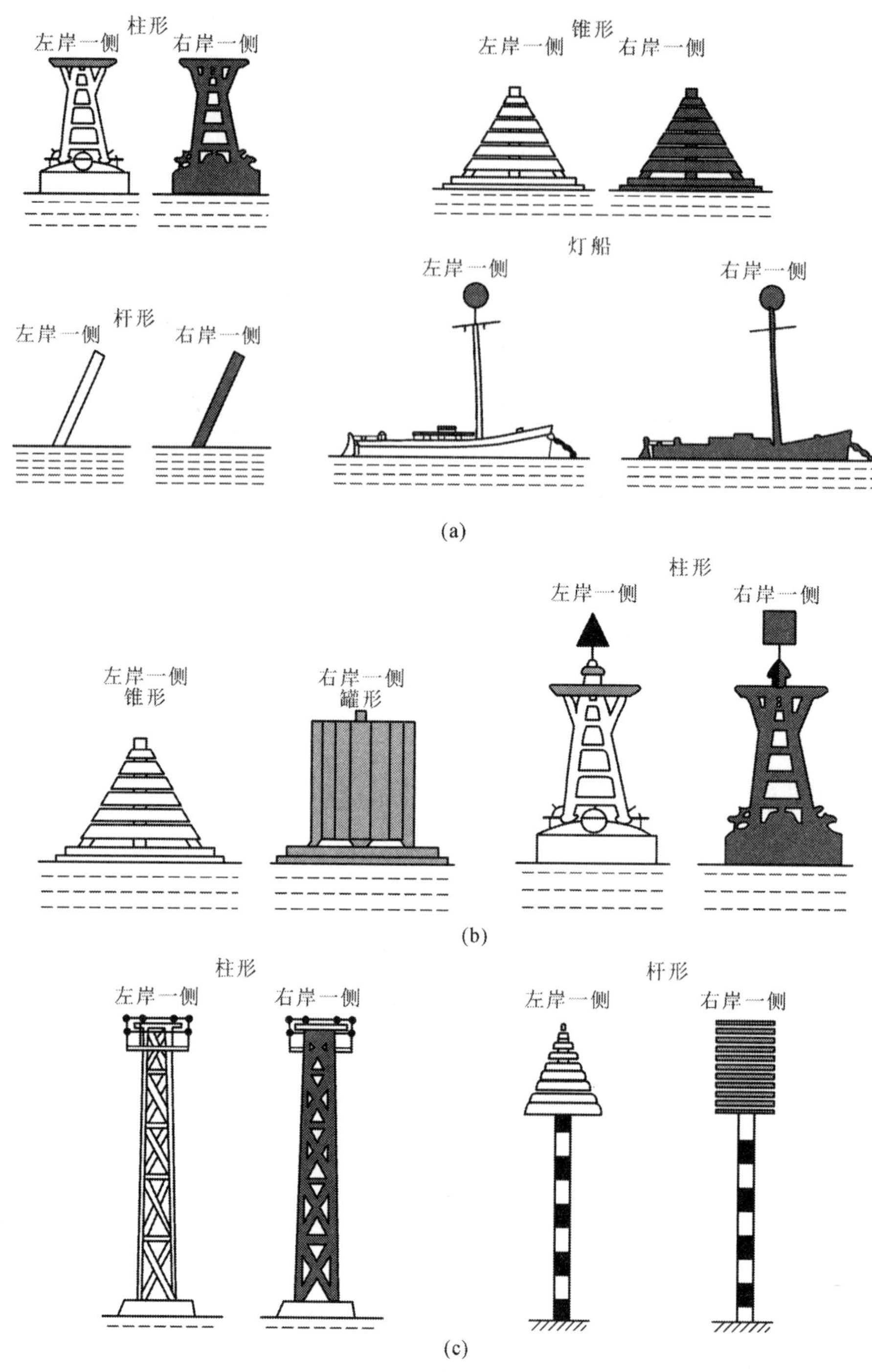

图 2-6　侧面标例图

(a) 侧面标(浮标) 例图之一;(b) 侧面标(浮标) 例图之二;(c) 侧面标(灯桩) 例图

(7) 左右通航标

① 功能

设在航道中个别河心碍航物或航道分汊处，标示该标两侧都是通航航道。

② 形状

如图 2-7 所示，浮标可采用柱形、锥形或灯船。灯桩可采用柱形。

③ 颜色

标体每面的中线两侧分别为红色和白色。

④ 灯质

白色(绿色)，三闪光。

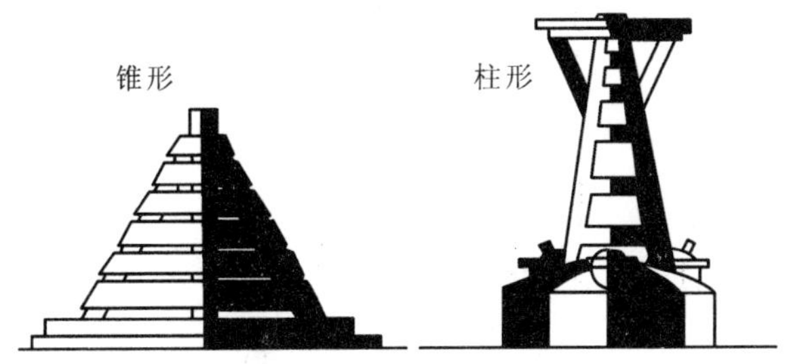

图 2-7 左右通航标例图

(8) 示位标

① 功能

设在湖泊、水库、水网地区或其他宽阔水域，标示岛屿、浅滩、礁石及通航河口等特定位置，供船舶定位或确定航向。

② 形状

如图 2-8 所示，各种形状的塔形体。

③ 颜色

可根据背景采用白、黑、红色或白、黑(红)色相间非垂直条纹。设在通航河口处，须与"左白右红"原则一致。

④ 灯质

白色、绿色或红色莫尔斯信号闪光，但不得同其他种类标志的灯质相混淆。标示通航河口的示位标优先选用：左岸，白色(绿色)，莫尔斯信号"H"(••••)闪光；右岸，红色，莫尔斯信号"H"(••••)闪光。

图 2-8 示位标例图

(9) 泛滥标

① 功能

设在被洪水淹没的河岸或岛屿靠近航道一侧,标示岸线或岛屿的轮廓。

② 形状

如图 2-9 所示,标杆上端装载锥形顶标一个,也可以安装在具有浮力的底座上作为浮标设置。

③ 颜色

左岸,白色(黑色)。右岸,红色。

④ 灯质

左岸,绿色(白色),定光。右岸,红色,定光。弯曲河段朝岸上一面的灯光应予遮蔽。

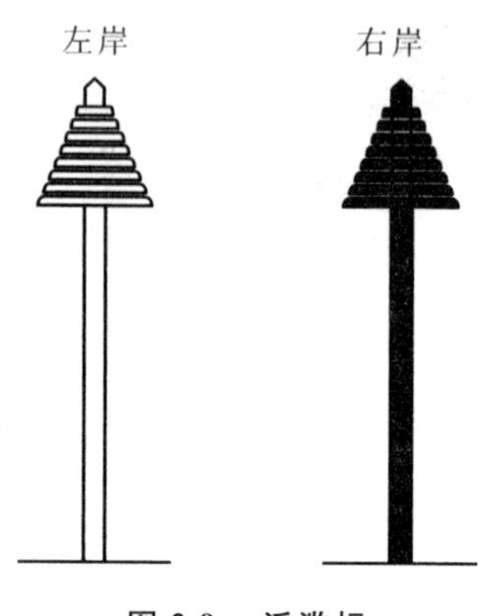

图 2-9 泛滥标

(10) 桥涵标

① 功能

设在通航桥孔迎船一面的桥梁中央,标示船舶通航桥孔的位置。

② 形状

如图 2-10 所示,正方形标牌表示通航桥孔。多孔通航的桥梁,正方形标牌表示大轮通航的桥孔,圆形标牌表示小轮(包括非机动船、人工流放排筏)通航的桥孔,大、小轮的具体划分由各地区确定。

③ 颜色

正方形标牌为红色,圆形标牌为白色。

④ 灯质

通航桥孔(或大轮通航桥孔)为红色单面定光;小轮(包括非机动船、人工流放排筏)通航桥孔为绿色单面定光。在通航桥孔迎船一面两侧桥柱上,还可各垂直设置绿色单面定光桥柱灯 2 ~ 4 盏(按桥柱高度确定),标示桥柱位置。

2.1.2.2 信号标志

为航行船舶揭示有关航道信息的标志称为信号标志,包括通行信号标、鸣笛标、界限标、水深信号标、横流标及节制闸标六种。

(1) 通行信号标

① 功能

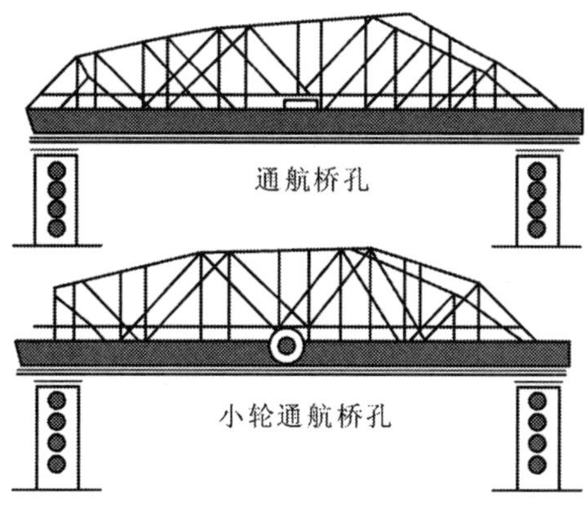

图 2-10 桥涵标

设在上、下行船舶相互不能通视，同向并驶或对驶有危险的狭窄、急弯航段或单孔通航的桥梁、通航建筑物及施工禁航等需控制通航的河段，利用信号控制上行或下行的船舶单向顺序通航或禁止通航。

② 形状

如图 2-11 所示，由带横桁的标杆和信号组成，横桁与岸线垂直。悬挂于横桁一端的箭形通航信号，箭头朝下表示允许下行船通航，箭头朝上表示允许上行船通航，禁止通航信号为垂直悬挂两个锥尖朝上的三角锥体。

③ 颜色

标杆与横桁为白、黑色相间斜纹，箭头或三角锥体为红色，箭杆为黑色(白色)。

④ 灯质

由垂直悬挂于横桁一端的红色、绿色定光灯组成信号：绿灯在上，红灯在下，表示允许下行船通航；红灯在上、绿灯在下，表示允许上行船通航；上下两盏红灯，表示禁止船舶通航。对控制船舶进、出通航建筑物的通行信号标，也可在通航建筑物上下两端各设置红、绿单面定光灯一组，灯光面向来船方向，红灯表示禁止船舶通航，绿灯表示允许船舶通航。白天也可用红、绿旗代替红、绿灯。

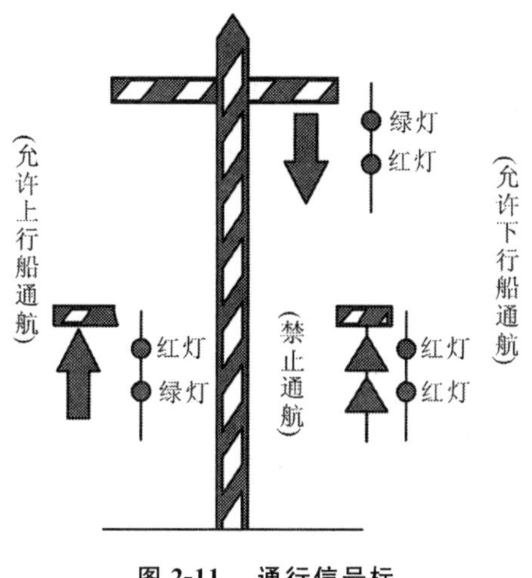

图 2-11 通行信号标

(2) 鸣笛标

① 功能

设在通航控制河段或上、下行船舶不能相互通视的急弯航道的上下游两端河岸上，指示船舶鸣笛。

② 形状

如图 2-12 所示，标杆上端装圆形标牌一块，标牌面向来船方向，标牌正中写“鸣”字。

③ 颜色

标杆为白、黑色相间斜纹，标牌为白色、黑边、黑字。

④ 灯质

绿色，快闪光。

(3) 界限标

① 功能

设在通航控制河段的上下游，标示通航控制河段的上下界限。设在船闸闸室有效长度的两端时，标示闸室内允许船舶安全停靠的界限。

② 形状

如图 2-13 所示，标杆上端装菱形标牌一块，标牌面向来船方向（也可镶绘在船闸闸墙上）。

③ 颜色

标杆为白、黑色相间斜纹，标牌为白底、黑边，中间有黑色横条一道。

④ 灯质

红色，快闪光。

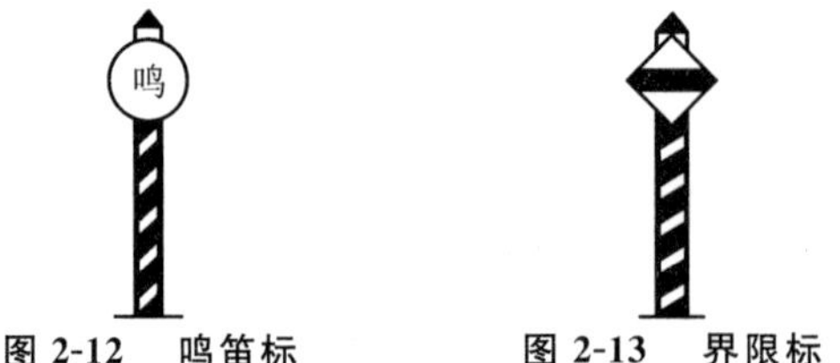

图 2-12　鸣笛标　　图 2-13　界限标

(4) 水深信号标

① 功能

设在浅滩上下游靠近航道一侧的河岸上，揭示浅滩航道的最小水深。

② 形状

如图 2-14 所示，由带横桁的标杆和号型组成，横桁与岸线平行，号型形状与含义是：▬代表数字“1”；⧗代表数字“4”；┻代表数字“6”。

将上述号型组合悬挂在横桁的两边，从船上看，左边所挂号型表示水深的“米”数，右边所挂号型表示水深的“分米”数。

③ 颜色

标杆与横桁为红、白色相间斜纹，号型为黑色（白色）。

④ 灯质

每盏白色定光号灯代表数字“1”；每盏红色定光号灯代表数字“4”；每盏绿色定光号灯代表数字“6”。在河面较窄的河段，也可以用水深数字牌和水深数字灯显示。

数字	号型	号灯	数字	号型	号灯
1			6		
2			7		
3			8		
4			9		
5					

图 2-14　水深信号标及水深信号

(5) 横流标

① 功能

标示航道内有横流,警告船舶注意。

② 形状

如图 2-15 所示,菱形体安装在具有浮力的底座上,也可在标杆上端安装菱形顶标设在岸上或孤立礁石上。

③ 颜色

左岸一侧,顶标为白色(黑色),标杆为白、黑色相间斜纹。右岸一侧,顶标为红色,标杆为红、白色相间斜纹。

④ 灯质

左岸一侧,绿色,顿光。右岸一侧,红色,顿光。

为保证船舶不被横流压向岸边或碍航物,各河区可根据具体情况规定出距该横流浮标或距横流岸标的水沫线的最小安全航行距离。

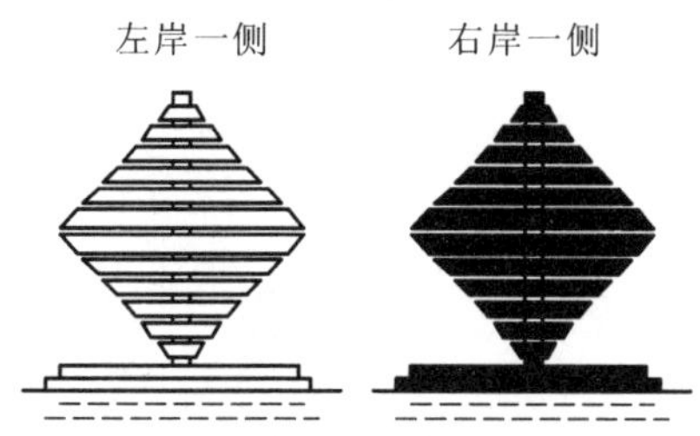

图 2-15　横流标例图

(6) 节制闸标

① 功能

设在靠近节制闸上游或下游一侧的岸上,也可将灯悬挂于节制闸的上游或下游水面上空架空线上,标示前方是节制闸,防止船舶误入发生危险。

② 形状

如图 2-16 所示，标杆上端装圆形标牌一块，标牌面向上游或下游来船方向，标牌上绘有船形图案及禁令标志。

③ 颜色

标杆为红、白色相间斜纹，标牌为白底、红边、黑色船形图案加红色斜杠。

④ 灯质

并列红色定光灯两盏。

图 2-16　节制闸标及标牌

2.1.2.3　专用标志

为标示沿、跨航道的各种建筑物，或为标示特定水域所设置的标志，其主要功能不是为了助航的统称为专用标志。专用标志包括管线标及专用标两种。

(1) 管线标

① 功能

设在需要标示的跨河管线（即管道、电缆、电线等）的两端或一端岸上或设在跨河管线的上、下游适当距离的两岸或一岸，禁止船舶在敷设水底管线的水域抛锚、拖锚航行或垂放重物，警告船舶驶至架空管线区域时注意采取必要的措施。

② 形状

如图 2-17 所示，两根立柱上端装等边三角形空心标牌一块，设在跨河管线两端岸上的标牌与河岸平行，设在跨河管线上、下游的标牌与河岸垂直。标示水底管线的三角形标牌尖端朝上，标牌下部写"禁止抛锚"；标示架空管线的三角形标牌尖端朝下，标牌上部写"架空管线"。

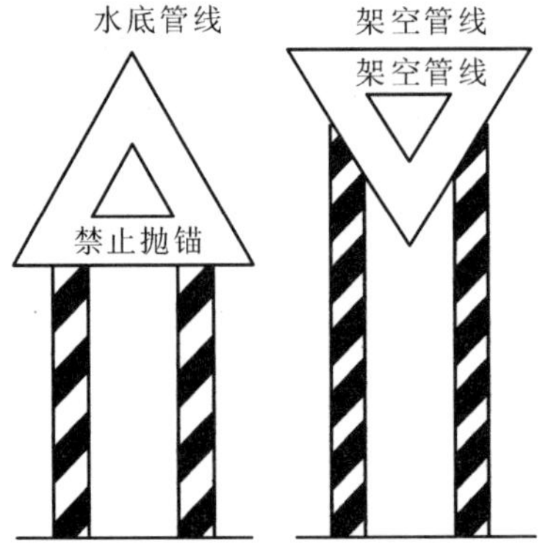

图 2-17　管线标

③ 颜色

立柱为红、白色相间斜纹，标牌为白色、黑边、黑字。

④ 灯质

标牌的三个顶端各设置白色（红色）定光灯一盏。

(2) 专用标

① 功能

标示锚地、渔场、娱乐区、游泳场、水文测量、水下钻探、疏浚作业等特定水域；或标示取水口、排水口、泵房以及其他航道界限外的水工构筑物。

② 形状

任选。

③ 颜色

黄色。

④ 灯质

黄色，单闪光或双闪光。

2.1.3 视觉航标构成

2.1.3.1 光学系统

(1) 光学透镜

目前菲涅尔透镜在航标上获得广泛使用。菲涅尔透镜于1822年由法国物理学家奥古斯汀·菲涅尔(Augustin Fresnel)设计，并因它的设计者得名。菲涅尔透镜作用有两个：一是聚焦作用；二是将探测区域分为若干个明区和暗区，使进入探测区域的移动物体能以温度变化的形式在PIR上产生变化热释红外信号。

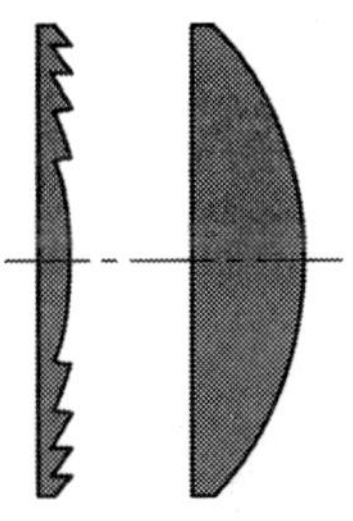

图 2-18 菲涅尔透镜截面（右侧为等效一般平凸透镜）

图2-18显示了菲涅尔透镜的基本截面。把图中截面以x坐标轴为旋转轴旋转时就得到牛眼透镜，而以y坐标轴为旋转轴旋转得到的是鼓形透镜，两种透镜的截面是相同的。如果把点光源都放到此焦点上，则来自光源的光通过透镜折射后形成平行光线照射出去。

相比传统的球面透镜，菲涅尔透镜通过将透镜划分为一系列理论上无数多个同心圆纹路（即菲涅尔带）达到相同的光学效果，同时节省了材料的用量。这种形状的透镜原理与凸透镜相同，可以用玻璃原材料进行研磨、压模和拼装制造。

(2) 灯壳

内河航标灯的外罩，称为灯壳，航标灯器牢固安装在灯壳中，直接在野外安装使用。灯壳的形状一般是圆筒形或多角柱形。由支持玻璃和灯壳顶的骨框架部分、嵌有透明玻璃的灯壳玻璃部分(不要灯光部分通常嵌屏蔽板)、灯壳顶盖(排气孔、排水槽)部分等组成。

在航标灯灯壳材料方面,传统的小型航标灯灯壳多采用铜质材料或铸铝材料。随着新材料在航标上的不断应用,现在一般在300mm焦距直径以下的航标灯灯壳都采用了耐高温、耐腐蚀、抗紫外线的非金属材料,这样一方面降低了制作成本,另一方面也使材料更能适应恶劣的自然条件。

2.1.3.2　光源

发光二极管(LED)是目前航标灯最常用的光源。LED单体器件在作为光源应用时,通常都带有一定角度的视角,即在既定的视角范围内保证其光强度,视角以外强度大幅度衰减,其光强-视角特性曲线表明,LED单体器件是一个定向光源,而不是立体角空间内的全向点光源。用LED器件制造的环向航标灯,其透镜不同于普通点光源透镜。对于LED环向航标灯来说,LED是一个特殊的光源。LED单体器件本身带有一个小型的光学透镜。该透镜将半导体芯片上的点光源聚成一定立体角的光束,在标称立体角内,输出标称光强。如视角为30°立体角的LED器件,即在30°立体角内输出标称光强,而超过30°时,光强将较快衰减。LED环向航标灯是将带有一定视角的LED器件均匀地排列在一定直径的圆周上,如果我们把这个排列有LED器件的圆周称为发光圆周,那么LED环向航标灯上特殊设计的环向菲涅尔透镜就是一种以发光圆周为透镜焦点,以发光圆周与透镜曲面之间的距离为焦距的特殊透镜。比较传统单锥菲涅尔透镜航标灯与LED环向航标灯,其区别为前者的透镜焦点在透镜的圆心,而后者是在发光圆周上。

2.1.3.3　灯器

所谓灯器是指用于发射灯光信号的照明装置和自动控制装置的设备总称,在结构上有和光学系统组合成为一体的,也有独立在光学系统以外的。

灯器的发展是随着能源应用的发展而不断进步的。近几年,以发光二极管(LED)做光源的航标灯在灯桩、灯浮标上大量使用,这种灯器将发光二极管排列组合成光源,经过透镜聚光,由灯器中的电子控制器产生各种闪光节奏,如图2-19所示。发光二极管闪光灯器能耗小,亮度高,可靠性强,应用日渐广泛。

图2-19　LED航标灯闪光灯器和灯壳

2.2 视觉航标助航特性

2.2.1 视觉航标灯光颜色

2.2.1.1 灯光颜色范围

为了规范航标灯光颜色的使用，我国制定了国家标准《航标灯光信号颜色》(GB 12708—1991)，该标准规定了航标灯光信号颜色及色度范围，适用于中国海区和内河航标的各种灯光信号。

2.2.1.2 灯光识别方法

(1) 单一灯光的识别方法

在对象和背景的亮度都相同的情况下，能够识别对象的最小对比叫作对比的识别阈限。阈限主要随着目标的大小(视角)、背景的亮度及其他因素(目标的形状和轮廓)的变化而异。虽然物体和灯光的能见度可以从这个对比的识别阈限引导出来，但从远距离去辨认航标灯等发光目标时，因为光源的视角小，大多数情况下识别光的光强要比亮度对比的方法更为重要。

关于航标灯光的识别方法，分以下三种形式来研究：

a. 视角大，以面光源识别的情况；

b. 视角中等，在两者之间的情况；

c. 视角小，以点光源识别的情况。

在 a 和 b 的情况下，主要是航标灯光的亮度与背景亮度的对比，对比的识别阈限越大，则越易于识别。在 c 的情况下，因为看到的光是点光源，所以，光强是识别的主要因素。当然识别亮度的阈限时，所见的无论是哪一种，灯光的显示效果都是从点光源的状态转移到面光源的状态的转换过程。

看点光源时，即使距离一定，如果光强下降，当下降到某个值以下时，光源就看不见了。同样，即使光强是一定的，在超过一定距离时，点光源也看不见了。因为，这时对光的识别，受观测人员眼睛的垂直面照度所支配。

(2) 有色灯光的识别方法

因为航标灯既具有闪光的特性，同时又能通过光色给船舶航行以必要的信息，所以必须考虑以下几点：

a. 辨认性：是否能从必要的距离处看得清楚；

b. 识别性：能否从必要的距离处准确地识别光色；

c. 醒目性：在能够看见光的范围内，光色是否显眼、引人注目，是否容易发现；

d. 可读性：标志上表示的内容是否易读、易懂。

关于 a 点，由于实验条件不同，故研究的结果未必一致，一般倾向于无论是白天还是黑夜都认为是红色最好。此外，随着背景亮度的上升(从黑夜到白天)，相对来说有色光比白光容易看得清楚，在雾中也是如此。然而，白光经过滤色片透过后变成的有色光不如不加滤色片的白光看得清楚。

关于 b 点，因为灯塔等的光是以点光源来观测的，观测点光源光色的方法与看较大面积光色光源的方法带有不同的特性。即在点光源情况下，能够识别的颜色数减少到了只有红、黄、白、绿或蓝四种。但是，黄和白的识别性很差，绿和蓝要显示相互识别性几乎不可能。

关于c点，实验结果表明，红色优于绿色和蓝色。

综上所述，红色在视觉性、识别性和醒目性方面可以说是最优的光色。

关于d点，可读性当然与光色有关，但是，影响看清物体影像的主要原因是影像的大小和光源亮度的关系。

国际照明委员会规定的信号光色有蓝、绿、黄、白、红，最近又加上了紫，共六种。虽然规定了色度范围，但在识别上也存在困难，基本上推荐红、绿、黄或白等三种。在特殊条件下，为了区别白与黄而使用四色方式，甚至再加上蓝色，成为五色方式。

(3) 明灭闪光的识别方法

因为明灭闪光的辨认性和醒目性较好，故在航标灯上均广泛利用了这一特性。把看得足够明亮的连续光(定光)与光强相同的明灭光进行比较，可以感觉出明灭光是相当亮的。也就是说，由于光的明灭，亮度放大了，因而容易看得清楚，再加上由于明灭产生的光的变化效果，提高了辨认性和醒目性。

当每秒闪光2～4次时，亮度的增益最大；当每秒闪光5～10次时，增益就消失了。如果次数再增加下去，则亮度将逐渐下降。IALA推荐使用的航标灯光是每分钟60～120次的快闪和甚快闪。这种灯光的辨认性、醒目性较好，在背景亮度较大的地区使用效果好。

2.2.2 表面颜色

2.2.2.1 *表面颜色范围*

我国制定了国家标准《视觉信号表面色》(GB 8416—2003)，该标准规定了视觉信号表面色允许的色品范围，适用于道路、铁路、水运和航空等部门使用的信号和标志表面色、荧光色和逆向反射物。国际航标协会(IALA)也在1998年5月，通过了《关于视觉航标使用表面颜色的建议》(E-108，1998年5月)，详细而具体地提出了航标表面颜色的使用建议。

2.2.2.2 *表面颜色识别方法*

颜色的识别能力，通常受到这一颜色被照射光度、表面本身的亮度率、背景的颜色和观测者眼睛的适应状态等因素影响。白天的自然光因太阳位置、天空云量、悬浊粒子等因素影响，而使光线分布、光强度、照射方向等起变化，因而白天对航标颜色的识别也随之不同。对复杂而变化的白天环境的航标识别，并没有已经确定的原则。而且，如果对象的视角变小了，颜色视觉状态也会随之发生变化，绿和蓝或黑、白和黄、紫和红、红和黄之间的识别会产生混乱。因而，实质上，航标颜色的选择、标志尺寸的大小等，在一定程度上必须由能正确识别颜色所需要的距离来决定。

2.2.3 视觉航标的可见性

视觉航标的可见性受下列一个或者多个因素影响：

(1) 观察距离；

(2) 地球曲率；

(3) 大气折射；

(4) 大气透射率(气象能见度)；

(5) 标志的海拔高度；

(6) 观察者视觉感应；

(7) 观察者眼高；

(8) 观察条件(日间或者夜间)；

(9) 标志的形状、尺寸、颜色和反射能力(包括任何逆向反射材料的性能)；

(10) 对比度(背景灯光)；

(11) 标志有无灯器；

(12) 如果有灯，灯光的强度和闪光持续时间。

对船员来说，视觉航标无论在白天或夜间都受到气象和地理环境的综合影响，以下几点为主要影响因素。

(1) 气象能见度

气象能见度(V) 定义为：日间，水平方向，适当尺寸的黑色目标能被看见和识别的最大距离；或者夜间，当总照度达到正常日间水平时，适当尺寸的黑色目标能被看见的最大距离。它通常以千米或者海里表示。

(2) 大气透射率

大气透射率(T) 定义为：光源的光沿海平面通过大气中规定的距离后，所保留的比率。由于大气在大多数视觉航标的观察距离上不是均匀一致的，所以使用一个代表值：

① 一般经过一海里(1n mile) 的距离，大气透射率为 $T = 0.74$；

② 有时在大气非常透明的地区，取 $T = 0.84$。

一些国家收集了其海岸线不同地区的大气透射率，这就能更准确地计算出灯光射程，使其更好地适应当地条件和用户要求。

(3) 大气折射

大气折射现象是由于从地球表面至最上层大气密度的递减引起的。这就造成光线经过大气斜向辐射至地面时被折射(或者弯曲)。

(4) 对比度

对比度是指觉察到目标与不一致的背景之间亮度差的能力，是基本的视觉要求。对比度用下列方程表示：

$$C = \frac{L_0 - L_B}{L_B} \tag{2-1}$$

式中 L_0—— 背景的亮度(cd/m^2)；

L_B—— 目标的亮度(cd/m^2)。

在一个给定的背景情况下，用 50% 的时间觉察到一个目标时的对比度称为临界对比度(阈值)。在气象观测时，为保证能够识别出目标，必须使用较高的阈值。IALA 已经采纳了把 0.05 的对比度值作为气象光学视距测量的基础。

(5) 视距

视距是目标与背景的对比度被大气降至观察者的对比度阈值时的最大距离，也就是航标灯的光能达到的最远距离。从航标上发出的光在远于某一距离后就看不到了，这有两种原因：一种是光的损耗，由于光的散开或在大气中的吸收或散射而使观察者感觉不到这样的光(在观察者眼睛上的照度降低至阈值以下)；另一种是光线被地球的球形表面所阻挡而到不了观察者的眼睛。

这样，视距可区分为两种：前者称为灯光射程，后者称为地理视距。一般说来，这两个数值并不一致。所以，航标的视距是受这两个值中较小者所限制的。例如，灯塔位置较低，该灯塔的灯光就不能在远距离上识别出来。另一方面，即使灯塔选择了很高的位置，若光源的发光强度低，由于光的损耗，灯在比较近的距离内也失去了可见度。所以，在设置一灯塔，选择位置高程和确定发光强度时，应对视距给予充分考虑。

(6) 地理视距

地理视距是在理想能见度条件下，仅受地球曲率、大气折射、观察者眼高、目标或者灯光的海拔高度等因素的限制时，目标或者光源能被看到的最大距离。

地理视距可用下式计算：

$$R_g = 2.03 \times (\sqrt{h_0} + \sqrt{h_m}) \tag{2-2}$$

式中 R_g—— 地理视距(n mile)；

h_0—— 观察者眼高(m)；

h_m—— 标志的海拔高度(m)。

注意：系数 2.03 考虑了大气折射。世界各地气象的变化可导致不同的系数，一些参考资料使用 2.08。

2.2.4 视觉航标助航特性分析

2.2.4.1 视觉航标白天助航特性

视觉航标通过标志表面颜色、标志或日标的形状和结构等蕴涵的航海含义，具备供船员在白天视觉条件下助航使用的要求。因此，显示和维持视觉航标的白天特性是保持视觉航标助航特性的主要方面之一。

(1) 标志颜色

视觉标志几乎全部加上颜色，这有两个目的：一是提高这一标志在白天的吸引力、能见度，使船员容易辨别位置；二是为传送航海信息而在视觉标志上加上颜色，例如加到浮标上的各种颜色。船舶驾驶人员就可以在白天知道这一标志的类别，按照航海提示信息安全航行。

除此之外大部分灯塔、灯桩使用了瓷砖、油漆或涂料，来修饰成在水面、天空和昏暗的背景下容易识别的白色。但是，有时为了更好地加以区分识别和提高视觉效果；有时在下雪地区到了冬季，由于积雪白天灯塔与地面一样白，灯塔被吸收到背景中，有可能看不见，这种情况下有的灯塔、灯桩往往做成红白、黑白横条纹的颜色。

白天，标志是否看得清楚，主要取决于灯塔、灯桩和背景的亮度差的大小，所以对灯塔和灯桩本身用亮度差大的双色涂料漆成横条花纹，则背景亮也好、暗也好，总有一方面的颜色看得清楚，但是，这种彩色的组合，是在助航标志有一定尺寸大小、可以看见时才有效。反之，如果助航标志各个区域面积小，视角也小，颜色识别就困难，特别是采用细的横条纹时，很有可能会损害整座航标的整体视觉效果。因此，应当把各个区域面积加大，并且分开后涂色，不使一种颜色过分突出。

红白、黑白，哪种组合好，还取决于助航标志的选址条件、观测条件等，但一般地说，红的吸引力大，而如果是背景，则黑色占了优势。目前用横条纹颜色的标志中，几乎有三分之二都采用了红白相间的颜色组合。

灯塔、灯桩的颜色花样组合不只限于横条纹，在有的航标上也有用竖条纹的，有的国家还有使用斜条纹的。

(2) 日标视距

对于用作视觉航标的日标，最理想的是要在尽可能远的地方可以看到和识别出来，为此，希望这些日标尽可能大些。另外，形状、颜色和设置的位置应适合。然而，实际上这些因素在很多情况下也受到各种条件限制。为了使这些因素尽可能得到满足，对日标有全面的了解也是必要的。

根据视角的大小，日标视距的处理方法分为以下两类：

① 日标尺寸较大，在远距离上能识别出是一个面。

② 日标显得较小(视角最大 1 毫弧度)。

在上述 ① 的情况下，这种日标的视距是由大气影响下的日标和背景的亮度对比度低至阈值而消失时的距离。这一距离能从下式得出：

$$C(0) \cdot 0.05x/v = 0.05$$

式中，$C(0)$ 是日标和紧挨着日标前面的背景天空之间的对比度。x 为视距，v 为气象能见度，而 0.05 是亮度对比的阈值。

在上述 ② 的情况下，下面的方程式可得出视距：

$$C(0) \cdot 0.05x/v \cdot \frac{d^2}{K^2} = 0.05 \tag{2-3}$$

其中，d 为日标一个边的平均长度，$K = 0.038$。

根据上述方程式计算出的日标视距计算图，能够十分方便地得出视距的概略值。

现在假设日标一个边的平均长度为 1m，日标和天空的亮度对比度为 3，这时的气象能见度为 4km，求视距。在标尺 d 上取 1，标尺 $C(0)$ 上取 3，连接这两点画一直线，取此线和交叉线上的交点及标尺 v 上的 4，并画一直线和曲线 x 的交点大约在 3km 处，这就是日标在这一条件下的视距。

关于对日标形状可识别性的探讨，如前所述，正三角形可识别性最好，然后是方形和圆形。关于这些形状的最大识别距离，在最典型的白色背景黑色日标组合情况下，对于正三角形一个边的视角大于 0.9 毫弧度时就能够识别出来，而对于方形和圆形则能看到方形的一边或圆形的直径的视角要大于 1.2 毫弧度时才能识别出来。无论如何，在这一情况下，达到形状识别阈值时的距离应小于达到亮度对比阈值的距离。在实际情况下，形状的识别距离也根据形状、颜色、照度情况、背景情况、大气情况等而有很大变化。

在《IALA 助航指南》(第四版) 中，IALA 对日标的使用视距提出了具体指标要求。IALA 提出，日标的尺寸应考虑最大有效视距和最低能见度条件来确定。用于导标的日标牌通常是具有垂直长边的矩形，矩形的高宽比是 2∶1。日标牌在不同能见度条件下典型的工作视距如表 2-1 所示。

表 2-1　日标牌的工作视距(n mile)

最小能见度(n mile)	日标牌的高度(m)				
	1.8	2.4	3.7	4.9	7.3
	日标牌的工作视距(n mile)				
1	0.5	0.7	0.9	1.0	1.1
2	0.6	0.9	1.2	1.4	1.5
3	0.6	1.1	1.5	1.9	2.1
4	0.7	1.3	1.8	2.3	2.7
5	0.8	1.5	2.1	2.7	3.3
6	0.8	1.6	2.3	2.9	3.6
7	0.9	1.7	2.4	3.3	4.0
8	0.9	1.7	2.6	3.5	4.2
9	0.9	1.9	2.8	3.8	4.5
10	1.0	2.0	3.0	4.0	5.0

关于对字母标志识别的探讨，以观测者看字母“E”的情况来分析，在观测者的视敏度为1.0时，他能以包角1′来察觉这个字母，当看两线条的边线间的间隔 W_1 和字的线条宽度 W_2 的视角都大于1′时，W_1 看来是分开的，从而可以识别出 W_2。也就是说，在观看整个高度的视角是5′时，字母“E”能够识别出来，这就是字母标志识别距离的基本原理。这能用以下方程式表示：

$$D_{max} = W/2.91 \times 10^{-4} \text{ 弧度}$$

其中，D_{max} 为最大易读距离(m)；W 为 W_1 或 W_2($W_1 = W_2$)(m)；2.91×10^{-4} 弧度是具有正常视力(视敏度为1.0)的观察者的分离阈值，相当于视角1′。

根据上式，例如一个字母“E”的 W_1 和 W_2 均为20cm。而高度为1m，能够在距离为700m左右处读出。这是在理想条件下，而在实践中选择字母的大小还应考虑字母和背景的亮度对比度和观察者的视力，以及大气情况来确定。判断字母标志的识别距离是较难解决的课题之一，因为此距离受到观察条件、字母字体、颜色和背景等的影响。根据经验，大写的字母若字母高度为字母组成线条的5倍，且观察高度视角为2毫弧度(约10.9′)则此字母能够读出。就是说，识别距离大约是字母高度的500倍。这是白色背景黑体字时的情况，应注意到，若颜色配合不同和字体有了变化，通常识别距离也将不同。

2.2.4.2　视觉航标夜间助航特性

视觉航标在夜间通过标志灯光强度(灯光射程)和灯光节奏、颜色等特性，为船员提供助航服务。

(1) 有效光强

一个以定光射到观测者眼睛上能达到照度阈值的光源，若以短持续时间做短暂闪光，则不能被感觉到而需要高得多的照度才能看到。观测者刚好能看到闪光时的射程，可用称之为闪光“有效光强”的参数术语来描述。肉眼虽不能分辨短暂闪光过程中射入眼睛的光通量的变化，但对评价灯光表观亮度的总视觉效果可以做出反应。特别是刚好看到闪光时，把它和在相同距离、相同条件下由同一观测者也刚好看到的定光进行比较，就可得到闪光有效性的量。在这些观测中获得了充分的一致性，因而可以使闪光有效光强的计算等效于在阈限观测到的定光光强。有效光强是按闪光和定光在阈值水平上等效的方法被定义的，不考虑阈值以上的水平量。

① 闪光有效光强的概念

在定光情况下，在一定位置测量可提供表示光强性能所需的全部信息。但是，如果光源是闪光或明暗光，或者光束发射装置是旋转的，那么对在一定位置的观测者来说，光强时时刻刻都在变化。通常这个变化是从零或接近零开始，经一系列定量的值再降到零。这样就形成一持续时间大体上有界限的“明”。如果明的持续时间明显少于相邻暗的持续时间，就称之为闪光。如果总持续时间不大于 0.3s，那么肉眼感到的是在闪光范围内视觉经历的总效果。在闪光范围内的总效果，或者用易于观测的闪光的表观亮度来表示，或者用刚好观测到的闪光的光强来表示，两者都是闪光范围内瞬间光强的函数。如果一闪光在某种条件下刚好被观测到，而光强为 I_e 的定光在相同距离、相同大气状况下也刚好被观测到，那么，就说闪光具有有效光强 I_e。当计算任何给定大气状况下的灯光射程时，必须使用该有效光强。

② 有效光强的计算

确定任一给定闪光的有效光强，根据瞬间光强随时间变化的函数处理。通常期望确定这种变化的形态，然后按比例绘制曲线，纵坐标为每一时刻的光强。IALA 推荐了三种计算有效光强的公式：

a. 施密特－克劳生(Schmidt-Clausen)法

$$I_e = \frac{J}{C + J/I_0} \tag{2-4}$$

式中 I_0—— 闪光过程中的峰值光强(cd)；

J—— 一次闪光的积分强度(cd · s)；

$$J = \int_{闪光} I \cdot \mathrm{d}t$$

I—— 瞬时发光强度；

C—— 视觉时间常数，夜间取 0.2s，白天取 0.1s。

对于较长的闪光，像由旋转光束所产生的闪光，用下式表示有效光强更方便：

$$I_e = \frac{I_0 \cdot \tau}{C/F + \tau} \tag{2-5}$$

式中 τ—— 闪光的总持续时间；

F—— 形状系数；

$$F = \frac{\int_{t_2}^{t_1} I(t)\mathrm{d}t}{I_0(t_2 - t_1)} \tag{2-6}$$

t_1—— 闪光开始的时刻；

t_2—— 闪光终止的时刻，故 $\tau = t_2 - t_1$。

b. 阿拉尔(Allard)法

$$I_e = J/A$$

式中 A—— 视觉时间常数，夜间取 0.2s。

c. 布朗德尔 - 雷伊 - 道格拉斯（Blondel-Rey-Douglas）法

$$I_e = \frac{\int_{t_2}^{t_1} I(t)\mathrm{d}t}{a + t_2 - t_1} \tag{2-7}$$

用于单闪，公式可改写为：$a \cdot I_e = \int_{t_2}^{t_1} [I(t) - I_e] \cdot \mathrm{d}t$

式中　$I(t)$—— 瞬时光强 I 随时间 t 的变化；

a—— 视觉时间常数，夜间取 0.2s，白天取 0.1s。

由于上述三个公式的结果只是稍有不同，且在现阶段要证明哪一个最准确也是困难的，为统一和便于使用，IALA 提出了如下应用建议：

a. 计算节奏闪光不少于每分钟 300 闪（IALA 推荐的灯质中没有更高的频率）的有效光强使用施密特 - 克劳生法。有些情况下用阿拉尔法更方便。

b. 若节奏闪光的光质中包含有不同形式的闪光和可见度，则采用各个有效光强中的最低值。

c. 若瞬时发光强度根据时间的变化关系不能测得，则可用以下公式计算：

$$I_e = \frac{I_0 \cdot \tau}{a + \tau} \tag{2-8}$$

其中，a 为视觉时间常数，由遮蔽或明灭光学系统产生的闪光时，夜间取 0.2s，白天取 0.1s；由旋转光学系统产生的闪光时，夜间取 0.3s，白天取 0.15s。航标上节奏灯光的“灯光射程”必须用按上述方法获得的有效强度进行计算。

③ 灯光通过色罩、灯罩后有效光强的计算

航标使用中常用到色罩、灯罩，为了方便进行灯光通过色罩、灯罩后有效光强的计算，在交通部行业标准《航标灯光强测量和灯光射程计算》（JT/T 730—2008）中，灯光通过色罩（如滤色玻璃、有色透镜、有色灯泡）或灯罩（如灯壳玻璃、塑料罩壳）时，灯光将会衰减，其衰减后的有效光强可通过以下计算获得：

$$I_f = bcI_e \tag{2-9}$$

式中　I_f—— 衰减后的有效光强；

b—— 色罩的透色比，一般红色和绿色罩取 0.2，黄色罩取 0.6，通过色罩的灯光颜色，其色坐标应在规定的色度区内；

c—— 灯罩的透射比，一般玻璃取 0.85，塑料取 0.9。

（2）灯光射程

灯光射程是在给定时间观察者眼睛能够看见给定灯光信号的最大距离，它由当时的气象能见度决定。灯光射程不考虑海拔高度、观察者眼高或者地球曲率。

标称灯光射程是气象能见度为 10n mile 的灯光射程，10n mile 的气象能见度相当于大气透射率 $T = 0.74$。标称灯光射程一般用于官方文件，例如海图、灯标表等。标称灯光射程是指观察灯光时假设灯光面对黑暗背景、无背景灯光。

灯光射程主要受四个因素制约：

① 航标灯的发光强度；

② 大气透射率；

③ 观察者眼中光照度的阈值；

④ 航标灯的背景情况。

在这些因素中，除了灯的发光强度以外，所有其他条件都不是稳定的，而是根据天气、地区、时间和其他因素而有变化。所以，不可能得出符合所有这些情况的灯光射程，为此，使用了一种以灯的发光强度、特定大气透射率和特定观察者眼中光照度的阈值为依据的计算灯光射程的公式：

$$E = \frac{I \cdot T^d}{d^2} \tag{2-10}$$

式中　E—— 观察者眼中照度的阈值(lx，夜间为 0.2mlx)；

I—— 灯的发光强度(cd)；

d—— 灯光射程(n mile)；

T—— 大气透射率(取 0.74)。

或者 $I = 3.43 \times 10^6 \cdot E \cdot d^2 \cdot T^{-d}$。

为了统一各国在灯光射程上的标注方法，IALA 出版了关于航标灯光强度和射程标注方法的建议，并提供了标称灯光射程和发光强度之间的转换，如表 2-2 所列。

表 2-2　标称灯光射程和发光强度之间的转换

标称灯光射程(n mile)	发光强度(cd)	标称灯光射程(n mile)	发光强度(cd)
1	0.9	12	3600
1.5	2.4	13	5700
2	5	14	8900
2.5	9	15	14000
3	15	16	21000
3.5	24	17	32000
4	36	18	49000
4.5	53	19	73000
5	77	20	110000
6	150	21	160000
7	270	22	240000
8	480	23	360000
9	820	24	520000
10	1400	25	770000
11	2200	26	1100000

(3) 闪光节奏特性

① 闪光方法

航标灯光的闪光方法是识别助航标志性质的重要因素。早期航标没有使用灯光明暗闪光的技术手段，因而大多使用定光发光。当时，由于水上航标灯数量不多，它也就充分发挥了作为航海标志的作用，但随着陆上灯光等的增加，加上水上灯塔、灯桩等航标数量的增加，对都采用定光的不同航标进行识别就变得困难起来。

随着应用技术的进步，首先考虑在灯光上加上各种颜色进行识别，再发展到把定光做成明灭的闪光等方法。现在，大量的视觉航标都使用了各种闪光、明暗光等不同闪光节奏，此外还增加使用有色光。

航标灯光的发光方法，长期以来都是由各国的航标管理当局自行决定的，因此每个国家都使用了非常多的不同的闪光节奏，当船驶过不同国家的水域时，船员会因为灯光的特性难于理解或识别，或因存在太大的差异而困惑，给船员使用带来很多不便，各国都认为这种闪光节奏最好在国际上能够有统一的规则。于是，IALA 于 1979 年发表了关于灯光灯质的建议。后来，在实施水上浮标制式中进行了完善，又于 1982 年和 1998 年再次发布了《IALA 关于航标灯的节奏特性的建议》，要求各国尽早采用。在实际使用中，由于定光不易识别，常常不被承认为航标灯光，因此使用中需要特别注意，特别是国际上禁止在浮动标志上使用定光灯光。对于每一座助航标志，应在设置时，重点考虑所赋予的闪光节奏应不会跟附近相邻设置的已有标志产生误认。

近年来，新的发光方法也在不断应用中，为提高相邻的几座灯光标志的识别性，根据需要采用了使这些灯光同时发光、同步明暗的设备，也就是俗称的同步闪光方式。

② 节奏特性

为了在全球范围内协调航标灯的节奏特性，并适当地参考了国际航标协会水上浮标制度的内容，IALA 制定了航标灯的节奏特性建议。主要考虑以下因素：

a.时间上的考虑

灯熄灭之后，灯光的视觉保留时间可达到 0.15s，连同白炽和变黑的时间，对确定灯光明的持续时间有很大影响。根据环境情况，如果在节奏特性中暗的持续时间特别短，以上事实就很重要。

有关部门应把所有快闪和甚快闪灯光的速率分别设定为每分钟闪 60 次和 120 次，或每分钟闪 50 次和 100 次。最好设定前一种速率，后一种速率的设定适用于使用带纱罩的浮标灯。因为实际上这种灯的白炽和变黑时间加在一起很难达到每分钟闪 120 次的速率，管理部门必然会选择两种速率中慢的一种为甚快闪灯的速率，快闪灯的速率也必须选择两种速率中慢的一种。这样做是为了使他们使用的快闪和甚快闪节奏可分辨。超快闪光灯的重复速率不能超过每分钟 300 次，因为在一些环境下以过快速率闪光结果与定光灯看起来很相似。

只有当速率间明暗之比至少是 3∶1 时，才容易辨出不同速率的闪光。如果达不到这个比例，对同一地区同一颜色的闪光、快闪光、甚快闪光、超快闪光要正确而敏捷地辨认出来，就需要特别注意。如果可能，还应在灯光特性中设定某种差异，如使周期明显不同或在联闪中的闪光次数不同。

术语“长闪光”指灯光的明的持续时间不少于 2s，是用来描述长闪灯和表示南方位标的灯光特征。术语“短闪光”通常不用，因而也没有在分类中出现。航标主管部门要辨别两种闪光灯，其区别只是闪光的持续时间不同，比较长的闪光称为“长闪光”，持续时间不应少于 2s；比较短的闪光称为“短闪光”，持续时间不应超过长闪光持续时间的三分之一。

b.颜色混淆

白色灯光和黄色灯光之间会产生混淆，因此在选择黄色灯光的节奏特性时一定要记住这一灯光的颜色可能被误认为白色。闪光持续时间极短的绿色可能会被误认为白光灯（或蓝光灯)。因此,如果在节奏特性中闪光的持续时间特别短,航标主管部门应注意使绿光灯的颜色在最大需用距离上能被清晰地辨别出来。建议航标主管部门对绿光灯应避免选择速率快的节奏。

2.3　航标灯同步闪技术

航标灯同步闪技术,是通过调整及改变航标灯光的节奏,形成同步闪烁链,提高航标灯光的醒目度,为夜间船舶提供更加清晰明了的航道界线。这对于解决内河航道航标灯光背景复杂、驾驶人员辨认困难等问题,使船舶夜间安全航行得到保障和更加快捷的服务,具有十分重要的作用和意义。

2.3.1　国内外航标灯同步闪技术现状及分析

2.3.1.1　国内外技术现状

自20世纪90年代起,世界各国开始在航标上使用同步闪技术,根据2006年国际航标协会(IALA)大会统计,目前共有47个国家和地区的航标灯上采用同步闪光装置。使用同步闪光航标灯比较成功的国家和地区主要有:

(1) 英国英格兰海事局和美国海岸警备队均对其所管理航道采用GPS同步闪光的航标灯,以提高助航标志的醒目程度和实时效果。

(2) 新加坡:由新加坡海事管理局牵头,结合航标灯远程遥测监控,采用GPS同步方式来实现主航道和私人游船码头进港航道助航标志的同步闪光。

(3) 日本:2001年在12n mile长的进港航道9处航路布设航标灯同步闪装置。左右侧闪动频率一致。

(4) 中国台湾:2005年开通的“厦门 — 金门”航道台湾一侧,采用GSM的遥控系统,使用GPS方法实现主航道航标的同步闪光。

(5) 俄罗斯:乌苏里航道岸基导标标志采用有线同步的方法,使用同步闪光航标灯。

(6) 我国广东省沿海航道在2004年开始应用GPS授时同步闪技术,利用不同光源使用同步闪技术标示主航道航路及小轮航路。

2.3.1.2　国内外技术分析

实现航标灯同步闪光的技术方式有:有线同步技术、智能无线传输技术、GPS授时技术等。

有线同步技术:利用单片机技术,采用有线连接方式,实现航标灯闪动同步。这种有线同步方式成本昂贵,维护量大,只能在岸上的固定航标上使用,未得以普及。

智能无线传输技术:利用信号发射器和信号接收器,实现多个航标灯信号传输方式。这种技术虽然具有传输速率快,对信号接收性能要求不高等优点,但只能在有限范围内传输,应用也受到限制,可靠性还需进一步研究,不便于大规模使用。

GPS授时技术:采用GPS射频模块接收和发送信号,利用编码器调节时钟,实现多个灯光同步。此项技术对信号传播距离没有限制,抗干扰强,同步误差较小。但该技术同样在某些方面存在局限性,其核心是信号接收,即接收信号过程中不能有物体遮挡,对某些特定环境的应用,如山区峡谷,会出现接收信号差、同步有误差等问题。在天气异常时,如出现暴风天气，存在着信号不同步情况。但总的来说，这种技术在实现方式上比较灵活，具有投资较少、建设周期短、运行维护简单等优点，而且适合在较广范围内应用。

GPS授时技术的出现和应用为内河航道中航标灯的亮/灭同步闪烁显示功能带来新的生机，这种技术正推动着航标领域技术进步，已在国内外航标行业中开发出了前景极其可观的应用，因此GPS授时技术在内河航标领域中的应用将是一个必然趋势。

2.3.2 GPS授时航标灯同步闪技术

2.3.2.1 GPS授时模块设计

采用微处理器和标准时钟模块开发和研制的航标灯同步闪装置，使多个灯器能够在同一时间灯光闪动处于亮灭状态(相同灯质)。航标灯GPS授时同步闪电路基本工作原理，见图2-20。

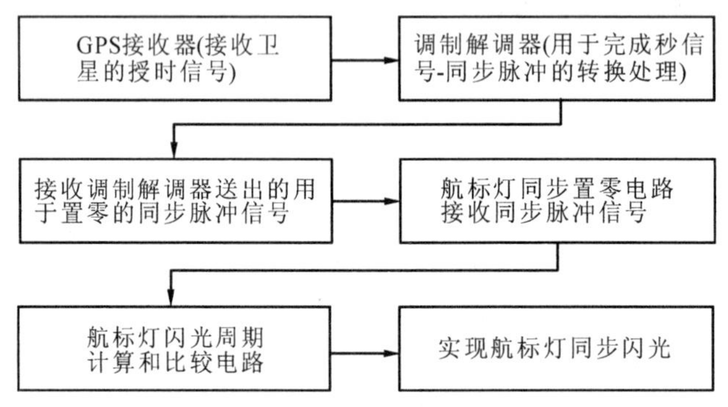

图2-20 航标灯GPS授时同步闪电路基本工作原理

GPS授时模块技术原理为在接收卫星数达到三颗以上时，即开始工作。本书采用格林尼治标准时间(UTC)模式，通过时间编码器校准时间，使授时模块内部晶体振荡器(TCXO)输出频率锁定在GPS信号上，从而提供高精度的时间及频率信号。即按照航标灯质运行周期要求在有效时间实现多个航标灯同一时刻闪光。

2.3.2.2 时间控制模块设计

引进单片机技术，以Philips的0.35μm嵌入式Flash技术制造芯片，使电压在2.4～3.6V。同时排除电磁干扰(EMI)。同时使航标灯同步闪装置工艺达到了8KB的Flash存储器，可实现应用中编程(IAP)/在系统编程(ISP)和快速的2ms页编程/擦除周期。时间控制模块设计框架图见图2-21，信号传输电路框图见图2-22。

2.3.2.3 GPS授时模块软件设计

本电路设计时采用GPS授时同步控制电路与灯器控制电路分块设计，当同步控制电路由于某种原因失灵时，不影响灯器控制电路的正常闪光，能保证灯器正常工作。GPS授时同步控制软件设计流程图见图2-23。

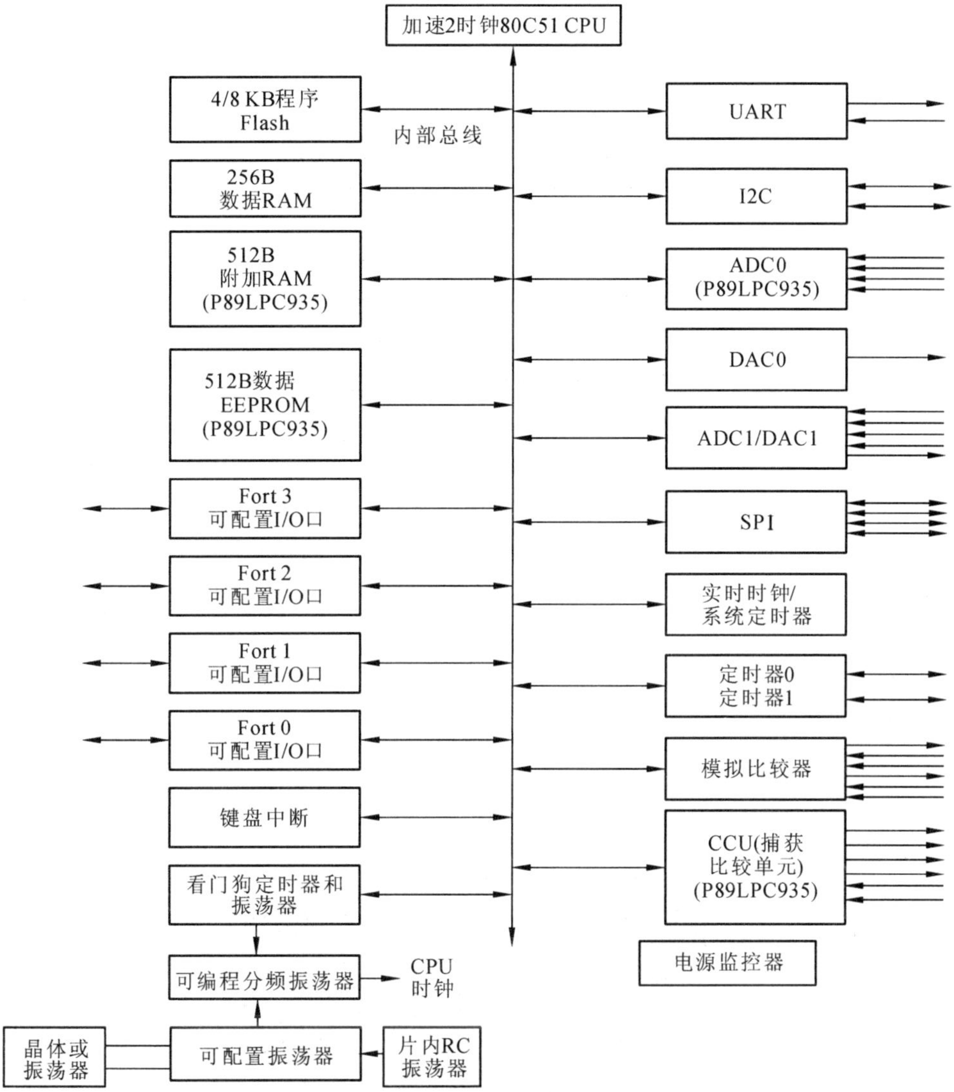

加速2时钟80C51 CPU
4/8 KB程序 Flash
内部总线
256B 数据RAM
512B 附加RAM (P89LPC935)
512B数据 EEPROM (P89LPC935)
Fort 3 可配置I/O口
Fort 2 可配置I/O口
Fort 1 可配置I/O口
Fort 0 可配置I/O口
键盘中断
看门狗定时器和振荡器
可编程分频振荡器
CPU 时钟
晶体或振荡器
可配置振荡器
片内RC振荡器
UART
I2C
ADC0 (P89LPC935)
DAC0
ADC1/DAC1
SPI
实时时钟/系统定时器
定时器0 定时器1
模拟比较器
CCU(捕获比较单元) (P89LPC935)
电源监控器

图 2-21 时间控制模块设计框架图

CZ1
COM1
PC_RXD
PC_TXD
VCC
C1 104
C2 104
C3 104
C4 104
U1
VCC V+ V− GND
C1+ C1− C2+ C2−
T1OUT T1IN
R1IN R1OUT
T2OUT T2IN
R2IN R2OUT
MAX3232
U2
VDD VSS TXD RXD
LPC900

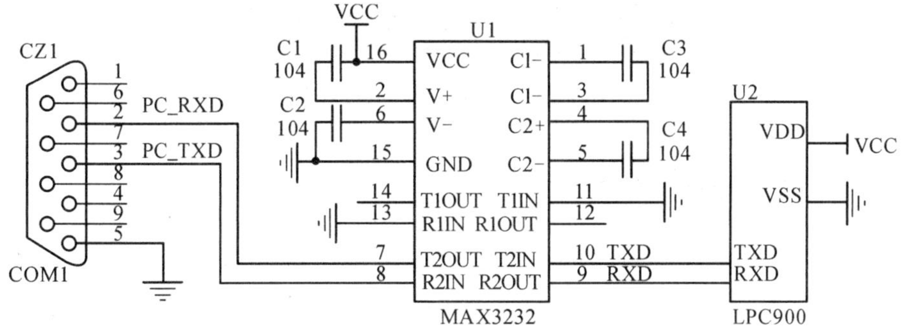

图 2-22 信号传输电路框图

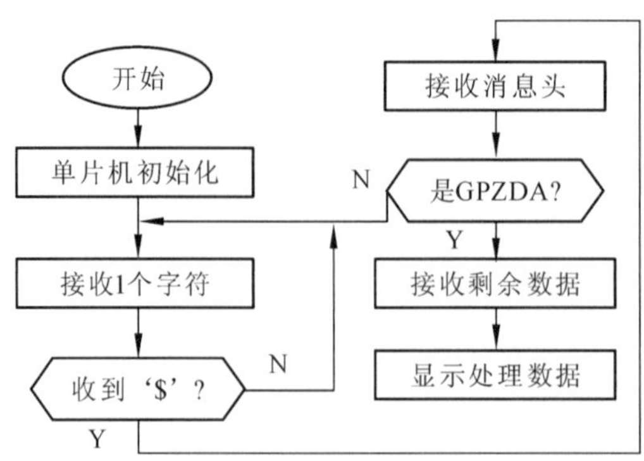

图 2-23　GPS 授时同步控制软件设计流程图

2.3.2.4　应用实例

在南京三桥桥区航道 10 座浮标上安装 GPS 授时航标灯同步闪装置，夜间灯光采用单闪，闪光周期为 4s(明 0.5s＋暗 1.0s＋明 0.5s＋暗 2.0s)。测试结果如表 2-4 所列，已满足了同步闪航标灯的各项指标，达到预期的设计目标。航标同步闪试验效果如图 2-24 所示。

表 2-4　航标同步闪测试结果

	$HB200C_{120}$ TBS 型	$HB155C_{16}$ TBS 型
工作电压	6V	12V
非工作状态静态电流	25mA	25mA
工作状态静态电流	70mA	80mA
日光阀灵敏度	200 ～ 300lx	200 ～ 300lx
同步误差	≤ 1ms	≤ 1ms
同步起始时间	1min	1min

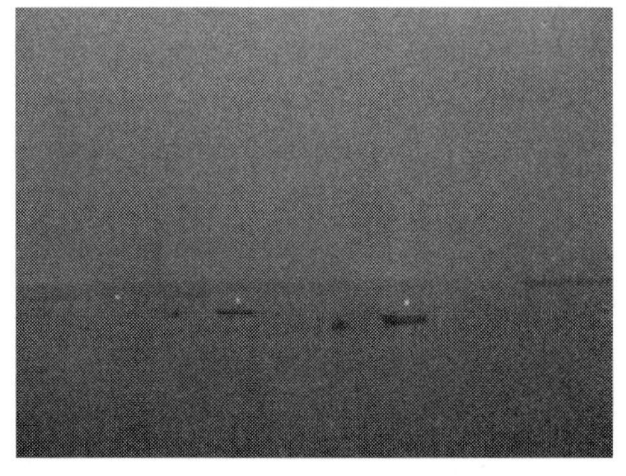

图 2-24　航标同步闪试验效果

2.4　航标遥测遥控技术

航标遥测遥控系统是近年来随着计算机图形处理、数字通信以及卫星定位三大支撑技术的发展与普及而迅速兴起的航标管理新技术应用成果，它是集 GPS、无线通信技术、电子航道图为一体的现代化航标维护管理平台，是实现数字航道的航道动态数据采集的基础性建设内容。

2.4.1 航标遥测遥控系统作用

建设航标遥测遥控系统的目的是以本系统为平台，建立航标设备运行信息数据库，实现对航标设备故障的快速定位和及时恢复，提高航标正常发光率和完好率、降低航标运行管理费用、促进航标管理现代化、提高航道服务质量的总体目标。其作用如下：

（1）建立航标设备运行信息数据库

航标遥测遥控系统以定时、事件记录方式，采集航标设备运行参数，建立实时动态数据库，为航标管理部门全面掌握航标运行状态，评估航标设备状况，分析航标设备故障原因提供基础信息。

（2）确定航标设备故障

系统依据航标设备运行参数的变化情况，对航标设备运行参数超限、开关动作失灵等异常情况进行自动预报及报警，提示管理人员采取相应措施。

（3）提高航标正常发光率和完好率

在迅速、及时确定航标设备故障报警的基础上，航标管理部门可对设备故障状况做出快速反应，从而缩短设备维修时间，提高航标设备可利用率。

（4）降低航标维护费用

航标管理和维护人员可以利用系统的遥测遥控功能，对航标设备进行遥测遥控，及时掌握航标设备的实时状态数据，通过数据分析预先发现问题，预见航标的异常情况和时间，合理调配人力、物力，做到有计划、有针对性地对航标设备进行维护和检修，减少设备巡检次数，延长巡检周期，从而降低航标设备的维护费用，将传统定期巡标模式转变为状态巡标、故障巡标。

（5）促进航标管理现代化

在航标运行信息数据库的基础上，按照航标管理部门或主管部门所需的各类报表及资料汇总航标信息，通过计算机网络传送至指定用户，促进航标信息管理工作的标准化和规范化，提高航标设备的管理质量，最终实现提高船舶航行的安全保障能力。

（6）发布数字化航标信息

以航标运行信息数据库为基础，为“数字航道”提供实时航标动态信息，实现航标信息发布的现代化。

2.4.2 航标遥测遥控系统架构

根据我国现行航标管理体制，航标遥测遥控系统总体拓扑结构如图 2-25 所示。航标遥测遥控系统分为三层，即航标遥测遥控监控中心、监控分中心以及数据采集终端。监控分中心数量可根据实际情况设置。

航标遥测遥控监控中心负责从监控分中心采集航标设备运行信息，对数据进行存储、显示、处理、报警，编辑、生成、存档、打印和报送航标管理所需的各类报表。在监控中心数据库能够实现系统与系统间的数据共享，并可以为国家航标监测系统提供航标运行信息。在监控中心的网络数据服务器可以为相关部门提供 IE 浏览服务功能（需身份确认）。

监控分中心负责从航标采集终端采集航标运行信息，对数据进行存储、显示、处理、报警，编辑、生成、存档、打印和报送航标管理所需的各种报表，并按时、按需向航标遥测遥控监

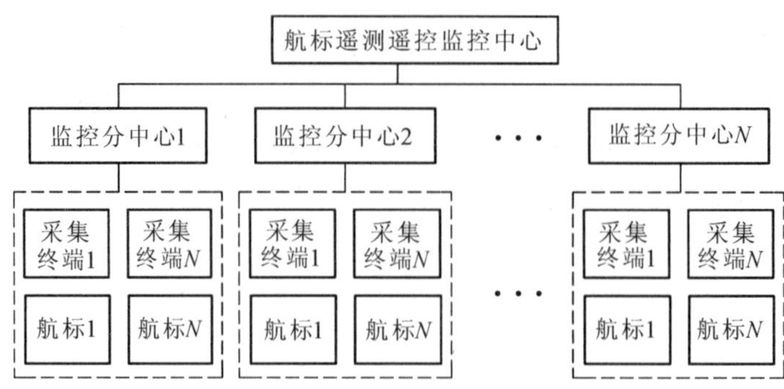

图 2-25 航标遥测遥控总体拓扑结构图

控中心上报航标设备运行信息。通过监控中心的授权，在监控分中心可以通过图形化人机界面，监视、查询航标设备运行信息，并可向各航标采集终端发送遥控指令，以检查、控制航标的运行状态。

航标采集终端是航标遥测遥控系统的基础数据采集平台，负责采集、控制并发送航标设备的运行参数，执行监控中心下达的遥控指令。

通信系统是航标遥测遥控系统的重要组成部分，本书采用 AIS、ZigBee、315MHz 通信模块以及 GSM/GPRS/CDMA 多种网络联合的通信系统，充分发挥各通信网络优势，取长补短，为整个系统提供一个运行安全、可靠、经济的通信系统。同时，根据安装的实际情况通信结构可以灵活改变，以满足内河航道狭窄、弯曲的特点。通信网络结构图如图 2-26 所示。

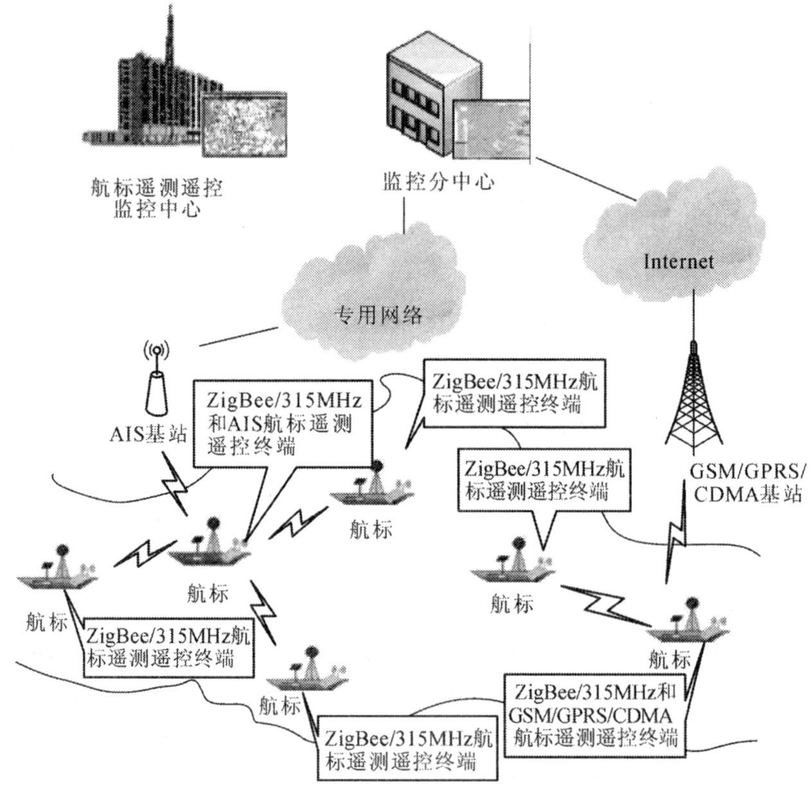

图 2-26 通信网络结构图

2.4.3 航标遥测遥控终端设计关键技术

航标遥测遥控终端 RTU 是集 GPS、GPRS/GSM 于一体的低功耗系统，主要包括 CPU 中央控制模块、数据存储模块、定位模块（GPS 或北斗 2 代 /GPS 双模）、通信模块（GSM/GPRS 或 CDMA）、碰撞告警模块、电压电流检测模块、检测系统接口模块、工作状态指示模块、扩展模块（AIS/ 传感器采集）、RS485 总线扩展模块、温度采集模块、电源模块等构成。RTU 与航标灯嵌入控制器通过 RS485 信号线连接，其主要功能包括实时采集、监控航标灯运行参数，同时监测太阳能电池板状态、蓄电池状态、航标位置信息，并定时回传状态信息，响应远程控制命令，自动报警等，如图 2-27 所示。

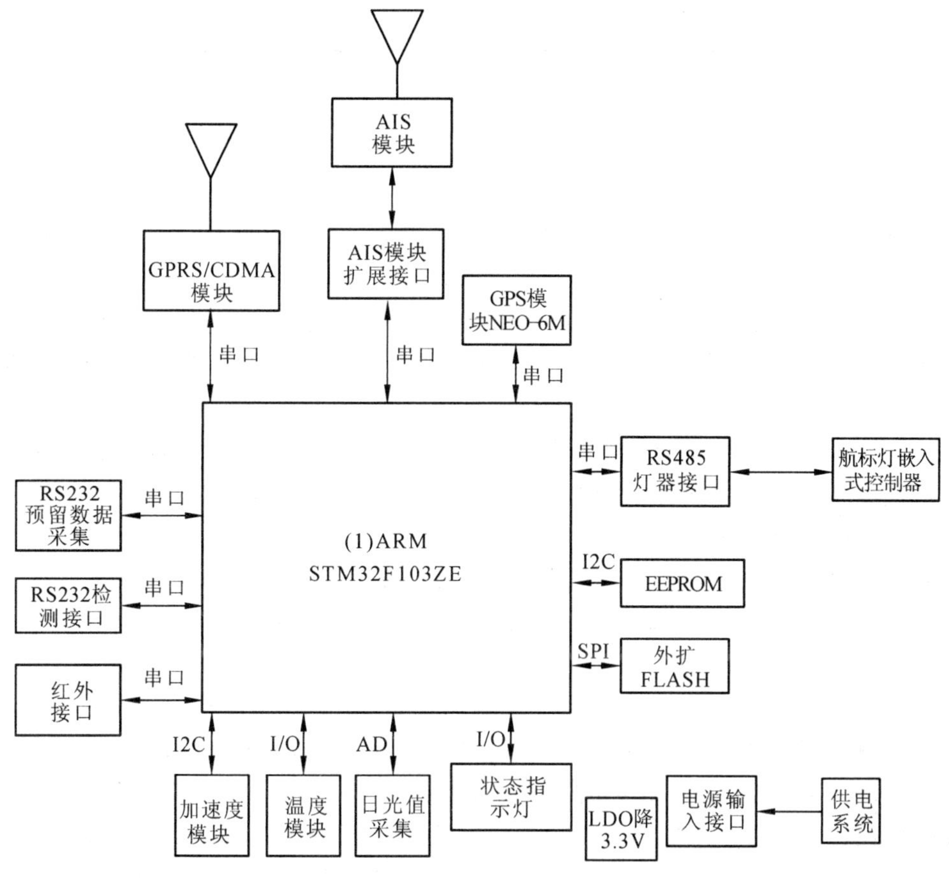

图 2-27 航标遥测遥控终端 RTU 结构框图

航标遥测遥控终端设计关键技术如下。

2.4.3.1 太阳能充电管理

由太阳能板的输出特性曲线可知，太阳能电池的伏安特性具有很强的非线性。对于一块太阳能板，当日照强度发生变化时，其输出的开路电压不会有太大变化，但是其产生的最大电流将会有很大的变化。而在日照强度不变的情况下，太阳能板的输出特性近似于一个恒流源，其输出电流的强度变化很小，但是输出电压将会随着负载的变化而有所变化。特性曲线如图 2-28 所示，该图中上边的曲线为太阳能板输出的伏安特性曲线，下边的曲线为太阳能板在该输出电压下所对应的输出功率曲线。

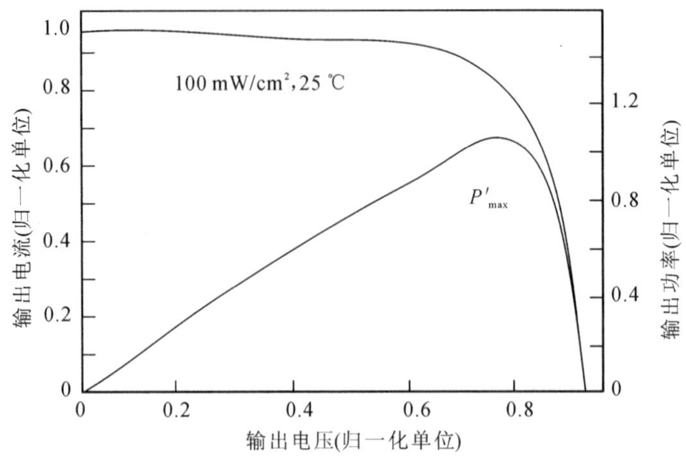

图 2-28　太阳能板输出伏安特性曲线

在现有的航标灯设备上，其使用的太阳能电池板的开路电压为 7.2 ～ 10.7V，而所选取的充电电池为 4.2V 锂电池，其使用的电压范围为 3.0 ～ 4.2V，一般正常的使用范围在 3.5 ～ 4.2V。如果以将太阳能板直接与锂电池相接这种形式充电的话，太阳能板的输出电压点在图 2-28 中电压归一化后 0.5 ～ 0.6 的位置(3.5V/7V ＝ 0.5，4.2V/7V ＝ 0.6)，该功率输出点距离最大功率点还相差 30％ 左右。

航标灯内嵌控制器通过调节 PWM 的输出占空比，达到调节太阳能板的输出负载的作用，从而实现太阳能板的最大输出功率，使太阳能板的充电效率提高约 20％。

现在使用的充电方案具有以下几个特点：

(1) 充电管理电路的供电，完全由太阳能电池板提供，不消耗锂电池的电量；

(2) 充电管理电路所消耗的电流特别小，其消耗的最大工作电流为 20mA；

(3) 充电效率比较高，最大可以达到 92％ 左右。

2.4.3.2　功耗节能设计

遥测遥控终端 RTU 通过核心主控模块、航标灯器板电源管理模块以及合理的软件设计，可以组合实现正常工作和休眠省电等多种工作模式。当 RTU 处于正常工作模式时，GPRS/3G 模块、GPS 模块和 ARM 处理器均处于正常工作状况。当太阳能遥测遥控一体化航标灯处于休眠省电模式时，GPRS/3G 模块、GPS 模块处于间歇停止运行的状况，但停止期处于发送周期或采集周期的间歇期，基本不会察觉 RTU 处于休眠省电的运行模式。比如，当每次 GPRS/3G 数据发送完成后才停止 GPRS/3G 模块的工作，直至下次数据发送前再恢复 GPRS/3G 模块的工作。这样的设计不仅大大降低了 RTU 的能耗，同时也满足了复杂的数据采集和报警检测的需求。

在航标灯内嵌控制器方面，白天航标灯不需要亮时整个航标灯器板工作在 1MHz 频率下，仅当夜晚灯需要开启时才工作在 16MHz 频率，如此能有效降低整板功耗；另外在满足灯质正常运行的情况下，对 GPS 实行间歇工作管理机制，每隔 1h 开启一次 GPS 进行系统时间同步。

2.4.3.3 北斗/GPS双模

考虑到实际使用需求，在太阳能遥测遥控一体化航标灯的设计中，兼容了GPS和北斗两种定位方式，可以根据用户要求很方便地由GPS模块升级为北斗/GPS双系统模块。

依据实际的需要，为了防止GPS模块工作时出现不可预料的异常情况，在航标遥测遥控终端RTU中，GPS模块的电源设计为受控于ARM主芯片，通过I/O方式来控制GPS模块。这样的设计也能够保证当航标遥测遥控终端RTU处于休眠省电模式下，不需要使用GPS模块工作的时间段内容，能够将GPS模块的电源完全关闭，尽可能地降低RTU的功耗，达到节能目的。

2.4.3.4 电气保护

(1) 防雷保护

天线馈线接口处加装天馈避雷器，天馈避雷器采用串联的方式与天馈信号传输线相连接，然后再与地网相连接。如图2-29所示。天馈避雷器的额定放电电流为5kA，最大放电电流为10kA。满足放电电流大于或等于5kA的指标要求。

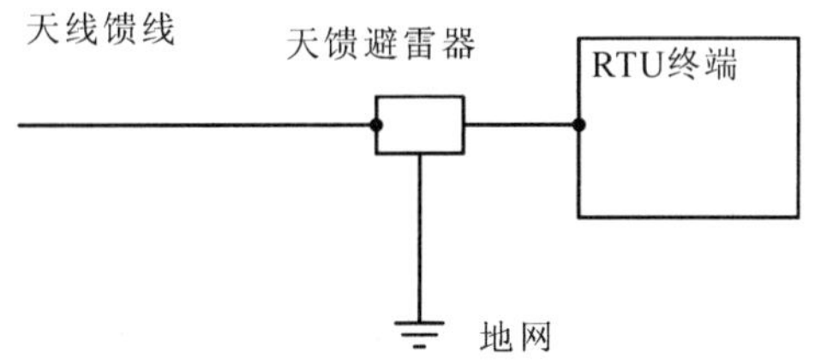

图2-29 天线防雷接线图

整个航标灯内嵌控制器内置在航标灯内壳中，无外接天线，因此在天线接口处只做了ESD防静电保护，可以防止3kV的静电；在航标灯器板的锂电池电源入口处以及航标灯器板的太阳能电源入口处，都增加了大容量600W的TVS，用于防止由于雷电感应而导致太阳能板以及锂电池上产生的浪涌，避免其对整个电路产生干扰危害。

(2) 处理器I/O保护

在电路中，单片机AD采样的I/O是比较容易受到损坏的，为了保护AD口，提高单片机的稳定性，在每个采样电路后，进入I/O口AD采样前，都增加了一级运放跟随电路(图2-30)，在降低AD采样电路输入阻抗的同时，对各AD也起到了隔离保护的作用。

2.4.3.5 碰撞检测

在通常情况下，浮标受到风力、水流等的驱动，会产生不规则的运动，水上船舶有时会撞击到它，造成位置偏移和损坏，因此必须能够及时发现浮标受撞击的事件。当浮标受到撞击时，由于受到某个方向的作用力其运动状态将发生变化，产生该方向的速度和加速度。

当然，浮标受撞击时产生的速度和加速度的大小和方向除了与撞击的作用力的大小、方向有关之外，还应考虑系链、水的阻力，浮标变形，同时浮标系有沉石，都会改变浮标被撞击后的运动，可见，浮标受撞击的运动状态是比较难以准确地用模型来描述的。因此，采用以GPS测量浮标的速度和用一个加速度传感器测量浮标的加速度来联合判断是一种比较理想的方法。如图2-31所示，通过设计两个滑窗来对测量的速度和加速度进行滤波处理，当浮标的速度和加速度均超过设定的门限时，判决浮标被撞击，发出撞击报警信息。

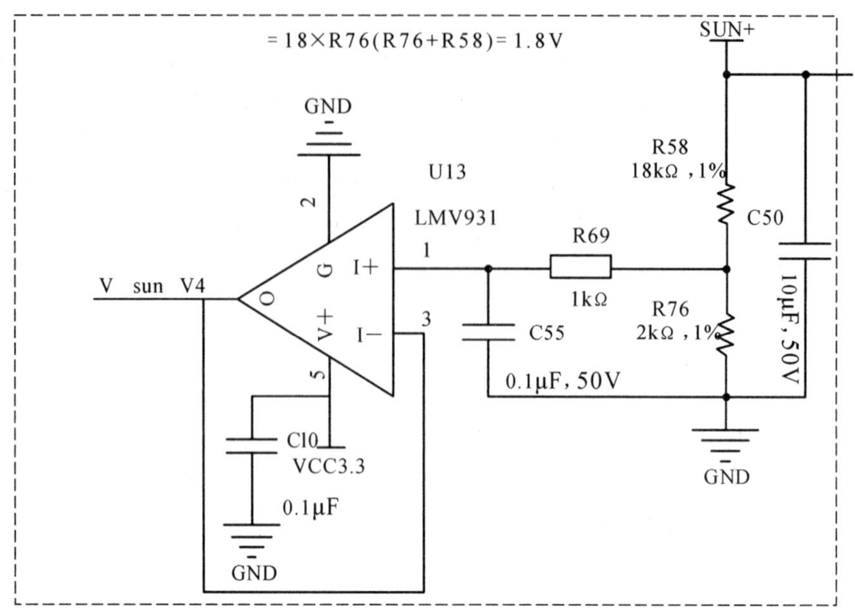

图 2-30　I/O 保护电路

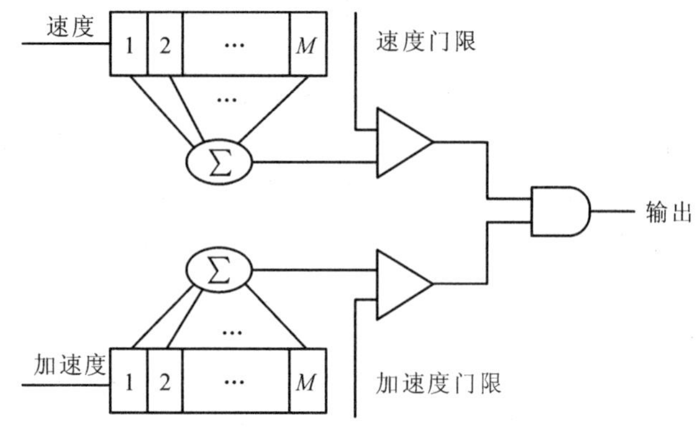

图 2-31　浮标受撞击的判断模型

2.4.3.6　通信系统组网模式

通信系统是航标遥测遥控系统的重要组成部分，可采用 AIS、ZigBee、315MHz 通信模块以及 GSM/GPRS/CDMA 等多种网络联合的通信系统，充分发挥各通信网络优势取长补短，为整个系统提供一个运行安全、可靠、经济的通信系统。在航标遥测遥控系统中，首先在小范围内(≤10个航标)采用ZigBee或315MHz通信方式航标组网将信息集中，再采用AIS或 GSM/GPRS/CDMA 方式将信息通过陆上基站送往航标监控中心。因此，其组网模式包括 ZigBee 与 AIS 组合、315MHz 与 AIS 组合、ZigBee 与 GSM/GPRS/CDMA 组合、315MHz 与 GSM/GPRS/CDMA 组合等四种模式。多网络组合节点的航标终端同时选用对应的通信板，如 315MHz 与 AIS组合时，多网络组合节点的航标终端同时选用 315MHz 通信板和 AIS 通信板。而单一网络节点的航标终端则选用对应的通信板。

ZigBee 或 315MHz 与 AIS 组合方式的优势在于网络内所有航标信息均可以通过 AIS 航

标采用AIS标准报文发送，为过往船舶与航道管理部门提供航标信息。此方案根据内河航道特点，在不需要航道内每一航标都安装AIS的情况下，利用少量的AIS航标转发周边的航标信息，极大地降低了系统投资成本与功耗。

ZigBee或315MHz与GSM/GPRS/CDMA组合实质上是对GSM/GPRS/CDMA网络的延伸，在GSM/GPRS/CDMA网络信号好的地区采用GSM/GPRS/CDMA航标，而在网络盲区或信号差的区域采用ZigBee或315MHz通信模块航标组网，将航标信息传送至网络信号较强区域再通过GSM/GPRS/CDMA航标转发到航标遥测遥控中心。

2.4.4 航标遥测遥控系统软件设计

航标遥测遥控系统软件主要实现对采集的数据的管理，如存储、显示、处理、报警，编辑、生成、存档、打印和生成报表。监控分中心可以通过图形化人机界面实现对航标设备的监视、查询遥控，并按时、按需向航标遥测遥控监控中心上报航标设备运行信息。航标遥测遥控监控中心可对各监控分中心的数据进行统一存储、处理、显示，及对各分中心发送授权指令。航标遥测遥控监控中心数据库能够实现系统与系统间的数据共享，可以为AIS、VTS、船舶动态监控以及船舶自动导航等系统提供航标信息服务。

系统整体包括电子航道图显示管理系统、通信伺服系统、数据与系统管理系统和业务管理系统等几大模块。同时，该系统允许根据实际需要，添加或删除相应的子系统。系统整体结构图如图2-32、图2-33所示。

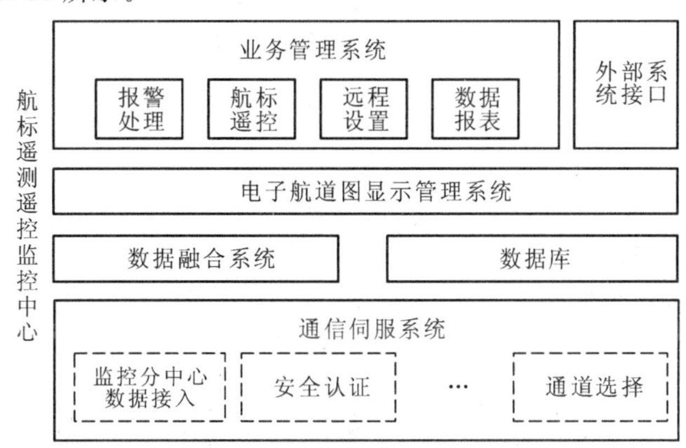

图2-32 航标遥测遥控监控中心系统软件结构图

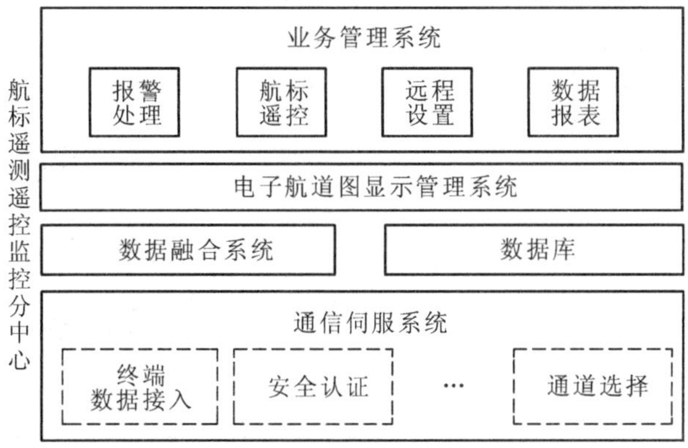

图2-33 航标遥测遥控监控分中心系统软件结构图

(1) 电子航道图显示管理系统:以电子航道图作为可视化电子显示平台,展示航标的动态位置信息及变化,通过其可对航标终端进行设置、发送命令及查询实时工作状态和工作参数。

(2) 通信伺服系统:主要负责两部分通信,一是与航标终端的通信,接收航标终端上传的信息以及对航标终端下发各种指令;二是与其他系统间的通信。

(3) 数据与系统管理系统:主要负责航标终端采集数据的存储和数据处理。

(4) 业务管理系统:主要负责实际的航标终端信息管理、业务处理和系统用户权限管理等,包括对航标终端进行远程设置、发送命令、数据传输、查询实时工作参数和状态、报警处理、历史轨迹回放等功能。

"航标遥测监控系统"软件包括通信服务器软件、数据库服务器软件和电子航道图监控台软件。监控分中心通过监控中心授权直接对航标终端进行控制并将采集数据通过海事专网传输至监控中心。监控中心负责处理、融合各分中心数据,集中显示,并可对各用户下发授权指令。具体网络拓扑图如图 2-34 所示。

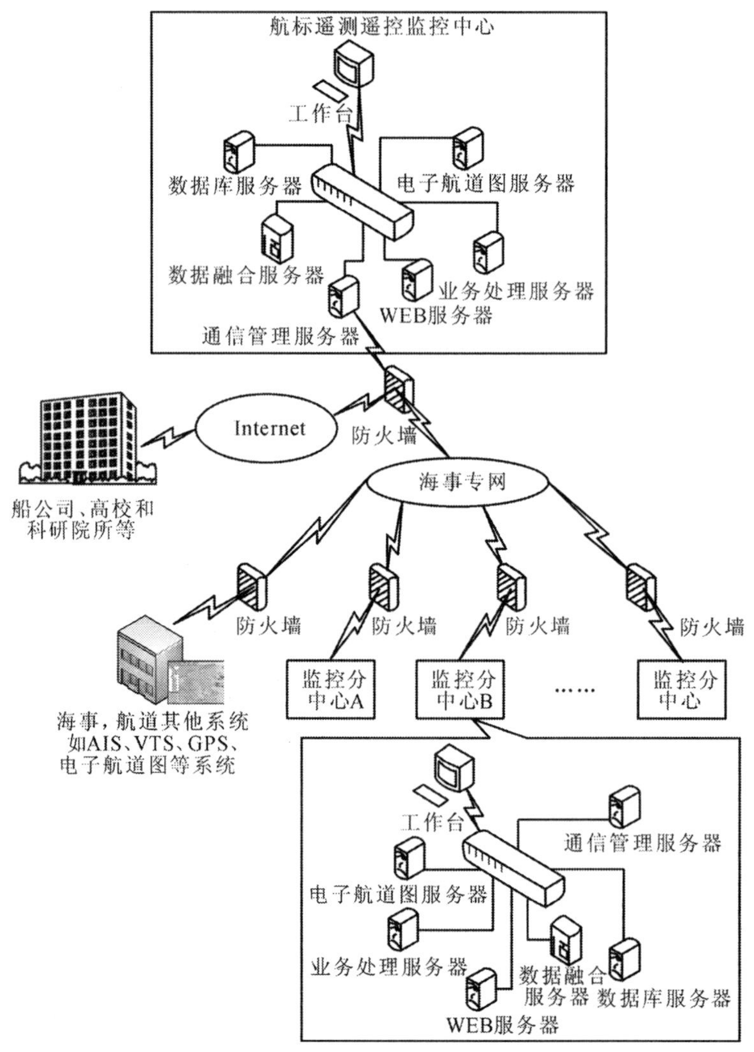

图 2-34 航标遥测遥控系统软件网络拓扑图

2.5 内河航标新材料与新能源技术

2.5.1 航标新材料应用

无论是沿海还是内河航道管理部门都十分注重新材料的推广与运用，不断开展航标新材料应用试验。结合试验成果，目前市场上现已问世的适宜于航标的新型材料有以下几种。

2.5.1.1 进口 LLDPE 新型材料

LLDPE 材料即线性低密度聚乙烯材料，是在有机金属催化剂存在的情况下，使乙烯 α-烯烃(如丙烯、丁烯、辛烯等)进行共聚而产生的。该材料重量轻，比重为 0.9g/cm^3，拉伸强度为 14.0MPa，断裂伸长率为 13.5%，金属拉环连接强度为 50 MPa，弯曲强度为 14.0MPa，耐温为－20～60℃，使用寿命 10～15 年，该材料具有防碰能力强、防腐蚀性能好、不易褪色、不易老化等特点，便于运输。

目前这种进口材料在国内湖南省航务管理局的浮标上(高 1.5m、最大外径 1.3m)使用；长江航道局采用 LLDPE 新型材料制作 6.7m 标志船、ϕ2400mm 浮鼓，试验效果良好。

2.5.1.2 新型天然橡胶材料

用高性能橡胶、高分子发泡材料组成的 ϕ2400mm 橡胶浮鼓是于 1999 年由南京航道局上海航道处联合橡胶厂家开发的。它利用天然橡胶材料的弹性和耐磨性，以天然橡胶材料做浮鼓鼓体，内部设置密闭空气气室，具有良好的抗冲击、抗腐蚀、抗老化性能，非常耐磨，且能长期浸泡于海水中，适宜南京以下航段使用。

2.5.1.3 新型复合材料类

(1)FRP 复合材料。这种材料是由玻璃纤维与性能优良的高分子工程塑料——聚碳酸酯相结合而产生的一种可模塑新型复合材料。它具有耐腐蚀、质轻、不脆断、电性能好、色艳、耐候、免维护等特点。较普通玻璃钢材料有了显著改善，色彩维护周期为 3～5 年，材质耐候性达 15 年。适宜于制作浮标标体、岸标标牌。

(2) 拉挤 FRP 型材是由纱架上的无捻玻璃纤维粗纱和其他连续增强材料毡、聚酯表面毡等组成材料，这种材料具有 FRP 材料的所有特性，其强度与钢相当，还具有钢质材料难以达到的不导电、无静电、可刨削的性能，是目前国内外一种较为领先的新型复合材料。它可替代航标标体钢质支撑架。

长江航道规划设计研究院用玻璃纤维增强塑料试制直径为 1m 的红色球体顶标，以拉挤 FRP 型材做支撑杆，试验效果很好。

2.5.1.4 新型铝塑板

这种高密度铝塑板(外墙型)是以 PE 为基底，双表面有黏结膜层、防锈蚀底涂层、高强度铝合金板层、防腐保护皮膜处理层、底漆层、氟碳树脂(PVDF)烤漆面膜层、外保护膜层等七层结构处理而构成的一种新型复合工程材料。具有色彩较鲜艳、耐冲击、耐候、防火、免维护等特点，且使用寿命为 20 年，这种材料适宜做航标的顶标、标牌和航道里程牌。

2.5.1.5 其他类新型材料

(1) 反光膜材料

该材料是在特殊树脂涂层中植入高折射率的玻璃微珠，外覆高透光膜，利用回复反射原理，将入射光线反射回原发光处，产生极强的反光效果，使物体在视线不良的环境中能见度提高的一种高亮度反光材料。其折射率大于 1.9，反光均匀，颜色鲜艳，10 年内不褪色。

该材料膜表面不怕水雾，需覆盖在其他板材表面使用，由于湿度会影响两种材料间的附着力，因而可用于岸标标体，不适于浮标标体。在铝塑板和 PETG 板表面加贴光泽度较好的 SEG 高强级反光膜（交通三级膜），将有效延长铝塑板的使用期，在短期内能保证航标材料的标示效果。该材料已广泛应用于高等级公路、铁路、城市干道交通标志，高速公路高架广告牌以及大运河航道上，其实用性得到了充分检验。

(2) 搪瓷材料

该材料色彩艳丽，色牢度比其他材质高，且价格极为低廉，防锈蚀效果好，但若表面搪瓷受损后易锈蚀，难以修复。适宜制作岸标顶标。正常情况下可免维护，使用期达 20 年。

2.5.1.6 新型涂料类

此类涂料能对钢质浮标进行长效防锈。具体包括：

(1) 高厚膜弹性聚氨酯系列(SPU) 涂料

高厚膜弹性聚氨酯系列(SPU) 涂料是由美国成功开发的一种无溶剂双组分特种聚氨酯涂料，其弹性体是由多元醇酸树脂与改性异氰酸树脂反应固化而成。SPU 涂料不仅一次喷涂可达 400 ～ 500μm 厚度，而且具有超速固化及优异的物理化学性能，其防腐寿命可达 30 年以上。其特性见表 2-4。

这种材料特别适用于潮汐带、潮湿地区的钢结构防腐。即使被撞破损，未撞部分仍具有防腐性能。

表 2-4 高厚膜弹性聚氨酯系列(SPU) 涂料特性表

序号	特 性	说 明
1	无溶剂	不含溶剂的 100% 固体分聚酯涂料，不产生针孔、起泡或缩孔
2	高厚膜	经涂刷或喷涂一次可形成 500μm 左右厚膜，涂面均匀
3	快干性	1 ～ 2mm 膜厚可在 10 ～ 20s 内喷涂完成，经 4 ～ 6h 可固化
4	涂膜性能好	柔韧性、附着性、耐冲击性优异，尤其具有优异的耐磨性
5	渗透性小	对淡水、海水有极优异的防腐蚀性
6	耐候性佳	涂膜虽会变黄，但耐紫外线、耐候性极佳
7	耐酸碱性好	耐化学品和耐酸碱性能好，一般不溶于其他化学品

(2) 氟碳漆

氟碳涂料为新型高科技产品，是一种全新的防护和表面装饰材料。具有卓越的物理化学性能，基本上涵盖了目前聚氨酯、丙烯酸树脂涂料的优良性能，与其他树脂相比，具有超长的强防护、耐腐蚀、耐热性、耐寒性、耐候性、不黏附性、不湿润性、低温坚韧性、柔韧性、抗积垢、抗环境老化等性能，使用寿命达 20 年。经试验，其附着力、强度、硬度、耐化学药品（酸、碱、氨水、有机溶剂）、耐盐雾、人工气候促进老化等各项技术指标均数倍于普通涂料。该材料广泛应用于船舶、航空、建筑等领域，是钢材、铝材、塑料、复合材料等的表面防腐材料。在船舶、海上石油钻井平台、海洋工程设施、航空等特殊领域具有使用价值。

(3) 高性能水下油漆

该材料防腐期限可达20年，能直接在水下涂装，其技术特性是：能在水下、潮湿、干燥的表面施工；无溶剂；与金属表面产生化学结合，附着力强；抗化学、防腐蚀性能极佳；超弹性、抗冲击、耐磨性好；防污性好、环保、无毒；表面处理仅需Sa1-1.5级(Sa：喷射或抛射除锈。Sa1——轻度的喷射或抛射除锈，钢材表面无可见的油脂或污物，没有附着不牢的氧化皮、铁锈和油漆涂层等附着物。Sa2——彻底的喷射或抛射除锈，钢材表面应无可见的油脂和污垢、氧化皮、铁锈等附着物已基本清除，其残留物应是牢固附着的)；可低温施涂，用传统工具施工，喷滚刷均可。

(4) 纳米复合铁钛防锈漆

该材料由纳米二氧化钛、五氧化二钒及复合铁钛组成，涂在金属基材上，附着力强；防锈性能优异；耐盐雾性能优于普通防锈漆；耐温性能好；储存稳定性良好；以铁代铅，避免了传统红丹颜料中铅对环境的污染问题。

这四种涂料中纳米复合铁钛防锈漆较适宜在长江中下游河段的标志船上使用。课题组采用HF-W52-31高膜数水性富锌耐温防锈漆在武汉航道局汉口航道处的6.7m标志船上做试验。

随着科学技术的迅猛发展，高新技术在原材料生产领域得到充分运用，各种抗酸、碱，耐腐蚀，不易老化，防碰性能好的新型材料不断问世，特别上述六大类新材料具有价廉、物美，性能优良等特点而逐步受到航道部门的青睐，有的材料正在试点，具有良好的推广前景和应用价值。多年来作为航标标体主要材料的钢管、钢板等钢质材料，与现已问世的新型材料比，有着重量大、价格高、易锈蚀、使用时须备有专门的起重设备才能起吊等缺点。目前国内外航标，浮标标体仍以钢质材料为主，外敷涂料；塔形岸标标体仍以砖混居多，外贴瓷砖。顶标材料使用的类型较多，因此航标新材料具有广阔的应用前景，耐酸碱、抗压强度和防碰等性能良好的新型材料在航标生产领域中的应用将是一个必然趋势。

2.5.2　内河航标新光源与新能源

2.5.2.1　航标新光源

LED作为一种新型光源，光色纯正、高效，耗能少，寿命长，平均无故障工作时间长，较之传统光源有着明显优势，特别对解决普遍存在的因背景灯光影响航标助航效能降低的问题，提供了一种行之有效的渠道。LED与太阳能供电系统的配套，将提高航标的正常率，降低维护成本和管理负荷，减轻航标作业人员的劳动强度。

近几年来，激光技术得到了快速发展，被广泛应用于各科学领域，在国外它已被应用于航标导航领域并且取得了不错的效果。它相对于其他光源来讲(如白炽灯、金属卤化物灯、钠灯、卤钨灯等)有着许多不可比拟的优点。激光具有较好的可视性、方向性和对大气的良好的穿透能力，其可靠性高、使用寿命长、能量消耗低，特别是在雨、雾等能见度不良的天气条件下使用，将会产生很好的助航效果，从而彻底解决目前背景灯光复杂对航标光源的影响。市场上已经出现了输出光强有所改善的、低成本的半导体激光器。加拿大利用绿色激光导标灯对航道中航行的船只的位置进行定位。经测试使用证明激光灯的精确性和光强度远超过普通平光灯。虽然它还有待于进一步改进，但激光作为航标光源的潜力已经被公认，不久的将来激光作为一种新的航标光源极具可行性。

2.5.2.2 航标新能源

航标用能源是指应用于助航标志并为其提供动力的能源。因助航标志类型、功耗及其所处历史年代、地理位置、环境的不同，航标上使用的能源有不同种类。我国已用于航标上的能源常见的主要有市电、柴油发电机组、一次性电池、太阳能供电装置、风力供电装置、波浪供电装置和海水电池等。早期航标上使用过煤油、乙炔、丙烷等作为能源，目前已淘汰不用。随着能源技术的发展，热电(温差)发电供电装置、燃料电池、锂电池等期望或有待于被用在航标上作为电源。国外有些发达国家已经将锂电池应用于小型航标上，燃料电池也正在研究应用中。

按照能源工作机理分，航标用能源可分为电能能源和非电能源。电能能源按再生情况一般可分为可再生电能源和非再生电能源。可再生电能源即通常所说的绿色能源或自然能源；非再生电能源通常指一次性电池、市电、发电机等。非电能源主要指一些可燃性液体或气体点燃直接发光的能源。航标用能源分类见表 2-5。

表 2-5 航标用能源分类表

电能能源		非电能源
可再生能源	非再生电能源	
太阳能供电	一次性电池	石油和煤油
风能发电	市电(电网供电)	乙炔
波浪和潮汐发电	柴油和汽油发电机组	丙烷
	热电(温差)发电机	丁烷
	燃料电池	

(1) 太阳能能源供电

太阳能能源供电是以太阳能电池作为能量转换装置的可再生能源。由于航标所处位置比较特殊，一般都在远离陆地的岛屿、岬角、岩礁或水中，很难接入市电电源，可再生能源成为沿海航标首选的供电方式，而太阳能能源供电对于许多航标来讲是最理想的能源之一，因为太阳能能源供电不仅具有可靠性强、设备简单、寿命长、无噪声和适用面广等优点，而且还有如下特点：

① 无运动部件；

② 除了清洁外，无其他维护要求；

③ 在寿命周期内输出功率的衰减可以忽略；

④ 寿命周期内费用低；

⑤ 充电过程与灯器运转过程分离(白天为蓄电池充电，夜间蓄电池为灯器供电)，实现充电电压最优化，不会对光源寿命造成损害。

因此，太阳能供电正越来越广泛地被列为重要电源应用于各类航标上。航标灯用太阳能电池电源系统是由太阳能电池组件以及串联而成的太阳能电池方阵、蓄电池和电源控制器等主要部件组成。此外，还有太阳能电池方阵支架、蓄电池箱和连接导线等部件相配套，构成一个完整的太阳能电源系统。

(2) 风能能源供电

风能能源供电就是将空气流动的动能转变为电能。人类利用风能的历史悠久，可以追溯到公元前200年前。20世纪70年代，由于“能源危机”，风力发电作为一种自然能源受到国内外人们的普遍重视。航标作为特殊的应用领域，风力发电在该领域有了较快发展。到20世纪90年代风力发电机已经被相当广泛地用作航标的能源。1995年国际航标协会年度调查资料表明，法国的使用量最高（109台）。其中大多数是具有双叶片（螺旋桨型）涡轮式水平轴装置。现在适于航标灯用的低压（12V以下）小功率（20W以下）的风力发电机建议采用垂直轴式转子直流风力发电机，这种发电机虽然发电效率低于水平轴式，但可以结合岸标的标牌做风轮，不用另设塔架，不影响航标的视觉效果，也不需要尾桨，结构简单。

微型风力发电机主要指标如下：

罐形风轮直径1m，高1.5m，叶片数8片；

起动风速1m/s，额定风速2m/s，工作风速1～16m/s；

额定功率10W，最大输出功率30W；

直流额定电压：4～12V可调；

发电机：直流发电机；

逆变控制器：输出～220V AC±5%，50Hz/60Hz±1%；

机组环境温度：－20～50℃；

整机质量：约100kg。

参考文献

[1] 李汉.21世纪视觉航标发展政策的探讨[J].中国航海，1996(1)：23-26.

[2] IHO. Specification for chart content and display aspects of ECDIS. 3rd. Edition[S]. 252 S . Monaco：IHB，1993：23-30.

[3] 王英志.航标学[M].大连：大连海事大学出版社，1997.

[4] 朱年龙，周庆，姚亮.内河航标遥测遥控技术应用研究[J].中国水运，2006(8)：58-59.

[5] BW Parkinson，J Spillker Jr. Global Position System：Theory and Applications[M]. Washington，USA：American Institute of Aeronautics and Astronautics，Inc，1996.

[6] 李国祥，俞建林.航标遥测遥控系统实现方案的探讨[J].水运工程，2006(8)：74-78.

[7] 龚定鑫.浅谈航标的命名及其定义[J].天津航海，1992(4)：36-37.

3　无线电助航技术

3.1　无线电助航技术概述

3.1.1　无线电助航系统的概念

无线电助航系统是利用无线电波传播信号技术进行助航的系统的统称，包括雷达系统、全球定位系统等。无线电助航系统已经被普遍认为是助航领域的新技术，与传统的视觉航标相比，无线电助航系统覆盖范围更加广泛。船舶只需要安装一定数量的无线电接收装置，无线电助航系统就能够发挥更加有效的助航作用。无线电助航系统使行驶在非正常气象条件下的船舶导航能力得到了极大的增强。

无线电助航系统可分为三类：

(1) 定位系统：例如罗兰 C/台卡、全球定位系统(GPS)、北斗定位系统、差分全球定位系统(DGPS)、雷达信标等；

(2) 参考系统：例如电子海图系统(ECS)、电子海图显示和信息系统(ECDIS) 和海图标绘仪；

(3) 信息服务：减少碰撞和搁浅的危险及保护水域环境。这些采用船舶交通服务(VTS)、船舶报告系统(SRS) 和船舶自动识别系统(AIS) 的形式。

3.1.2　内河航道典型的无线电助航系统简介

目前在内河航道中典型的无线电助航系统有雷达信标、空间定位系统、AIS 等。下文简要介绍上述系统。

3.1.2.1　雷达信标

雷达信标是工作在海上雷达频段(9GHz 和 3GHz) 的接收 / 发射设备，以增强某些雷达目标的搜索和识别。雷达信标通过发送特征脉冲序列来响应船舶雷达的存在。响应在船舶雷达显示屏上标示为编码标志(或显像)，以突出显示雷达信标的距离和方位。标示的显像有对应几海里的显示长度，且使用莫尔斯特征以便识别。

通常认为雷达信标是安装在已用灯标标示的地点上的辅助航标。由于考虑到 IMO SOLAS 公约(1974) 第五章中所包含的配载要求，大部分船舶能够使用雷达信标。

雷达信标能用于：

(1) 没有明显特征的航道岸线上的位置测距和识别；

(2) 水上和陆上航标的识别；

(3) 初见陆地的识别；

(4) 标示警戒区或分道通航制的中心线和转向点；

(5) 标示危险物；

(6) 标示桥梁下可航行的桥孔；

(7) 作为导标。

雷达信标有两种不同的工作模式：

(1) 代表目前技术的频率捷变雷达信标；

(2) 早期的和基本过时的扫频雷达信标。

频率捷变雷达信标：在被触发的频率上响应，进而响应可在每次雷达扫描上再显像。不过，为了避免遮蔽雷达显示屏上的其他特征，响应通常以预定的周期开启和关闭。频率捷变雷达信标也能制作成用户选择型，因此雷达操作员可选择是否抑制雷达信标响应的显示或者其他雷达反射的显示。有两种技术可供使用，ITOFAR 和 USIFAR，且在国际电信联盟-无线电(ITU-R) 建议 M. 824 中定义。

扫频雷达信标：有在整个 9.3 ~ 9.5GHz 频段上调谐的接收机和在扫描周期内从最低频变化至最高频的发射机(振荡器)，扫描周期一般为 1 ~ 2min。当雷达信标接收机搜索到船舶雷达时，雷达发射机被触发，但船舶雷达不显示雷达信标的响应，直至雷达信标和雷达之间产生频率匹配。在扫描周期内，可能需要雷达天线持续转动几转后才能产生频率匹配。

3.1.2.2　内河空间定位系统

通过高精度卫星定位服务，可以有效提高航标位置准确程度，从而使得航道测绘更加精确、航线规划更加合理。同时，高精度位置服务在航标智能化管理方面，使管理部门及时掌握航标的精确工作状态与相关信息，做到及时、有针对性地对航标设备进行维护与检修，使维护人员从巨大工作量和艰苦的工作环境中解脱出来，提高设备可利用率，降低维护成本，提高管理效率。

1) 定位技术发展概况

在定位技术研究与支撑系统构建方面，国外起步比较早。GPS(Global Positioning System) 起始于 1958 年美国军方的一个项目，1964 年投入使用。到 1994 年，全球覆盖率高达 98% 的 24 颗 GPS 卫星星座已布设完成，可在全球范围内实时进行定位、导航，已经实现单机导航精度约为 10m，综合定位的话，精度可达厘米级和毫米级。但民用领域开放的精度约为 10m。“格洛纳斯 GLONASS” 最早开发于苏联时期，后由俄罗斯继续该计划。俄罗斯于 1993 年开始独自建立本国的全球卫星导航系统，服务范围于 2009 年成功拓展到全球。该系统主要服务内容包括确定陆地、海上及空中目标的坐标及运动速度信息等。随着地面设施的发展，“格洛纳斯” 系统预计将在 2015 年完全建成。届时，其定位和导航误差范围将从目前的 5 ~ 6m 缩小为 1m 左右，就精度而言该系统将处于全球领先地位。

北斗卫星导航系统(COMPASS) 作为中国独立发展、自主运行的全球卫星导航系统，是国家正在建设的重要空间信息基础设施，可广泛用于经济社会的各个领域。2012 年 12 月 27 日，北斗系统空间信号接口控制文件正式版正式公布，北斗导航业务正式对亚太地区提供无源定位、导航、授时服务。CORS 是新一代的连续运行卫星定位服务综合系统，结合了卫星定位、计算机、数字通信等关键技术，实现更精确的定位。CORS 已经成为城市测量、国土测绘、气象研究等方面的最重要的精确测量手段，定位精度可以达到亚米、分米甚至厘米级。目前，国外一些发达国家已经建设 CORS 系统，如美国、日本、丹麦等，国内超过二十个省份也已经部署了 CORS 系统，如江苏、浙江、广东等。

2) 当前研究存在的主要问题

助航信息的采集中，位置感知是非常重要的组成部分。目前，船舶、航标的位置感知都是通过内置GPS模块实现定位，而GPS由美国控制，不进行差分情况下精度为米级，无法满足长江数字航道对位置感知的精度精确到分米级的要求。且长江干线两千多千米航道穿越山区、丘陵、平原，两岸地形复杂，沿线部分区域存在信号不稳定甚至信号盲点问题。研究更高精度的定位技术在内河航道中的应用成为现阶段建设数字航道的迫切需求。

3）内河航道高精度定位关键技术

实现内河助航高精度定位的关键是需要开发GPS/BD多模芯片，主要包括：射频前端芯片技术和基带芯片技术。

（1）多模多频卫星定位导航射频前端芯片设计

通过对低噪声RF-CMOS射频前端电路的深入研究，进一步开发兼容多种定位导航系统的多模射频前端芯片，实现对GNSS信号的接收。RF-CMOS射频芯片，定位于多模接收，其特点是低成本、低功耗、低噪声指数、抗带内及带外干扰，并能有效抑制片内射频振荡泄漏，兼容多种导航定位制式和频段。

（2）多模多频卫星定位导航基带芯片研究

采用相关协处理器和ARM/DSP结合的基带结构。协处理器模块包括：捕获同步模块、相关跟踪通道模块、控制单元和I/O接口模块。其中，捕获同步模块用于实现接收机对卫星信号的粗同步；相关跟踪通道模块用于实现接收机对卫星信号的实时跟踪，以及测量数据的产生；ARM/DSP完成捕获、跟踪、用户PVT参数解算以及卡尔曼滤波等定位算法的软件处理。

① 高灵敏度捕获技术

粗同步过程是对接收信号进行码和频率的二维搜索过程，由于接收信号功率较低，在捕获过程中必须进行必要的操作以提高信噪比。增加码片累加时间能改善接收机灵敏度，采用非相干累加的捕获算法，由于引入平方损耗，随着GPS接收信号功率的下降，每改善1dB的灵敏度所需要的累加时间上涨极为迅速。采用相干累加的捕获算法虽然没有平方损耗但受限于50bps的GPS导航电文，累加不能超过20ms，除非能得到数据比特的翻转信息。因此为了能迅速捕获到微弱接收信号，采用相干累加的算法或者相干累加与非相干累加相结合的算法。另外，为了减少捕获时间，实现快速捕获。需要采用并行搜索速度。FFT算法相对于其他算法，有计算量小，耗时少的特点，所以拟采用相干累加的FFT算法进行捕获。高灵敏度捕获一般需要较长的相干积分和非相干积分时间，传统的串行捕获方式将带来无法接受的时间开销，因此，高灵敏度捕获的研究大多集中在以并行方式实现快速捕获这一问题上，主要包括以下几类方案：

a. 实现伪码域并行搜索的循环相关法；

b. 实现伪码域并行搜索的匹配滤波器法；

c. 实现伪码域和频域并行搜索的匹配滤波器与FFT结合法。

② 高灵敏度跟踪技术

同步跟踪模块需对接收信号的载波多普勒相位和伪码频率/相位进行实时跟踪，并对导航电文进行解调。传统的GPS接收机一般采用简单的PLL和DLL实现对接收信号载波多普勒相位和伪码相位的实时跟踪，但在接收信号功率微弱到一定程度时，简单的PLL和DLL对待跟踪信号和本地复现信号之间的相位差鉴别会出现较大的误差，导致跟踪效果变差甚至出现失锁。本方案拟采用扩展卡尔曼滤波技术来设计载波和伪码跟踪环路，相对于简单的 PLL 和 DLL 方案，EKF 具有更低的环路工作门限，提高了接收机的灵敏度。

在进行导航电文的解调前，需要先进行位同步，即寻找导航电文的位边界。传统的 GPS 接收机多采用直方图法，一般通过判断由前后两个伪码周期相关器输出得到的载波相位差确定该伪码周期是否为位边界。该种方法在接收信号功率较低时会出现较大的误差，无法直接应用于高灵敏度接收机的设计。本方案仍采用直方图算法进行位同步，但位边界的判断不再采用载波相位差，而是通过对相关器的输出进行相干累加并判断信号能量的大小来寻找位边界，该算法在微弱信号下具有良好的效果。同步跟踪算法大部分采用 ARM/DSP 软件实现，使得同步跟踪算法可以根据应用需求灵活改变，并且减小了芯片面积。

3.1.2.3　船舶自动识别系统(AIS)

船舶自动识别系统(AIS)是工作在 VHF 海上频段的新兴的船舶和岸基广播系统。它的特性和能力将使它成为增强航行安全和提高航运交通管理效率的首屈一指的新型工具。AIS 站是 VHF 无线电收发信机，它能将诸如识别码、船位、航向、航速、船舶长度、船型和货物信息等船舶信息传送给其他船舶和岸上的适当接收机。船载 AIS 发射机可在无须船员干预的情况下连续地、自动地发射信息。当使用适当的标绘显示时，通过从目标船发射的位置信息计算两船会遇的最近点(CPA)和到达最近点的时间(TCPA)，船载 AIS 可快速、自动和准确地提供有关碰撞危险的信息。因此，AIS 将成为现存航行系统包括雷达的重要补充。通常，通过 AIS 接收的数据，将增强船员获得的信息的质量。AIS 是一个使所有用户更加了解交通状况的重要工具。船舶发送的 AIS 信息包括四种不同类型的信息：

(1) 固定的或静态信息，在安装时输入 AIS 单元，且如果船舶改变其名称、呼号或者从一种船型转换成另一种船型时，信息才需要改变。这种信息每 6min 广播一次。

(2) 动态信息，一般通过连接至 AIS 的船舶传感器自动地更新。这种信息按照“报告率”一节中的规定更新。

(3) 航次相关的信息，在航次中可能需要人工输入和更新。这种信息也是每 6min 广播一次。

(4) 如果需要，与安全相关的短电文。

这些信息的解释和详细的数据内容在表 3-1 中给出。

表 3-1　船舶发送的 AIS 数据

信息项目	信息产生、信息类型和信息质量
静态的	
MMSI	海上移动服务识别码，安装时设定；如果船舶的船东变更，该项可能需要修改
呼号和船名	安装时设定，如果船舶变更拥有者，这个可能需要修改
IMO 序号	安装时设定
船长和船宽	安装时设定或改变时设定
船舶类型	从预置的程序表中选择
定位天线的位置	安装时设定或者对于双向船舶或装有多向天线的船舶可能改变
龙骨以上高度	扩展电文，仅当船舶主动或单元被询问时发送

续表 3-1

信息项目	信息产生、信息类型和信息质量
动态的	
具有精度指示和完善性状态的船位	通过连接至 AIS 的位置传感器自动地更新，精度指示优于或劣于 10m
UTC 的船位时间标记	通过连接至 AIS 的船舶主要位置传感器自动地更新
对地航向(COG)	如果传感器计算对地航向，通过连接至 AIS 的船舶主要位置传感器自动地更新
对地航速(SOG)	通过连接至 AIS 的位置传感器自动地更新
船首方向	通过连接至 AIS 的船首方向传感器自动地更新
航行状态	如需要，航行状态信息必须由值班驾驶员人工输入和改变，例如： 主机动力航行； 锚泊； 失去控制(NUC)； 操纵能力受到限制(RIATM)； 系泊； 吃水受到限制； 搁浅； 进行捕捞； 操帆在航。 实际上，这些均与避碰规则(COLREGS) 有关，在灯光和形状改变的同时，应进行任何必需的改变
转向速率(ROT)	通过船舶转向传感器自动地更新或者通过陀螺罗经获得
航次相关信息	
船舶吃水	在航次开始时人工输入本航次的最大吃水，并根据需要更新。例如，在进港前排掉压载水
有害货物(种类)	在航次开始时人工输入，以确认是否装载着有害货物，即： DG 危险货物； HS 有害物质； MP 海洋污染物。 数量指示不要求
目的港和预计到达时间	在航次开始时人工输入和根据需要保持更新
航线设计(转向点)	在航次开始时人工输入，船长自行处理和根据需要更新
船上人员	扩展电文，仅当船舶主动或单元被询问时发送
电文	
安全相关的短电文	自由格式的短电文，人工输入，或标注有具体的地址或向所有船舶和岸站广播

AIS 基本工作在两个专用的 VHF 无线电频率上，即 AIS1(频道 87B) 161.975MHz 和 AIS2(频道 88B) 162.025MHz。根据国际海事组织性能标准，要求系统的报告容量至少是每分钟 2000 个报告。国际电信联盟 AIS 技术标准是提供每分钟 4500 个时隙。一座 AIS 站的位置报告电文占 2250 个时隙中的一个时隙，每 60s 产生一次(其他报告可能占有更多的时隙)。由于两个 VHF 频道均可使用，可用的时隙数量是其双倍，达 4500 个。

3.2 雷达信标

3.2.1 雷达反射器概述

以导航雷达为代表的无线电助航系统在船舶航行中得到了推广应用，但长江部分流域的航标仍属于视觉航标，主要依靠船舶驾驶人员视觉识别来发挥导航作用。虽然钢制浮标对雷达电磁波有一定的增强反射作用，但由于浮标较小，其增强作用有限，不能完全满足船舶导航需求，特别是在特殊的气象条件下，这就需要雷达反射器来增强回波信号，使水面上的以浮具为载体的航标的识别距离显著提高，从而达到提高航标在特殊气象条件下的导航能力。

雷达反射器是无源雷达信标，是一种自身不能发射信号、通过增大目标截面面积(也称回波或反向散射面积)的方法来增强船用导航雷达反射波，进而提高船用导航雷达对目标识别能力的无源设备。亦即是一种具有较强反射能力并向原发射方向反射雷达波的助航设备。

通过在被识别目标上安装雷达反射器，通过雷达发射信号，可以在较远的距离或者特殊的气象环境下增强对被检测物体的识别能力。在内河流域，雷达反射器一般安装在固定的或者是浮动的航标上面，船舶通过雷达信号识别航标，从而防止发生碰撞，加强对航标的保护。

3.2.1.1 种类

对于反射器的结构而言，目前为止雷达反射器可以分为两种，一种是角反射器，另一种是龙泊透镜反射器。

(1) 角反射器

角反射器是一种较为常见的后向反射器，它又分为二面角反射器和三面角反射器，二面角反射器由两块成 90° 夹角且能够反射雷达波的金属板构成，但是它在安装时要求入射波必须严格平行于它，因此它的应用仅限于固定式的航标以及安装高度与船舶雷达高度相接近的情况；三面角反射器采用三块互相垂直的可以反射雷达波的金属板组成，它适用于浮动式航标和与雷达发射信号高度相差较大的情况，考虑到可以对全方位的信号进行反射，也可以把多个三面角反射器组合在一起。

(2) 龙泊透镜反射器

龙泊透镜反射器是一种将入射来的雷达电磁波信号聚焦在一点并沿着原始轨迹反射回去的电介质球形装置。龙泊透镜反射器可以采用泡沫玻璃等多孔材料制成，通过改变泡沫的容积密度来改变电介质常数。

(3) 角反射器和龙泊透镜反射器的对比

角反射器采用的结构简单并且造价低廉，但是体积有些庞大，不适合安装在较小且运动剧烈的物体上面，因此多用于地面、水面。

龙泊透镜反射器结构工艺相对复杂，造价高，但是体积小，重量轻，具有较大的雷达截面面积和宽角反射等性能。

在助航方面，船舶和航标都要求全面反射雷达信号，如果角反射器要满足此特性，需要多个角反射器共同组合在一起，而龙泊透镜本身就具有全面反射的特性。

由于雷达反射器一般安装在航标、船舶上面，在内河船舶航行过程中对于其抗风性也有一定要求，这一点龙泊透镜反射器做得更好。

3.2.1.2　工作原理与有效性

(1) 角反射器的原理

角反射器采用了日常生活中被熟知的偶镜成像原理，将三块镜面相互垂直装在一起，三块镜面公用三条公共的棱边，光线无论从哪个角度发送到金属板上面，均会沿着原来的方向反射回去。工作原理示意图如图 3-1 所示，其中(a) 为二面角结构，(b) 为三面角结构。角反射器在日常生活中随处可见，最常见的就是自行车尾部会反光的塑料灯，当有光照在上面时就会反射，从而避免后面的车辆因为看不到而发生相撞。

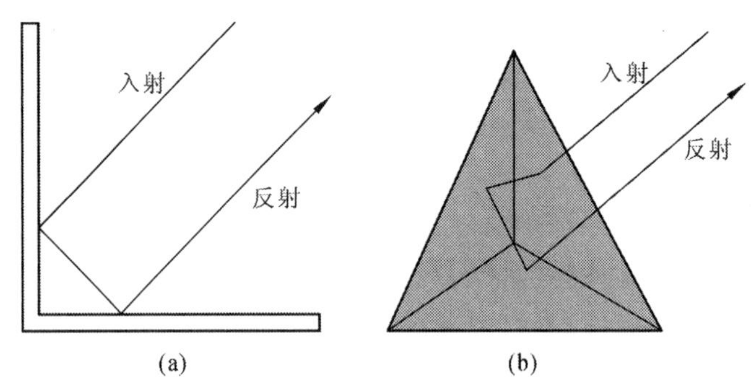

图 3-1　角反射器工作原理示意图

(a) 二面角反射原理图；(b) 三面角反射原理图

雷达反射器采用角反射器的结构，因为雷达发出的信号为电磁波信号，反射器的材料要采用金属材料，如金属板、金属网、镀金属薄膜等，金属材料要求表面无应力、反射性强、平整度好。角反射器的尺寸与雷达波的波长和频率有着正比关系。

(2) 龙泊透镜反射器的原理

龙泊透镜是一种球形透镜，它是由很多层不同电介质的同心球层组成的，越往外层电介质常数越与空气的接近，越往内层越大，电介质常数 ε 与球体的半径 γ(需要对其进行归一化) 的关系如下式：

$$\varepsilon = 2 - \gamma^2 \tag{3-1}$$

正是由于各层电介质不同，才可以使所有入射波聚焦在一点，在聚焦点装有金属反射带，所有的入射波又以入射方向的轨迹反射回去，龙泊透镜工作原理示意图如图 3-2 所示。

(3) 有效性

雷达反射器已经应用到很多领域，经过很多实践的论证，雷达反射器具有有效性，其有效性也取决于很多因素，如反射器的种类、反射器的尺寸、安装平台的种类、安装的高度等。

表 3-2 给出了实践中用雷达反射器获得的效果，从中可以看出在助航方面，雷达反射器

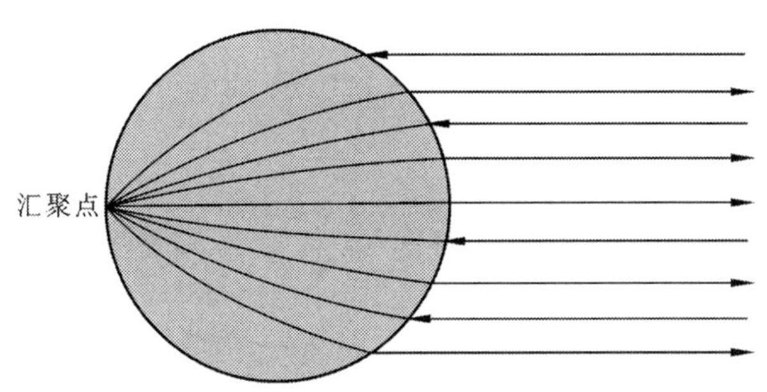

图 3-2 龙泊透镜原理示意图

发挥的效果更加明显。

表 3-2 雷达反射器效果表

装有雷达反射器的检测目标	作用效果(可作用物体的距离表示,单位:m)	
	没有安装雷达反射器	安装雷达反射器
高度 3m 的助航浮标	2	10
海岸线上高度 6m 的目标	7	14
海岸线上高度 60m 的目标	20	25

3.2.1.3 *应用*

目前对雷达反射器的应用已经相对成熟,雷达反射器在军事上的应用已经较为普遍。雷达反射器在军事方面的应用一部分是通过安放雷达反射器来干扰敌方的雷达信号,从而达到迷惑敌人、隐真示假的效果。例如在水面或者地面安放雷达反射器可以模拟军队或者舰队;在地面测量方面,雷达反射器主要通过增强反射回波的信号来获得高相干性、较为稳定的卫星雷达数据。

雷达反射器在海事方面的应用也是很广泛的,主要应用在船舶助航和海上抢救方面,航标和救生艇安装雷达反射器可以增强雷达的回波显示,减少碰撞意外的发生。海面养殖场地安装雷达反射器,使过往船舶更容易识别,防止船舶的进入。在航道上容易发生意外事故的水域如暗礁,安装雷达反射器可防止船舶出现触礁、搁浅等意外事故。

雷达反射器在助航方面的应用也很早展开,20 世纪 80 年代长江流域航标首次安装了国产的雷达反射器,它的运用使长江航标的导航性能上升到了一个新的层次。在后续的应用中雷达反射器多应用在特殊航道上,如弯度大、航道窄、障碍多、雾期较为频繁的航道,这些航道对于导航性能有更高的要求。

3.2.2 雷达应答器概述

雷达应答器,英文名 Racon,在助航领域主要属于船用的无线电救生救险设备,需要与船用雷达配合使用。当雷达需要寻找某一目标时,会发出信号,船用雷达应答器接收信号并立即做出回应向发射源发出应答信号,雷达接收到此信号后会自动显示在荧光屏上面,从而得到被搜救者的位置。

通常情况下,雷达应答器包括五个部分:微波天线、环形器、微波收发机、控制器和电源。

总体结构图如图 3-3 所示。

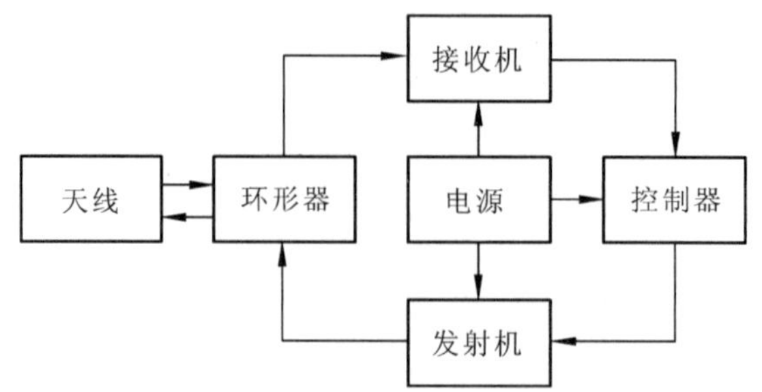

图 3-3　雷达应答器总体框架图

天线主要是用来接收无线电波，无线电波信号通过天线的接收后会传递给环形器，环形器的作用是隔离信号，防止接收器和发射器的信号互相干扰，环形器把信号传递给接收机，接收机通过一系列的信号处理把信号变成易识别的低频信号，然后传递给控制器，控制器主要是控制以及产生锯齿波发生器所需要的方波信号，发射器就把控制器产生的信号进行相应的处理再次通过环形器，最后通过天线发送出去，这样就完成了一次雷达应答器的工作流程。

其中发射机和接收机需要各自的组件进行信号处理，接收机包括低噪放大、包络检波、脉冲整形，发射机包括积分器、VCO、功率放大器。

3.2.2.1　种类

按照雷达应答器的工作方式可以把雷达应答器分为扫描频率雷达应答器、鉴频雷达应答器和固定频率雷达应答器。

(1) 扫描频率雷达应答器

扫描频率雷达应答器工作在 X 波段范围内(9300～9500MHz)，它主要是通过扫描整个雷达波段来发现询问的雷达发出的频率信号，从而接收雷达发出的信号。但是由于扫描需要经过一段时间，不同频率的雷达发出的信号响应时间可能不一致，且雷达只能在当雷达应答器处在雷达接收机通频带内少数几转天线旋转中显示响应，响应时间有一定的滞后。为了解决这个问题，通过改进扫描频率雷达应答器，又相继出现了快扫描频率雷达应答器和步进扫描频率雷达应答器。

(2) 鉴频雷达应答器

鉴频雷达应答器又称为频率捷变雷达应答器，它加快了目标的响应时间，当雷达发出信号时，同频率的鉴频雷达应答器能够在很短的时间内做出响应，雷达天线每转一圈，响应信号便可以快速显示在荧光屏上面，后续对鉴频雷达应答器的改造主要集中在旁瓣造成的干扰，为此出现了相应的抑制技术。

(3) 固定频率雷达应答器

固定频率雷达应答器需要工作在专用的频率上面，因此，船舶雷达必须经过改装，它的显示也是很快的，天线每次扫描都会有显示结果。

3.2.2.2　工作原理与主要指标

(1) 基本工作原理

雷达应答器是一个能够接收雷达信号，然后根据实际情况做出特定响应的装置。把它安装在船舶或者航标的特定位置，在平时情况下雷达应答器电源是断开的，只有当有雷达信号发射时，它可以进行自动启动或者当船舶遇险时人工去启动它。

船舶雷达工作时，若采用的是X波段的导航雷达，会在某一频率范围内发送一串高功率脉冲，然后测量被检测物体返回的时间与方向来判断一个目标的位置。应答信号会在搜救雷达上面成像，船本身作为图像的远点，回波的点都围绕着它，返回的目标信号会在屏幕上形成一个点，距离中心越远表示目标物体离探测雷达距离越远。

雷达应答器每收到一个脉冲，控制端可以将脉冲处理成为两种信号，一种是控制脉冲信号，控制脉冲信号只有在高电平时，发射机才工作；另一种就是发射信号。接收机的主要作用就是通过一系列的信号处理，把雷达信号转化为控制器能够识别的信号。控制器的主要作用是接收到触发信号立即控制发射机发射相应的信号。

接收机可分为限幅器、低噪放大器、包络检波器、脉冲整形电路；发射机可分为方波积分、VCO和发射机末级功放，不同的组件对信号进行不同的处理，最后得到雷达识别的脉冲信号。雷达应答器工作的具体波形转换图如图3-4所示。

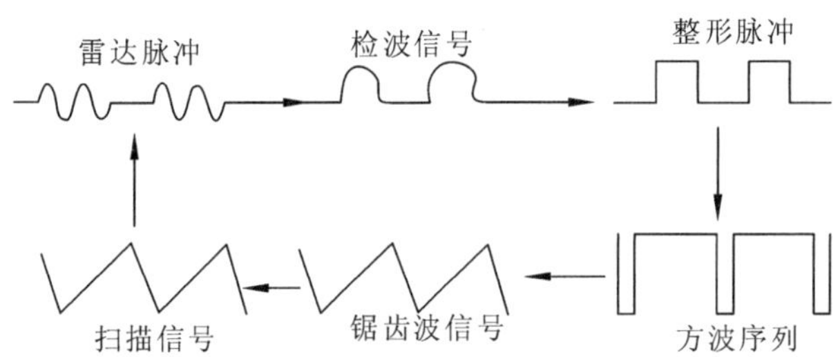

图3-4　雷达应答器波形转换图

(2) 雷达应答器主要指标

具体的指标要求如下所示，可以根据国家技术监督局批准的雷达应答器技术要求进行相应的设计和修改。

① 频率范围在9.2～9.5GHz；

② 天线的垂直范围在水平方向12.5°；

③ 天线的水平范围宽度在全方位360°；

④ 接收机灵敏度大于－37dBm；

⑤ 扫描方式采用锯齿波；

⑥ 雷达信号延迟小于0.5μs；

⑦ 极化采用水平极化；

⑧ 扫描速度为200MHz/μs；

⑨ 作用距离应至少能接收5n mile以内15m高的雷达信号。

(3) 雷达应答器的工作状态

雷达应答器在没有收到雷达脉冲信号时，只是接受部分供电用于时刻准备着接收雷达的脉冲信号，这时电源的供电量降到最低。若收到雷达的脉冲信号，雷达应答器启动发射模块，若在一定的时间内没有再次收到雷达的脉冲信号，自动关闭雷达的发射模块。

3.2.2.3 应用

随着内河、海上贸易越来越频繁，船舶的交通流量也逐年增加，船舶的意外事故也随之增加。当发生事故时，及时寻找到被救助者的位置与被救助者获救的概率息息相关。在环境较为恶劣的航道，全球定位等方式并不能精确地得到被救助者的准确位置，误差较大，给救助带来了很大的困难。雷达应答器的产生及时地解决了这个问题，对于保障船员的生命安全起到了积极的作用。

雷达应答器主要的应用还是在救险方面，各国对于雷达应答器的研究也在不断地深入之中。搜救雷达应答器作为船舶互相联系的工具，在船舶上已得到了普遍的应用，它所体现出来的优点也特别明显：一是定位效果好，不受天气、环境等因素的影响；二是投资的费用少，原本安装在船舶上的雷达设备不需要经过特别的改造，便可以投入使用，完成与搜救雷达应答器相互通信的功能。

目前雷达应答器不仅仅局限于抢救抢险方面的应用，在船舶助航方面也得到了广泛的应用和研究。在航标、船舶上安装雷达应答器，船舶就可以通过雷达及时发现航道上航标和船舶的信息，即使在恶劣的条件下（如大雾）也可以保障船舶的顺利通行。

3.2.3 雷达反射器的设计

3.2.3.1 基于角反射器的设计

（1）种类选择

在助航系统中要设计出能满足航行导航要求，且能在特殊环境下正常发挥作用的雷达反射器，对于角反射器的设计，鉴于三面角反射器可以适应反射器和雷达信号相差高度较大的特点，选择三面角反射器。

（2）高度设计

角反射器对于方向的要求是十分敏感的，反射器与雷达信号接收的方位不同，角反射器散射的截面面积也会不同，当散射截面面积最大时，雷达波入射方向与反射器方向平行，但是这种状况一般很难达到，特别是在航道这种复杂的地理环境下，对于角反射器的高度设计可以选取一个较为折中的高度，可以选择与船舶雷达高度较为接近但又不影响航标的高度，具体高度由实际情况而定。

（3）尺寸设计

角反射器的性能可以由反射器反射的最大雷达截面（RCS）计算得来，计算公式如下：

$$\sigma_{\max} = \frac{4\pi l^2}{3\lambda^2} \tag{3-2}$$

其中，l 表示角反射器的棱长，λ 表示雷达的波长。

从计算公式可以看出，反射的雷达最大截面主要与棱长和雷达的波长有关，与棱长存在着正比关系，与雷达的波长存在着反比的关系。其中雷达的波长是固定不变的，船用雷达的波长一般选择 S 与 X 波段，其中跟踪雷达选择 S 波段。

为了保证角反射器能够充分发挥其性能，主要需要考虑角反射器自身的尺寸。考虑到角反射器周围物体，例如航标本身、水面存在一定的散射特性，将会损失一部分的截面，又考虑到航标自身尺寸的限制，因此角反射器的尺寸不宜太大，选择 1m 左右为较为合适的尺寸，即使再略微增大尺寸，截面的增大也不是很明显。

(4) 材料选择

角反射器的截面与材料不存在明显的关系，但是电磁波在较平滑的材料上能发挥最大的特性，越平滑的材料，反射能力越强，反射效率越高，导电性越好，最大截面也越大。铝具有较强的导电性，因此选择铝作为角反射器的主要材料。

(5) 结构设计

设计更加适合季节、天气、温度以及其他因素的角反射器的结构是整个设计过程中的重点。角反射器的高度、方位最好是能够灵活地根据具体需求进行调节。在航道中要更加注意反射器的抗风性，最好有坚固的底座与航标进行焊接，底座上面的部分可以灵活旋转，底座上面可以焊接三根灵活的支柱，三根支柱托住角反射器，三根支柱可以自由升降；由于航标长期暴露在外界，受天气影响很大，角反射器内部容易堆积杂物，因此在顶点处可以预留空隙便于杂物流出；考虑到温度的变化，物体的热胀冷缩，可以在金属板的接缝处预留一定尺寸的空间进行缓冲。

3.2.3.2 基于龙泊透镜反射器的设计

(1) 分层结构设计

根据式 3-1 可以得到电介质常数与龙泊透镜各球层半径的关系，根据这个关系可以发现要使龙泊透镜性能更好，电介质的变化最好是接近连续的，不过这样就必须增加球层的数量，但是随着球层数量的增加，雷达信号经过入射和反射就必须经过更多层次的折射和反射，这样就造成了不可忽略的损耗。

通过式子还发现距离球心越近电介质常数变化越小，距离球心越远，电介质变化越剧烈，各层的厚度就可以根据这个规律来设计，即距离球心的部分厚，外层部分薄。这样的设计有利于减少层数，从而提高性能，降低成本。设计如图 3-5 所示。

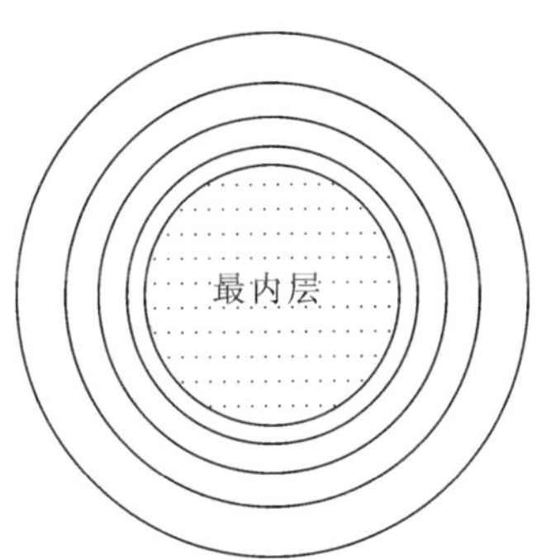

图 3-5 龙泊透镜分层设计图

(2) 介质材料选择

考虑到龙泊透镜介质层数较多，因此减小穿过介质而引起的损耗成为设计中考虑的重点。介质材料的性能应是损耗小，各向同性的，介质均匀且介电常数不随频率变化的。龙泊透镜由于做工比较复杂，成本也相对比较高，因此选用的材料易加工、价格便宜也是考虑因素之一。综合上述考虑，选用泡沫聚苯乙烯作为龙泊透镜的材料最为合适，可以通过发泡来得到想要的介电常数。

(3) 全向反射特性设计

通过把金属制成的反射材料涂在龙泊透镜赤道上面一圈，便成为一种全面雷达反射器。金属材质的宽度决定了垂直平面上的反射率。反射材料也可以选择导电性能好的铝材料。

(4) 总体结构设计

通过上述方面的设计，可以得到龙泊透镜反射器的总体设计：龙泊透镜采用分层结构，球体直径在 25in(0.635m) 左右，金属反射材料的中心夹角在 35° 左右，采用铝材质。外壳可以采用玻璃纤维材料，增加强度和减少损耗。同角反射器一样，依托支架要尽量坚固，要具有耐震动和冲击的能力。

3.2.4 雷达应答器的设计

雷达应答器的设计主要包括三方面的设计：天线、收发组件以及控制器的设计。

3.2.4.1 天线的设计

根据雷达应答器性能指标要求，雷达应答器的天线水平方向要求全向，采用水平极化波，垂直方向也在水平方向 12.5° 的范围内，全向性的设计成为了天线设计的重点。

全向天线的设计要求天线可以 360° 全方位的均匀辐射，垂直极化的全方位天线已经比较常见，但是研究表明水平极化的全向天线在发射和接收端比垂直极化接收具有更大的功率，因此水平极化的全向天线更具有研究价值。目前主要存在三种类型的水平极化全向天线：一种是波导缝隙全向天线，这种天线机械强度好且功率容量高但是相对较重，工作方式复杂，设计难度也大，不利于安装在航标等物体上面；另一种是印刷偶极子天线阵列，这种全向天线圆度较差，带宽较宽；第三种是微带柱面共形天线，这种天线重量轻、体积小、易于携带和组合，在航空军事领域应用广泛。对于航标船舶来说，这种天线更利于与其他部件组合在一起，所以在助航领域建议选择微带柱面共形天线。

微带柱面共形天线可以采用矩形微带阵列并且将其共形于圆柱，从而实现全向辐射，微带阵列的结构如图 3-6 所示。馈线宽度的设计不影响电抗但是影响电阻，改变宽度可以调节天线的匹配。

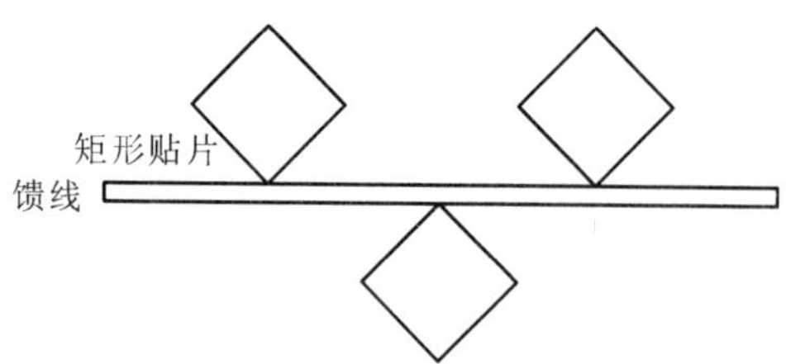

图 3-6 矩形微带阵列结构图

将阵列贴于圆柱体内，圆柱体的直径对垂直面波瓣的宽度也存在影响，圆柱的半径越小，波瓣宽度越大，可以通过仿真来决定圆柱的直径。研究表明选取 25 ～ 35mm 的半径范围最为合适。圆柱体的长度对其性能的影响甚小，这里就不做考虑。如果提高贴片的粘贴工艺，性能效果将会有明显的提高。

综合来说，这种设计方法是较为合理的，在助航方面也是值得借鉴的。

3.2.4.2 收发组件的设计

收发组件主要包括限幅器、低噪放大器、包络检波器、脉冲整形电路、积分器、VCO 和功率放大器，这里将从频率发生电路、功率放大器和接收单元介绍收发组件的设计。

(1) 频率发生电路

频率发生电路主要由锯齿扫描电路和压控振荡器电路组成，频率发生电路的原理框图设计如图 3-7 所示，逻辑控制单元在接收到接收机发过来的检波信号时，产生方波，在方波的作用下，锯齿波扫描电路产生线性锯齿波电压，在锯齿波电压的作用下，压控振荡器便产生扫频信号，然后送至信号放大器进行信号放大。

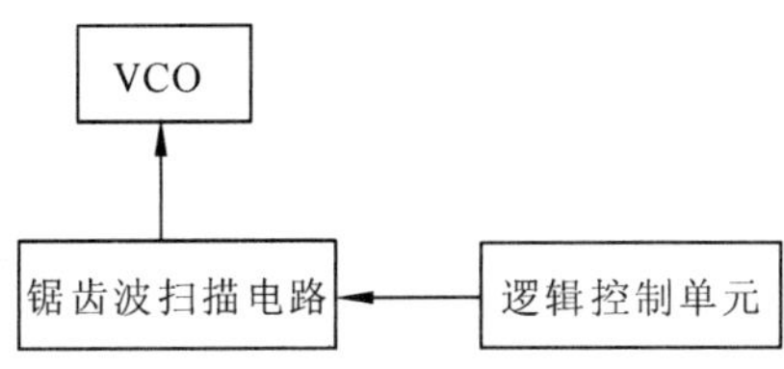

图 3-7　频率发生电路原理框图

频率发生电路产生扫频信号。在设计频率发生电路时，可以采用高度集成的压控振荡电路来产生满足频率范围的信号，使电路的性能获得很大的提高，包括系统的技术指标和稳定性。

(2) 功率放大器

有效的雷达应答器要求输出的最大功率为 26dBm，由于天线的增益和环形器的损耗，实际输出只需 25dBm 即可，但是实际送过来的信号只有大约 10dBm，因此需要功率放大器进行信号的放大，提高系统的性能。

功率放大器需要增加 15dBm 的效益，一级放大电路很难获得那么多的增益，可以设计两级级联放大电路，可以采用 HMC441 作为推动级功放，采用 TC3943 作为末级功放，两级级联的放大器可以获得大约 20dBm 的效果增益，远远大于实际要求的增益，这样就可以依据输入信号的实际大小留有一定的增益余量，具体的结构原理如图 3-8 所示。

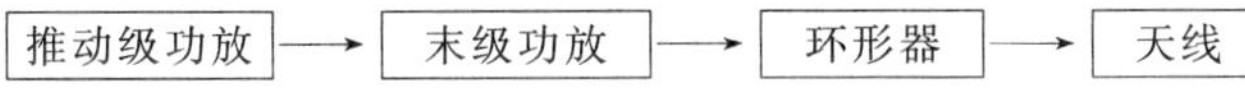

推动级功放 ⟶ 末级功放 ⟶ 环形器 ⟶ 天线

图 3-8　功率放大器原理结构图

根据实际要求，环形器可以设计频率带宽，不再需要滤波电路。

(3) 接收单元

具体的设计中主要考虑接收器的灵敏度，根据指标灵敏度为 -50dBm，考虑到动态范围与信号均衡方面的要求，可以采用 NE32584 低噪声高频放大器来保证其实现，这种设计得到的总噪声系数约为 1.5dB，包含了环形器、连接电缆和插头的损耗，符合技术指标的要求。接收机的原理结构图如图 3-9 所示。

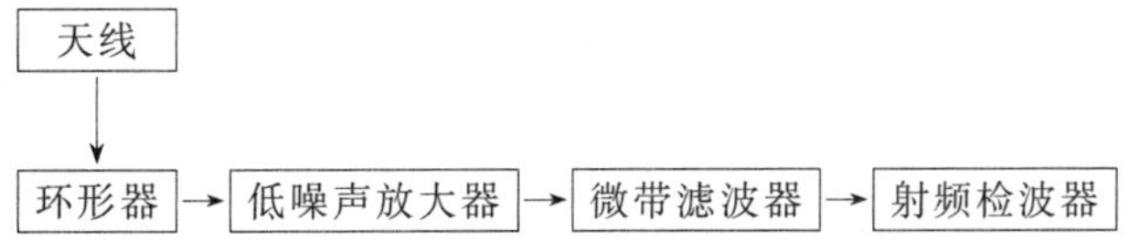

图 3-9　接收机原理结构图

设计的流程为：天线接收到信号之后，通过环形器进行信号的隔离防止干扰，信号经过低噪声放大器后再进行滤波，传送到检波器进行检波后的电压送到逻辑控制单元进行发射触发。

3.2.4.3 控制器部分的设计

控制器的主要作用是产生雷达应答器工作时的信号，如脉冲信号、时钟信号等，包括产生锯齿波发生器的方波信号。雷达应答器上的 LED 灯、蜂鸣器的工作状态均需要由控制器实现。

FPGA，即现场可编程门阵列，是在 PAL、GAL 等基础上发展起来的高性能可编程逻辑器件，作为专用集成电路领域中的一种半制电路而出现。其优点是集成度高，器件集成密度可高达数千万系统门。它解决了定制电路的不足，又克服了原有可编程器件门电路数有限的缺点。一般 FPGA 的开发流程包括电路设计和输入、功能仿真、综合优化、综合后的仿真、实现和布局布线、时序仿真和验证、板级仿真和验证、调试和加载设置。雷达应答器也依据 FPGA 的设计步骤严格进行设计，整个控制系统的工作流程可以设计为：脉冲整形电路接收到经包络检波器解调后的 1kHz 的包络信号，并将该包络信号整形成相对较规则的方波信号，该方波信号作为 CPLD 的触发信号（输入信号）。通过 JTAG 接口电路对整个系统进行下载配置，将程序烧入芯片中，芯片将产生所需的所有输出信号。输出的满足要求的方波信号经过积分电路转变成满足要求的锯齿波扫频信号。锯齿波作为 VCO 的扫频信号输入，得到相应频段的信号送入功率放大器放大，然后由天线发射出去。整个控制过程中还需要一个外部的有源晶振提供的时钟信号作为全局时钟。对整个控制过程的逻辑进行硬件语言编程来达到控制的目的。

3.3 AIS 航标

3.3.1 AIS 航标概述

3.3.1.1 定义与标准

AIS 航标就是将航标与船舶自动识别系统的应用结合起来。但是基本原理与船用的 AIS 基本一致，只是通过端口以及各类传感器采集航标的位置信息，航标的用电情况、是否移位、灯质等信息，通过 AIS 通信方式传送到电子江图上面，船舶以及岸台就可以及时了解到航标的状态，正确地帮助船舶通航，发挥助航作用。

在国际组织制定的航标应用标准中指出了 AIS 航标主要是借助以下手段促进和加强航行安全与效率：

(1) 提供有效全天的识别服务；

(2) 定位航标的精确位置；

(3) 提供航标周围环境信息；

(4) 提供航标的移位信息；

(5) 提供航标的状态信息；

(6) 标绘航迹、范围以及限制区。

3.3.1.2 实现方式

AIS 航标的实现方式主要分为三种：真实 AIS 航标、仿真 AIS 航标以及虚拟 AIS 航标，下面将介绍这三种实现方式及其应用方向和局限性。

(1) 真实 AIS 航标

真实AIS航标就是将AIS航标站安装在航标上面，通过在航标上面安装AIS装置，这样的AIS整体体系要与船舶保持一致。这种设计要考虑航标的结构和AIS能源的来源，况且AIS设备价格昂贵，在每个航标进行安装可能要承担高额的费用，后续的航标维护也要花费一定的费用。

(2) 仿真 AIS 航标

仿真AIS航标属于一种不完整的AIS设备，在实体航标上没有配备AIS单元，因而不能够直接发送航标的信息，而是需要把航标信息传递到附近的岸站或者集中到其他的AIS设备再进行发送，这种传播方式不属于AIS的数据链路传播。通过仿真的AIS航标，不是每个航标上都需要安装AIS设备，节约了成本。

(3) 虚拟 AIS 航标

没有真实的航标，主要是通过基站与AIS站广播信息，在电子江图上显示一个虚拟的航标，虚拟航标不仅可以作为普通航标的标志，还可以标志航行中的障碍物、禁航区。虚拟航标不仅可以作为一个长期的航标，也可以作为一个临时的航行危险点。虚拟航标与实体航标一样，它的设立也要经过上级机关的批准。

如何选择AIS航标方案，取决于很多因素，包括航标AIS设备的电源消耗、附近是否有其他AIS设备存在以及当地的地形。

这一节所要介绍的AIS航标主要是指真实AIS航标，虚拟航标将会在以后的章节中单独介绍。

3.3.1.3 基于航标的 AIS 信息

在AIS的22种报文中，用于航标的AIS报文主要是AIS报文8、AIS报文14和AIS报文21，AIS报文8包含了气象信息和航道信息，报文14包含了安全信息，报文21则包含了航标的大部分信息。

报文21属于航标的专用报文。它的信息组成表如表3-3所列。

表 3-3 AIS 报文 21 信息组成表

参数	数据位	说明
报文识别	6	用于识别21号报文
转发器	2	显示该报文被转发的次数(0 ～ 3)
身份	20	移动服务识别码
航标类型	5	0表示该航标不可用，包含15种固定航标，16种浮标
航标名称	120	
位置精度	1	1表示高精度，0表示低精度，默认情况下为低精度
经度	28	用正负180°表示，正表示东，负表示西，181°表示该航标不可用
纬度	27	用正负90°表示，正表示北，负表示南，91°表示该航标不可用
位置尺寸	30	为报告位置的参考点
定位仪的类型	4	0表示未定义，1表示GPS，2表示GLONASS，3表示GPS/GLONASS的结合

续表 3-3

参数	数据位	说　　明
计时器	6	使用定位仪器进行定位的标准时间
移位显示器	1	0 表示正常,1 表示发生了移位
为当地或者地区预留	8	
RAIM 标示	1	0 表示自动基层监测接收仪在使用状态,反之为 1
虚拟航标指示	1	0 表示不是虚拟航标,1 表示是虚拟航标,默认为 1
指定标示模式	1	0 表示为自动连续模式,1 表示为手动分配模式,默认为 0
备用	1	不使用时默认为 0
航标名称扩展	根据实际情况（6 的倍数至 84）	
备用	0,2,4,6	当航标名称过长时使用
位数	272 ～ 360	

AIS 报文 14 表示与航标安全性相关的报文信息,如果航标发生了损坏或者航标发生了异常状况,在发送报文 21 的同时就会发送这条报文。

AIS 报文 8 是发送航标附近的环境情况,包括天气环境和航道环境,天气环境主要包括天气、浪、潮汐等,航道环境主要包括航迹、界限、区域等。

3.3.1.4　作用

当前大多数的航标还属于视觉航标,船舶在航行过程中主要还是依据航标的颜色、灯光来判断航道,从而发挥导航的作用。这种航标维护时特别困难,需要对内部部件进行排检,以往都是采取人工定期巡检的方式。这种方式存在多种弊端:实时性差、可靠性低、效率低、安全隐患多、费用高。

对于实体航标来说,使用 AIS 航标就可以通过 AIS 网络来远程监测航标的状态,AIS 航标所采集的各种信息,包括航标的健康状况信息,就可以通过 AIS 网络实时传送到相关的管理部门,管理部门根据传过来的相关信息判断是哪个航标出现了问题,航标的哪个部件工作异常。

虚拟航标的航标信息是通过基站发布的,位置信息也可以进行人工设置,虚拟航标较实体航标相比有较强的变化性,如海上发生事故造成了航道的障碍,在这个地点布设实体航标之前就可以设置虚拟航标来提示过往的船舶;航道发生了新的变化,在布设新航标之前可以设虚拟航标;实体航标发生了移位,也可以布设虚拟航标。

综上所述,AIS 航标加强了航标的助航功能,在任何环境条件下,船载 AIS 设备的显示屏上可以很直观地显示航标以及它们的工作状态,从而减少了碰撞事故的发生。另外 AIS 航标也便于管理,实现了区域内的遥测遥控,提高了航标的管理水平。

3.3.2　内河 AIS 航标设计关键技术

3.3.2.1　AIS 航标功能设计

AIS 航标的设计可以从系统的功耗、助航服务和数据的管理三个方面进行:

(1) 低功耗

首先介绍系统的功耗方面所要满足的功能：低功耗。在内河的 AIS 航标终端中，主要是采用太阳能充电板和大容量的蓄电池进行供电，这种供电方式电池容量有限，能供航标灯和遥测遥控模块正常工作 7d 左右，这样频繁的电池更换给系统运行和电池维护带来很多不便。造成能量浪费的原因主要有：元器件能量消耗大、收发模块长期工作、电路设计不合理、系统未采用休眠机制等。因此，为了降低本系统航标终端的功耗，在设计时采用以下几种方法：

① 各模块的器件尽量选用低消耗的器件。

② 采用休眠机制，AIS航标在平时处于休眠状态，只有在船舶经过该航标时才启动航标进入工作模式，AIS 航标内的 GPS 模块等消耗功率较大的模块在需要监测航标的状态时才启动，可以采用热启动的方式从而缩短启动时间。

③AIS 航标收发模块在发送数据时功耗也是十分高的，根据需求合理地降低发送频率也是降低功耗的手段之一。

(2) 助航服务

AIS 航标发送航标多方面的信息，如航标名称、位置等，通过航标专用电文封装发送给周围过往船舶，船舶借助雷达和 AIS 就可以将航标的数据在系统中进行显示，从而帮助航海人员了解周围的水域及航道的走向，提高航标的助航效果。该方法弥补了传统的视觉航标主要依靠灯光来引领船舶通过航道，而不能向船舶提供航标的位置，而且容易受到周边环境影响的缺点。

(3) 数据采集、发送和储存

AIS 航标应该包括数据采集和发送功能，数据采集主要负责采集以下数据：

① 航标的经度和纬度、运动速度和方向。

② 航标(主要指浮标) 的倾斜角和撞击加速度。

③ 航标的蓄电池电压，航标灯的电流、电压，充电太阳板的电流、电压。

④ 航标灯的工作状态，灯质状态、日光值。

⑤ 航标的温度、湿度、大气压强、风速、风向、能见度、水流和水深等气象、水文和航道信息。

AIS 航标需要与 AIS 基站进行通信，把采集到的数据进行报文封装，发送出去，这样在监控段就可以获得航标的实时数据。

当 AIS 数据链路不能正常工作时，要求将数据保存到终端，至少保存 10d 内的数据，链路恢复后重发。因此，AIS 航标终端需要每隔一段时间对采集的数据信息进行存储。

监控中心管理人员向航标终端发送的任何控制指令，无论终端处于何种工作状态，终端射频模块接收后就激活处于主系统工作，由主系统完成对数据的读取功能，并依据协议，分析具体消息控制内容并执行，从而实现实时的触发功能。

3.3.2.2 硬件设计

1) 结构设计

本研究设计采用 ZigBee 通信方式来建立专用的航标无线通信网络。这种方式具有较好的通信实时性、信号干扰少、传送可靠性较高、自组网等优点，但它的传输距离有限，而且受周边地理环境的影响，因此需要增设路由终端，建立小型无线基站。ZigBee/IEEE 802.15.4

是一种新兴的短距离、低速率、低成本、低功耗的无线网络技术，它采用直接序列扩频(DSSS)技术，工作频率为868MHz、915MHz或2.4GHz的ISM频段。该技术的突出特点是应用简单、电池寿命长、有组网功能、可靠性高以及成本低，主要应用领域包括工业控制、消费性电子设备、汽车自动化、农业自动化和医用设备控制等。ZigBee技术是一种近距离、低功耗、低数据速率、低复杂度和低成本的无线通信技术或无线网络技术，是一种基于IEEE批准的802.15.4无线标准研制开发的有关组网、安全和应用软件等方面的技术。ZigBee具有数据传输速率低、功耗低、网络容量大、安全、自动动态组网、自由路由等特点。

ZigBee通信方式的AIS航标遥测遥控终端与其他航标终端略有不同，分为两种情况：① 航标遥测遥控终端作为多网络组合节点时，航标终端同时选用ZigBee通信板与AIS通信板、GSM/GPRS/CDMA通信板和ZigBee通信板。② 航标遥测遥控终端作为单一的ZigBee网络节点时，航标终端采用集成的带无线微控制器的低功耗无线通信模块进行开发。它能使客户在最短的时间内在最低的成本下实现ZigBee的无线系统，减少了开发RF(Radio Frequency)射频通信系统所需的设计和测试工装的昂贵开销和漫长的开发时间。它不仅提供完整的射频和RF器件的解决方案，还提供了丰富的模拟量和数字外围设备接口，所有的硬件外设有完善的API函数，可以快速优质地开发应用程序。单芯片的解决方案将大大降低开发的难度和成本，同时增加系统稳定性。在此情况下，ZigBee航标遥测遥控终端主要由ZigBee模块、电源管理模块、电压电流采集模块、加速度模块、EEPROM、信息(网络节点属性和航标类型)输入模块、RS485通信模块和GPS模块组成。ZigBee通信方式的AIS航标遥测遥控终端结构框架图如图3-10所示。

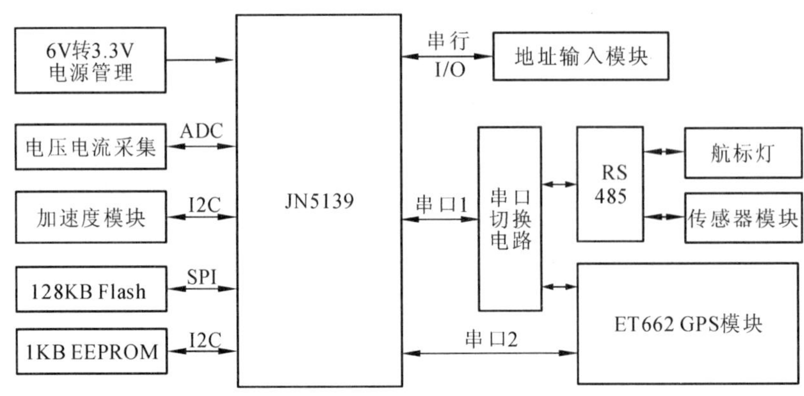

图3-10 AIS航标终端硬件结构框架图

(1) 主控射频模块与选型

主控射频模块主要完成AIS航标的数据采集、处理、存储和通信控制等各项功能，主控射频模块主要由主控芯片、Flash存储器、EEPROM存储器组成，同时也为GPS定位模块、485总线通信模块、地址输入模块、检测控制模块、电源管理模块和传感器模块提供接口。

AIS航标运算任务量很大且系统需要以很高的速度运算，可以选用ST公司的STM32F105xB增强型系列，该系列的工作频率可以达到72MHz，具有高速存储器、较为丰富的增强I/O接口，其中STM32F105RBT6是性能比较突出的一款，它具有128KB闪存程序存储器和20KB的SRAM，并且具有多种模式(如睡眠、停机和待机)正好满足多模式的设计，它还具有80个快速I/O接口，都可以映射到16个外部中断。综合该芯片的性能可以很好地满足对于AIS航标所提出的要求。

(2)GPS定位模块与选型

GPS定位模块通过串口与主控射频模块进行串口连接，主要提供航标的经纬度、航速等信息。对于GPS定位模块所提出的要求是可差分，定位速度快、功耗低、定位精准、灵敏度高、精准的脉冲输出功能等。

综合考虑性能和工作参数，可以选取台湾环宇公司提供的ET662 GPS定位模块。它具有灵敏度高，功耗低、体积轻巧等特点，可以扩大定位的覆盖面，可以定位到较为狭窄的地方，非常适合内河航道的实际情况，具有冷启动和热启动两种模式，大大降低了功耗。GPS定位模块的电源部分应该受到控制，可以对航标的位置信息每隔一段时间进行数据采集，以判断航标是否发生移位，当需要GPS模块工作时打开GPS模块，当不需要使用时可关闭电源，从而降低功耗、节省电量。

(3)485总线模块

该模块主要负责传感器与航标灯与主控射频模块之间的通信，需要经过串口切换电路。

(4) 地址输入模块

地址输入模块负责采集AIS航标终端所处网络的网络信息，通过串口连接把航标地址、网络地址等参数传递给主控射频模块的处理器。

(5) 检测控制模块

检测控制模块负责对航标的状态(包括电压、电流、加速度等) 进行检测，也通过串口传输相应的信息。

(6) 电源管理模块与电源芯片的选型

电源管理模块负责对AIS航标所使用的电池电压进行数据采集，主要由太阳能板、充电电路、蓄电池和电压转换控制电路组成，为系统提供稳定的电压。

航标上的蓄电池的电压一般是大于5V的，但是主控射频模块和GPS模块的工作电压一般为3.3V，直接稳定电池电压到3.3V效率是比较低的，可以用高效率低压差的方式将电压先稳定到5V，再通过稳压芯片稳定电压到3.3V。可以选用凌特公司生产的LT1763-5V型的高效率低电压芯片，具有成本低、噪声小、静态电流小等优点，这款线性稳压器具有内部电池反向保护电路，当电源反向时，无须外部保护二极管就可防止产生反向电流。此外，输出还可拉低至地而不损坏器件。其他保护电路包括限流和热限制电路，可以适用于绝大多数工作电压范围的航标灯。

2) 详细电路设计

下面将重点介绍几个重要模块的具体电路设计：

(1) 系统供电电路

电源设计上主要采用的是各模块独立式供电，由于电源稳定性受灯器蓄电池、太阳能充电的影响，闪光灯的脉冲瞬间电流、太阳能充电时电压的变化、通信模块发送数据时瞬间大电流都会给精密A/D测量带来干扰，采用独立式供电、大电容放电电路和电源滤波加上分时工作模式及其他保护电路的设计保证了多功能航标终端具有较强的抗干扰性。

电源管理系统设计采用的是高效率低压差的稳压电源LDO的方式来实现。LDO的电源芯片具有压降低、动态性能好等优点；同时LDO可以提高系统电源的稳定性，为模拟量采集等相关电路提供一个稳定的电源,保证数据的精度。为了把航标灯的电池 6V 的电压降到监控系统所需要的 3.3V 的电压,采用美国 TI 公司的 TPS62056 芯片组成电源电路,6V 输入电源的变换效率高达 90% 以上,同时还可以实现系统的宽供电,电压的适应范围为 4 ～ 10V,可以适用于绝大多数工作电压范围的航标灯。系统供电电路设计图如图 3-11 所示。

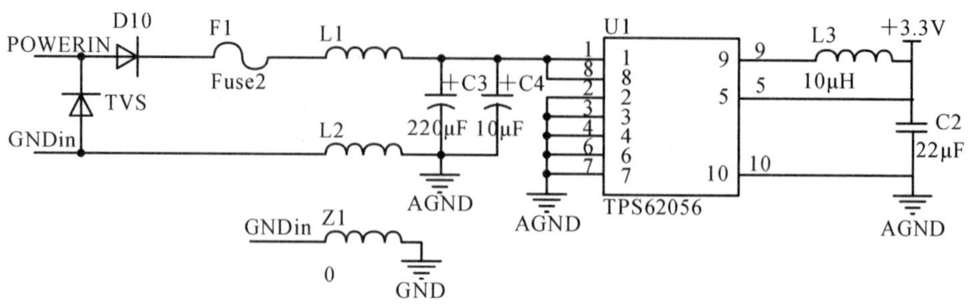

图 3-11　系统供电电路设计图

(2)GPS 模块接口电路

ET662 GPS 模块提供了两个串口,其中串口 1 为 ET662 与 STM32F105RBT6 提供控制和数据通道,数据接口为 TX、RX 以及 GND 3 根信号线。TX 信号向 STM32F105RBT6 发送定位信息,RX 信号接收 STM32F105RBT6 发送的参数设置信息。

ET662 GPS 模块具有差分 GPS 功能,模块通过串口 2 输入 RTCM 格式的差分修正值,默认的串口通信参数为波特率 9600、8 位数据位、1 停止位、无奇偶校验。ET662 GPS 模块通过串口接收到电文信息后将解析正确的电文和分析出的伪距修正参数存入内部 SRAM 中以供后期计算使用。该模块通过激活使用实时差分 GPS 功能,定位精度将小于 5m。

ET662 GPS 模块接口电路设计图如图 3-12 所示。在电路设计时需考虑以下问题:

① 设计时将 GPS 天线座布置在电路板的边缘,方便天线接头的安装;

②ET662 GPS 模块内部包含了射频模块,设计时应尽量将其远离其他芯片。

(3) 总线通信电路

总线通信采用 RS485 总线通信,RS485 总线主要采用平衡发送和差分接收方式实现通信,具有极强的抗共模干扰的能力。总线网络拓扑一般采用终端匹配的总线型结构,即采用一条总线将航标终端、航标灯和各传感器串接起来。

采用 MAX3485 来实现串口的 TTL 电平信号转换成 485 差分信号。485 总线通信电路设计图如图 3-13 所示。一般情况下,系统不需要增加 RL 终端电阻,只有在 485 通信距离超过 300m 的情况下,要在 485 通信的开始端和结束端增加终端电阻。

(4) 电压、电流采集电路

多功能航标系统主要监测的参数有以下几种:

① 航标灯工作参数,即工作电流、工作电压;

② 蓄电池参数,即输出电压、电流;

③ 太阳能板参数,即充电电压、电流。

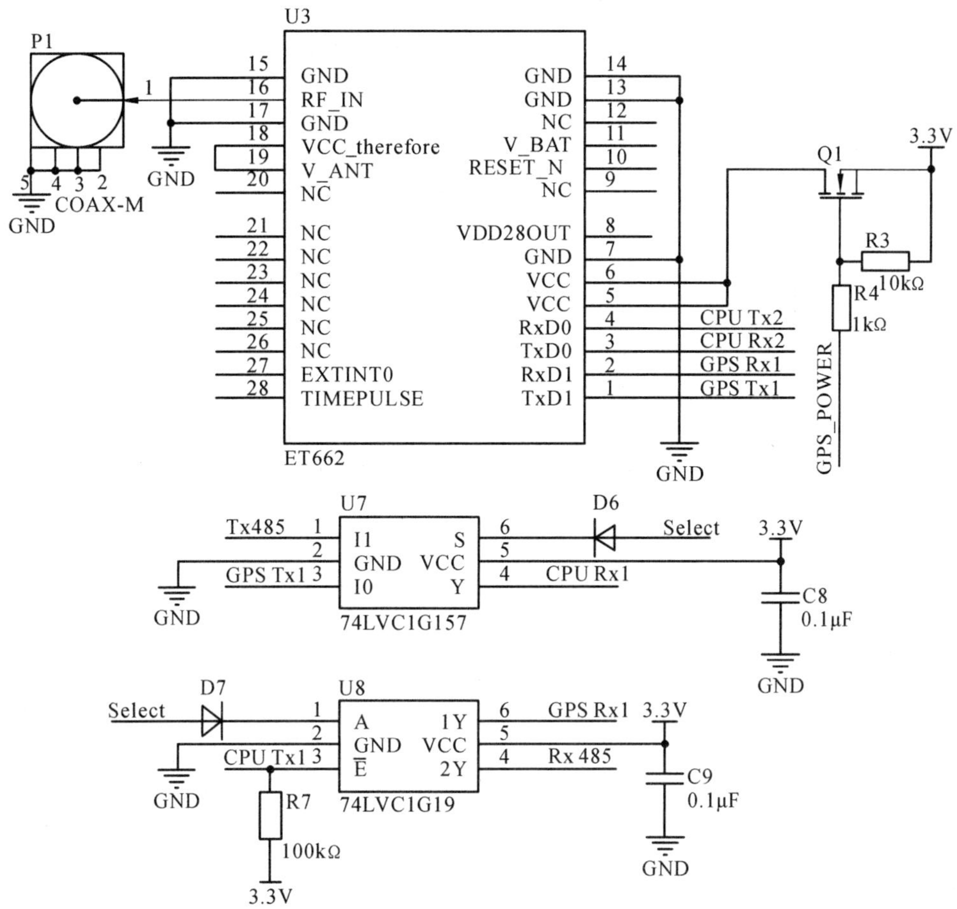

图 3-12 GPS 模块接口电路设计图

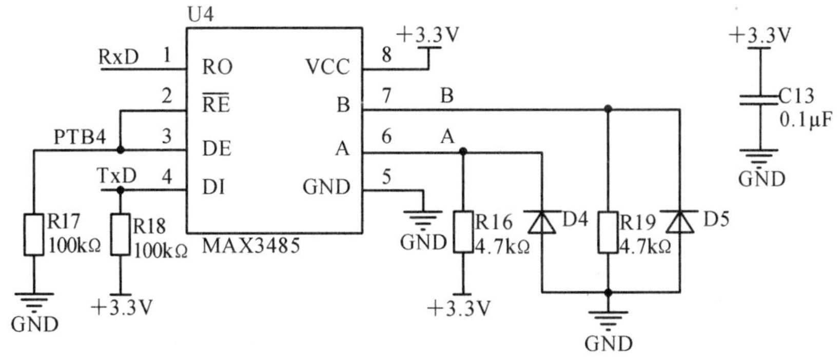

图 3-13 总线通信电路设计图

系统监测以上参数主要是为了达到以下两个目的，一是检测航标工作状态正常与否，二是希望能够对航标的能源消耗及补充有一个科学的评价，为航标管理部门做出调整调度和决策提供科学的数据支持。

因此，需要测量的模拟量主要有以下几个：航标灯、蓄电池、太阳能板等设备的电压、电流等。电压的测量先通过精密电阻分压将电压按比例降至合理的电压范围，再经过滤波电路进入 A/D 转换接口进行相应处理；电流的测量则经过电流传感器将电流转换为电压，再经过滤波电路进入 A/D 转换接口。电压、电流采集电路设计图如图 3-14 所示。

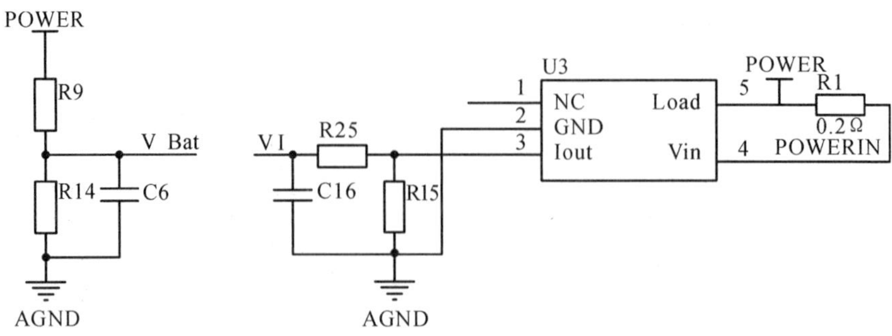

图 3-14　电压、电流采集电路设计图

3.3.2.3　软件设计

1）软件结构

AIS 航标终端嵌入式软件采用了 μC/OS-Ⅱ 操作系统，μC/OS-Ⅱ（Micro Control Operation System Two）是一个可以基于 ROM 运行的、可裁剪的、抢占式、实时多任务内核，具有高度可移植性，特别适合于微处理器和控制器，是和很多商业操作系统性能相当的实时操作系统（RTOS）。为了提供最好的移植性能，μC/OS-Ⅱ 最大限度地使用 ANSIC 语言进行开发，并且已经移植到近 40 多种处理器体系上，涵盖了从 8 位到 64 位各种 CPU（包括 DSP）。

μC/OS-Ⅱ 可以简单地视为一个多任务调度器，在这个任务调度器之上完善并添加了和多任务操作系统相关的系统服务，如信号量、邮箱等。其主要特点有公开源代码，代码结构清晰、明了，注释详尽，组织有条理，可移植性好，可裁剪，可固化。内核属于抢占式，最多可以管理 60 个任务。从 1992 年开始，由于高度可靠性、鲁棒性和安全性，μC/OS-Ⅱ 已经广泛使用于从照相机到航空电子产品的各种应用中。

在充分分析系统需求后，制定航标系统软件总体框架如图 3-15 所示。

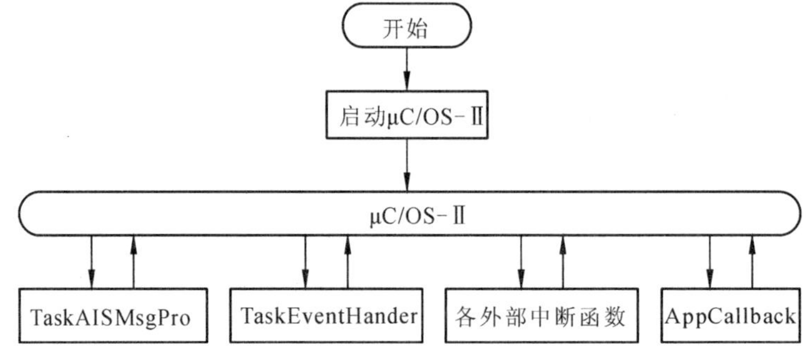

图 3-15　AIS 航标软件总体框架图

TaskAISMsgPro 任务主要负责处理 AIS 消息发送和发送队列管理、AIS 消息接收、AIS

消息解析并将解析结果存储、分配给指定任务执行以及 AIS 7 号消息应答。

TaskEventHander 任务主要负责系统初始化、解析串口配置信息、GPS 数据解析、UTC 时间同步、各中断数据处理、航标灯电流分析、蓄电池电流分析等。

各外部中断函数响应软件配置的各种中断，包括串口中断、37.5Hz 定时器中断、I/O 中断等，并将中断数据发送给指定的处理函数。

AppCallback 任务为 100ms 定时器任务，定时启动，主要完成的功能为加速度信息、GPS 信息、日光值的采集、判断、保存、上报；航标灯电压、电流信息，太阳能板电压、电流信息，蓄电池电压、电流信息的采集、判断、保存、上报；对所有数据进行报警判断及上报，判断是否到休眠时刻。

2）航标信息采集

（1）GPS 数据采集与处理

选用的 ET662 型 GPS 模块输出的经纬度信息遵循 NMEA-0183 协议。该协议是美国国家海洋电子协会（National Marine Electronics Association）为海用电子设备制定的标准格式。目前业已成了 GPS 导航设备统一的 RTCM（Radio Technical Commission for Maritime Services）标准协议。

选择 GPRMC 报文为经纬度信息的来源，推荐最小数据量的 GPS 信息（Recommended Minimum Specific GPS/TRANSIT Data）$GPRMC,〈1〉,〈2〉,〈3〉,〈4〉,〈5〉,〈6〉,〈7〉,〈8〉,〈9〉,〈10〉,〈11〉,〈12〉*〈13〉〈CR〉〈LF〉

〈1〉UTC（Coordinated Universal Time）时间，hhmmss（时分秒）格式

〈2〉定位状态，A = 有效定位，V = 无效定位

〈3〉Latitude，纬度 ddmm. mmmm（度分）格式（前导位数不足则补 0）

〈4〉纬度半球，N（北半球）或 S（南半球）

〈5〉Longitude，经度 ddmm. mmmm（度分）格式（前导位数不足则补 0）

〈6〉经度半球，E（东经）或 W（西经）

〈7〉地面速率（000.0 ～ 999.9 节，Knot，前导位数不足则补 0）

〈8〉地面航向（000.0 ～ 359.9 度，以真北为参考基准，前导位数不足则补 0）

〈9〉UTC 日期，ddmmyy（日月年）格式

〈10〉Magnetic Variation，磁偏角（000.0 ～ 180.0 度，前导位数不足则补 0）

〈11〉Declination，磁偏角方向，E（东）或 W（西）

〈12〉Mode Indicator，模式指示（仅 NMEA01833.00 版本输出，A = 自主定位，D = 差分，E = 估算，N = 数据无效）

〈13〉校验和

除了提取经纬度信息、速度信息等之外，由于天气原因或 GPS 模块硬件故障，有时串口无法收到 GPRMC 报文，因而主控芯片应对此作出判断，在故障时及时检测到并进行报警。

（2）串口配置功能

AIS 航标终端模块应该具有串口配置功能，以用来配置航标的九位识别码和航标名称、尺寸等。因而需制定串口配置协议配置航标，配置完毕后应存储在 EEPROM 中，每一次航标重新启动时从 EEPROM 中读出配置信息。

设置协议格式如下：

$ AISET,〈1〉,〈2〉,〈3〉,〈4〉,〈5〉,〈6〉,〈7〉,…,〈30〉,0 * 〈checksum〉〈0x0D〉〈0x0A〉

每字段含义:

〈1〉 航标 MMSI,ASCII,9 位数字

〈2〉 航标名称,ASCII,最多 20 个字符

〈3〉 航标颜色,ASCII,1 位数字

〈4〉 航标尺寸 A,ASCII,3 位数字,单位:m

〈5〉 航标尺寸 B,ASCII,3 位数字,单位:m

〈6〉 航标尺寸 C,ASCII,2 位数字,单位:m

〈7〉 航标尺寸 D,ASCII,2 位数字,单位:m

〈8〉 航标类型,ASCII,2 位数字

〈9〉 蓄电池过压阈值,ASCII, 3 位数字,单位 0.1V,如 125 表示 12.5V

〈10〉 蓄电池欠压阈值,ASCII,3 位数字,单位 0.1V,如 90 表示 9.0V

〈11〉 基准经度,ASCII,10 位字符,如 11435.2345,dddmm.mmmm(度分) 格式

〈12〉 东西半球,ASCII,1 位字符,E(东) 或 W(西)

〈13〉 基准纬度,ASCII,9 位字符,如 3034.1234,ddmm.mmmm(度分) 格式

〈14〉 南北半球,ASCII,1 位字符,S(南) 或 N(北)

〈15〉 偏移半径,ASCII,3 位数字,单位:m

〈16〉 正常状态上报周期,ASCII,2 位数字,单位:min

〈17〉 报警上报周期,ASCII,2 位数字,单位:min

〈18〉 是否发送 21 号报文,ASCII,1 位数字(0 不发送,1 发送)

〈19〉 是否发送 14 号报文,ASCII,1 位数字(0 不发送,1 发送)

〈20〉GPS 低功耗,ASCII,1 位数字(0 非低功耗,1 低功耗)

〈21〉 处理器低功耗,ASCII,1 位数字(0 非低功耗,1 低功耗)

〈22〉 是否重启,ASCII,1 位数字(0 不重启,1 重启)

〈23〉 预留,ASCII,2 位数字(默认 00)

〈24〉 预留,ASCII,2 位数字(默认 00)

〈25〉 预留,ASCII,2 位数字(默认 00)

回复:

设置成功则回复:$ RESET,Set Success,0 * 44〈0x0D〉〈0x0A〉

设置未成功则无回复。

3) 故障诊断

AIS 航标故障诊断程序中,诊断航标是否出现蓄电池低压、灯标过流、白天长明、夜间熄灯、位置漂移等故障。如果出现故障,则确定报警类型并调用通信程序将采集到的航标状态信息以及报警类型发送到监控中心。

(1) 低压过流报警

低压过流检测算法相对简单。只要连续数次检测到蓄电池电压小于欠压阈值,则判断为欠压报警;连续数次检测到蓄电池电压大于过压阈值,则判断为过压报警;连续数次检测到航标灯工作电流大于 800mA,则判断为浮标低压过流,发出低压过流报警信息。

(2) 位置漂移报警

航标位置是否漂移，从原理上讲，只要准确地确定航标的位置，就可判断。本设计采用的定位方法是 GPS 定位技术。

先假设 GPS 无测量误差，由于浮标受风力、水流等的驱动，链条的长短随时变化，使浮标的位置在以沉石位置为基点的回旋半径 r_1 范围内变化，r_1 由下式确定：

$$r_1 = 0.8\sqrt{h^2 - H^2} \tag{3-3}$$

式中 h—— 链条全长；

H—— 设置航标处海图水深；

0.8—— 链条悬弧系数。

GPS 接收机是安装在浮标上的，由于浮标具有一定高度，水上浮标在有风的情况下会产生摇摆，如图 3-16 所示。假设浮标高度为 H_1，倾角为 θ，则 GPS 摆动的位置将偏离航标 r_2：

$$r_2 = H_1 \sin\theta \tag{3-4}$$

考虑 GPS 的测量误差 r_3 和基准点的位置误差 r_4，则在极限的情况下，浮标位置数据偏离基准点的误差将为 r：

$$r = r_1 + r_2 + r_3 + r_4 = 0.8\sqrt{h^2 - H^2} + H_1\sin\theta + r_3 + r_4 \tag{3-5}$$

因此，通过获得 GPS 定位坐标和航标 GPS 基准点坐标就可以计算出两点距离，当距离大于 r 时，判定浮标位置漂移，发出位置漂移报警信息。

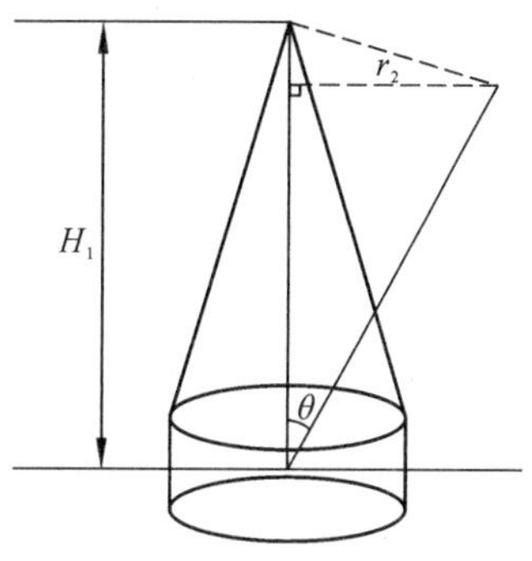

图 3-16 浮标示意图

3.3.3 AIS 航标在长江航道中应用实例

目前，长江沿线船舶已安装 AIS 船舶自动识别系统设备，可进行船舶避碰、船舶监控，但航标上尚未布设 AIS 航标设备。长江航道局在航标遥测遥控终端设备上增加 AIS 航标功能，如图 3-17 所示，由 AIS 航标系统平台控制航标遥测遥控终端，打开或关闭 AIS 广播功能，对航道中过往船舶提供航标自身的位置等状态信息，从而提供无线电导航服务，更方便船舶夜航。

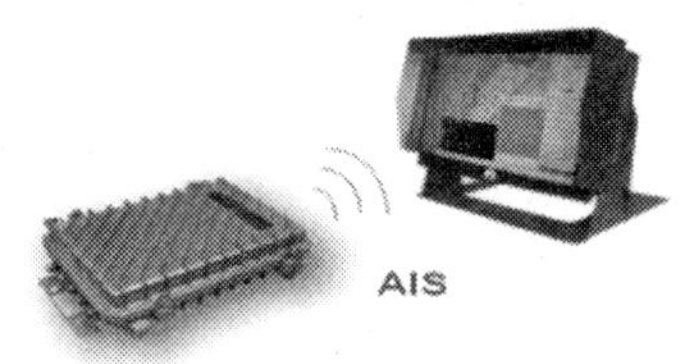

图 3-17 AIS 航标助航

AIS 航标设计上采用只发不收的工作模式，其载波频率为 161.975MHz 与 162.025MHz，带宽 25kHz，频率误差小于 3ppm。航标灯的 MMSI 号、灯质及 GPS 位置等数字信号经过 HDLC（高级数据链接）封装为符合 IEC61992-2 的标准暗码格式，为符合 GMSK（高斯最小频移键控）的传输特点，信号还需要经过一次 NRZI 不归零翻转编码。最后以 GMSK 的形式，调制进 87B 与 88B 频道发射出去，GMSK 调制的信号频谱紧凑、误码特性好，在数字移动通信中得到了广泛使用。经调制后发送出的 GMSK 波形如图 3-18 所示，开发的 AIS 航标射频板如图 3-19 所示。

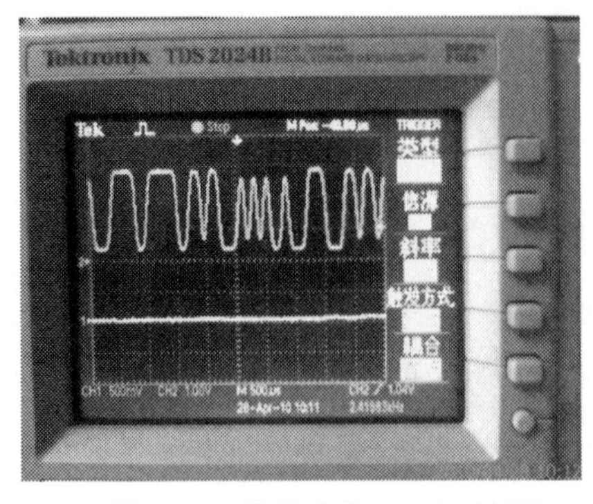

图 3-18　发送出的 GMSK 波形

图 3-19　AIS 航标射频板

3.4　虚拟航标

航标是水上交通安全保障体系的重要组成部分。随着水上交通的发展，船舶交通流量剧增，航行环境不断变化，对航标的要求也逐渐提高。传统的船标由于易移位、遗失且占用航道资源的缺点，已经无法全面地满足当前航行的需要。基于计算机技术、GPS/DGPS、ECDIS 和 AIS 等新型航海技术的发展，虚拟航标技术应运而生。

3.4.1　虚拟航标概述

虚拟航标(Virtual Aid to Navigation) 是指物理上不存在，由经授权的助航服务提供部门发布，能在导航系统中显示的数字信息物标。它是继视觉航标、无线电航标之后国际航标学会认可的，旨在提升和增强航标管理机关的航标助航服务能力的现代化技术手段。

作为一门综合多种信息技术手段的新兴航标应用技术，虚拟航标是对传统的视觉航标的有效补充，是现代化航标体系的重要组成部分，是伴随着世界航运的快速发展，人们对航标的助航效能和航标管理要求不断提高的必然产物。

虚拟航标是基于 AIS 网络而产生和发展的新型航标应用技术。它是由 AIS、DGPS 与电子海图显示和信息系统(ECDIS) 有机结合的产物。近年来，随着 AIS 岸基系统的建成及船用 AIS 的普及，虚拟航标技术已不仅用来识别和避撞，而且发展成了一个具有诸多海事功能的复杂系统，特别是基于 AIS 的虚拟航标的出现及逐步应用，给航标发展带来了深远的影响。

3.4.2　内河航道虚拟航标实施方案

3.4.2.1　基于电子航道图的虚拟航标实施方案

(1) 电子航道图数据标准扩展

根据《电子航道图制作规范》(JT/T 765-2009)(第 2 部分：数据传输)(CJ-57) 以及长江航道局对 CJ-57 标准的修改意见，虚拟航标物标类不属于航行标志岸标、航行标志浮标、信号标志岸标、信号标志浮标、专用标志岸标、专用标志浮标等实体助航标志，因此，需在 CJ-57 标准中增加虚拟航标物标类。

① 虚拟航标物标类定义(表 3-4)

表 3-4　虚拟航标物标类

物标类	虚拟航标
代码	26031
物标缩写	VTATON
属性	属性 A:CATVIR;CODVIR,COLOUR;COLPAT;CONRAD;DATEND;DATSTA;MARSYS;NATCON;NOBJNM;OBJNAM;PEREND;PERSTA;STATUS;VERACC;VERLEN 属性 B:INFORM;NINFOM;NTXTDS;PICREP;SCAMAX;SCAMIN;TXTDSC;UPDMSG 属性 C:RECDAT;RECIND;SORDAT;SORIND
定义	虚拟航标是物理上不存在,由经授权的助航服务提供部门发布,能在导航系统中显示的数字信息物标。用于助航或其他目的,区别于所有实体航标

② 属性扩展

a. 虚拟航标类型属性(CATVIR) 扩展

属性名称:虚拟航标类型;

属性代码:26031;

属性缩写:CATVIR;

属性类型:枚举型(E);

期望输入:见表 3-5。

表 3-5　CATVIR 属性值

标识号	属性值	备注
1	左侧侧面浮标	
2	右侧侧面浮标	
3	推荐航道左侧浮标(12.5m 深水航道)	
4	推荐航道右侧浮标(12.5m 深水航道)	
5	推荐航道左侧浮标(海轮航道)	
6	推荐航道右侧浮标(海轮航道)	
7	孤立危险物(沉船)	
8	孤立危险物(浅滩)	
9	孤立危险物(适淹礁)	
10	孤立危险物(碍航物)	
11	安全水域浮标(推荐航道中心线)	
12	安全水域浮标(推荐通过固定桥梁最佳点)	
13	安全水域浮标(转向点)	
14	专用浮标(监控航标)	
15	专用浮标(界限标)	
16	专用浮标(禁航标)	
17	其他	用于表示以上 16 个属性值不能表示的航行标志

b. 虚拟航标代码(CODVIR) 扩展

属性名称：虚拟航标代码；

属性代码：26032；

属性缩写：CODVIR；

属性类型：整数型（I）；

定义：标识虚拟航标的数字代号；

备注：按照海上移动通信识别码（MMSI）编制虚拟航标代码。根据IALAA-126规定，虚拟航标的标识号为99MID6n××（其中，MID为国家代码，例如中国为412；n××为唯一标识码；n的定义见表3-6）。

表3-6　虚拟航标标识码中n的定义

标识号	属性值	备注
1	推荐侧面浮标	
2	深水航道侧面浮标	
3	海轮航道侧面浮标	
4	沉船	
5	孤立危险物	
6	安全水域浮标	
7	仿真航标	
8	界限标	
9	禁航标	
10	其他	用于表示以上9个属性值不能表示的标识

（2）基于电子航道图的虚拟航标运行过程

虚拟航标物标类定义是在电子航道图系统中建设的电子航道图生产编辑系统中实现的。

电子航道图生产编辑系统包括电子航道图数据库及其管理子系统、源数据生产编辑子系统、电子航道图生产子系统、纸质航道图生产子系统以及电子航道图产品数据第三方检测软件。

结合电子航道图系统，实现虚拟航标的定义和运行，需要处理如下内容：

① 虚拟航标的管理

在《航道维护管理工作规定》中增加对虚拟航标物标类的描述。

单独建立虚拟航标管理系统或扩展现行的《航标信息管理系统》，扩展助航设施原始数据，存储虚拟航标数据。

② 数据预处理

对虚拟航标数据进行预处理，实现：

a. 规范专题数据源格式，以实现多源孤立数据的集成；

b. 建立专题物标与S-57物标的对应关系；

c. 定制数据转换模型，实现专题物标向S-57转换；

d. 专题物标入库。按照《电子航道图生产系统数据库标准规范》，存储虚拟航标数据，为电子航道图生产提供基础数据源。

③ 虚拟航标的生产编辑

按照《电子航道图生产、维护、更新和发布机制》扩展虚拟航标的维护更新机制，实现虚拟航标与电子航道图产品的对接，见图 3-20。

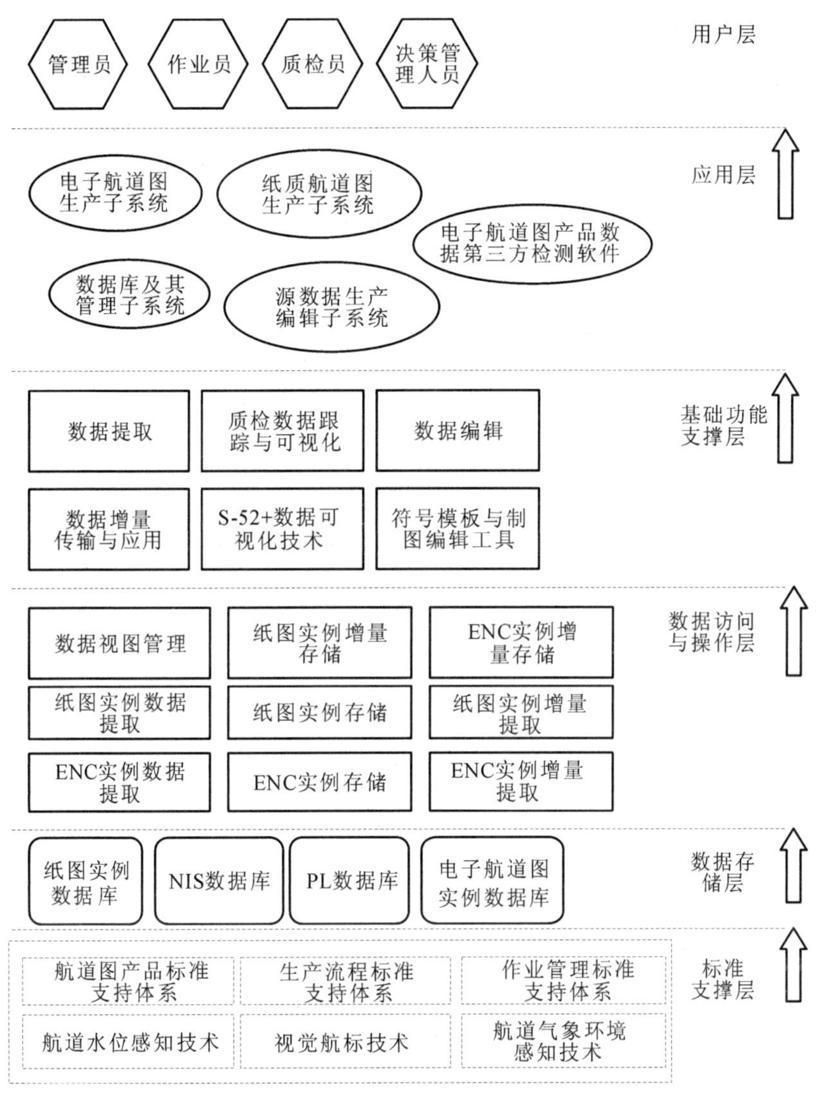

图 3-20 软件总体结构图

3.4.2.2 基于 AIS 的虚拟航标运行方案

1)AIS 航标报文

ITU-RM.1371-1(VHF 海上移动频段时分多址通用自动识别系统技术特性)明确规定"虚拟 AIS 航标"参数包含在实际不存在的航标发射的第 21 号航标电文(Message21)中。结合第 21 号航标电文以及航道的实际应用需求，对虚拟 AIS 航标的关键要素定义做出描述，见表 3-7。

表 3-7 虚拟 AIS 航标要素定义描述

序号	要素名称	说　明
1	消息 ID(MessageID)	标示 Message21,默认为 21
2	虚拟航标标识(ID)	虚拟航标识别码。虚拟 AIS 航标的标识为 99MID6n××,其中:99 为 AIS 航标标识;MID 代表国家,例如中国为 412;n×× 表示标识号,n 的取值见表 3-6
3	重复指示器(Repeat Indicator)	虚拟信号发送的重复性,默认为 0
4	虚拟航标类型(Type AtoN)	虚拟航标类别,编码参照 Message21 报文,并配合 Spare 字段使用。见表 3-8
5	虚拟航标名称(Name of AtoN)	指定虚拟航标的名称,需按照下列次序定义:(如果涉及不止一项,各项内容可用逗号隔开) (1) 海图标注名称 (2) 国家或国际识别编码 (3) 特殊描述(如灯光、作用距离等) 该字段最多只能包含 20 个 6 位字节。如果虚拟航标的实际名称长于 20 个 6 位字节,需要配合使用虚拟航标名称扩展字段(Name of AtoN Extension)
6	位置的精度(Position Accuracy)	虚拟航标位置精度,默认为 1
7	位置(Longitude,Latitude)	所有位置基于 WGS-84 坐标,精度为 1/10000 分
8	虚拟 AtoN 标志	标示虚拟 AIS 航标,默认为 1
9	备用 1(Spare)	虚拟航标类型标识,配合虚拟航标类型 Type AtoN 字段使用
10	虚拟航标名称扩展 (Name of AtoN Extension)	最多支持 14 个 6 位字节,配合虚拟航标名称 Name of AtoN 使用

表 3-8 虚拟航标类型标识

类别	子类 1	子类 2	虚拟航标类型标识	备用标识
助航标志	侧面标	左侧标	24	0
		右侧标	25	0
		推荐航道左侧标	26	0
		推荐航道右侧标	27	0
	示位标	孤立危险物(沉船)	28	0
		孤立危险物(浅滩)	28	1
		孤立危险物(适淹礁)	28	2
		孤立危险物(碍航物)	28	3
	通用助航标志	除侧面标、示位标以外的助航标志	28	9

续表 3-8

类别	子类 1	子类 2	虚拟航标类型标识	备用标识
信号标志	一般信号标志	推荐航道中心线	29	0
		推荐通过固定桥梁最佳点	29	1
		航路点 / 转向点	29	2
		界限标	29	3
		禁航标	29	4
	通用信号标志	除上述信号标志以外的信号标志	29	9
专用标志	专用标	监控航标	30	0
	通用专用标志	除监控航标以外的信号标志	30	9

2）基于 AIS 的虚拟航标运行过程

基于 AIS 的虚拟航标运行的体系架构如图 3-21。利用数字航道系统的分布式架构，整个 AIS 虚拟航标应用体系由局系统和处系统分布式地构成。AIS 虚拟航标的具体管理和运作由处一级的应用系统完成，处一级的 AIS 虚拟航标应用系统的结构包括 4 层：用户层、数据层、应用层以及物理层。用户层主要是面对用户的航标业务管理系统以及综合监控系统；数据层为位于航道处的数据库服务器；应用层为位于航道处的 AIS 服务器；物理层为位于航道处辖区内的虚拟航标收发单元，虚拟航标收发单元包括一个播发虚拟航标信息的 AIS 基站以及一个用于验证虚拟航标是否正确播发的 AIS 基站。局一级的系统只包含用户层和数据层，数据层包括位于航道局的数据库服务器，它通过与下属各处的数据库同步，可以获取各个航道处关于虚拟航标管理和监控的各种数据。用户层的局航标业务管理系统和局综合监控系统则可以让局级用户对各个航道处的航标基础信息进行查看和监控。

整个虚拟 AIS 航标应用系统涉及的软件包括三个部分：航标业务管理系统、综合监控系统以及 AIS 服务器上的 AIS 信息收发系统：

（1）航标业务管理系统。管理虚拟航标基础数据。

（2）综合监测系统。可视化监测虚拟航标显示和状态。

（3）AIS 信息收发系统。主要包括端口连接、虚拟航标信息发送处理、虚拟航标验证信息接收、船舶动态数据接收等模块。

虚拟 AIS 航标应用系统结构中各层的设计和实现详述如下：

（1）物理层

① 基站硬件设备

虚拟航标收发单元由一个 AIS 发送基站、一个 AIS 验证基站、网络适配器以及电源组成，并通过网络适配器连接到应用层的 AIS 服务器。其中的 AIS 发送基站从网络端口实时接收 AIS 服务器发送来的虚拟航标信息发送指令，并将信息通过 VHF 信道播发出去。AIS 发送基站播发的虚拟航标信息将同时被收发单元的 AIS 验证基站接收到，验证基站收到的虚拟航标信息通过网络适配器发给 AIS 服务器进行处理并作为验证数据存入数据库。为保证虚拟航标收发单元稳定、不间断地工作，需准备两个不间断电源进行供电。

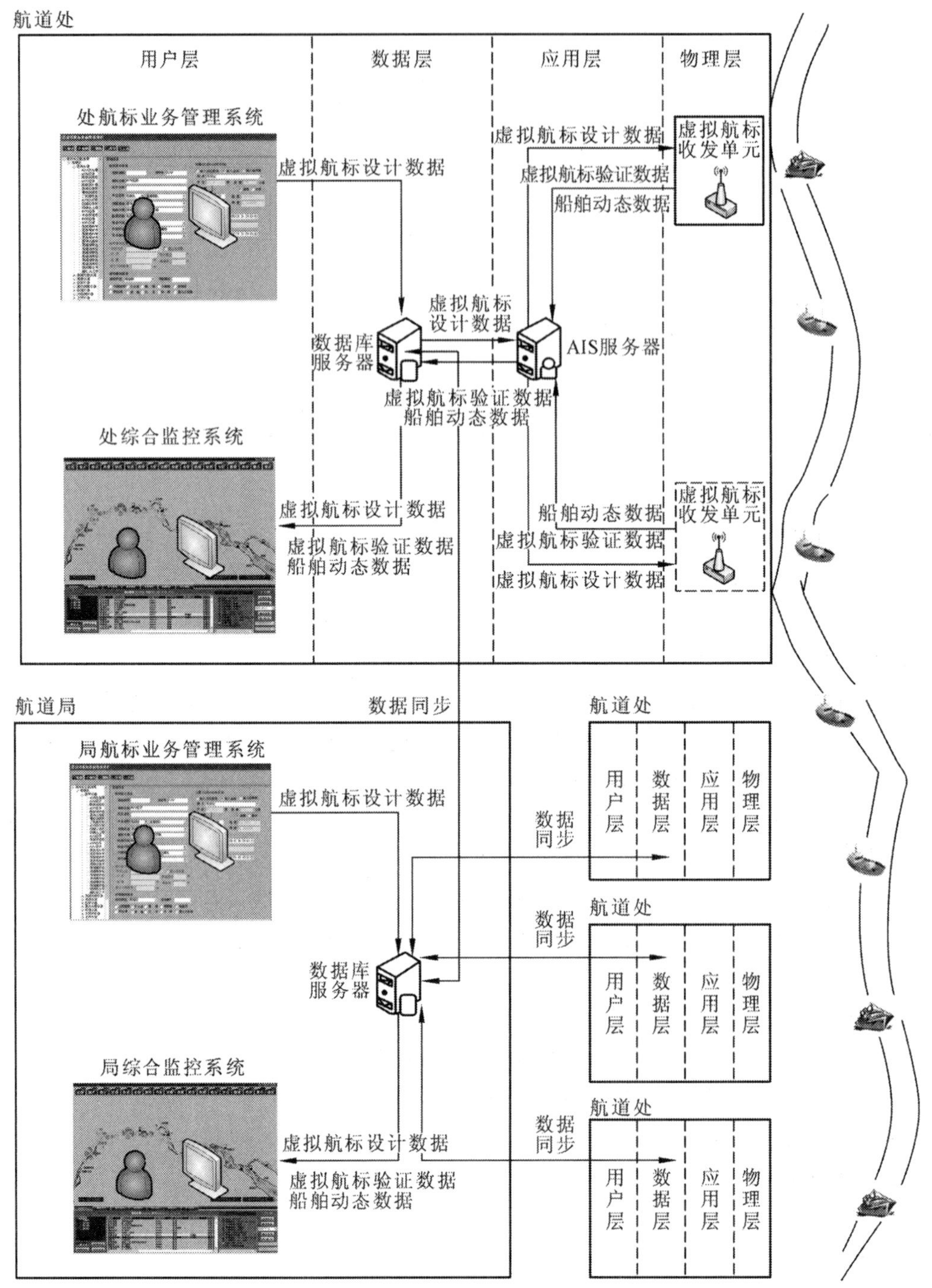

图 3-21　基于 AIS 的虚拟航标运行的体系架构

② 安装部署

虚拟航标收发单元根据现场的调研和测试结果进行了安装部署，部署的基本原则是保证报文播发的有效范围能够覆盖超出应用河段上下游各 5km。

(2) 应用层

应用层是虚拟AIS航标应用系统的核心，位于航道处内的AIS服务器。通过运行AIS信息收发系统实现其主要职能，包括：

① 根据国际标准对虚拟AIS航标信息进行转换和处理，形成标准的21号AIS报文，然后通过网络数据接口传送给AIS基站，并以最长3min的时间间隔(管理者可以对配置参数进行调整)完成虚拟航标信息的播发。

② 通过网络数据接口接收AIS船台接收的AIS目标信息(包括AIS基站播发的虚拟航标信息以及过往船舶的动态信息)，并根据各自的报文格式进行解析和处理，存入航道处数据库中的相关数据表中，供综合监控系统显示和查询。

(3) 数据层

虚拟航标数据表应当与航道局现有的航标数据库中已建有实体航标的数据表分开，以保持数据独立性和减少对已有系统的影响。

(4) 应用层

① 航标业务管理系统

航标业务管理系统是现有的实体航标信息管理系统。为了实现虚拟航标与实体航标的统一管理，将在航标业务管理系统增设虚拟航标管理、AIS基站数据维护和虚拟航标明细分类模块，新模块负责对虚拟航标相关的基础信息进行维护和管理，主要包括虚拟航标信息、类别、AIS基站的设置更改等。

按ITU-RM.1371中对MSG21报文的要求，虚拟航标信息主要包括：航标类型、航标名称、航标位置、位置精度指示、RAIM(接收机自主完好性监测)指示、定位设备类型、时间标志、移位指示、航标尺度与基准位置、虚拟航标标志等。

通过航标业务管理系统的人机交互界面，管理者可以对虚拟航标相关的基础信息进行录入、修改和删除等管理。虚拟航标相关的基础数据分别存入到数据库中虚拟航标基础数据表、AIS基站基础数据表以及虚拟航标明细类别表中。

虚拟航标相关数据管理是在现有的航标业务管理系统中新增的，因此与数字航道系统的结构一致，虚拟航标相关基础数据主要是在处一级的航标业务管理系统进行维护，局一级的航标业务管理系统可对下属各处的虚拟航标相关信息进行查看。

② 综合监控系统

综合监控系统是现有的实体航标以及通航船舶的动态监控系统，它基于电子航道图显示平台运行，能够在航道图上实时显示通航船舶以及实体航标的动态。为了实现虚拟航标与实体航标的统一监管，将在综合监控系统增设虚拟航标监控功能，以在航道图上显示虚拟航标的位置以及虚拟航标信息的播发状态。

综合监控系统将从航道局数据库中读取由航标业务管理系统设置的虚拟航标设计数据在航道图上进行显示，同时也将从数据库中读取从AIS服务器接收到的虚拟航标验证数据与虚拟航标设计数据进行比较，如果出现虚拟航标验证数据丢失或者虚拟航标验证数据异常则自动启动报警，以声光方式提醒管理人员及时排查处理。

3.4.3 内河航道虚拟航标示范应用

3.4.3.1 基于 AIS 的虚拟航标示范应用

基于 AIS 的虚拟航标示范应用是基于长江南浏段数字航道示范工程(2010) 的建设成果。该系统为虚拟航标提供了基础数据的设置、管理以及应用监视的窗口，从而实现虚拟 AIS 航标与实体航标的统一管理。结合长江南浏段虚拟航标的实际应用需求(特别是 12.5m 深水航道的标注需求)，选择长江南京航道局下属上海航道处的浏河口至荡茜闸之间大约 23km 范围的河段作为示范应用段。

基于长江干线基于虚拟 AIS 航标运行机制，示范应用方案采用的 4 层体系结构如图 3-22 所示。

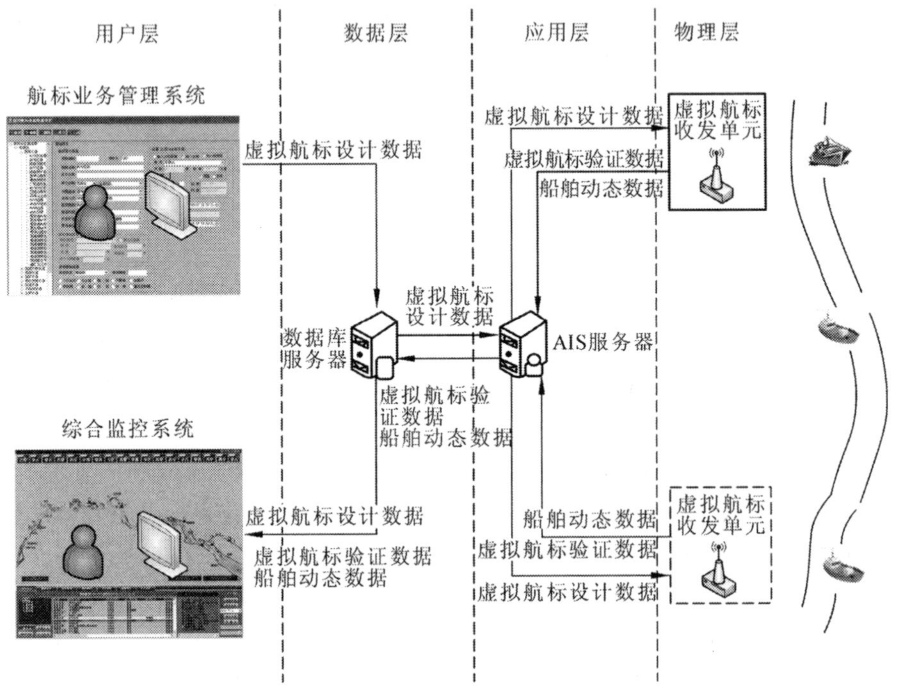

图 3-22 虚拟 AIS 航标示范应用体系结构

用户层主要是面对用户的航标业务管理系统以及综合监控系统；

数据层为位于航道处的数据库服务器；

应用层为位于航道处的 AIS 服务器；

物理层为位于航道处管辖内的一个虚拟航标收发单元。

1) 物理层

在示范应用河段内，至少需要一个作用范围在 20km 以上的 AIS 基站来播发虚拟航标信息。因此，采用一个 AIS 虚拟航标收发单元来实现虚拟航标的示范应用。虚拟航标收发单元各个性能指标见表 3-9。

表 3-9 虚拟 AIS 航标技术指标

虚拟 AIS 航标发送基站的技术参数
工作电压：DC13.8V、DC24V(9 ～ 36V)； 工作电流：≤ 4A； 发射功率：12.5W(波动范围 ± 1.5dBm)； 工作频率：154.025 ～ 162.025MHz； 合协议：ITU-RM.1371-3； 接收灵敏度：在接收带宽为 25kHz，接收 － 110dBm 电平时，误包率小于 20%； 报文：MSG4(基站自身信息)、MSG21(虚拟航标信息)； 工作温度：－ 20 ～ 55℃； 接口：TCP/UDP 网口一个、RS232 两个、RS422 六个； 支持 20 个虚拟航标

2) 应用层

应用层是虚拟 AIS 航标应用系统的核心，位于航道处内的 AIS 服务器。AIS 服务器中运行的 AIS 信息收发系统将以最长 3min 的时间间隔(管理者可以对配置参数进行调整)连续不断地从航道处的数据库中读取由处航标业务管理系统设计好的虚拟航标信息，并根据国际标准对信息进行转换和处理，形成标准的 21 号 AIS 报文，然后，通过网络数据接口传送给 AIS 基站，完成虚拟航标信息的播发。AIS 服务器还将同时通过网络数据接口接收 AIS 验证基站接收的 AIS 目标信息(包括 AIS 基站播发的虚拟航标信息以及过往船舶的动态信息)，并根据各自的报文格式进行解析和处理，存入航道处数据库中的相关数据表中，供处综合监控系统显示和查询。

AIS 信息收发系统的界面如图 3-23 所示：其主要功能模块包括网络端口连接、虚拟航标信息发送处理、虚拟航标验证信息接收等。

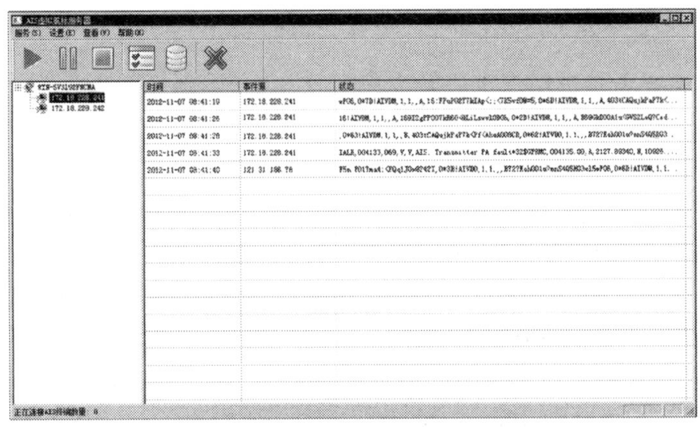

图 3-23 AIS 信息收发系统界面

3) 数据层

为了保证与数字航道系统的融合和更好地利用现有资源，虚拟航标相关数据存储在现有的数据库中，主要包括如下几个数据表：虚拟航标基础数据表(m_virtual_pharos)、AIS 基站基础数据表(m_ais_base)、虚拟航标明细类别表(m_virtual_sort)。

虚拟航标的数据管理采用与实体航标一致的方式,以符合航道局的航标分处分段管理模式。虚拟航标通过 Virtual_type 字段可设为虚拟 AIS 航标,亦可直接存入航道图中。如果为虚拟 AIS 航标,则将由所属航道处的 AIS 服务器通过 AIS_BASE_MMSI 字段指定的 AIS 基站进行发送;如果为航道图虚拟航标,则将由航道图编辑系统获取写入电子航道图数据中。该数据表中包含的 LONGITUDE_VERIFY、LATITUDE_VERIFY 和 POSTIME_VERIFY 字段用于存储 AIS 验证基站收到的虚拟航标信息。

AIS 基站基础数据表用于管理各个航道处的 AIS 基站的基础信息及其工作状态。

虚拟航标明细类别表是根据 ITU-RM. 1371 中 MSG21 报文中规定的 AtoN 类别进行定义的。

4) 用户层

(1) 航标业务管理系统

在现有航标业务管理系统的基础上新增的虚拟航标信息管理、AIS 基站数据维护和虚拟航标明细分类三个模块的详细情况如下:

① 虚拟航标信息管理

虚拟航标基础信息管理主要依据虚拟航标基础信息表,内容主要包括航标编码、航标类型、航标名称、航标位置、播发验证标志等。

虚拟航标信息的新建、修改、删除、查询:通过可视化界面编辑虚拟航标信息,包括新建、修改、删除、查询等操作,其中 AIS 虚拟航标的编码将根据"长江虚拟航标内容及其显示规范"制定的虚拟 AIS 航标报文编码规则由系统自动生成。

②AIS 基站数据维护

AIS 基站数据维护依据 AIS 基础数据表,信息内容主要包括基站 MMSI、基站名称、所属部门、IP 地址、基站经度、基站纬度、工作状态等,能够实现 AIS 基站的新建、删除、修改和查询功能。

③ 虚拟航标明细分类

虚拟航标明细分类模块依据虚拟航标明细分类表,信息内容包括类型编号、类型名称等,能够实现虚拟航标类别的添加、删除、修改和查询功能。

(2) 综合监控系统

综合监控系统是现有的实体航标以及通航船舶的动态监控系统,它基于电子航道图显示平台运行,能够在航道图上实时显示通航船舶以及实体航标的动态。为了实现虚拟航标与实体航标的统一监管,将在综合监控系统增设虚拟航标监控功能,以在航道图上显示虚拟航标的位置以及虚拟航标信息的播发状态。

综合监控系统将从航道处数据库中读取由航标业务管理系统设置的虚拟航标设计数据,根据《基于长江电子航道图系统的长江虚拟航标内容及其显示规范》制定的推荐显示规范在航道图上进行显示,同时也将从数据库中读取从 AIS 服务器接收到的虚拟航标验证数据与虚拟航标设计数据进行比较,如果出现虚拟航标验证数据丢失或者虚拟航标验证数据异常则自动启动报警,以声光方式提醒管理人员及时排查处理。在处一级的综合监控系统可对本处所管理的虚拟航标进行监控,而局一级的综合监控系统则可对下属各处所管理的所有虚拟航标进行监控。

3.4.3.2 基于电子航道图的虚拟航标示范应用

基于电子航道图的虚拟航标示范应用是基于南浏段数字航道示范工程(2010)的建设成果。选择长江南京航道局下属上海航道处的浏河口至荡茜闸之间大约 23km 范围的河段作为示范应用段。应用长江南京航道局南浏段电子航道图作为基础数据源。数据处理流程如图 3-24 所示。航标业务系统负责管理虚拟航标基础数据,并生成更新记录。电子航道图生成系统同步获取虚拟航标更新数据,并根据"长江干线虚拟航标内容及显示规范"编辑、更新、显示、审核相应的虚拟航标数据,最终输出电子航道图产品。

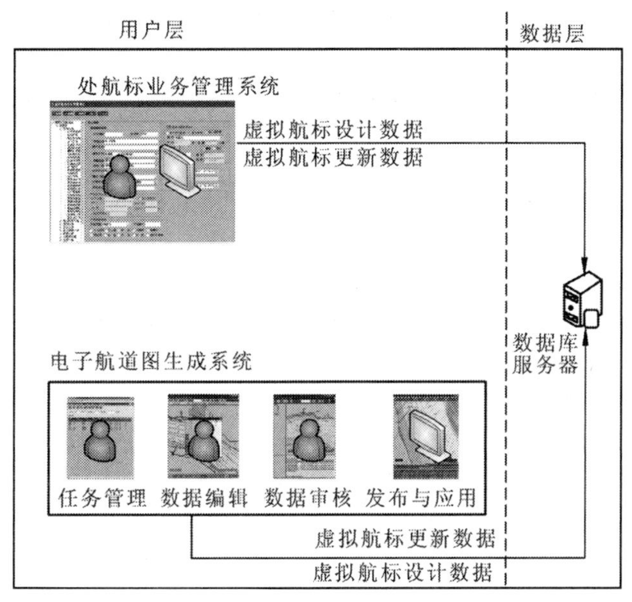

图 3-24 基于电子航道图虚拟航标示范应用数据流程

参考文献

[1] 杨士毅.雷达反射器及其应用[J].舰船电子对抗,1994(03):31-37.

[2] 李宝祥.雷达波反射器[J].水雷战与舰船防护,1997(01):41-53.

[3] 闫世勇.角反射器雷达干涉实验及在形变监测中的应用[D].河北工程大学,2009.

[4] 古田岛博,曹铁生.雷达截面可变的龙泊透镜反射器[J].国外舰船技术.雷达与对抗,1982(09):47-51.

[5] 董晋儒.雷达应答器助航作用的技术性探讨[C].中国航海学会航标专业委员会沿海航标学组、无线电导航学组、内河航标学组年会暨学术交流会论文集,2009.

[6] 张友杰.导航用大型龙泊透镜雷达反射器[J].无线电工程,1983(03):42-48.

[7] 陈珉.海上搜救雷达应答器控制系统的设计与实现[D].电子科技大学,2013.

[8] 王锦华,石振华.高频地波雷达应答器的设计[J].计算机测量与控制,2004(12):1195-1197.

[9] 张月华,王润峰.星载雷达干涉测量中角反射器的设计和安装[J].测绘通报,2007(06):37-39.

[10] 卢哲.海事雷达应答机的设计[D].电子科技大学,2010.

[11] 周冠伦.航道工程手册[M].北京:人民交通出版社,2004.

[12] 方耿舜.AIS航标开发与应用的研究[D].集美大学,2012.

[13] 陈春秀. 小型雷达应答器结构介绍[J]. 无线电技术,2007,28(7):45-51.

[14] 冀振宇. 简介 AIS 航标功能及原理[C]. 中国航海学会航标专业委员会沿海航标学组、无线电导航学组、内河航标学组年会暨学术交流会论文集,2009.

[15] 李楠. AIS 技术在航标上的应用[D]. 大连海事大学, 2009.

[16] 王健,刘人杰. 基于 AIS 的数字航标[C]. 中国航海学会通信导航专业委员会 2005 年学术年会,2005.

[17] 郑佳春. 基于无线传感网络的电子航标系统研究[J]. 中国航海,2008,31(3):214-217.

[18] Jiachun Zheng,Zongheng Chen. The Application of GPS on the Buoy Monitoring System[J]. IEEE Position,Location,and Navigation Symposium,2006:969-975.

[19] 马枫. 内河 AIS 船台设备的开发与应用研究[D]. 武汉理工大学. 2009.

[20] 吴勇. 内河多功能航标系统设计与实现[D]. 武汉理工大学,2009.

[21] 国际航标协会. 国际航标协会助航指南. 4 版. 中华人民共和国海事局,译. 北京:人民交通出版社,2002.

[22] 徐峰. 虚拟航标在长江航道中的应用[B],长江南京航道局.

[23] 吴建华,李红祥,周鹏. 虚拟航标系统的开发与仿真[J],中国航海,2004(9):4.

[24] 周需要. 基于 AIS 技术的航标应用研究[D]. 上海海事大学,2004.

[25] Sally Basker,Nick Ward. The GLAs' e-Navigation Programme[S]. 2009.

[26] IALA. 17th IALA Conference Aids to Navigation-A Global Approach Allwaters,all risks, all solutions[R].

[27] 林芳,贾淑娟. AIS 虚拟航标及在 HPD 数据库中的表现形式初探[J]. 航海技术,2011(6):71-73.

[28] IALA. IALA Recommendation 0-143 On Virtual Aids to Navigation Edition 1[S]. 2009.

[29] Jens K. Jensen. Experience with AIS AtoN(Aids to Navigation)[R]. 2009(04):23.

[30] 长江南京航道局,大连海事大学. 基于长江电子航道图系统的长江虚拟航标关键技术[R]. 2012.

[31] 长江南京航道局,大连海事大学. 基于长江电子航道图系统的长江虚拟航标内容及其显示规范[R]. 2012.

4　航标多功能集成技术

4.1　多功能航标技术概述

现代航运业对航标的要求越来越高，要求功能要齐全、信息化程度要高、布设要合理、维护要及时，尤其要求航标在船舶安全通航和航道环境保护中发挥应有的作用。多功能航标是采用先进的传感技术、通信技术集成检测水面油污信息、水流流速、水深、大气温度、湿度、大气压强、降雨量、风向、风速、能见度等信息于航标上，通过信息服务系统为船舶安全航行提供支持。

4.1.1　多功能航标技术国外发展现状

纵观美、英、法、日等发达航运大国，早在20世纪90年代初就利用现代电子和通信技术建立起了智能化航标管理系统为其海运系统提供了高效服务。随着电子芯片、通信技术、计算机、定位技术等科学技术的不断发展，美、英、法、日等发达航运大国，不仅建立起了国家级航标遥测遥控系统，为其航标管理部门降低航标运行和维护费用，提高管理效能提供服务，而且新一代无线电导航及计算机监管、服务等高技术产品与系统不断涌现，迅速提高了航运管理部门的监管和服务水平。日本、美国的多功能航标如图4-1所示。

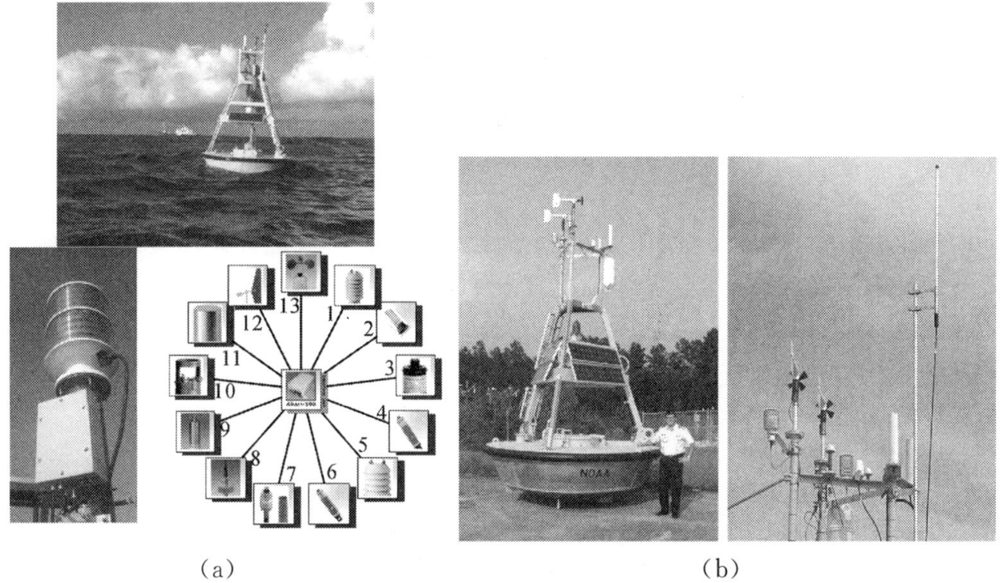

图4-1　日本、美国多功能航标

(a) 日本多功能航标；(b) 美国NOAA多功能航标

为满足我国海运事业快速发展对现代导航和监管设施的需求，我国先后引入 DGPS 差分台站技术、VTS 技术和 AIS 等技术，随着这些技术的发展和应用，海事、航道系统建设也步入了高速发展期。2005 年 3 月，我国首个自主研制的 AIS(船舶自动识别系统）航标和 AIS 遥测遥控系统在南海海区建成，并在桂山北灯船使用运行。为增强航标的助航效果，进一步满足盐田港口用户的实际需求，2009 年 7 月 30 日，广州航标处信息中心在盐田港 1 号灯浮上增设 AIS 航标并成功通过测试。盐田港 1 号灯浮是船舶进出盐田港的重要助航标志，其助、导航作用极为显著。广州航标处在充分征询用户意见的基础上，采取科技应用与传统结合的方式，在该浮标上增设 AIS 航标，进一步丰富了助航的内容和手段，有效扩大了 AIS 岸基系统的作用范围，为过往船舶提供了更为可靠的助航保障，同时也为更好地服务地方经济、实践科学发展观“三加强三服务”加注了更为丰富的内涵。

自 2008 年 10 月起，上海航标处合作研发 AIS 航标一体灯以来，经过数月实际运行测试，根据采集的大量数据信息分析和对比，其性能稳定，达到预期各项指标要求，已经完成了研发试验和测试阶段的工作。2009 年 2 月，上海航标处研发中心组织各航标站航标管理人员，完成了 AIS 航标一体灯(图 4-2)的安装培训，并将在部分灯浮上安装 AIS 一体灯，进行试用。

图 4-2　上海 AIS 航标

洋山港助航工程，AIS 灯船(图 4-3)上除传统的灯器、雾钟配备外，还配备了 AIS 船舶自动识别系统、应答器和雷达应答器，这是国内首次在浮标上配备 AIS 设备。

图 4-3　洋山港助航工程 AIS 航标

综上所述，内河多功能航标技术及其管理与发达国家相比仍然有相当大的差距，主要体现在：

(1) 航标功能单一，目前航标仅限于发光指示航道，不能采集航道的其他信息，也不能提供安全辅助信息，通航环境信息没有得到及时的采集和合理的利用。

(2) 航标信息化、智能化水平不高，很多航标不仅功能单一，而且还处于孤立状态，与航运信息化的水平不符。航标信息化和智能化水平低，导致航标容易失常，给过往船舶的通航安全构成严重的威胁。

(3) 航标维护管理手段落后，航标作业船舶吨位小，作业能力不足。因此，开展内河航标技术研发具有现实意义，其市场需求大，可在内河航运监管以及航标维护领域广泛推广与应用。

4.1.2　多功能航标功能需求

4.1.2.1　遥测功能

多功能航标系统应能对航标灯实施以下遥测功能：

(1) 能遥测浮标经纬度和运动速度、方向，并计算与预置的基准点经纬度的偏移值。

(2) 能遥测浮标的倾角和撞击加速度，获知浮标姿态和撞击情况。

(3) 能遥测航标蓄电池电压，航标灯工作电压和电流，航标太阳能充电电压和电流。

(4) 能遥测航标灯工作状态(运行／关闭／熄灭)、灯质信息(预设灯质、当前灯质)、日光值、日光阈值(可以修改)，并与工作电流、日光值和日光阈值联动，判断是否报警。

(5) 能遥测多功能航标的温度、湿度、大气压强、风速、风向、能见度、水流和水深等气象、水文和航道信息，为航运监管提供服务。

4.1.2.2　遥控功能

多功能航标终端的遥控设置功能通过监控中心的监控软件远程实施，每条遥控设置指令都有独立的编号和严格的应答机制，在设定时间内没有收到指定编号的指令回复，会自动弹出操作设置不成功的提示，所有这些操作都记录在操作日志里。多功能航标终端的遥控设置功能分为操作遥控设置功能和系统管理设置功能两部分，操作遥控设置功能面向基础操作维护人员，系统管理设置功能面向系统管理技术人员。

操作遥控设置功能包括：

(1) 航标的拆装、移动、临时或非临时航标等的设置。

(2) 航标抛设位置即“基准点”及位移、漂移报警距离设置。

(3) 选择终端工作模式(休眠、省电、轮巡、报警模式)，提供给操作人员对终端远程关机重启自检、各模块关机、强制终端停止发送数据等功能。

(4) 预置和修改保存在终端的浮标报警值(设置浮标的基准点坐标、漂移或位移的允许范围、撞击报警阈值、航标撞击报警等级等)。

(5) 通过标准通信接口，能设置智能航标灯器控制器的灯质、充电电压门限值、电压高低报警值、日光阈值等参数。

(6) 可实时查询航标灯的当前工作状态、工作参数，实时查询终端存储的发送不成功的航标历史情况和报警情况。

(7) 可强制打开和关闭航标灯，强制航标灯亮、灭。

系统管理设置功能包括：

(1) 远程设置轮巡、定时和报警时发送数据的间隔时间。

(2) 可以对灯器亮灭判断标准值(工作电流)、强制熄灯、亮灯时间及过渡时间标准进行修改和设置。

(3) 能设置多功能航标终端的报警阈值，适应不同航道和各种灯器的情况，降低误报警率。

(4) 设置多功能航标终端 AD 测量的修正值。

4.1.2.3 实时报警功能

多功能航标将数据采集(含报警信息)、报警判断与计算、报警阈值设定保存、经纬位置测量、工作模式转换等各种工作均在多功能航标终端完成，提高了报警的主动性。航标终端始终处于运行状态中，并将测量数据与报警阈值进行比较，一旦发生欠压、过压、充电异常、漂移、灯质错误、状态错误(白天灯亮或晚上灯灭)、碰撞、能见度过低、水深不足、水流过快、传感器工作异常等异常情况时，由处理器完成数据收集、打包、消息编码、发送数据等，实现航标实时报警功能。主要报警项目包括：

(1) 航标灯工作状态故障自动报警。通过工作电流值与日光值、日光阈值以及白天、晚上时间联动判断，出现如常亮灯，白天航标灯发光、夜晚不发光，发光不足，闪光异常(闪光方式或灯质错误报警) 等自动报警。

(2) 蓄电池欠压、过压报警(报警阈值可设定和修改)、太阳能板充电故障报警(欠压、过压等)。

(3)GPS 定位异常和 GPS 天线故障时报警。

(4) 浮标超出最大漂移范围马上报警。报警时自动跟踪并可保存和回放历史轨迹，便于找回丢失的航标。

(5) 对于浮标，被撞击(加速度阈值和速度阈值可调) 马上报警。

(6) 气象、水文状况异常报警，如航道水深不足(水深阈值可调)、航道水流过快(水流阈值可调)、能见度低(能见度阈值可调)。

(7) 终端自检错误、硬件故障或通信故障(备用通信启用) 时报警。

(8) 通信中断超过设定时间自动报警。

4.1.2.4 现场维护功能

基层航标维护工作人员在航标站船上通过现场多功能航标终端监控器可以对本站所辖的航标实现以上遥测遥控功能，实现辖区航标的数据查询和图文统计分析。航标维护人员到达现场还可以通过标准通信接口用便携电脑直接对多功能航标终端进行检验、调测多功能航标实时和历史数据、完成遥控设置操作，现场维护功能包括以上所有内容。

4.1.2.5 其他功能

多功能航标终端原则上不能影响航标灯和太阳能电池的工作，当多功能航标终端出现故障时，航标灯仍能独立工作，并保持原有灯质及日光阈值功能。

对于浮标，设计了倾斜报警和撞击报警功能。由于浮标撞击情况比较复杂，故采用撞击报警等级可调的方式。

实时触发功能：监控中心管理人员向航标终端发送的任何控制指令，无论终端处于何种工作状态，终端射频模块接收后就激活处于主系统工作，由主系统完成对数据的读取功能，并依据协议，分析具体消息控制内容并执行，从而实现实时的触发功能。

低功耗：因为多功能航标系统采用太阳能充电板和蓄电池供电，这种供电方式的电池容量有限，因此要求系统具有低功耗特点。

4.1.3 总体结构

多功能航标系统主要划分为多功能航标终端、通信链路和监控中心三大部分。多功能航标系统框图如图 4-4 所示。

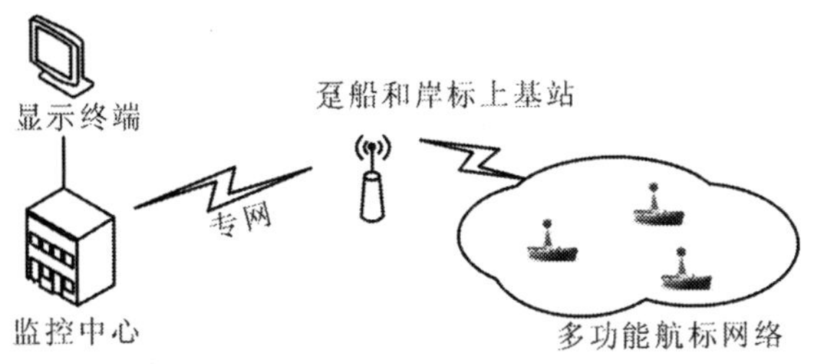

图 4-4 多功能航标系统框图

多功能航标系统的运行机制可概述为：多功能航标终端安装于浮标、岸标上(或其他助航设施)，其数据采集模块能自动实时采集航标的位置、工作状态和参数信息以及气象、水文和航道信息等，并判断工作是否正常，到设定的时间间隔、接到中心查询指令或出现报警时终端自动将数据按照通信协议打包通过无线传输链路传送到监控中心。

4.2 航标多功能集成的关键技术

4.2.1 总体设计

基于多功能航标的船舶助航分析以及航标维护需求，多功能航标系统组成技术如图 4-5 所示。

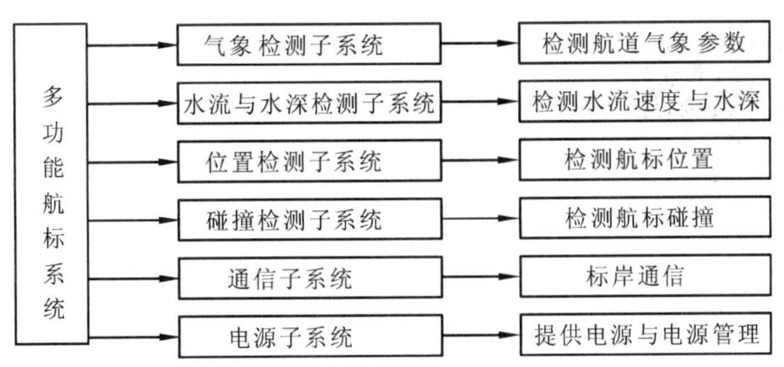

图 4-5 多功能航标系统组成

(1) 气象检测子系统设计

依托航标船和岸标设计气象检测子系统，由支撑平台、太阳能供电系统、气象六要素传感器、能见度传感器、AIS 无线传输模块组成。

(2) 水流与水深检测子系统

依托航标船设计水流与水深检测子系统,由支撑平台、太阳能供电系统、水流与水深传感器等组成。

(3) 位置检测子系统

依托航标船设计航标位置检测子系统,由 GPS、太阳能供电系统等组成。

(4) 碰撞检测子系统

依托航标船设计航标碰撞检测子系统,由加速度传感器、太阳能供电系统、控制器、摄像机等组成。

(5) 通信子系统

由 GPRS 模块与 AIS 模块组成,利用 GPRS 和 AIS 模块实现标岸通信。

(6) 电源子系统

由太阳能供电系统、风能供电系统、蓄电池、电源监测电路、控制器等模块组成。

4.2.2 信息采集传感器的选择

4.2.2.1 传感器的选择

遵循的原则:

① 低功耗;

② 稳定性好;

③ 具有抗晃动能力;

④ 能防雷、防潮、防腐;

⑤ 能防水中漂浮物和泥沙干扰;

⑥ 精度高。

一般所选传感器的型号和性能参数见表 4-1。

表 4-1 多功能航标传感器型号及性能

序号	传感器名称	型号	性能参数
1	水流速度传感器	Ponolflow-VA	测量范围:$-5.0 \sim 10.5$m/s 分辨率:1mm/s 工作电压:$11.5 \sim 15$V DC 休眠时电流:40μA 测量时电流:180mA 通信接口:RS232 或 USB 信号类型:电流信号
2	风速传感器	LV 电子罗盘式	测量范围:$0 \sim 60$m/s 分 辨 率:0.1m/s 起动风速:$\leqslant 0.4$m/s 工作电压:$5 \sim 12$V 输出信号:脉冲信号

续表 4-1

序号	传感器名称	型号	性能参数
3	风向传感器	LV 电子 罗盘式	测量范围：0° ～ 360° 分辨方向：16 个方向 起动风速：≤ 0.3m/s 工作电压：5V 通信接口：RS485
4	温度、湿度传感器	SHT10	测量范围：－40 ～ 123.8℃ 测温精度：±0.5℃ 超低功耗，自动休眠 出色的长期稳定性 超小体积（表面贴装）
5	能见度传感器	HW-N1	测量范围：500m ～ 16km 分辨率：1m 通信接口：RS485 工作电压：24V
6	水深探测仪	RISEN-SF 超声波	测量范围：0.5 ～ 20.0m 精度：±0.5% 通信接口：RS485 工作电压：24V

4.2.2.2 传感器的设置举例

由于内河不同航道的特点各不相同，对通航安全的影响也各不相同。结合内河航道的特点，并采取层次分析法分析内河航道安装各种传感器的必要性，以武汉河段航道为例，根据武汉段的特点，在 5 个江段安装了 3 种类型的航标。其中 3 种类型的航标及其安装的传感器分别为 15m 航标船上安装了包括水深、水流速度、能见度、风速、风向、温度、湿度、降雨量、大气压强在内的全套传感器；10m 航标船上安装了水流和水深传感器；岸标上安装了风速、风向、温度、湿度和降雨量传感器。该 15m 航标船将放置在需要全面气象和水文信息的桥区——鹦鹉洲大桥附近，监测桥区的水文和气象信息，10m 航标船将放置在水流较急、水深较浅的区域，岸标将选择在武汉阳逻江段，航标船的改造和传感器的布置如图 4-6 所示。

4.2.3 数据分类、优化存储、信息的收发与解压缩

4.2.3.1 数据分类

多功能航标往岸上监控中心发送的数据主要有以下几类：多功能航标从传感器采集到的信息及航标本身信息、AIS 接收到的各类船舶信息及短信息、多功能航标参数修改记录信息、溢油标定信息、数据库数据访问登录的有关记录信息、报警人联系信息等，每一类包含的具体数据信息如下所述。

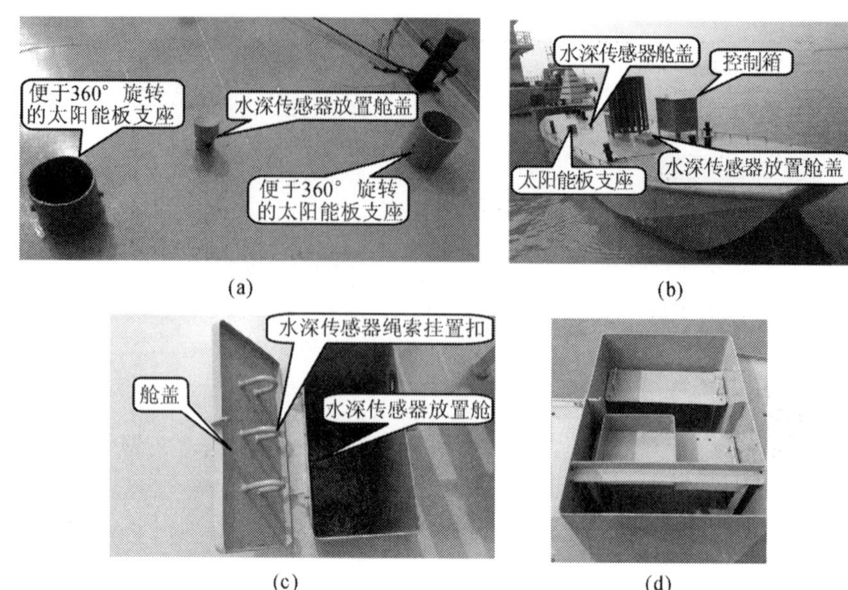

(a)　(b)

(c)　(d)

图 4-6　航标船的改造和传感器的布置实物照

(a) 整体图；(b) 水深传感器舱盖和太阳能板支座；

(c) 水深传感器放置舱；(d) 控制箱

传感器信息及电源监测信息：风速、风向、水深、水流速度、温湿度、大气压、能见度、溢油信息、蓄电池电流电压等。

AIS 船舶信息及短信息：接收到的 AIS 船舶的 MMSI、船名、船长、船宽、船舶类型、航速、航向、船舶位置及 AIS 短信等。

多功能航标参数修改记录信息：修改参数项、参数修改值、修改时间、参数保存时间等。

报警人联系信息：报警人的名字、报警人的联系电话等。

4.2.3.2　数据优化存储

多功能航标系统在数据信息采集以及数据访问的过程中涉及的数据类型众多，在数据库存储及管理的过程中需要对这些数据量进行分类，以便更高效地进行数据访问，包括多功能航标从传感器采集到的信息及航标本身数据信息、AIS 接收到的各类船舶信息及短信息、多功能航标参数修改记录信息、数据库数据访问登录的有关记录信息、报警人联系信息等。多功能航标系统需要时刻不停地采集不同传感器的信息并将数据进行实时存储，传感器数据随着时间的推移不断增加，同时需要将参数修改、操作人员访问信息等数据记录存储。从数据结构来看，这些数据信息属于基础数据表，这些表具有以下特点：

(1) 数据量大，并且数据量随着时间的推移迅速增加。

(2) 需要对某些参数做修改设置，且每次修改之后需要保存更新，修改记录也需要存储起来。

(3) 被链接频繁。系统的任何操作都涉及多个基础数据表，绝大部分操作方式是一个数据表链接多个基础数据表。

针对本系统数据库数据的以上特点，结合实际应用需求，在数据库设计中采用的是 SQL 数据库来存储系统不断更新的数据。SQL 提供了多种存储引擎以适应不同的应用环境需要，是基于磁盘的存储，该内存存储引擎没有采用常规的树索引，而是用的动态 Hash，当被用来链接的时候，直接通过 Hash 计算能够快速定位，非常高效。在本系统数据库程序开发过程中使用的是面向对象的方法，在其程序中各种变量是有层次结构关系的，故数据信息从逻辑上应该以树的形式存在。由于存储的是各种类型的数据，需要存储的数据的长度并不一样，且随着时间的增加数据量会急剧增加，针对这种情况，在程序开发过程中，用以下方案解决数据量大且需要实时存储的问题。

（1）在数据库空间内生成一棵二叉树

这是最常规的存储方法。在此情况下，只需要设计一个较为合理的树结构，二叉树就能直接存储在服务器的内存空间中，访问方便。同时因为在许多语言中都有“任意类型”的数据类型，由此可以将不同数据类型的数据方便地存储在一种树结构中。但是由于这棵树存在于服务器的内存空间中，不便管理代理程序对其读取，因此数据库还需要通过一定的方法将该树传送给管理代理。

（2）将监控信息存储在磁盘文件中

为了解决管理代理和远程数据访问共享数据库数据信息的问题，服务器可以将数据信息存储为磁盘文件形式。在此情况下，需要设计一套完整合理的文件空间使用策略，保证能够完整地存储数据信息。由于在 Windows 程序中采用了虚拟内存策略，不同应用程序内存空间是不同的，因此，即使某应用程序获取了另一个程序中的某个指针，也不能正确地访问到其数据。因此，在对变量值进行存储时，一定要注意不能存储有关变量的指针信息，而应该想办法存储其中变量的实际数据。同时由于是将数据信息存储于磁盘上，因此需要采取一定的措施尽量避免出现垃圾文件的情况，同时还要防止在工作状态下用户有意或无意地修改、删除该文件的行为。

（3）将监控信息存储在内存文件映射中

采用内存文件映射是一个好办法，应用程序在需要时可以在服务器内存中开辟一定的空间存储数据，当应用程序关闭后，由于操作系统的内存管理机制，内存文件将自动被回收，安全性高。应注意，在生成内存映射文件时，必须指定文件的大小。

4.2.3.3　信息的收发与解压缩

多功能航标采集通信系统包括 AIS 功能模块与传感器信息采集板，其中 AIS 功能模块主要通过甚高频，即 VHF 接收附近船舶的 AIS 信息及对外广播 AIS 信息；传感器信息采集板通过现场采集总线读取传感器的数据信息，整体系统的采集通信框架图如图 4-7 所示。

多功能航标将接收到的附近船舶的 AIS 信息以及采集到的传感器信息经内部处理器的处理分析，将结果通过 GPRS 往监控中心发送；同时监控中心可根据现场情况及当前状态对航标进行必要的配置，此时配置信息指令也是通过 GPRS 传达给远程端的多功能航标，航标终端按照监控中心的指令对传感器的工作状态进行相应的控制；监控中心还可以根据采集到的数据分析现场的航道通行条件，往多功能航标发送短消息，航标再经由 AIS 功能模块通过 AIS 短消息的形式对过往船舶进行信息广播通知，以提醒附近船舶注意当前的水文气象条件，方便船舶安全驾驶。

由于终端的处理器不能直接读取传感器输出的前级信号，因此在本系统设计中需要对每个传感器输出的前级信号做必要的预处理，包括信号的整形或放大。

传感器输出信号有些需要经过整形才能被处理器识别处理。例如风速、水流、降雨量传

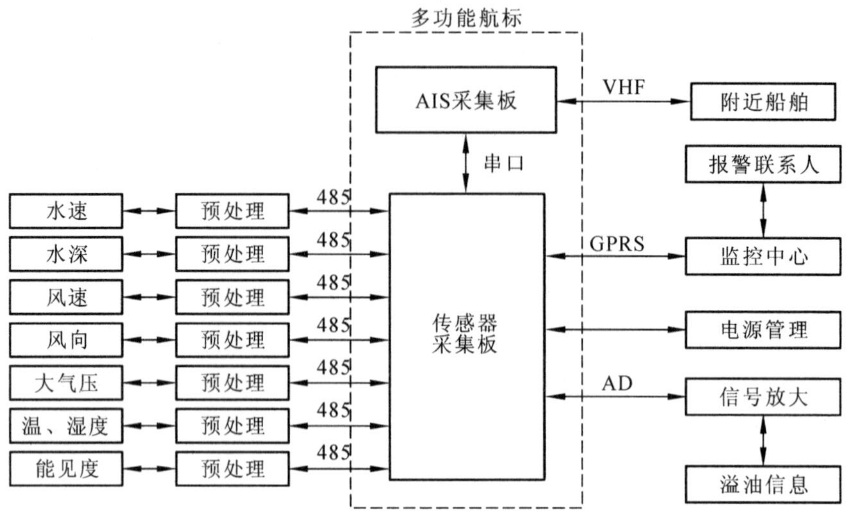

图 4-7　整体系统的采集通信框架图

感器均输出脉冲信号，但信号并不标准，存在诸多问题：

(1) 降雨量传感器输出脉冲信号在上升沿处存在尖峰毛刺，长期工作易将单片机管脚打坏；

(2) 水流传感器输出脉冲信号不是标准方波信号，直接接单片机管脚则无法识别；

(3) 风速传感器输出脉冲信号为5V脉冲而处理器为3.3V系统，信号不兼容，长期工作易烧坏单片机管脚。

因此，针对上述问题，传感器输出的脉冲信号应先经过信号调理电路再送到单片机的输入捕捉管脚。本设计中先将传感器输出的信号通过钳位电路和滤波电路将信号中的尖峰毛刺和干扰杂波滤出，再经过比较器将信号调理成标准的3.3V脉冲信号后送入单片机。其信号调理电路如图4-8所示。

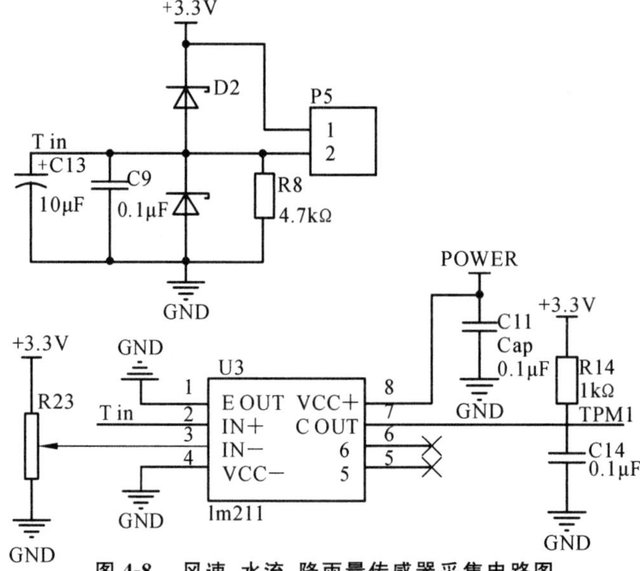

图 4-8　风速、水流、降雨量传感器采集电路图

经上述电路调理过后的脉冲信号稳定、标准，无毛刺杂波，为单片机后期采集处理提供了良好的基础。水流信号调理前后对比图如图 4-9 所示，其中 1 路表示处理后信号，2 路表示处理前信号。

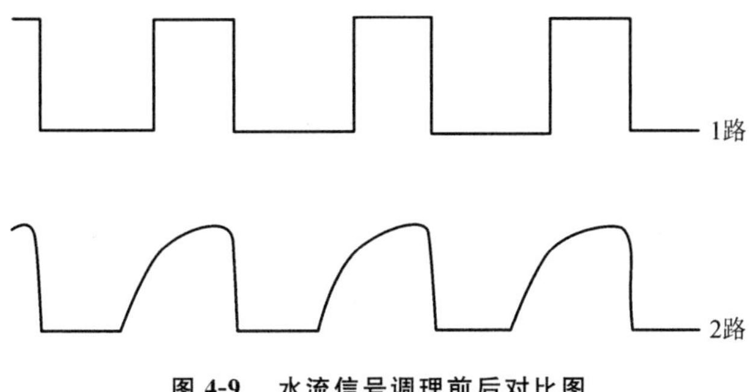

图 4-9　水流信号调理前后对比图

4.2.4　标－岸－船信息交互技术

4.2.4.1　通信架构

多功能航标采用标－岸站－管理中心 3 级通信系统。在方案一中，航标间采用低功率 VHF/UHF 为通信手段，而航标体系与远程管理中心之间，采用 2W/5.2W 的 VHF 频段通信链路。标－岸站－管理中心 3 级通信网络拓扑结构如图 4-10 所示。

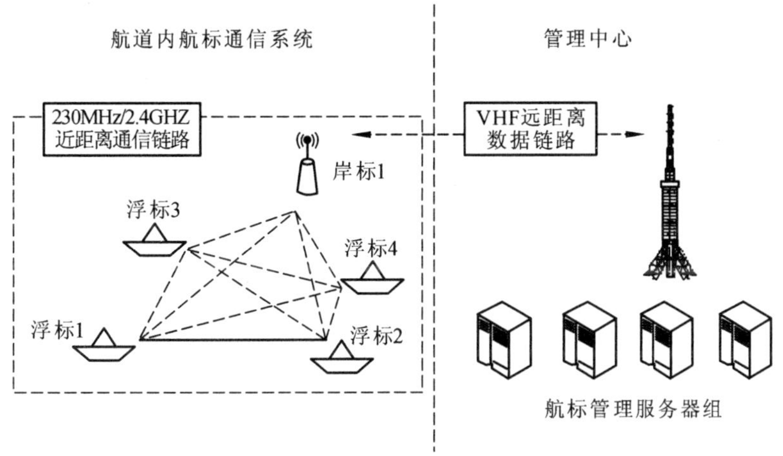

图 4-10　标－岸站－管理中心 3 级通信网络拓扑结构

航标间以低功率 VHF/UHF 为通信手段，建立互通可扩展的通信系统，拓扑结构为全链接网状结构，分址方式暂定为频分多址 FDMA 和时分多址 TDMA，调制方式为 FFSK/GMSK。在干扰较重的情况下，考虑引入 UHF 波段 CDMA 方式组织通信。

航标体系与远程管理中心间，采用 2W/5.2W 的 VHF 频段通信链路，设计通信距离 40km，八个并行发射频点为 162.075 ～ 164.075MHz，频道间隔 50kHz，单频点带宽 9600bps，总带宽 9.6 ～ 76.8kbps。同时，该发射接收系统亦可作为 AIS 收发机，为过往船只提供 AIS 导航信息，工作频点为 87B(161.975MHz) 和 88B(162.025MHz)。

在方案二中,航标与管理中心直接以 GSM 网作为通信手段,同时航标和过往船只之间还可以通过 AIS 进行数据交换,其拓扑结构如图 4-11 所示。

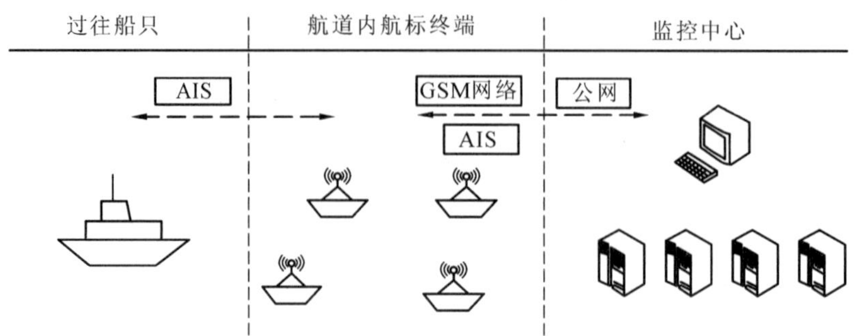

图 4-11　方案二的拓扑结构

4.2.4.2　通信协议

(1) 航标数据上报

$BYSEN,〈1〉,…,〈15〉, *〈Checksum〉〈0x0D〉〈0x0A〉

〈1〉: MMSI 识别码

〈2〉:溢油传感器返回电压 0000 ～ 3300mV,超过 3300mV 可以认为失效

〈3〉:风速

〈4〉:水流

〈5〉:水深

〈6〉:温度

〈7〉:湿度

〈8〉:大气压

〈9〉:降雨量

〈10〉:能见度

〈11〉:经度

〈12〉:纬度

〈13〉:灯质

〈14〉:工作电压

〈15〉:工作电流

(2) 航标数据报警

$BYALM,〈1〉,…,〈15〉, *〈Checksum〉〈0x0D〉〈0x0A〉

〈1〉: MMSI 识别码

〈2〉:溢油传感器返回电压 0000 ～ 3300mV,超过 3300mV 可以认为失效

当溢油报警时上报的 5 位数据第 1 位为报警标志位

0XXXX 为正常值

1XXXX 为波浪值

8XXXX 为空气值

9XXXX 为溢油值

〈3〉:风速

〈4〉:水流

〈5〉:水深

〈6〉:温度

〈7〉:湿度

〈8〉:大气压

〈9〉:降雨量

〈10〉:能见度

〈11〉:经度

〈12〉:纬度

〈13〉:灯质

〈14〉:工作电压

〈15〉:工作电流

(3) 航标船设置

$BYSET,〈1〉,…,〈19〉,*〈Checksum〉〈0x0D〉〈0x0A〉

〈1〉: MMSI 识别码

〈2〉:溢油传感器阈值设置,HHHHH-LLLLL

〈3〉:风速传感器阈值设置,HHHHH-LLLLL

〈4〉:水流传感器阈值设置,HHHHH-LLLLL

〈5〉:水深传感器阈值设置,HHHHH-LLLLL

〈6〉:温度传感器阈值设置,HHHHH-LLLLL

〈7〉:湿度传感器阈值设置,HHHHH-LLLLL

〈8〉:大气压传感器阈值设置,HHHHH-LLLLL

〈9〉:降雨量传感器阈值设置,HHHHH-LLLLL

〈10〉:能见度传感器阈值设置,HHHHH-LLLLL

〈11〉:经度,HHHHHHHH-LLLLLLLL

〈12〉:纬度,HHHHHHHH-LLLLLLLL

〈13〉:灯质， HHHHH-LLLLL

〈14〉:工作电压， HHHHH-LLLLL

〈15〉:工作电流， HHHHH-LLLLL

〈16〉:传感器数据上报频率,单位:s

〈17〉:周边船只是否转发:1— 发,0— 不发

〈18〉:故障上报开关:1— 高频率上传,0— 正常频率上传

〈19〉短消息:$BYMSG,123*5E

(4) 查询消息

当下位机收到查询消息时,即刻上报实时数据。

$BYSAK,100900001... *〈Checksum〉〈0x0D〉〈0x0A〉

4.3　多功能航标信息管理系统

4.3.1　需求分析

多功能航标信息管理系统软件主要体现在对多功能航标数据的采集、管理、遥测遥控等方面。从功能上可划分为数据库管理、电子航道图显示、航标遥测遥控、数据通信四个方面的功能。

(1) 数据库管理

主要体现在数据共享方面，具体的流程为：AIS航标端对信息进行采集，把采集后的信息通过ZigBee传送到数据中心，然后利用专用的网络传递到软件服务器，用户通过监控终端以向数据存储器发送命令的方式提交所需数据的信息，通过应答将数据提取出来最终显示在屏幕上。数据库管理机制图如图4-12所示。

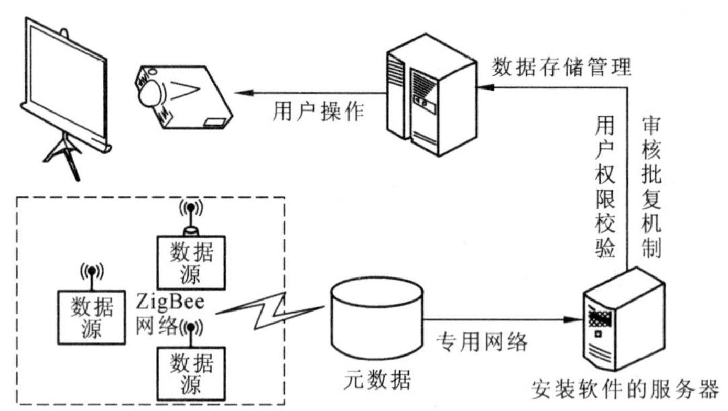

图4-12　数据库管理机制图

(2) 电子航道图显示

电子航道图为航标的信息管理提供了可视化的界面。在电子航道图上面可以看到航标的地理位置，电子航道图模块功能主要体现在放大、缩小显示航标状态。电子航道图可通过菜单操作或者鼠标滚动实现动态操作功能。当鼠标双击指定航标时，能弹出对话框显示航标当前状态，如气象水文信息、航标灯质状态信息、当前温湿度等相关信息，同时通过获取GPS数据增加航标灯标识，以增加航标灯的功能。

(3) 航标遥测遥控

航标遥测遥控的基本需求功能在上一节中已经做了介绍。

(4) 数据通信

具体的方式如下：AIS航标采集的数据经过ZigBee网络发送到监控中心的服务器上面，通过串口服务器发送到上位机。总监控中心的通信服务器需要对下属机关发送过来的数据进行判别并传到服务器上面，所有的数据都同步到监控中心总服务器上面。

4.3.2 总体设计

(1) 业务流程

多功能航标信息管理系统的运行机制可概述为：多功能航标状态信息、报警信息采集→多功能航标状态信息、报警信息遥测→多功能航标状态的遥控→航标遥测遥控维护记录。遥测遥控终端RTU安装于浮标、岸标上（或其他助航设施上），其数据采集模块能自动实时采集航标的位置、工作状态和参数信息，并判断工作是否正常，到达设定的时间间隔、接到中心查询指令或出现报警时终端自动将数据按照通信协议打包通过串口发送到ZigBee模块。

监测数据通过ZigBee岸基、AIS基站和串口转以太网络最终发送到监控中心的服务器上。监控中心依照现行的航标管理体制，对远程航标设施的遥测遥控及其数据管理采用局/处/站三级管理、数据共享、各具权限的管理模式，建立航道局监控中心数据库服务器和航道处、航道站航标遥测遥控客户端。管理人员根据授予的权限监控各自辖区的目标，采用IHO S-57标准的电子航道图监控界面，操作和查询都在电子航道图上进行。其中监控中心主要的业务流程见图4-13。

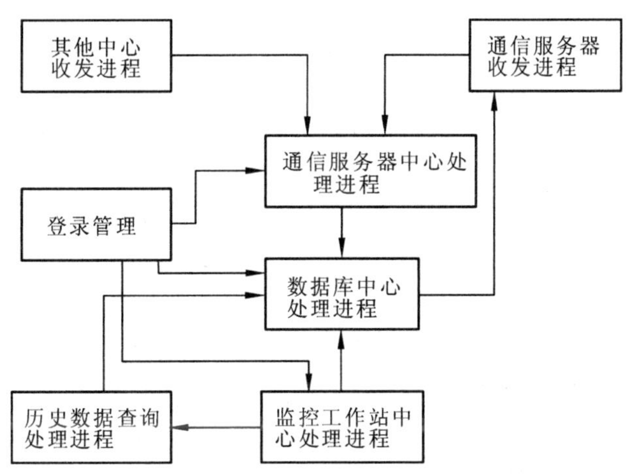

图4-13 多功能航标系统监控中心主要业务流程

(2) 结构分析

多功能航标信息管理系统是以计算机为基础的实时在线监控和管理的自动化系统。该系统通过采用先进的传感技术、通信技术、人工智能技术采集航标的GPS、加速度、电源、工作状态等多种信息，并根据实际应用设置的各种参数，对系统监控范围内的航标进行实时的监测，以实现航标的详细数据信息采集、遥测、遥控、参数调节、各类信号异常报警等各项功能，从而达到实时监控、智能化的目的。

多功能航标管理系统的应用软件由多功能航标信息管理系统监控管理中心、通信服务器和AIS基站三层构架组成。软件框架图如图4-14所示。

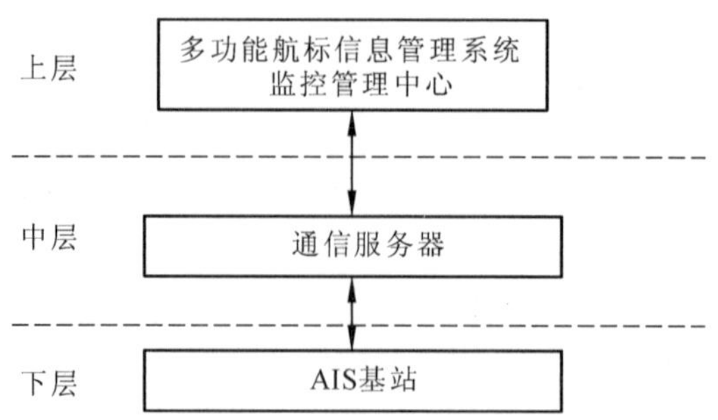

图 4-14　多功能航标信息管理系统软件框架图

① 上层航标信息管理系统

上层航标遥测遥控系统是一个监控中心，它完成工作人员的各种命令，同时它还连接到后台的数据库，监控中心实时监测远程端现场的工作状态和参数。当接收数据异常时，监控中心把异常信息记录于数据库，并根据异常数据生成处理决策，建议航标管理部门采取相应的处理措施和方案。

监控中心航标信息管理系统整体包括电子航道图显示管理系统、通信伺服系统、数据与系统管理系统和业务管理系统等几大模块。同时，该系统允许根据实际需要，添加或删除相应的子系统。监控中心软件框架图如图 4-15 所示。

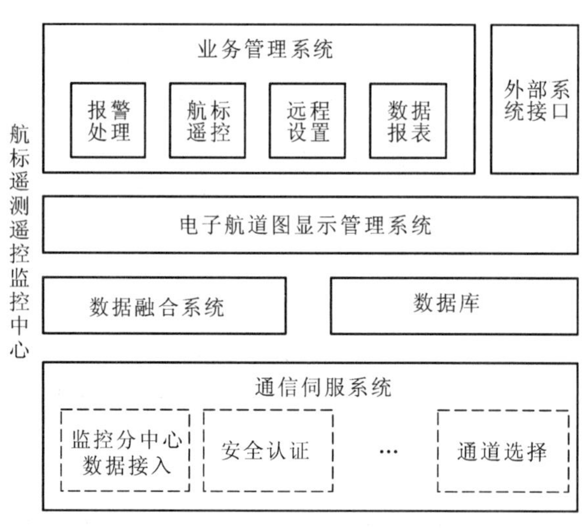

图 4-15　监控中心软件框架图

a. 电子航道图显示管理系统：以电子航道图作为可视化电子显示平台，展示航标的动态位置信息及变化，通过其可对航标终端进行设置、发送命令及查询实时工作状态和工作参数。

b. 通信伺服系统：主要负责两部分通信，一是与多功能航标终端的通信，接收多功能航标终端上传的信息以及对航标终端下发各种指令；二是与其他系统间的通信。

c. 数据与系统管理系统：主要负责多功能航标终端采集数据的存储和数据处理。

d. 业务管理系统：主要负责实际的多功能航标终端信息管理、业务处理和系统用户权限管理等，包括对航标终端进行远程设置、发送命令、数据传输、查询实时工作参数和状态、报警处理、历史轨迹回放等功能。

② 中间层通信服务器

中间层通信服务器主要完成 AIS 基站与监控中心的通信。当接收来自 AIS 基站的以太网数据时，通信服务器将数据解析并存入数据库；当数据库中存有待发遥测遥控命令时，通信服务器读取数据库中的遥测遥控命令，并生成报文指令，通过以太网发送给 AIS 基站。

③ 下层 AIS 基站

下层的 AIS 基站用于收发 AIS 岸基报文和转发来自通信服务器的遥测遥控指令。

(3) 网络拓扑

根据上述软件构架与各层的功能，我们可以说"航标信息管理系统"软件包括通信服务器软件、数据库服务器软件和电子航道图监控台软件。监控中心直接对航标遥测遥控终端进行控制，并接收和响应用户的各种操作处理，同时接收航标终端上传的数据，并集中显示。具体网络拓扑如图 4-16 所示。

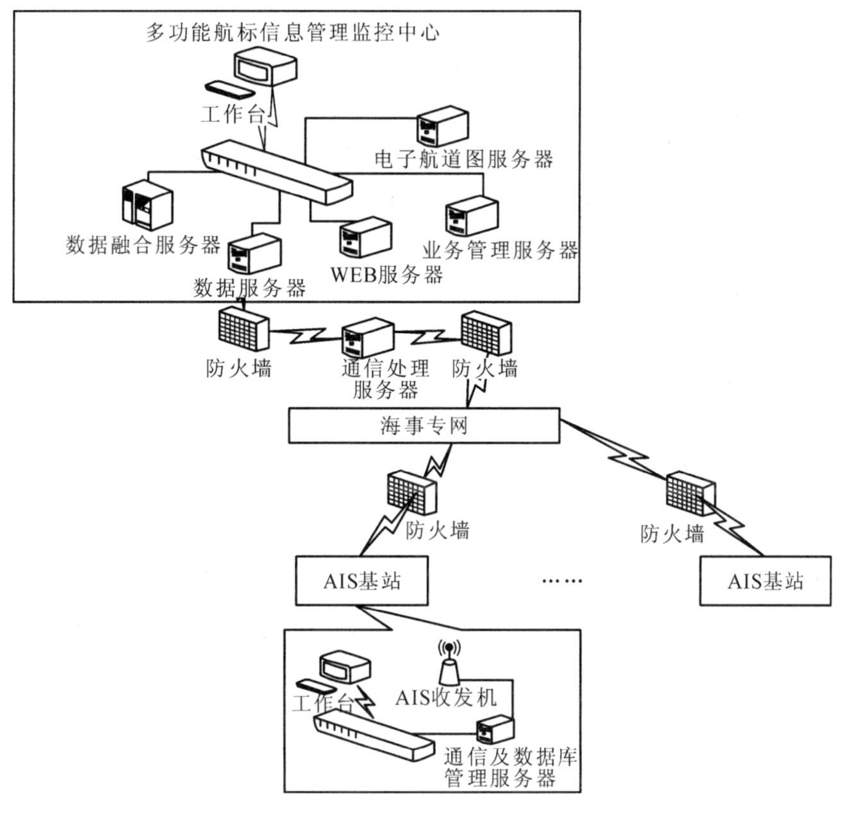

图 4-16　网络拓扑

(4) 数据库总体设计

系统数据库模型可以分为三层，信息发送层、信息解析层和信息表现层，见图 4-17。

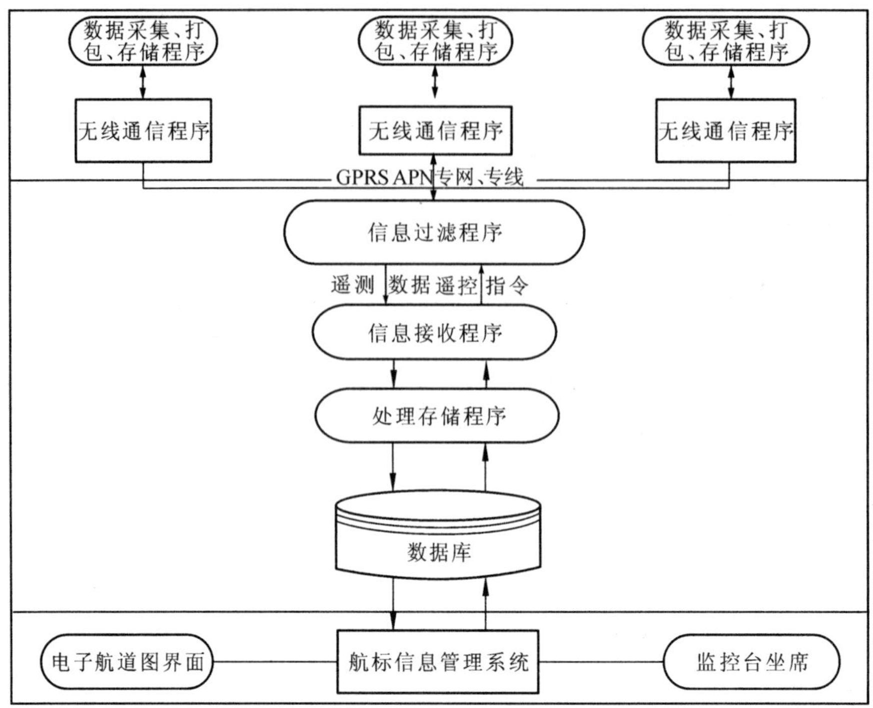

图 4-17　多功能航标数据库模型图

AIS航标终端处于信息发送层，主要负责数据的采集，并按照AIS的协议标准进行数据打包，发送到监控中心。

服务器端处在信息解析层，负责把接收到的报文信息经过解析过滤最后存储到服务器中。

服务器端和客户端处在信息表现层，其中服务器端包含了各种服务如GPS服务、GIS服务、航标监控服务以及业务的接口；客户端就是工作人员的使用端，采用电子江图作为主要操作界面，具有C/S和B/S两种表现形式，所有的监控站均安装有客户端程序，这样就可以实现航标的信息管理。

在航道处不再建立数据库，只需要在总监控中心建立多功能航标信息管理数据库，其他部门利用客户端远程连接访问数据库，从而实现对航标数据的查询、遥测遥控等功能。

(5) 气象水文数据采集模块

气象水文采集子系统的硬件设备主要包括各种气象传感器模块、GPS模块、船舶油污染检测传感器模块，及其他传感器模块，集成为一个整体的系统，完成信息采集终端的各项功能，并基于D-S证据理论和数据融合等方法对多功能航标系统多源信息进行融合，并计算航道区域的综合信息，同时进行分类、存储。本系统采用的大气温度传感器、大气压强传感器、大气湿度传感器都含RS 485接口，可与计算机或其他控制设备连接通信，通信协议均兼容modbus协议，可大幅度降低布线成本，方便二次开发。这三类传感器通信时采用的波特率为1200pbs，无奇偶检验，8个数据位，2个停止位。由于气象要素变化相对缓慢，无须过于频繁地采样，故采用较低的波特率进行通信，以增大传输距离和提高可靠性。

按接口引线定义，连接电源线及485总线，长距离通信时，电源线及485总线分别连接两根两芯双绞屏蔽线，多点通信时杜绝星型连接和分叉连接，并注意防雷及外壳接地。

采集模块主要是利用传感器检测实时温度，通过串口将数据以十六进制传输过来。通过协议解析的十六进制数据被传输到数据服务器中，软件端程序判断该数据是否处于正常状态，如果处于正常状态并通过设定的协议校验，则存储到数据库中，否则丢掉该数据，通过记录可以查询所有时间的信息，便于比较。用户通过运行软件，切换到对话框，打开串口开始执行，根据传输的数据进行解析，最后将解析的数据存储到数据库中。

(6)GPS 定位模块

GPS 定位模块主要是通过电子江图的经纬度信息获取而来。此模块主要是通过上位机程序发送数据，结合数据融合技术，将经纬度信息转化为 GPS 定位信息，以获取航标的具体位置，实时显示航标工作状态，从而不仅拓展了数字航道功能，而且提高航标管理与维护的智能化水平，节约了维护费用，也为保障长江航运安全服务提供了极大便利。通过模块化的形式，使结构紧密严谨，可提高执行效率。在程序整合上，基于 MFC 框架，很好地兼容 XP 系统的执行性。

对 GPS 定位信息的研究，对远程遥测航标的当前信息有重要的研究意义，同时，对数字化航道建设具有重要的参考价值。

GPS 模块主要通过上位机每间隔 30s 反馈一个定位信息，这时软件界面会显示对应航标信息，同时获取航标具体位置，当航标处于异常或者通信故障的时候，可以自动报警，提醒管理部门及时排查。

本模块的工作原理：通过软件发送“启动 GPS” 指令，打开 GPS 电源，同时发送“发送GPS数据”指令，记录并显示GPS数据，通过连续多次发送的GPS数据获取的平均值填写到对应框内。图 4-18 为 GPS 定位信息反馈流程图。

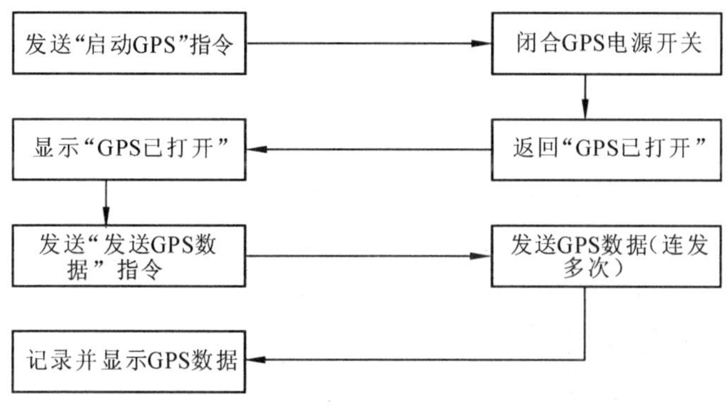

图 4-18　GPS 定位信息反馈流程图

(7) 数据处理和管理

数据通过传感器采集后，以预定的协议和格式存储到数据库中，通过菜单可以进行查询、增加、修改、删除等操作，通过模拟演示可以对比不同时间段的水文气象信息，给海事部门监管提供数据支撑。后期还准备加入数据分析仿真等功能，为可视化提供数据支持，通过信息查询功能完善后期数据服务，也为可视化提供数据支撑。图 4-19 为信息采集处理结构图。

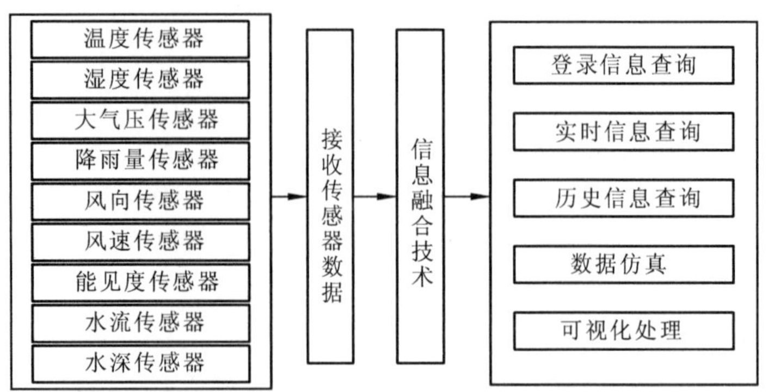

图 4-19　信息采集处理结构图

上面九种传感器数据被采集过来后，通过信息融合技术，解析到数据库中备用，然后通过程序界面调用数据库信息以及用户权限，软件界面可通过授权登录后，进行登录信息查询、实时信息查询、历史信息查询、数据仿真、可视化处理等，为用户提供查询便利。

4.3.3　系统软件界面设计

通过对系统的设计，可以设置菜单的类型，菜单一共分六类：

① 系统设置：通信设置，岸标设置，航标设置，警报设置。

② 航标控制：航标灯控制。

③ 数据查询：趋势查询，历史回放，数据浏览，通信状态查询，航标配置查询，站点查询。

④ 江图操作：江图放大、缩小、平移，船舶、航标定位，状态显示，双击显示对象信息。

⑤ 报警管理：警报确认，警报解除。

⑥ 用户管理：注册用户，修改，管理权限设置。

(1) 用户登录操作

只有登录的用户才有权限操作和管理软件，本软件设置了系统权限，提供给用户修改、增加、删除等操作，满足不同部门的需求。图 4-20 为软件运行图。

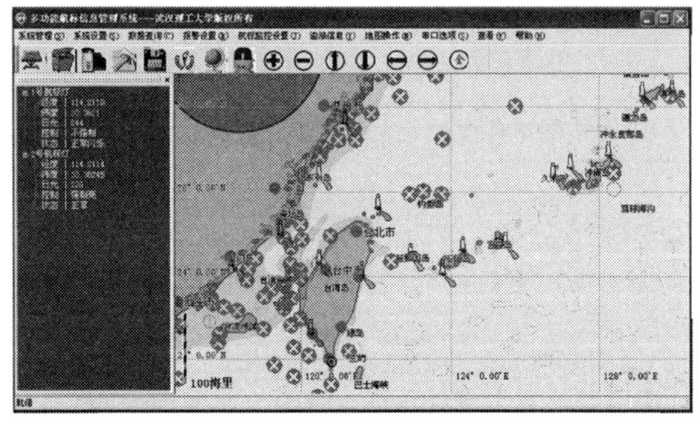

图 4-20　软件运行图

(2) 用户管理操作

通过权限验证登录后，可对用户进行权限设置和密码更改等。图 4-21 为用户修改权限截图。

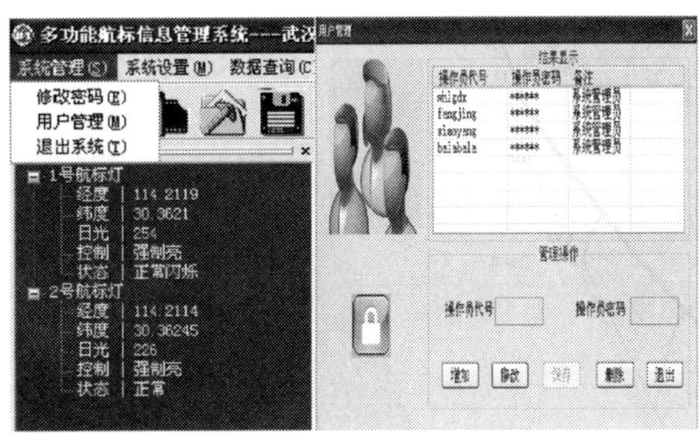

图 4-21　用户修改权限截图

(3) 数据查询操作

通过 SQL 语句可以查询历史数据、当前数据等相关信息。并可通过数据生成可视化图形。图 4-22 为历史回放轨迹截图。

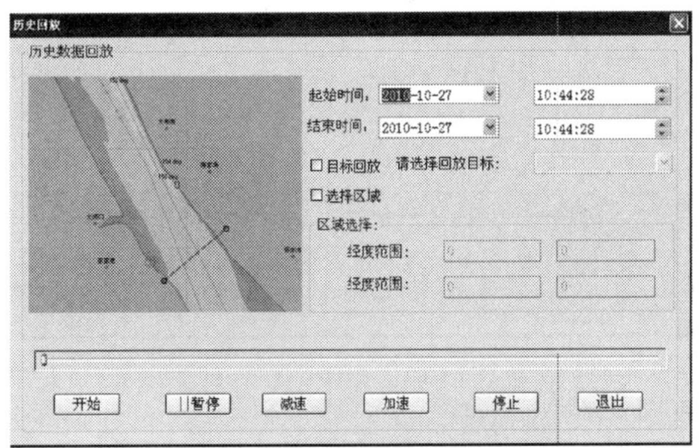

图 4-22　历史回放轨迹截图

(4) 航标遥测遥控功能操作

本航标监控系统有“航标监控、数据报表、视图管理、系统设置、辅助工具、帮助”六个功能菜单。

① 航标监控模块

赋予权限的用户登录后，可以打开软件界面，用户点击打开串口后，即可进行信息采集，这时，各种气象、水文、溢油等相关信息就会显示在界面上，图 4-23 为航标信息监控模块运行截图。

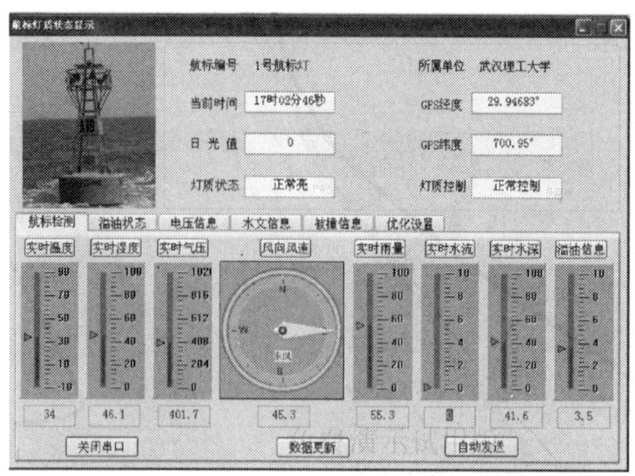

图 4-23　航标信息监控模块运行截图

图 4-24 为航标灯遥控运行界面截图，通过选择对应航标灯，即可进行控制。

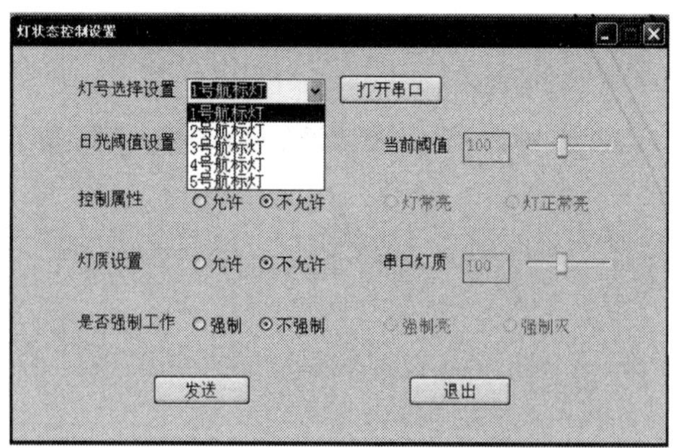

图 4-24　航标灯遥控运行界面截图

在图 4-24 中，可以选择日光阈值设置、控制属性设定、灯质设置等。设置时，根据需要将对应的参数进行修改然后发送即可。

② 航标数据报表功能

通过数据查询可实时查询当前和历史数据库。航标的工作状态在历史档案中记录，可以通过表格的形式显示航标的历史纪录，以直观的形式表现出来。当出现航标丢失时，便可以选择任意的起始时间和任意的播放频率回放航标的漂移轨迹，找回丢失的航标。以动态变化现象的监控为目标的电子地图是众多电子地图产品中的一种，它与通信、导航、传感器、GPS 等技术集成，在 IT 产业家庭中占有重要的一席，具有广阔的应用领域。与一般的电子地图相比，它重点关注动态变化现象的表达与可视化，在表达的内容与表达的形式上均体现出较强的动态性，需要运用计算原理和动画技术。应用动态电子地图原理开发出的电子航道图监控系统，实现了航标位置及工作状态的实时监控，具有历史航迹的存贮和航行过程的历史再现等多种功能。该系统的研制大大改进了航道航标遥测管理，解决了在恶劣天气情况下航标船难以靠泊险要标位进行标灯检查的问题，保证了航道航船的安全，同时获得省时、省燃料和降低劳动强度的效果，与原来人工检测相比，使用该系统之后，所用工时只有原来的10%，在人力、能源和设备的投入方面也只有原来的20%，取得了较好的社会经济效益。基于电子航道图的航标监控系统的研制与应用，表明动态电子地图具有重要的应用潜力，应考虑如何与其他技术结合，更好地发挥动态电子地图的作用，在动态现象的表达、分析与可视化方面开辟地图学的新领域。

4.4　三峡坝区多功能航标示范应用

4.4.1　三峡坝区多功能航标示范应用需求分析

4.4.1.1　遥测遥报功能

(1) 水文气象信息遥测遥报

三峡坝区水域水文气象变化复杂，给通航安全带来不利影响。因此，有必要实时掌握航道内的水文气象变化，并结合GIS地图定时显示不同航标所在水域的水文气象信息。遥测遥报水文气象信息主要包括：温度、湿度、大气压强、降雨量、能见度、风速、水流速度、水深等。

(2) 航标状态遥测遥报

航标的工作状态是保障通航安全的关键。航标的运行状态包括：航标工作电源状态以及航标位置等。需要遥测遥报的信息主要包括：航标终端采集的工作电压、电流，以及浮标GPS定位数据等，读取GIS地图上指定区域内的航标工作状态。

4.4.1.2　自动报警功能

(1) 异常水文、气象条件自动报警

根据监测的水域内水文气象（水深、水流、风速、能见度、降雨量）数据与事先设定的报警阈值进行对比，对于达到报警条件的异常水文气象条件进行自动报警。

(2) 航标运行状态报警

多功能航标终端本身能自动重启，出现故障自动报警，包括GPS模块异常报警、工作电流 / 电压报警等。

4.4.1.3　AIS短信发布功能

AIS航标采集的水文气象和溢油信息，以及相应的报警信息，经人工确认后，将信息通过指定的AIS航标广播给水域内航行的船舶。

4.4.1.4　多功能航标系统功能设置

对多功能航标的工作参数进行设置，包括：水文气象信息报警阈值设定、航标布设位置或浮标基准点经纬度及漂移报警距离的设置等。

4.4.1.5　数据统计分析功能

对航标采集的水文气象及溢油历史数据采用趋势图形式进行显示，并根据用户需求对一段时间或区域内的信息进行统计分析。

4.4.2　三峡坝区多功能航标示范系统布局方案

4.4.2.1　航道选择

工程实施需选取对应的航道，根据航道的特点做出相应的多功能航标布设方案。本工程选取航道的原则为:① 提供尽可能苛刻的无线电传输条件,以保证多功能航标体系的广泛适用性;② 选择最有可能发生污染事故的航道,以保证示范应用过程中,航标也可真正发挥一定的作用。

(1) 油码头、锚地等易发生污染事故的航段

考虑到有可能发生污染事故,选择兰陵溪锚地和茅坪服务区(图 4-25) 作为测试航段,改造 1 个 10m 航标标志船,设置溢油传感器和船舶气象传感器(包括温度、湿度、风速)。

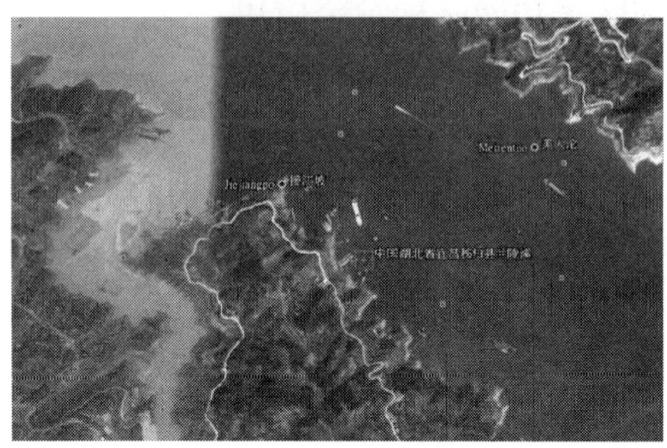

图 4-25　1 号航标安装点 —— 兰陵溪锚地和茅坪服务区

(2) 坝上典型航段

考虑到对大气环境和能见度的监测,在太平溪码头附近选择 1 个 15m 航标标志船进行改造(图 4-26),安装温度、湿度、大气压强、能见度、风速、降雨量等监测传感器。本航段以数据采集、通航环境气象监测为主。

图 4-26　2 号多功能航标安装点 —— 太平溪

(3) 葛洲坝坝下典型航段

葛洲坝坝下水域水文条件复杂,航道维护尺度条件差,容易发生船舶搁浅事故,因此选择葛洲坝坝下大江水域 1 个航标船进行改造,安装水深和流速传感器,本航段以数据采集、通航环境水文监测为主。3 号航标的安装点见图 4-27。

图 4-27 3 号多功能航标安装点 —— 坝下

4.4.2.2 三峡坝区多功能航标功能规划及布置

多功能航标所包含的功能众多，但受功耗及成本的限制，无法在每个航标上都实现所有的功能。根据航道的特点，不同的航标应具有不同的功能，单一航标仅需具备某几种功能即可。根据不同航道的具体情况，传感器布设如下：

航道一：兰陵溪锚地

①AIS/大功率 VHF 通信模块，3km 通信模块；

② 风速传感器；

③ 温度传感器；

④ 湿度传感器；

⑤ 漂浮式水面油膜监测传感器。

航道二：太平溪码头

①AIS/大功率 VHF 通信模块，3km 通信模块；

② 能见度传感器；

③ 风速传感器；

④ 温度传感器；

⑤ 湿度传感器；

⑥ 大气压强传感器；

⑦ 降雨量传感器。

航道三：大江航段

①AIS/大功率 VHF 通信模块，3km 通信模块；

② 水深传感器；

③ 水流速度传感器。

为了减少误报警，适应国内内河灯器电路简单和精度等级较低的情况，本工程采用了独特的报警灵敏度的设计，监控中心管理员可以根据实际情况对 RTU 设置报警灵敏度。

4.4.3 三峡坝区多功能航标测试与应用

三峡坝区多功能航标测试如图 4-28 所示，主要测试系统运行情况。经过 200h 的实地测试，系统运行正常、通信稳定可靠、数据编码正确、传感器工作正常，达到预期测试目标。

图 4-28　长江三峡多功能航标测试

通过测试与三峡通航管理局的应用表明多功能航标不仅可以拓展航标的功能，还可以全面收集航道信息，对于提升内河航运能力、减少安全事故和环境污染都有重要的价值。同时有助于增进水上交通安全，提高水上交通效率。多功能航标的应用将有助于提高内河海事监管的信息化水平，保障航运安全与环保，促进长江地区两型社会的发展。

参考文献

[1] 王如政.航标遥测遥控系统关键技术的研究[D].大连海事大学，2007.

[2] 王军成. 国内外海洋资料浮标技术现状与发展[J]. 海洋技术，1998(01).

[3] 杨丽琴，赵进创，周毅，等. 基于无线传感器网络的数据采集系统设计[J]. 微电子学与计算机，2007(09)：68-71.

[4] 陈建亭. 黑龙江航标遥测遥控系统的设计与实现[D].大连海事大学，2010.

[5] 张杏谷，魏武财，彭国均，等. 电子航标服务信息系统（E-ANSI）的研究[J]. 航海技术，2007(3)：22-24.

[6] 刘功臣，等. 溢油应急培训教程[M].北京：人民交通出版社，2004.

[7] 吴勇. 内河多功能航标系统设计与实现[D]. 武汉理工大学，2010.

[8] I A Essa. Ubiquitous sensing for smart and aware environment[J]. IEEE Personal Communications，2000：47-49.

[9] C Herring，S Kaplan. Component-based software systems for smart environments[J]. IEEE Personal Communications，2000：60-61.

[10] E M Petriu，N D Geoganas，D C Petru，et al. Sensor-based information appliances[J]. IEEE Instrumentation and Measurement Magazine，2000：31-35.

[11] 王雪梅，徐本崇，陈俊杰. 用于环境监测的无线传感器网络节点的设计与实现[J]. 测控技术，2007(11)：1-6.

[12] 饶云华，代莉，赵存成，等. 基于无线传感器网络的环境监测系统[J]. 武汉大学学报（理学版），2006(03)：345-348.

[13] 耿军涛,周小佳,张冰洁. 基于无线传感器网络的大气环境监测系统设计[J]. 西华大学学报(自然科学版), 2007(04): 44-46.

[14] 宫鹏. 环境监测中无线传感器网络地面遥感新技术[J]. 遥感学报, 2007(04):545-551.

[15] 杨扬, 朱善安. 基于无线传感网络的环境监控系统的设计和实现[J]. 工业控制计算机, 2007(09):6-8.

[16] B Rickett. A vision of future applications for an automotive radar network[J]. In the 1st International Workshop on Intelligent Transportation (WIT 2004). Hamburg, Germany,2004:23-24.

[17] Fletcher,Madilyn,Porter. Adaptive Integration of Sub-regional Coastal Ocean Observing Systems: A Case Study of the Coastal Ocean Research and Monitoring Program (CORMP) and the Carolinas Coastal Ocean Observing and Prediction System (Caro-COOPS)[J]. OCEANS 2006, 2006.

5 航道水位信息服务技术

5.1 航道信息服务概述

航道水位的高低直接决定了航道尺度大小，作为航道尺度维护的重要指标，是指导船舶合理配载、保障船舶安全航行的重要参考因素。认识航道干线沿程水位变化规律，制订科学、合理、高效的航道全线水位感知方案，全面、及时、准确地感知航道干线沿程水位信息，合理地预测水位的短期变化，是提升航道通过能力、保障船舶航行安全、科学开展航道养护的必要条件。本节将介绍航行基面的概念、航行水尺、航道水位信息感知与信息服务现状，分析与解决航道水位感知关键技术。

5.1.1 航行基面

在内河航道航行基面一般作为绘图基面，在航行图、长河段航道图、浅滩维护图以及各种江图中广泛应用。航行水尺是确定观测点水位的重要航道视觉助航设施，通过航行水尺并结合航行图，可以判断航行区域大致水深情况，从而保证内河航道船舶航行安全。

5.1.1.1 航行基面的基本定义

设计最低通航水位是计算航道标准尺度的起算水位，即在通航期内某一河段或具体部位允许标准船舶或船队正常通航的最低水位。当实际水位低于设计最低通航水位时，航道不能保证标准维护水深，大型船舶（船队）需减载控制吃水方可航行。

天然河流中，设计最低通航水位一般随航道沿程变化，不同地点有不同的高程值，将航道沿程的最低通航水位进行连线可组成一个连续的不同斜率的基面，称航行基面。航行基面是一个相对基面，是不包括河口潮流段航道测图上所载水深的起算面，也称为绘图水位。按这基面制图，对船舶驾引人员选择航线最为直观，对航道部门掌握航道治理与维护也较为方便。

航行基面在不同地点有不同的高程，其高程数值一般都用绝对高程来表示。在长江干流上，主要用黄海高程表示，为了便于换算，在基本水位站上还同时列出相应的资用吴淞高程乃至吴淞冻结高程。长江干流航行基面与黄海、吴淞基面的关系如图 5-1 所示。

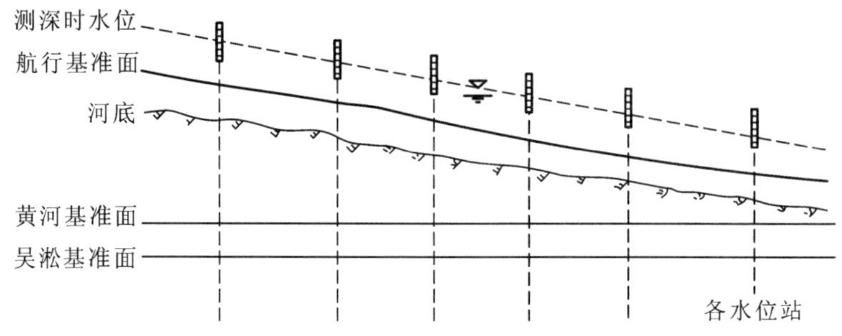

图 5-1 长江干流航行基面与黄海、吴淞基面的关系

5.1.1.2 航行基面确定方法——以长江中游航道为例

至今，长江中游河段广泛采用的基面主要有71基面、82基面。

(1)71基面

1971年前，长江中游的设计水位大多具有98.0%～98.5%的保证率。由于天然情况下河床演变缓慢，一般10～20年对航行基面进行一次修正校核。但1967年、1969年下荆江的中洲子和上车湾实施了两次人工裁弯，荆江河段流路变短，比降加大，荆江上游发生溯源侵蚀，荆江河段水位明显下降，而其他河段受影响程度较小，考虑到各个河段受影响程度不一，采用统一系列年的水位资料按相同保证率推算各站设计水位并不合理，因此分河段对航行基面进行了修正。修正的基本思路是：以水位流量关系较为稳定的汉口站为基准，首先根据设计水位的常规计算方法得到汉口站设计水位，其次建立汉口站水位与宜昌、沙市、监利等站的水位相关关系，然后根据此相关关系以及汉口站设计水位，计算得到宜昌至汉口区间内各站的设计水位，同理也可得到汉口以下各站的设计水位。新的设计水位于1971年7月1日正式启用，称1971年基面，简称71基面。

(2)82基面

1971年以后下荆江进一步受到上述两次人工裁弯的影响，枝城至石首河段的水面线发生了明显变化。1973年7月调整了枝城、沙市、郝穴、新厂、石首等站的设计水位。其后，由于1972年8月沙滩子自然裁弯，沙市水位继续降低，1973年修订值仍偏高，同时还考虑到葛洲坝截流后对长江中游水面线的影响，1981年7月再次修订宜昌至汉口航行基面，称1982年基面，简称82基面。

长江中游宜昌至汉口河段不同基面的关系参见图5-2。

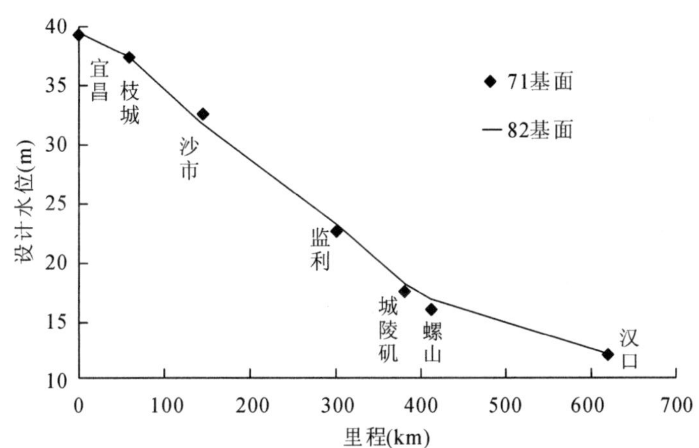

图5-2 长江中游宜昌至汉口河段不同基面的关系图

5.1.2 航行水尺

航行水尺广泛应用于航道工程、桥梁、港口码头等工程助航设施中，用以观测航道水位和海洋潮汐水位的变化。航行水尺的常用形式有四种：① 直立式水尺。一般由靠桩和水尺板两部分组成。靠桩有木桩、混凝土桩或型钢桩，入土深度0.5～1.0m；水尺板由木板、搪瓷板、高分子板或不锈钢板做成。② 倾斜式水尺。一般把水尺板固定在岩石岸坡或水工建筑物上，也可直接在岩石或水工建筑物的斜面上涂绘水尺刻度，刻度大小以能代表垂直高度为准。倾斜式水尺的优点是不易被洪水和漂浮物冲毁。③ 矮桩式水尺。由固定矮桩和临时附加的测尺组成。当河流漫滩较宽，不便用倾斜式水尺，或因流冰、航运、浮运等冲撞而不宜用直立式水尺时，可用这种水尺。④ 悬锤式水尺。通常设置在坚固陡岸、桥梁或水工建筑物的岸壁上，用测量水面距离某一固定点的高差来计算水位。参见图 5-3 ～ 图 5-6。

图 5-3　直立式水尺

图 5-4　倾斜式水尺

图 5-5　矮桩式水尺

图 5-6　悬锤式水尺

5.1.3　航道水位感知与信息服务技术概述

5.1.3.1　水位采集技术

目前，较为先进的水位监测系统是由美国 Slop Indicator 公司生产的，该系统可以与著名的 Atlas 公司开发的数据处理系统实现对接，充分利用其丰富的数据处理和显示工具。另外，台湾 Electronic Kits 公司生产的水位传感器电路元件可以检测容器、河流等中的水位，通过将探头与水连接，用超声波测距原理检测水位，并将数据显示在发光二极管中，并可以以无线的方式发送到终端。但是上述单站建设费用比较高，长江干线航道全线水位站点建设规模大，部分区域受自然条件的限制，需要通过研究降低水位自动监测系统的成本和提高水位感知设备的可靠性，同时针对不同河段的实际情况，确立适应不同河段建设需求的水位感知及感知信息传输技术方案，这些都是目前长江干线水位监测系统建设和推广需要解决的关键问题。

5.1.3.2　水位预测预报技术

目前内河航道的水位预报主要是采取气象模型(提供定量降雨预报）与水文、水力模型相结合的方法，同时结合经验分析，为长江主要站点提供定期洪水预报。航道部门水位预报与水利部门不同，为保障船舶安全通航，航道部门对枯水期要求精度较高，中洪水期要求精度相对较低。针对航道部门气象资料，流域内的水量站、支流水文站资料缺乏的现状，长江干线航道水位预测主要依据测站的实测水位流量资料、气象资料等先进行流量过程的预测，然后通过相关关系进行水位的预测。

水位短期预测预报技术是支撑预判航道状况、预先疏浚保障航道畅通的重要技术，也是推进智能航道建设，全面提升长江航道管理和服务的信息化水平和能力的重要技术支撑。水文预报一直是水文、河流工作者研究的热点问题之一，但常规的水文预报重点集中在对汛期的洪水预报，而对于航道部门更为关心的枯水水位预测预报的研究相对较少。目前对于水文预报，常用方法有：水文学经验性方法、水力学数值模拟方法、流域水文模型方法、时间序列分析方法、神经网络模拟方法等。各种水文预报方法目前存在的突出问题是如何选择合理的方法，以及如何提高水位预报精度。各种方法各有其优缺点。水文学经验性方法最为简单方便，不需要详细的地形资料，能快速进行测站水位预测预报，但往往精度不高。水力学数值模拟方法物理意义明确，但对地形和验证资料要求较高。流域水文模型结合气象降雨等因素，原则上能进一步提高预报精度，但同样受制于降雨、地形、坡度、植被等原始资料的获取，同时计算较为烦琐。时间序列分析方法根据系统观测得到的时间序列数据，通过曲线拟合和参数估计来建立数学模型，它把系统看作一个暗箱，不考虑外界因素的影响，假设预测对象的变化仅与时间有关，根据客观事物发展变化过程中的内在延续性进行预测。该方法依赖于历史观测数据及其数据模式，虽然较为简洁，但未考虑预测时段外界因素的影响，预报精度仍需进一步提高。神经网络模拟方法基于神经网络原理，属于一种智能算法，但由于该方法在预报水位过程中属于数据驱动，物理意义不明确，同时该方法的精度与数据系列的选取、输入因子的选取等均有关系，如何提高其预测预报精度也有待深入研究。

5.1.3.3　水位信息服务技术

随着内河航道资源开发利用的大力推进，内河航运日渐繁忙，为了提高内河通行效率、提升内河航道通过能力、保障船舶航行安全，智能化航运综合信息服务需求也变得日益迫切。航道信息服务是基础，一方面需要不断丰富航道信息服务内容，另一方面需要在时间维度上对航道信息服务进行扩展，使得航道信息服务的时效性更强、更准确。

总体来讲，目前在内河航道的水位采集、模拟、利用方面已经有相关的研究成果，但是主要应用于水利防洪、航道整治工程设计等方面，其对水位精度、时效性、时空演变等的研究深度难以满足航道维护决策、船舶航行辅助决策的技术要求。尤其是对于长江这样的天然内河航道，尚未准确揭示沿程水位的变化规律，缺乏系统的水位布设技术，不能准确捕捉沿程水位的变化，在沿程水位拟合、水位短期预测预报方面也缺乏对应的模型支撑，不能适应当前航运快速发展所需要的高时效性、高可靠性、内容丰富的快速便捷式水位信息服务需求。

5.1.4　航道水位感知与信息服务需要解决的关键技术

(1) 航道沿程水位感知点布设技术

内河船舶交通流繁忙，地形结构、水文气象条件复杂，沿程水沙条件及河道特性差异较大，应能准确揭示沿程水位变化特点，合理划分河段，准确识别影响水位站点布设的关键因素，制定不同河段水位站点的布设原则。

(2) 航道沿程水位感知技术

在航道水位感知点布设原则与方法的基础上，通过分析国内外现有水位感知技术成果，给出适应于航道各具体河段建设需求的水位感知技术方案。

(3) 航道沿程水位短期预测预报技术

针对航道条件变化频繁且复杂、沿程水位变化规律难以掌握，而现有的水文预报方法不足以支撑航道资源利用和满足船舶航行安全的需要等现状(针对防洪需求)，结合河道内水流运动特点及上下游水文数据变化，综合运用数值模拟与历史数据统计分析等方法，提出适合航道的水位预测预报技术方案，并构建专业预报软件系统，为航道资源利用和船舶配置服务。

(4) 水位信息服务与应用关键技术

基于离散采集的航道水位信息，研发支撑软件系统，完成航道水位数据的快速、准确时空重构。分别构建针对航道维护管理和航道综合信息服务业务的水位信息服务模型，对内实现航道尺度的可靠短期预测、支撑主动式航道疏浚维护决策，对外实现基于电子航道图的实测、预测水位信息服务及航道尺度短期预测预报服务。

5.2　内河航道水位感知技术

5.2.1　水位感知传感器

根据各水位监测站的实际情况并结合各类水位传感器的适用条件合理选用浮子式水位计、压力式水位计或超声式水位计进行水位观测。对已建有水位自记井且可利用的监测站选用浮子式水位计；未建井或不能建井的测站，视河流及水情特点等具体情况选配压力式(压阻式、气泡式)、超声式或雷达式水位计。选用的水位传感器的测量范围应尽可能能测量到监测断面的最高和最低水位。水位传感器的精度及接口等指标应满足设计与规范要求。以下介绍几种常用水位计的工作原理、技术性能和基本组成。

5.2.1.1　浮子式水位计

浮子式水位计是最早使用的水位计，配上纸带记录部分或固态存储器可构成多种浮子式自记水位计，目前仍是我国最主要使用的水位传感器。

1) 工作原理

浮子式水位计是用浮子感应水位。浮子漂浮在水位井内，随水位升降而升降，浮子上的悬索绕过水位轮悬挂一平衡锤，由平衡锤自动控制悬索的位移和张紧。悬索在水位升降时带动水位轮旋转，从而将水位的升降转换为水位轮的旋转。水位轮的旋转通过机械传动使水位编码器轴转动，水位编码器将对应于水位的位置转换成电信号输出，达到编码目的。同时水位轮也可带动传统的水位画线记录装置记下水位过程，或者就用数字式记录器(固态存储器)记下水位编码器的水位信号输出。

2) 结构与组成

浮子式水位计可以分为水位感应部分、水位传动部分、水位编码器三部分，如图 5-7 所示。

(1) 水位感应部分

水位感应部分的典型结构如图 5-8 所示，由浮子、水位轮、悬索和平衡锤组成。浮子有一定的质量，安装在水位轮上后能稳定地漂浮在水面，随水面升降而升降。绝大多数的浮子都设计成空心状，有很好的密封性，能够单独浮在水面，连接上平衡锤后，只是将浮子提起一定的浮起高度而已。浮子一般用金属和合成材料制成，不论其上、下部为何种圆锥体、圆弧形或平面，浮子的中段都有一圆柱形工作部位。正常工作时，水位基本上处于此工作部位的中间位置。国内水位计的浮子直径以 200mm 和 250mm 最为普遍，为了节约建井费用，一些水位计提高了灵敏度，使用150mm和120mm直径的浮子。悬索普遍使用线胀系数小的不锈钢材料制作。悬索应能承受浮子和平衡锤的重量，自如地绕过水位轮，不因温度和受力变化而发生影响测量精度的伸缩和直径的变化。

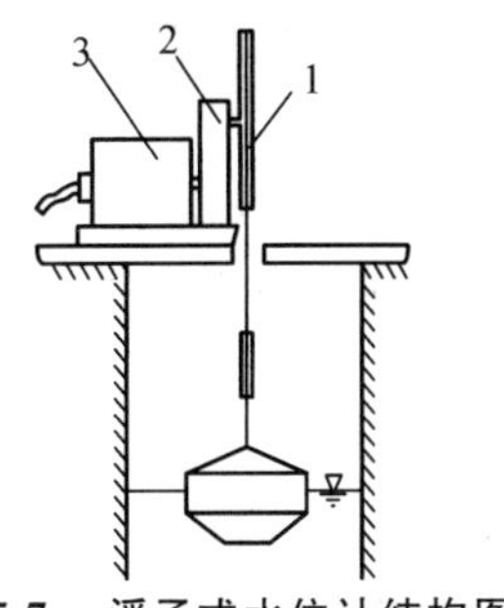

图 5-7 浮子式水位计结构图

1— 水位感应部分；2— 水位传动部分；3— 水位编码器

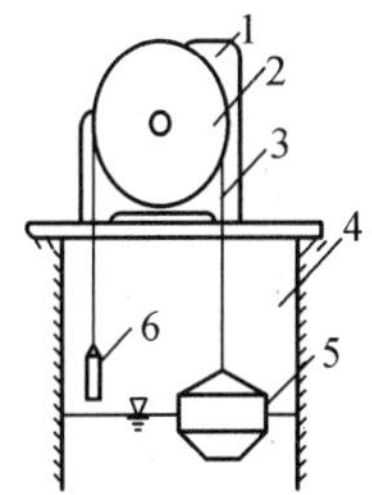

图 5-8 浮子式水位计的水位感应部分

1— 水位计外壳；2— 水位轮；3— 悬索；4— 水位井；5— 浮子；6— 平衡锤

标准的悬索分为钢丝绳和钢带两种类型。设计较好的水位计是将悬索和水位轮之间的带传动关系改为链传动关系，可以完全消除悬索和水位轮之间的滑动现象，并且在长期不断的水位升降中，悬索和水位轮之间不会发生相对滑动。目前采用链传动的悬索有带球钢丝绳和穿孔不锈钢带两种。

(2) 水位传动部分

水位传动部分往往是一组机械齿轮传动机构，也可能是直接连接机构。其作用是将水位轮的转动传动到水位编码器的输入轴，也可能同时传动到机械型水位记录部分。将水位的变化和水位编码器的输入准确地对应起来。

(3) 水位编码器

水位编码器中水位的升降使浮子和悬索带动水位轮旋转，水位编码器的作用是将水位轮的旋转角度、位置转换成代表相应水位的数字信号或电信号。水位编码器的输出可以是一个模拟量，如电流、电压等，也可以是一组代表数字量的开关状态或电信号。水位的变化带动水位轮旋转，此旋转角度通过齿轮组啮合到水位编码器输入轴，编码器又将其轴的角度转动变化转换成数字量输出。

(4) 特点和应用

浮子式水位计具有准确度高、结构简单、稳定可靠、易于使用的优点。尤其是全量型机械编码器(图5-9)，本身不需电源(有数字输出时除外)，不会受外界干扰，并可方便地与各种记录、传输仪器配合使用。

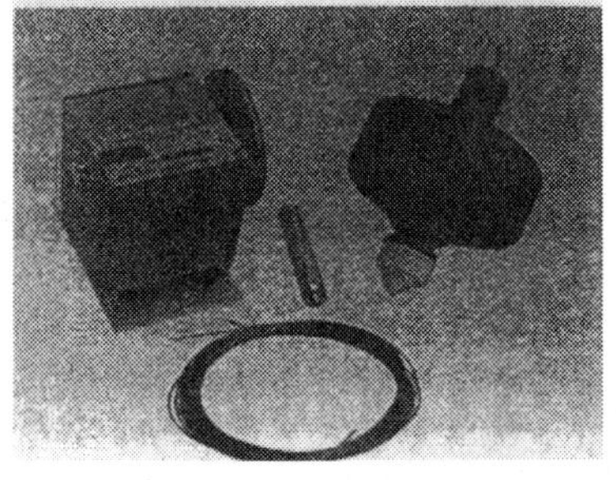

5-9 浮子式全量机械编码水位计

应用光电编码器的浮子式水位计运行阻力很小，具有很高的水位灵敏度，水位准确度更高。光电编码器虽然需要供电才能工作，但在用于遥测时，其所需的电源也不必另做考虑。

使用浮子式水位计，必须建设水位测井，前期的土建工程投资较大，这是这类水位计的一个缺点。实际上，大部分水文测站都建有水位测井，只有在不能或难以建井的水位测站才会有应用上的困难。

因此，在建设水文自动测报系统中，最优先采用的是浮子式机械编码水位计，1cm 的水位分辨力已能满足水位测量要求。在水位准确度要求较高、水位井较小因而浮子必须较小的场合可以选用浮子式光电编码水位计。

5.2.1.2　气泡压力水位计

气泡压力水位计是目前应用较为广泛的一种压力式水位计，其工作原理是通过气管向水中吹放气泡，测量出气管出口处静水压力，经换算测得水位。因为气泡式水位计和被测水体完全没有“电气”上的联系，只有一根气管进入水中，从而可以避免很多干扰、影响。

气泡压力水位计分为恒流式气泡水位计和非恒流式气泡水位计两种类型。

早期应用的恒流式气泡水位计存在着固有的“吹气”误差，其系统结构中调压阀、恒流阀等机械部件在野外长期运行，受季节温度的变化影响需经常调节，导致长期运行稳定性不好。鉴于恒流式气泡水位计的不足，目前大多选用非恒流式气泡水位计，通常也称气泵气泡压力式水位计。

1）非恒流式气泡水位计工作原理

非恒流式气泡水位计是通过测量水体的静水压力来反映实际的水位。但最大的不同之处在于平时仪器不工作，在每次测量时，使气体压力超过出气口的静水压力，出气口的出气很快停止，表示管内压力等于静水压力，仪器快速自动测出此压力。其原理如图 5-10 所示。

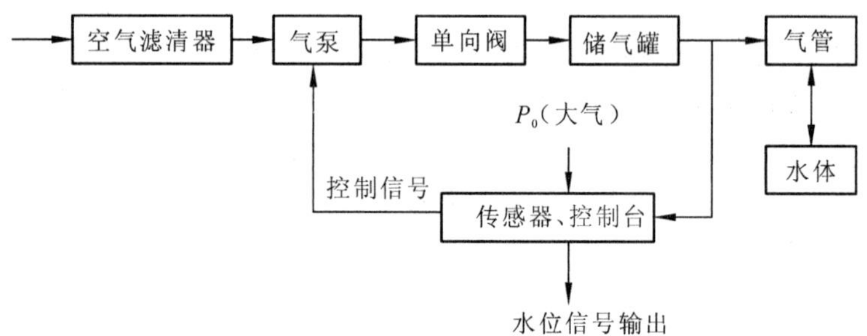

图 5-10　非恒流式气泡水位计工作原理图

根据水力学原理分析，当气管向水体中冒出气泡时，气室的压力大于静水压力，而只有当气水交接面位于管口时，这时气室内的压力才恰好等于气管口的静水压力。那么，如何来确定测得的压力值恰好是气水交接面位于气管口时的压力值呢？由于出气管口位于水下，现有的监测及传感方式无法对此状况自动作出判断，只能根据连续测量气泡水位计高压气室中压力的变化来求得它们之间的相互关系。

首先，先假设单向阀及其以下的储气罐、压力传感器及气管均气密，不泄漏。测量水位时，气泵首先工作，它产生的高压气体“吹通”气管，在水体中形成气泡，此时测得的压力值应大于静水压力。气泵自动停止工作后，单向阀关闭，储气罐和气管在水中形成高压气室。随着气泡逐渐减少，高压气室的压力也逐渐降低，直至高压气室内压力和气管口静水压力相同，不冒气泡。自气泵停止工作到水气压平衡时整个时间段内的压力变化曲线，如图 5-11 所示。

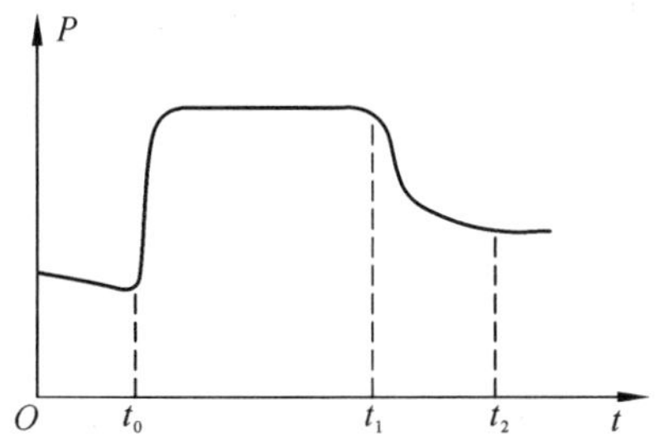

图 5-11　压力室压力变化曲线

图中 t_0 为气泵开始工作时刻，其压力为上次测量时气管中的保持压力，应小于或等于现在的静水压力；t_1 对应于气泵停止工作时刻，而 t_2 则对应于气水交接面位于气管口处不再出气泡的时刻，此时测得的压力值经换算对应于水位值。t_2 时刻的确定由实验获得，并可调。

2）结构与组成

非恒流式气泡水位计由仪器箱、吹气管、电源组成。仪器箱内有气泵、储气罐、压力测量部分、控制及数据处理输出部分，见图 5-12。

气泵和储气罐装在仪器箱内，由电池供电使气泵定时工作。压缩空气进入储气罐并直接吹入吹气管，压力测量部分测量气室内气体压力，控制及数据处理输出部分控制仪器运行及进行数据处理。这类气泡式水位计都使用空气，有些产品需要对空气进行除湿过滤处理，就会多一个除湿容器。

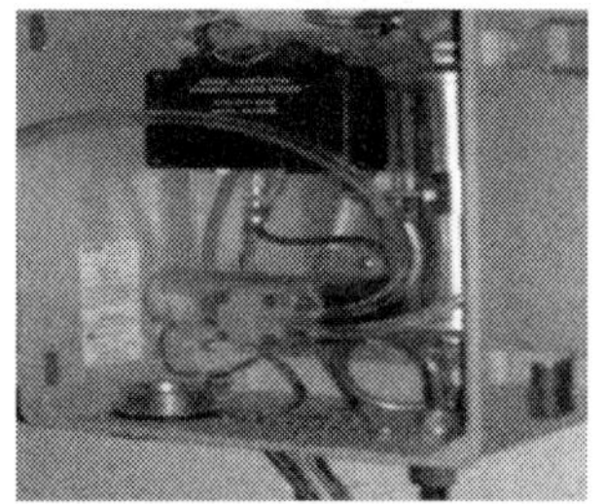

图 5-12　非恒流式气泡水位计

3）精度分析

非恒流式气泡水位计同恒流式气泡水位计受影响因素基本相同，同样受大气压力变化、流速和波浪、含沙量及地理位置的影响。

4）特点和应用

非恒流式气泡水位计有如下特点：

(1) 在测压的同时，利用测温探头测量气体的温度，可消除“温漂误差”，扩大了应用范围，适合在野外恶劣环境下使用。

(2) 整个气流通道上无人工调节部件，仅要求保持气室密封，提高了可靠性与可维护性。

(3) 省去了起泡系统，从而消除了这方面的误差。

(4) 采用精度自动修正技术，可方便地对水体密度进行修正，不但适宜用于淡水水域，也适宜用于海洋观测。

非恒流式气泡水位计适用于没有提供氮气条件、水位变幅较小(小于 15m)、边滩短(小于 150m) 测站的水位自动采集。

5.2.1.3　超声波水位计

超声波水位计是一种把声学技术和电子技术相结合的水位测量仪器。

1) 工作原理

声波在介质中以一定的速度传播，当遇到不同密度的介质分界面时，则产生反射。超声波水位计通过安装在空气或水中的超声换能器，将具有一定频率、功率和宽度的电脉冲信号转换成同频率的声脉冲波，定向朝水面发射。此声波束到达水面后被反射回来，其中部分超声能量被换能器接收又将其转换成微弱的电信号。这组发射与接收脉冲经专门电路放大处理后，可形成一组与声波传播时间直接关联的发、收信号，同时测得了声波从传感器发射经水面反射，再由换能器接收的历时 t，历时 t 乘以波速，即可得到换能器到水面的距离，然后再换算为水位。

按照声波传播介质的区别可分为液介式和气介式两大类。换能器安装在水中的，称之为液介式超声波水位计，而换能器安装在空气中的，称之为气介式超声波水位计，后者为非接触式测量(图 5-13)。

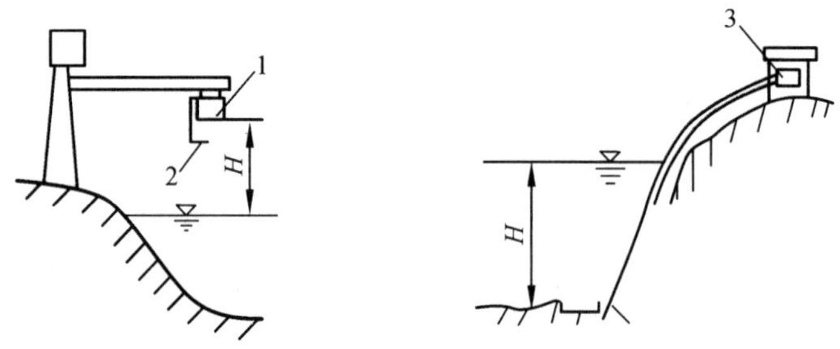

图 5-13　超声波水位计应用示意图

1— 换能器；2— 参照反射体；3— 测量控制装置

根据声波的传播速度 C 和测得的声波来回传播历时 t，可以计算出换能器离水面的距离 H。

$$H = C \times t/2 \tag{5-1}$$

由换能器安装高程可以得到水面高程，也就是水位值。

2) 结构与组成

不论是气介式还是液介式，超声波水位计都包括换能器、超声发收控制部分、数据显示记录部分和电源。将换能器和发收控制部分以及数据处理的一部分组合在一起，构成超声传感器。

(1) 换能器

液介式超声波水位计一般采用压电陶瓷型超声换能器，其频率一般在 40 ～ 200kHz 之间；气介式超声波水位计一般采用静电式超声换能器，其频率一般在 40 ～ 50kHz之间。两者的功能均是作为水位感应器件，完成声能和电能之间的相互转换。为了简化机械结构设计和电路设计并减小换能器部件的体积，通常发射与接收共用一只超声换能器。

(2) 超声发收控制部分

超声发收控制部分与换能器相结合，能自动受控发射并接收超声波，从而形成一组与水位直接关联的发收信号。其发射部分的主要功能包括：产生一定脉宽的发射脉冲从而控制超声频率信号发生器输出信号；实现将一定频率、一定持续时间的大能量信号加至换能器。其接收部分的主要功能包括：从换能器两端获取回波信号，将微弱的回波信号放大，实现把回波信号处理成一定幅度的脉冲信号。高性能的超声发收控制部分具备自动增益控制电路，使近、远程回波信号经处理后能取得较为一致的幅度。

(3) 超声传感器

超声传感器是将换能器、超声发收控制部分和数据处理的一部分组合在一起的部件。它既可以作为超声波水位计的传感器部件，与该水位计的显示记录仪相连；又可以作为一种传感器与通用型数传(有线或无线) 设备相连。

典型的超声传感器除了具备超声发收控制部分的功能外，还具备：声速自动补偿功能；取多次测量平均值功能；将处理后的数据传送给二次仪表(显示记录仪或通用型数传设备)的功能。

(4) 显示记录仪

显示记录仪是超声波水位计的数据显示、存储或打印的终端。对于液介式仪器来说，由于只有换能器安装在水下，通过信号电缆与室内部分相连，所以该类仪器一般把其余部分均组合在显示记录仪中。也就是说，液介式仪器的显示记录仪还应该包含上述超声传感器具备的所有功能，即控制功能、数据显示存储功能、通信功能以及其他如人工置数、电源控制功能等。但由于换能器与其发收电路部分之间的信号电缆不宜过长(100m 之内为宜)，因此常常把发收部分也并入传感器部分，这样可把传感器和显示记录仪放置在不同位置，以便用于站房离水体较远情况的测量。

3) 精度分析

影响超声波水位计水位测量精度的最重要因素是温度，其他的影响因素有测量电路、波浪等。

(1) 温度影响。根据超声液位测量公式 $H = C \times t/2$，其中，声速 C 的变化将直接影响测量精度。

对于液介式超声波水位计来说，水中声速主要随水温、水压及水中悬浮粒子的浓度而变化。在含沙量不大(30kg/m^3 以下) 的江河水库中应用时，如果采用的超声波工作频率较高(200kHz 及以上)，那么主要应考虑的是声速随水温的变化。对于 4 ～ 35℃ 的水温变化范围，声速的变化量约为 6%，温度变化 1℃，声速变化约 0.2%。

对于气介式超声波水位计来说，空气中声速主要取决于气温、相对湿度和大气压力。根据有关资料，对于 0 ～ 40℃ 的气温变化范围，声速的变化量约为 7%，声速可用 $C = 331.45 + 0.61t$(m/s) 来估算。对于 0 ～ 100%(25℃ 标准大气压下) 相对湿度的变化范围，声速的变化量约为 0.3%；对于 0 ～ 2km 的海拔高程变化范围，声速的变化量约为 0.89%。

由此可见，如果不把超声波水位计施测时段当时的声速通过直接或间接的方式测量计算出来，仅以仪器中预设的固定声速来计算水位测量值，那么仪器的测量精度是有限的。因此，超声波水位计的测量精度主要取决于其温度 - 声速自动修正措施的完善程度。

温度-声速自动修正常用的方法有直接测温法、固定距离参照反射法等。

① 直接测温法。在超声换能器上或在其近距离处单独安装一温度传感器测量水温或气温，根据测得的温度值计算得到当时的超声波速，用于计算水位值。整个工作过程由仪器自动进行，也很容易实现，修正结果主要取决于温度传感器的测温精度。

此方法也有一些缺点。首先，测得的是某一点的温度，很难代表整个声程中的水、气平均温度。其次，一些其他影响因素，如湿度、气压、风、水密度、水质等影响未加考虑。

② 固定距离参照反射法。这种方法是在声程中距仪器发射面某固定距离处，设置一很小的固定反射体，此反射体与仪器发射面的距离为 D_r。实际测水位时，仪器将分别接收到固定反射体和水面的回波信号，从而计算测量得到固定反射体距离 N_r 和测得水位 N_s。如实际水位为 D_s，则

$$\frac{D_s}{N_s} = \frac{D_r}{N_r} \tag{5-2}$$

整理后得

$$D_s = \frac{D_r N_s}{N_r} \tag{5-3}$$

此方法能修正包括温度在内的各种综合影响，修正比较完整，修正准确度也较高。在气介式仪器上设置一反射体是比较容易的，在液介式仪器上设置参照反射体会受水流、漂浮物、附着物影响，就不太合适。设置参照反射体的气介式水位计要注意其反射体形状、稳定性，有时要考虑其上结露或冰霜的影响。

(2) 测量电路影响。超声传感器中的测量电路本身包括时钟频率的稳定度、计时电路可能有的 ±1 个信号计数误差、回波信号强弱变化而引起的回波脉冲前沿的滞后等影响。一般时钟电路的频率稳定度很高，其影响完全可以忽略，计时电路 ±1 个信号的计数误差也完全可以忽略。性能优良的电路能使接收电路检波器在回波信号的第一周或第二周就检出回波而生成回波脉冲的前沿。对于超声工作频率为 50kHz 的气介式仪器来说，一个周波的时间为 20μs，而 1cm 水位变幅的时间当量约为 60μs，因此滞后一个周波检出回波脉冲前沿会造成水位测量值偏大 0.33cm。对于超声工作频率为 200kHz 的液介式仪器来说，一个周波的时间为 5μs，而此时 1cm 水位变幅的时间当量约为 13.5μs，即差约 0.4cm。根据以上分析，说明传感器测量电路本身引起的误差与声速变化引起的误差相比还是可以忽略不计的。

(3) 波浪影响。超声波水位计不需建造水位测井，直接在自然水面上测量水位。但自然水面必然有波浪影响，不易感测到正确水位。通常在每次水位施测时进行多次测量并取水位平均值，以削弱此项影响。

理论上讲，测量参与平均的测次越多，其平均值越能代表真实的水位值，但实际处理上要考虑剔除一些偶然因素造成的错误数据。其一，由于波浪大时，会产生无水面回波情况，即到达水面的声波经波浪反射后大大偏离原声程方向，使换能器接收不到回波或因波能量太小不足以通过接收电路中的“门槛”，所以这类测量次数不能计入发射次数。其二，必须剔除因江河水库中鱼类、杂物、气泡、旋涡等造成的假水面回波信号生成的错误数据，也必须剔除气介式仪器声程上因偶然反射因素造成的假回波信号生成的错误数据。

为便于处理，常将所有测次的数据按大小进行排列，去除若干个最大的和若干个最小的数据，再将留下的数据取平均值，这样处理后取得的数据应能较好地代表实际的水位，称为“中值平均法”。

4）特点和应用

超声波水位计是无测井水位计的一种，具有无测井水位计的特点。由于液介式超声波水位计水下安装困难，目前国内以发展气介式超声波水位计为主。

和液介式相比较，气介式超声波水位计最大的特点是实现了非接触式测量。在测量水位时，气介式超声波水位计和水体没有接触，所有仪器部分安放在空气中，具有明显的优点：

（1）避开了水下环境。既没有水下安装的麻烦，又可不考虑水下环境对仪器使用的影响，可以用于对流速、水质、含沙量都不加任何限制的场合。

（2）降低了对仪器的适用性要求。如密封耐压性要求、形状要求，设置参照反射体进行自动修正的限制等。

（3）有利于提高仪器性能。在空气中安放，有利于仪器将换能器和发收控制部分制作成一个整体。

气介式超声波水位计主要用于不宜建井，也很难架设电缆、气管到水下的场合，例如河滩、浅水地区，以及流速较大、含沙量变化大的水体。

水体较深、水位变化很大的地点可以考虑应用液介式超声波水位计。选用时要考虑到水下部分的安装维护、水流影响、水位测量精度等要求。

5.2.1.4　雷达水位计

（1）工作原理

雷达水位计的工作原理与气介式超声波水位计完全一致，只是不使用超声波，而是向水面发射和接收微波脉冲。雷达发射接收的是微波，所以雷达水位计也称为微波水位计。

与超声波相比较，在空气中传播时，在可能的气温变化范围内，微波在空气中的传播速度，可以认为是不变的。这就使雷达水位计无须温度修正，大大提高了水位测量准确度。微波在空气中传输时损耗很小，不像超声波那样必须要有较大功率才能传输（包括反射）通过较大的范围，因而超过 10m 水位变幅，气介式超声波水位计就很难使用，而雷达水位计可以用于更大的水位变化范围。

（2）结构与组成

雷达水位计基本上都是一体化结构，外形见图 5-14。内部包括微波发射接收天线、发送接收控制部分、记录部分以及通信输出接口，还有电缆连接和供电电源。

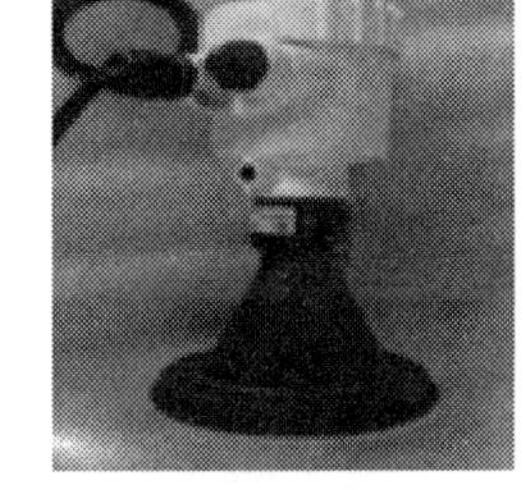

5-14　雷达水位计外形图

（3）精度分析

微波在空气中的传输速度基本不受温度影响，在使用中没有因温度影响造成的水位误差。与超声波水位计相比较，雷达水位计由电子电路形成的误差的估算方法也是一样的，但微波的波长远远短于超声波，其误差完全可以忽略。对于雷达水位计来说，波浪影响、分辨力误差仍然存在。上述国外典型产品的水位测量范围为 20m，水位测量准确度为 ± 1cm，这是其他水位计难以做到的。

（4）特点和应用

雷达水位计既不接触水体，又不受空气环境影响，优点很明显。它可以用于各种水质和含沙量水体的水位测量，准确度很高，而且不受温度和湿度影响，可以在雾天测量。水位测量范围大并且基本没有盲区，功耗较小便于电源的设置。空中的雨滴、雪花和水面漂浮物会影响它的测量，这是它的缺点。

5.2.2　水位感知传输技术

航道水位感知数据的传输是水位信息服务的基础条件，需要解决传输协议的制定以及传输网络的构建等问题。

5.2.2.1　水位数据传输协议

1）水位终端交换数据项分析

制定水位数据传输协议，首先需要确定水位终端数据交互内容。根据水位遥测遥控技术的业务需求，并对水位设备的功能需求进行分析，水位终端的功能需求如图 5-15 所示，水位遥测遥控所需的信息采集内容如图 5-16 所示。

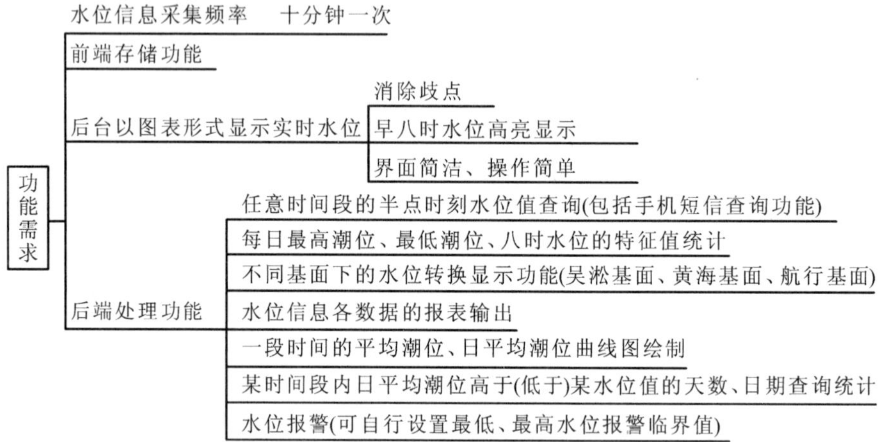

图 5-15　水位终端功能需求

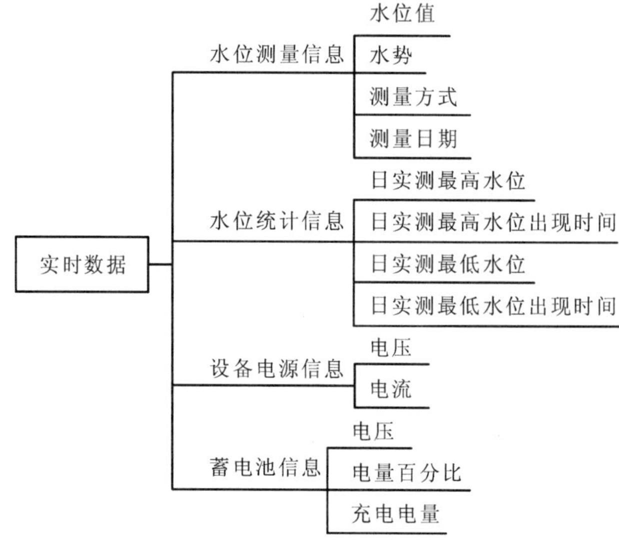

图 5-16　水位遥测遥控所需的信息采集内容

根据图 5-15、图 5-16 确定水位遥测遥控终端的数据交换项包括水位、水位预警设置、位置、电源、蓄电池等信息，其中，水位数据交换项如图 5-17 所示。

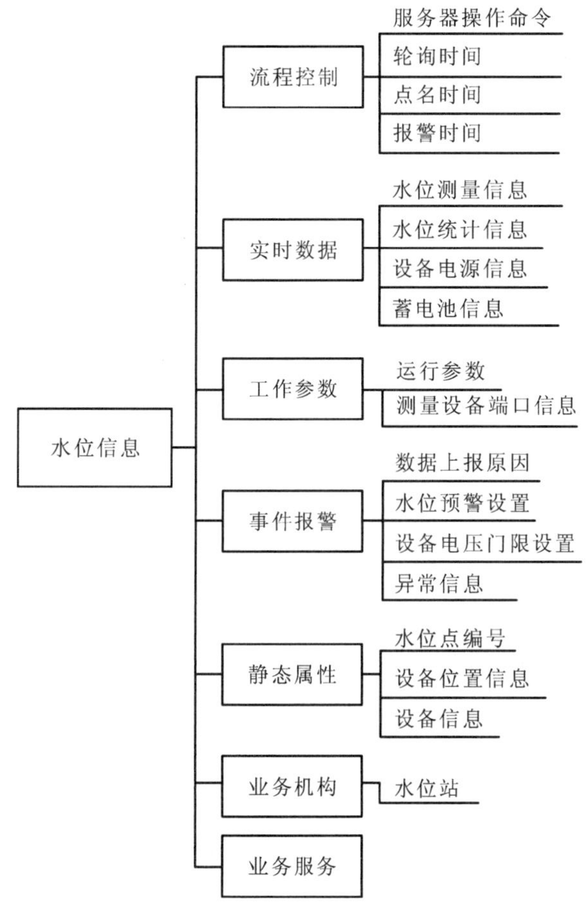

图 5-17　水位数据交换项

2）水位终端数据交换协议

为了维护整个数据交换过程中的数据传递、信息管理，就需要对数据的传送控制进行一定的约定，约定中包括对数据格式、同步方式、报文结构、工作机制等问题做出统一规定，数据交换中通信双方必须共同遵守这一规定。借鉴国内通信行业的 M2M 先进技术，可采用 ASNI 标准中的 BER-TLV 格式编码对数据格式进行统一规范，利用 TLV 的 TAG 值对航道数据交换中航道水位数据进行分类。通信协议采用请求应答的同步方式进行报文交互。报文结构由报文头和报文体构成，其结构如图 5-18 所示。内容体由固定参数部分和可变 TLV 部分组成。TLV 的结构如图 5-19 所示。其中 T 为 TAG，表示该数据结构的标签；L 为 LENGTH，表示该 TLV 扩展的有效数据或参数 V 的长度；V 为 VALUE，用于存储有效数据的数值。水位终端的业务数据均存储于 TLV 结构中。

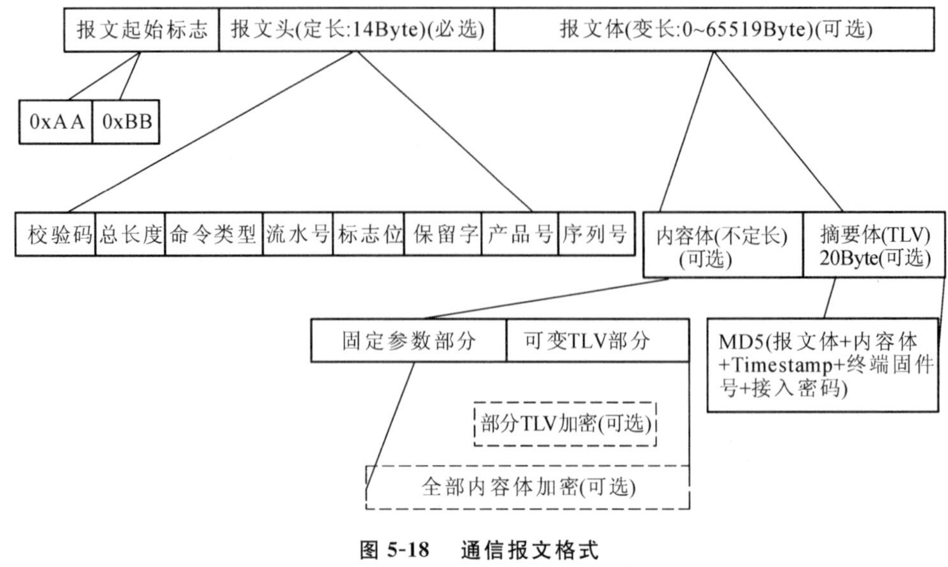

图 5-18 通信报文格式

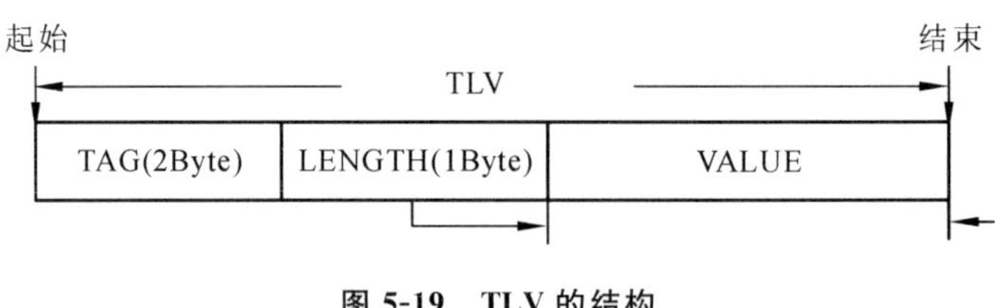

图 5-19 TLV 的结构

5.2.2.2 航道水位数据传输系统总体架构

航道水位数据交换的总体架构按航道水位远程数据采集终端和远程信息服务终端分为两大类。航道水位数据交换的总体框架如图 5-20 所示。

(1) 航道水位远程数据采集终端

使用商用无线网络与终端服务通信平台进行信息交换的通信终端。

(2) 终端服务通信平台

向下为终端提供数据交互、事件上报等接口，用于管理和配置航道水位终端的软件平台。

(3) 数据交换平台

为终端服务平台提供数据服务，为数据库提供对外接口，联通终端服务通信平台和服务终端的软件平台。

(4) 航道水位远程信息服务终端

为了提供多元化的数据业务处理，基于终端服务通信提供的接口而扩展出的业务处理平台。一个终端服务通信平台可以扩展多个远程信息服务终端。远程信息服务终端通过数据交换平台提供的数据交换服务与终端服务通信平台交互。

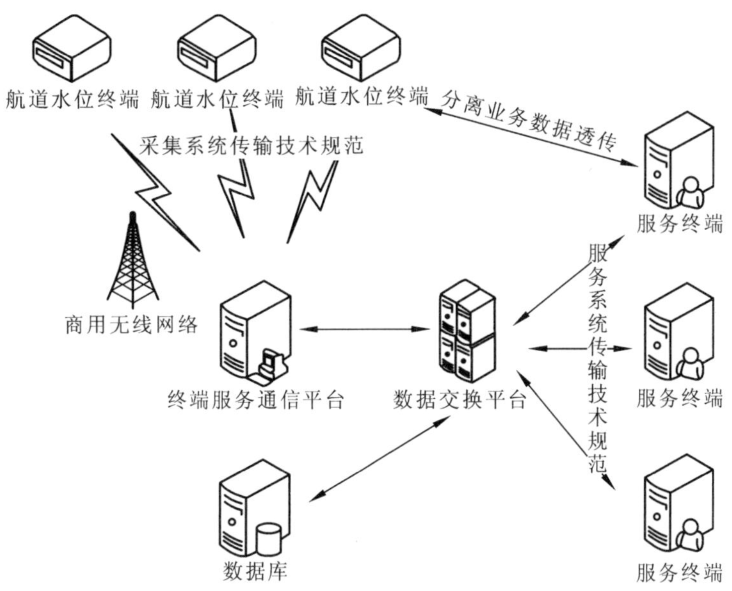

图 5-20 航道水位数据交换的总体框架

5.3 航道水位感知点布设方法

5.3.1 水位感知点布设密度与水面线捕捉精度之间的关系

由于内河航道沿程比降变化较大,且随着河道平面形态的变化及支流的入汇沿程水面会出现突变,难以用长距离线性插补来描述沿程水面变化。因此,需要适当控制水尺之间的间距及位置,一方面要准确捕捉沿程水面的突变点;另一方面,要依据河道水面变化特性适当控制两把水尺之间的距离,确保区间水位插补的精度。

一般而言,在河段总长度一定时,水尺数目越多、水位感知点之间的间距越小,水面线捕捉的精度也就越高。以宜昌至城陵矶河段为例,依据 2010 年 12 月 20 日宜昌至城陵矶全河段近 400km 中 33 把三峡原观实测水位资料,在其中挑选一定数目的水位感知点进行线性差值后与原实测资料进行比对,分析水位感知点数目、间距与水面线观测之间的精度关系,所得结果见表 5-1、图 5-21 和图 5-22。

分析水位感知点数目与水面线误差之间的关系可以看出,河段长度一定时,水位感知点数目越多,所捕捉到的水面线精度越高。以宜昌至城陵矶段为例,当在宜城段仅布设进口及出口 2 把水位感知点时,水面线最大误差可达 2.11m,当水位感知点数目达到 20 把以上时,水面线误差可以控制在 0.5m 以内(图 5-21)。减小水位感知点的间距同样可以有效减小水面线差值的误差,当水位感知点间距在 200km 以上时,水位误差可达 2m 以上;当水位感知点间距在 50km 以内时,水位感知点误差可缩小至 1m 以下(图 5-22)。比较水位感知点误差随水位感知点数量及间距的变化速率可以看出,当水位感知点数目较少时,增设水位感知点可以大幅度地减小水位感知点间距,水位误差相应减小也较快。当水位感知点数目增加到一定程度，使得水位感知点间距缩小至 20km 以内后，随着水位感知点的增加，水位感知点间距减小并不明显，水面线捕捉精度的提升幅度相对较小。

表 5-1 宜昌至城陵矶段水位感知点数目、间距与水面线捕捉精度表

水位感知点数目	最大水位感知点间距(km)	平均水位感知点间距(km)	水位最大误差(绝对值)(m)
2	3910.00	3910.00	2.11
3	202.20	198.00	2.00
4	135.00	132.00	1.96
5	104.00	95.00	1.90
6	91.00	75.20	1.37
7	82.00	610.00	0.99
8	72.00	510.57	0.96
9	64.00	45.50	0.95
10	64.00	44.00	0.85
11	51.00	35.60	0.85
14	42.00	30.46	0.76
16	40.00	21.04	0.52
20	40.00	20.84	0.44

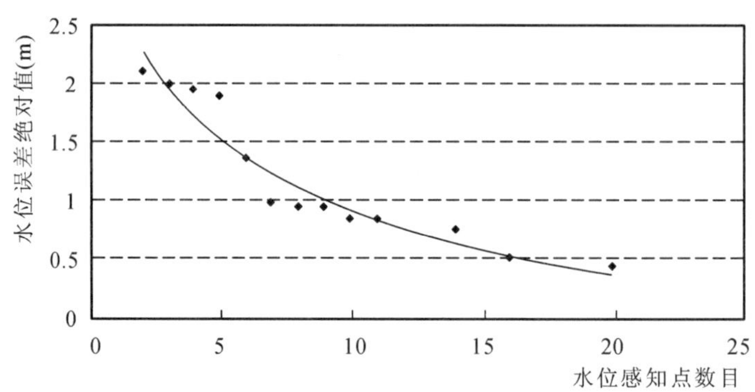

图 5-21 宜昌至城陵矶段水位感知点数目与水面线误差关系图

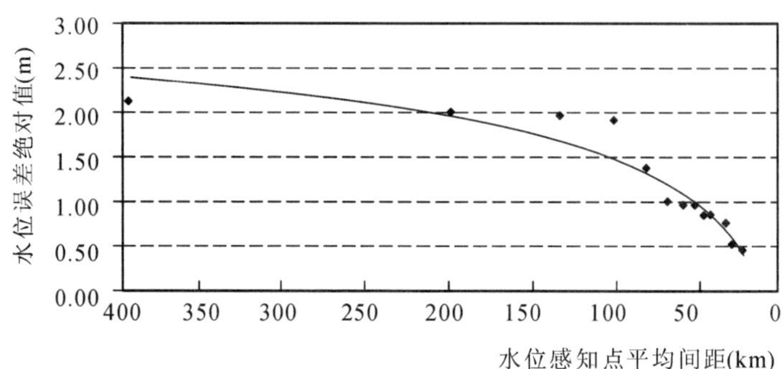

图 5-22 宜昌至城陵矶段水位感知点平均间距与水面线误差关系图

5.3.2 水位感知点布设原则

根据上述对天然情况下长江干线水面线变化特点、水位感知点数目和间距与水位感知系统的精度之间的关系的研究，结合长江干线沿线实际情况形成水位感知点布设原则如下：

(1) 根据水位感知点数目和间距与水位感知系统精度之间的关系，当水位感知点数目较少时，增设水位感知点可以大幅度地减小水位感知点间距，水位误差相应减小也较快。当水位感知点数目增加到一定程度，使得水位感知点间距缩小至20km以内后，随着水位感知点的增加，水位感知点间距减小并不明显，水面线捕捉精度的提升幅度相对较小。以长江航道为例，上游山区河流水位比降较大的位置，感知点布设间距可适当小于20km，中下游水位比降较小的河段，感知点布设间距以20km为宜，但在局部水位变化较大的位置可适当减小间距。

(2) 根据对水位感知点的不同需求将所布设的水位感知点分为一级水位感知点与二级水位感知点。一级水位感知点的布设应能准确捕捉水面线突变点、分汇流口门、河势控制节点等水面线变化的关键位置，整体反映航道沿程水面线变化，满足航道信息服务对水位信息的需求；二级水位感知点应在一级水位感知点的基础上反映航道局部碍航滩险段水位的变化情况，为借助水流模拟系统分析重点碍航河段的水深、流速等航道条件的变化提供条件。

(3) 水位感知点的布设首先应适当考虑河道河势格局的变化趋势，保证测站能在相当长的时期内进行有效观测。其次考虑到所布设水位感知点的架设与维护问题，水位感知点的布设应依托沿江处站码头的位置进行综合考虑，距离处站码头较远位置的水位监测站，要考虑周边有必需的社会经济生活环境。

(4) 水位感知点的设置主要根据规范确定，根据《内河航道与港口水流泥沙模拟技术规程》(JTJ/T 232—1998)，水位资料"试验河段内应有五个以上站位水位观测资料，其中，最下游和入汇支流河口内有固定观测资料"；根据《内河航道与港口水文规范》(JTJ 214—2000)，工程影响河段应根据需要和河型特征加设临时观测水位感知点；有明显横比降的河段应在两岸的相应位置设立水位感知点，并进行同步观测；枯水瞬时水位观测点应在河道沿线布设。在水面发生明显转折处必须加设观测点，其中包括在跌水的上下方、滩头滩尾、洲头洲尾、边滩、弯道凸岸及凹岸位置。水位点应避开回流、泡水。对复杂的急、浅、险滩可视情况而定。

5.4 航道通航水位预测方法

5.4.1 航道通航水位预测算法

水文预报一直是水文、河流工作者研究的热点问题之一。对于完整的水位预报，必须从气象预报、产汇流预报开始，再进行河道流量和水位的预报，但这要求具有较多的气象资料以及流域内的大量的雨量站、支流水文站的资料，但目前这对航道部门水位预测而言尚不现实。因此，目前航道沿程水位的短期预测，只能依据沿程主要测站的实测水位流量资料进行，以统计分析方法为主。从满足长江航道系统实际需求而言，由于航道部门对枯水要求精度高，中洪水要求精度可以相对较低，而对枯水而言流量过程及水位过程的变化相对平稳，起伏波动较小，因此，目前直接依据主要测站资料采用时间序列分析方法进行沿程水位短期预测能满足要求。

目前水文上常用的时间序列分析方法有移动平均、自回归、多元回归等。各方法简介如下。

5.4.1.1　移动平均法

移动平均法是一种简单平滑预测技术，它的基本思想是：根据时间序列资料、逐项推移，依次计算包含一定项数的时序平均值，以反映长期趋势。该方法是通过一组最近的实际数据值来预测未来变化趋势的一种常用方法，适用于即期预测。当时间序列变化既不快速增长也不快速下降，且不存在季节性因素时，该方法能有效地消除预测中的随机波动。移动平均法根据预测时使用的各元素的权重不同，可以分为简单移动平均方法和加权移动平均方法。

(1) 简单移动平均法

简单移动平均的各元素的权重都相等，其计算公式如下：

$$Y(t) = [Y(t-1) + Y(t-2) + \cdots + Y(t-n)]/n \tag{5-4}$$

式中　$Y(t)$—— 对下一时段的预测值；

$Y(t-1),\cdots,Y(t-n)$—— 前一时段至前 n 时段的实际值；

n—— 移动平均的时段数。

(2) 加权移动平均法

加权移动平均给固定跨越时段内的每个变量值以不同的权重。其原理是：历史各时段的数据信息对预测未来时段趋势的作用是不一样的。除了以 n 为周期的周期性变化外，远离目标期的变量值的影响力相对较低，故应给予较低的权重。加权移动平均法的计算公式如下：

$$Y(t) = \alpha_1 Y(t-1) + \alpha_2 Y(t-2) + \cdots + \alpha_n Y(t-n) \tag{5-5}$$

式中　$\alpha_1,\cdots,\alpha_n$—— 不同前期时段的权重，$\alpha_1 + \alpha_2 + \cdots + \alpha_n = 1$；

其他符号同前。

在运用加权平均法时，权重的选择是一个应该注意的问题。经验法和试算法是选择权重的最简单的方法。一般而言，越近期的数据越能预示未来的情况，因而权重应大些。

(3) 二次移动平均法

二次移动平均法，是对一次移动平均数再进行第二次移动平均，再以一次移动平均值和二次移动平均值为基础建立预测模型，计算预测值的方法。

运用一次移动平均法求得的移动平均值，存在滞后偏差。特别是在时间序列数据呈现线性趋势时，移动平均值总是落后于观察值数据的变化。二次移动平均法，正是要纠正这一滞后偏差，建立预测目标的线性时间关系数学模型，求得预测值。二次移动平均预测法解决了预测值滞后于实际观察值的矛盾，适用于有明显趋势变动的市场现象时间序列的预测，同时它还保留了一次移动平均法的优点。二次移动平均法适用于时间序列数据呈现线性趋势变化的预测。

以简单移动平均为例，其二次移动平均法公式如下：

$$Y(t+T) = a_t + b_t T$$

$$a_t = 2M_t^{(1)} - M_t^{(2)}$$

$$b_t = \frac{2}{N-1}(M_t^{(1)} - M_t^{(2)})$$

$$M_t^{(1)} = [Y(t-1) + Y(t-2) + \dots + Y(t-n)]/n$$
$$M_t^{(2)} = [M_{t-1}^{(1)} + M_{t-2}^{(1)} + \dots + M_{t-n}^{(1)}]/n \tag{5-6}$$

式中　$Y(t+T)$——$t+T$ 时段的预测值；

$M_t^{(1)}$——t 时段的一次移动平均值；

$M_t^{(2)}$——t 时段的二次移动平均值；

n——移动平均的时段数。

5.4.1.2　自回归模型

由于水文系列一般是时间离散系列，在随机分析中，广泛应用线性自回归模型(自回归马尔可夫模型)。其一般表达式为：

$$Y(t) = b_0 + b_1Y(t-1) + b_2Y(t-2) + \dots + b_pY(t-p) + z_t \tag{5-7}$$

式中　$Y(t)$——t 时刻的水文变量值；

$Y(t-1),\cdots,Y(t-p)$——前一时段至前 p 时段的水文变量值；

$b_0,b_1,\cdots,b_p$——一组权重参数，表示 $Y(t)$ 对 $Y(t-1),\cdots,Y(t-p)$ 的相关程度，也称为自回归系数；

p——模型的阶数；

z_t——t 时刻的纯随机变量值，该纯随机变量的均值为 0，均方差为 σ_z^2。

当 $p=2$ 时，为二阶自回归模型，上述方程可化简为：

$$Y(t) = b_0 + b_1Y(t-1) + b_2Y(t-2) + z_t$$
$$b_0 = \mu(1-b_1-b_2)$$
$$b_1 = \frac{r_1(1-r_2)}{1-r_1^2}$$
$$b_2 = \frac{r_2-r_1^2}{1-r_1^2} \tag{5-8}$$

式中　μ——系列的均值，由样本资料计算；

r_1,r_2——一阶和二阶自回归系数。

5.4.1.3　多元回归模型

多元回归是研究被解释变量(因变量)与两个以上解释自变量的统计依赖关系。多元线性回归模型与一元线性回归模型基本类似，只不过解释变量由一个增加到两个以上，被解释变量 Y 与多个解释变量 $X_1,X_2,\cdots,X_k$ 之间存在线性关系。

假定被解释变量 Y 与多个解释变量 $X_1,X_2,\cdots,X_k$ 之间具有线性关系，是解释变量的多元线性函数，称为多元线性回归模型。即

$$Y = \beta_0 + \beta_1X_1 + \beta_2X_2 + \cdots + \beta_kX_k + \mu \tag{5-9}$$

式中　Y——被解释变量；

$X_j(j=1,2,\cdots,k)$——k 个解释变量；

$\beta_j(j=0,1,2,\cdots,k)$——$k+1$ 个未知参数；

μ——随机误差项。

被解释变量 Y 的期望值与解释变量 $X_1,X_2,\cdots,X_k$ 的线性方程为：

$$E(Y) = \beta_0 + \beta_1X_1 + \beta_2X_2 + \cdots + \beta_kX_k \tag{5-10}$$

称为多元总体线性回归方程，简称总体回归方程。

对于 n 组观测值 $Y_i, X_{1i}, X_{2i}, \cdots, X_{ki} (i = 1,2,\cdots,n)$，其方程组形式为：

$$Y_i = \beta_0 + \beta_1 X_{1i} + \beta_2 X_{2i} + \cdots + \beta_k X_{ki} + \mu_i (i = 1,2,\cdots,n)$$

即

$$\left.\begin{aligned} Y_1 &= \beta_0 + \beta_1 X_{11} + \beta_2 X_{21} + \cdots + \beta_k X_{k1} + \mu_1 \\ Y_2 &= \beta_0 + \beta_1 X_{12} + \beta_2 X_{22} + \cdots + \beta_k X_{k2} + \mu_2 \\ &\cdots\cdots \\ Y_n &= \beta_0 + \beta_1 X_{1n} + \beta_2 X_{2n} + \cdots + \beta_k X_{kn} + \mu_n \end{aligned}\right\} \tag{5-11}$$

其矩阵形式为

$$\begin{bmatrix} Y_1 \\ Y_2 \\ \vdots \\ Y_n \end{bmatrix} = \begin{bmatrix} 1 & X_{11} & X_{21} & \cdots & X_{k1} \\ 1 & X_{12} & X_{22} & \cdots & X_{k2} \\ \vdots & \vdots & \vdots & \vdots & \vdots \\ 1 & X_{1n} & X_{2n} & \cdots & X_{kn} \end{bmatrix} \begin{bmatrix} \beta_0 \\ \beta_1 \\ \beta_2 \\ \vdots \\ \beta_k \end{bmatrix} + \begin{bmatrix} \mu_1 \\ \mu_2 \\ \vdots \\ \mu_n \end{bmatrix} \tag{5-12}$$

即

$$\boldsymbol{Y} = \boldsymbol{X\beta} + \boldsymbol{\mu}$$

其中

$\boldsymbol{Y}_{n\times 1} = \begin{bmatrix} Y_1 \\ Y_2 \\ \vdots \\ Y_n \end{bmatrix}$ 为被解释变量的观测值向量；

$\boldsymbol{X}_{n\times (k+1)} = \begin{bmatrix} 1 & X_{11} & X_{21} & \cdots & X_{k1} \\ 1 & X_{12} & X_{22} & \cdots & X_{k2} \\ \vdots & \vdots & \vdots & \vdots & \vdots \\ 1 & X_{1n} & X_{2n} & \cdots & X_{kn} \end{bmatrix}$ 为解释变量的观测值矩阵；

$\boldsymbol{\beta}_{(k+1)\times 1} = \begin{bmatrix} \beta_0 \\ \beta_1 \\ \beta_2 \\ \vdots \\ \beta_k \end{bmatrix}$ 为总体回归参数向量；

$\boldsymbol{\mu}_{n\times 1} = \begin{bmatrix} \mu_1 \\ \mu_2 \\ \vdots \\ \mu_n \end{bmatrix}$ 为随机误差项向量。

总体回归方程表示为：

$$E(\boldsymbol{Y}) = \boldsymbol{X\beta}$$

多元回归分析根据观测样本估计模型中的各个参数，对估计参数及回归方程进行统计检验，从而利用回归模型进行预测和分析。多元线性回归模型包含多个解释变量，多个解释变量同时对被解释变量 Y 发生作用，若要考察其中一个解释变量对 Y 的影响就必须假设其他解释变量保持不变来进行分析。因此多元线性回归模型中的回归系数为偏回归系数，即反映了当模型中的其他变量不变时，其中一个解释变量对因变量 Y 的均值的影响。

由于参数 $\beta_0,\beta_1,\beta_2,\cdots,\beta_k$ 都是未知的，可以利用样本观测值 $(X_{1i},X_{2i},\cdots,X_{ki};Y_i)$ 对它们进行估计。若计算得到的参数估计值为 $\hat{\beta}_0,\hat{\beta}_1,\hat{\beta}_2,\cdots,\hat{\beta}_k$，用参数估计值替代总体回归函数的未知参数 $\beta_0,\beta_1,\beta_2,\cdots,\beta_k$，则得多元线性样本回归方程：

$$\hat{Y}_i = \hat{\beta}_0 + \hat{\beta}_1 X_{1i} + \hat{\beta}_2 X_{2i} + \cdots + \hat{\beta}_k X_{ki} \tag{5-13}$$

式中 $\hat{\beta}_j(j=0,1,2,\cdots,k)$—— 参数估计值；

$\hat{Y}_i(i=1,2,\cdots,n)$——$Y_i$ 的样本回归值或样本拟合值、样本估计值。

其矩阵表达式为：

$$\hat{\boldsymbol{Y}} = \boldsymbol{X}\hat{\boldsymbol{\beta}}$$

其中 $\hat{\boldsymbol{Y}}_{n\times 1} = \begin{bmatrix} \hat{Y}_1 \\ \hat{Y}_2 \\ \vdots \\ \hat{Y}_n \end{bmatrix}$ 为被解释变量样本观测值向量 $\boldsymbol{Y}$ 的 $n\times 1$ 阶拟合值列向量；

$\boldsymbol{X}_{n\times(k+1)} = \begin{bmatrix} 1 & X_{11} & X_{21} & \cdots & X_{k1} \\ 1 & X_{12} & X_{22} & \cdots & X_{k2} \\ \vdots & \vdots & \vdots & \vdots & \vdots \\ 1 & X_{1n} & X_{2n} & \cdots & X_{kn} \end{bmatrix}$ 为解释变量 $\boldsymbol{X}$ 的 $n\times(k+1)$ 阶样本观测矩阵；

$\hat{\boldsymbol{\beta}}_{(k+1)\times 1} = \begin{bmatrix} \hat{\beta}_0 \\ \hat{\beta}_1 \\ \hat{\beta}_2 \\ \vdots \\ \hat{\beta}_k \end{bmatrix}$ 为未知参数向量 $\boldsymbol{\beta}$ 的 $(k+1)\times 1$ 阶估计值列向量。

样本回归方程得到的被解释变量估计值 $\hat{Y}_i$ 与实际观测值 Y_i 之间的偏差称为残差 e_i。

$$e_i = Y_i - \hat{Y}_i = Y_i - (\hat{\beta}_0 + \hat{\beta}_1 X_{1i} + \hat{\beta}_2 X_{2i} + \cdots + \hat{\beta}_k X_{ki}) \tag{5-14}$$

5.4.2 水位短期预测流程 —— 以长江干线航道为例

针对长江干线沿程河道特性、水文特点以及航道特点，本项研究分长江上游（三峡水库以上河段）、长江中游（宜昌 — 大通河段）、长江下游（大通以下河段）3 段分别进行水位（潮位）的短期预测。其中上段水位变化主要受三峡水库坝前调度运用的影响，中游主要是三峡下泄流量与沿程支流入汇的影响，下游主要是径流和潮汐双重作用下的影响。各段的具体流程如下。

5.4.2.1 长江上游

长江上游三峡大坝至宜宾段根据受三峡水库的影响程度不同，又可分为宜宾至江津段（脱水段）、江津至涪陵段（变动回水区段）、涪陵至三峡大坝段（常年回水区段）3 小段。宜宾至江津段水位主要受来流影响，江津至涪陵段受坝前水位及来流综合影响，涪陵至三峡大坝段主要受坝前水位影响。

上游水位短期预测的思路为：首先对年径流量进行预报。了解是丰水年还是枯水年，一般情况下，丰水年洪水会比较大。在预报年径流量的基础上，根据统计规律对月径流量进行分配。其次，采用移动平均法对屏山站、支流控制站进行预测。采用合流法，并考虑流量传播特性，对主要站进行流量预测。然后，通过概化模型对三峡坝前水位进行预测。最后，按水位流量关系，对主要站进行水位预测。并通过相关关系对长江上游沿线主要水位进行预测。长江上游水位短期预测研究思路如图 5-23 所示。

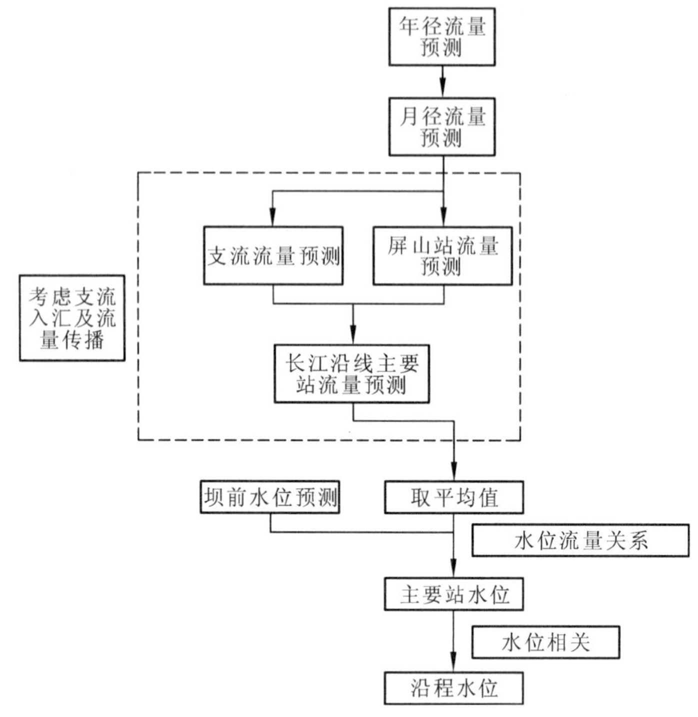

图 5-23　长江上游水位短期预测研究思路

5.4.2.2　长江中游

依据长江中游沿程主要测站的水位、流量资料，本项研究主要采用统计分析的方法，对沿程水位进行短期预测，思路如下：在对中游沿程水位、流量资料收集整理的基础上，首先对沿程入汇流量进行短期预测，方法是采用基于数据驱动的模型（如移动平均、自回归和多元回归模型），对长江中游而言，主要包括城陵矶入汇、汉江入汇和湖口入汇流量的预测；其次，对沿程水位进行短期预测，方法是采用相关关系法和多元回归模型。相关关系法是考虑建立测站水位流量关系，考虑干支流顶托影响，建立由流量预测水位的经验模式；多元回归模型则考虑更多的影响因子，建立测站水位与其主要因子的多元关系。对长江中游，主要需要预测的站点包括宜昌、沙市、监利、城陵矶、螺山、汉口、九江、湖口、大通。最后，运用上述方法对沿程水位进行预测，并结合试验分析，以及天气、测站和航道的实际情况，做出合理可靠的预报。长江中游水位短期预测研究思路如图 5-24 所示。

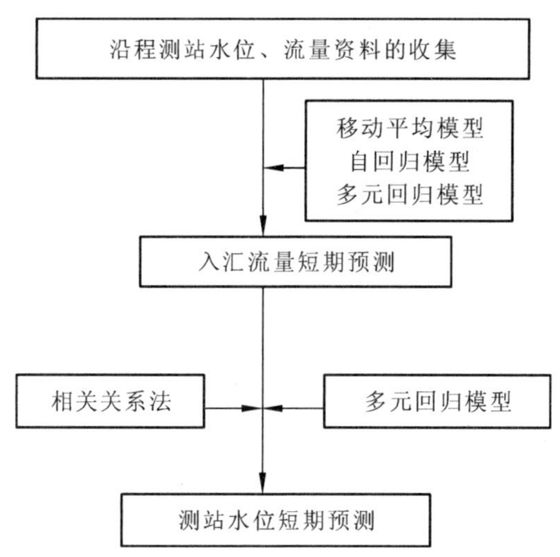

图 5-24　长江中游水位短期预测研究思路

5.4.2.3　长江下游

对于江阴以下主要站点，参考潮汐表进行潮位预报。长江下游大通以下河段，由于受潮汐影响，其预报具有特殊性，影响因素也更为复杂。其中，对江阴以下的潮流河段，其潮位预报，主要是基于潮汐表进行。潮汐表又称潮汐长期预测表，是由中华人民共和国上海海事局每年年初发布，用于江阴以下主要站点预测未来一年的潮位变化过程。正常天气情况下，一般与实际较符合，潮高误差为 15 ～ 20cm，潮时误差为 20 ～ 30min（个别站点因受地形因素影响，误差较大）。当遇到特殊天气变化，如台风、寒潮影响时，误差较大。潮汐表中预报潮位站包括 7 处，即江阴、天生港、浒浦、白茆口、青龙港、南门港、石洞口。在应用潮汐表进行潮位预报时，需要根据实测值进行适当修正，以确保其可用性和精度。对于大通至江阴的潮区段，其水位预测较为复杂，其水位预报的研究进展相对纯径流河段来说较为迟缓。

大通至江阴段主要站点的预报方法选取南京和镇江两个站点进行预报。之所以选取这两个站点，一方面是由于这两个站可以作为后面相关分析工作的上下控制站点；另一方面是因为这两个站点有长系列潮位过程资料。可采用多元回归方法建立南京站、镇江站的相关关系。由于南京以下水位日变幅较大，因此，本次研究分别以逐时潮位过程、日最低潮位、日最高潮位等作为研究对象。由于收集南京、镇江、江阴等站的长系列实测逐时潮位过程困难，南京、镇江、江阴潮位过程由一维数学模型计算获得。

5.5　航道水位预测预报数据管理与信息服务示范应用

5.5.1　长江干线航道水位预测预报数据管理系统设计

常规的水位日常预测预报工作存在工作量大、工作烦琐和计算易出错等问题，因此，本书以长江干线航道为例研发水位预测预报数据管理系统，以降低手动预测分析工作量、提高工作效率和数据准确性。

5.5.1.1 长江干线航道水位预测预报数据管理系统功能需求

1）主要功能

长江干线航道水位（潮位）预测预报数据管理系统的主要功能包括：

（1）标准数据导入导出功能：支持按站点、区域航道局录入和导入观测数据及预测数，支持 Excel（2003 及以上版本）格式的观测数据和预测数据导入；

（2）数据库管理功能：所有的数据（各时段各站点的观测数据、预测数据、工作日志数据等）都将存在数据库中，同时支持 Access、SQL Server、Oracle 三种数据库，支持用户自主配置数据库类型；

（3）预测方法管理功能：开发标准预测界面，支持站点水位预测，同时能结合已有的误差分析结果，自动对预测结果进行修正；

（4）误差分析功能：自动分析水位预测数据的误差，提出改进建议，并支持水位误差分析图、表的输出，输出模式基于输出模板，模板的类型为 Excel（2003 及以上版本）；

（5）网络数据交换功能：通过 Websever 接口，从长江航道综合信息服务系统远程提取水位实测数据以及区域局预测数据；

（6）用户管理功能：实现不同角色的分配设置，包括：系统管理员、水位预测员、误差分析员等。

2）系统性能分析

（1）程序设计特点

在程序设计上，为用户提供了一个简洁易用的调试使用环境。

① 可扩展性：采用组件化设计，如果人机界面需要扩展显示信息，或者增加功能，只需在软件的程序上增加相应的功能组件。

② 可移植性：在不同的平台上进行程序移植时，无须修改应用程序内容，只需修改驱动程序即可。

③ 可靠性：软件对于用户来说是相对封闭的，用户的所有操作都不需要对代码进行修改。

（2）系统设计特点

在系统设计上，本软件充分考虑到长江水位（潮位）预测预报日常工作量及操作性，整个人机界面设计上具有操作简单、显示信息量大、内容通俗易懂等特点，以最简便的方式，方便快捷引导现场操作人员对水位进行预测预报。本软件应具有如下特点：

① 实用性：整个软件界面不仅非常实用，而且界面操作简单，易于使用。

② 信息量大：运行状态过程中信息量非常大。在水位预测预报的界面上，显示了预测过程中产生的各种数据序列，有助于熟悉掌握预测方法。

③ 可推广性：长江干线航道水位（潮位）预测预报数据管理系统不仅适合长江沿程各个站点的水位预测预报，也适合某区域局或某一站点的水位预测预报。

3）长江干线水位预测预报系统体系结构与系统操作流程

以长江干线各水位站间的流量-水位时空定量耦合关系及各站点的实测水位、流量为基础，自主设计并研发了长江干线水位（潮位）预测预报系统，系统的体系结构如图 5-25 所示。

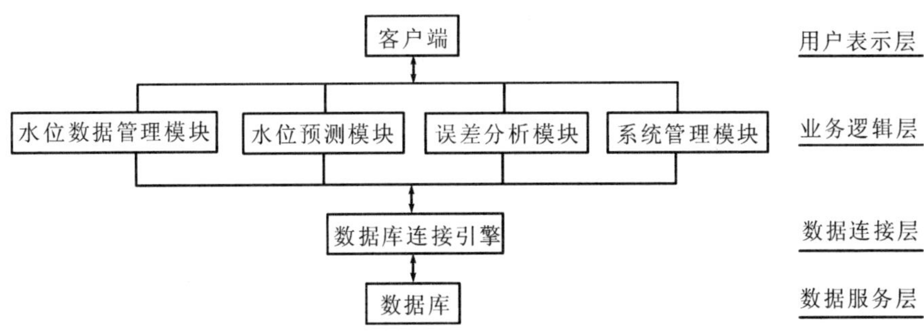

图 5-25　长江干线水位预测预报系统体系结构

系统操作流程如图 5-26 所示。

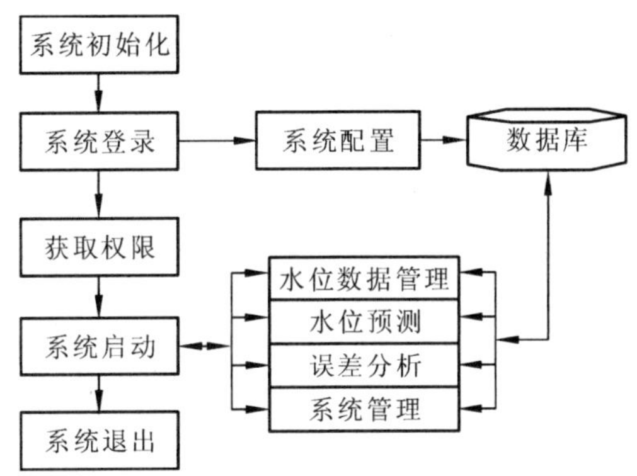

图 5-26　长江干线水位预测预报系统操作流程

5.5.1.2　长江干线航道水位预测预报数据管理系统数据库设计

数据库是长江干线航道水位(潮位)预测预报数据管理系统的重要组成部分,为水位预测预报工作的开展提供完整的数据信息,为建立各种模型、方法提供数据,为图形图像等各种工具包提供完整数据系列。同时,数据库又接受存储水位站点观测、预测、流量等数据的更新内容,综合分析子模块的部分分析、计算结果的反馈信息,是长江干线航道水位(潮位)预测预报数据管理系统正常运行的基础,起着承上启下的关键作用。因此需建立一个良好的数据组织结构和水位预测预报数据库,使整个管理系统可迅速、方便、准确地调用和管理所需要的数据。

数据库把系统的大量数据按一定的数据模型组织起来,提供存储、维护、检索等功能,使得系统可以方便、及时、准确地从数据库中获取所需的信息,除了系统文档模板、图片图像、上传附件等加载速度慢或者数据量大的文件外,和系统相关的所有数据基本上都保存在数据库中。所有功能模块共用一个数据库,每个模块在数据库中建立几个对应数据表,用来存储所有相关数据。另外,考虑到系统的数据安全性,针对系统权限控制、系统配置、系统其他信息等也要建立相关的数据表,以上所建立的数据表作为基本表。

(1) 概念结构设计

概念结构设计的任务是在需求分析阶段产生的需求说明书的基础上,按照特定的方法把它们抽象为一个不依赖于任何具体机器的数据模型,即概念模型。概念模型使设计者的注意力能够从复杂的实现细节中解脱出来，而只集中在最重要的信息的组织结构和处理模式上。系统数据库概念结构设计是整个数据库设计的关键，它通过对用户需求进行综合、归纳与抽象形成一个独立于具体 DBMS 的概念模型。概念结构独立于各种数据模型，它是对现实世界的信息描述，是各种数据模型的共同基础。

概念数据模型主要在系统开发的数据库设计阶段使用，是按照用户的观点来对数据和信息进行建模，利用实体关系图来实现。它描述系统中的各个实体以及相关实体之间的关系，是系统特性的静态描述。数据字典也将是系统进一步开发的基础。本书采用自底向上的设计策略，即首先定义各局部应用的概念结构，然后将它们集成起来得到全局概念结构，概念结构设计一般用 E-R 图表示，主要数据模型的 E-R 模型设计如图 5-27 所示。

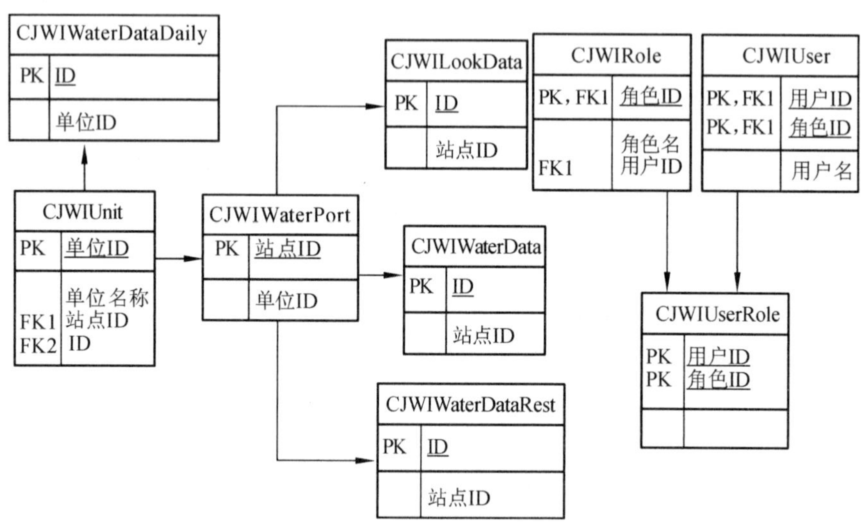

图 5-27　数据库设计 E-R 模型

(2) 逻辑结构设计

逻辑结构设计阶段的任务是将概念结构设计阶段所得到的概念模型转换为具体 DBMS 所能支持的数据模型(即逻辑结构)，并对其进行优化。逻辑结构设计一般分为三步进行：① 从 E-R 图向关系模式转化。数据库的逻辑设计主要是将概念模型转换成一般的关系模式，也就是将 E-R 图中的实体、实体的属性和实体之间的联系转化为关系模式。② 数据模型的优化。数据库逻辑设计的结果不是唯一的，为了进一步提高数据库应用系统的性能，还应该适当修改数据模型的结构，提高查询的速度。③ 关系视图设计。关系视图的设计又称为外模式的设计，也叫用户模式设计，是用户可直接访问的数据模式。同一系统中，不同用户可有不同的关系视图。关系视图来自逻辑模式，但在结构和形式上可能不同于逻辑模式，所以它不是逻辑模式的简单子集。关系视图主要有三个作用：a. 通过外模式对逻辑模式的屏蔽，为应用程序提供一定的逻辑独立性。b. 更好地适应不同用户对数据的不同需求。c. 为不同用户划定了访问数据的不同范围，有利于数据的保密。在本系统数据模型中，主要包括水位站点、水位观测、水位预测等数据表，其中一个区域局对应多个水位站点，一个水位站点对应多个观测数据，系统所需数据见表 5-2。

表 5-2 系统所需数据表

序号	数据表 ID	中文名称	备注
1	CJWIConfig	系统配置表	用于存储系统中的文件目录(含输入输出模板、误差分析表模板、误差分析图模板)、水位预测天数等系统配置信息
2	CJWIDataHour	水位观测时间表	用于站点实测时间信息
3	CJWIDataRestHour	水位预测时间表	用于站点预测时间信息
4	CJWILookWater	站点流量表	用于存储主要水文站点流量观测数据
5	CJWIModelConfig	系统模板配置表	用于存储系统中模板配置信息
6	CJWIRole	系统角色表	用于存储系统用户的角色信息
7	CJWISoftWare	预测软件表	用于存储系统的软件版本信息
8	CJWIUnit	单位信息表	用于存储系统站点所属单位信息
9	CJWIUser	系统用户表	用于存储系统用户信息
10	CJWIUserRole	用户角色表	用于存储系统用户、角色关系
11	CJWIWaterDataDaily	工作日志表	用于存储系统的工作日志信息
12	CJWIWaterData	站点观测值表	用于存储各站点各时段水位(潮位)观测数据
13	CJWIWaterDataRest	站点预测值表	用于存储各站点各时段水位(潮位)预测数据
14	CJWIWaterPort	站点信息表	用于存储各个水位站站点信息
15	DIC_WaterLevelReadType	水位观测类型表	水位数据的观测类型字典
16	DIC_WaterLevelStander	水位参考基准表	水位数据的参考基准类型字典
17	DIC_WaterPortSourceType	水位站点来源类型表	水位站站点来源类型字典
18	DIC_WaterPortType	水位站点类型表	水位站站点类型字典
19	CJWIHuiLiuParam	汇流参数表	用于存储各月汇流的计算系数
20	CJWIYearWaterData	站点历年流量表	用于存储各站点历年流量值

下面对系统中的关键表结构进行详细说明,见表 5-3 ~ 表 5-22。

表 5-3 系统配置表(CJWIConfig)

字段名	字段代码	字段类型	备注
ID	ID	数值型	主键,不为空
关键字	KeyWord	文本型	存储文件目录名
关键值	KeyValue	文本型	不为空

表 5-4 **水位观测时间表**(CJWIDataHour)

字段名	字段代码	字段类型	备注
ID	ID	数值型	主键,不为空
观测时间	Hour	文本型	不为空
备注	Note	文本型	

表 5-5 **水位预测时间表**(CJWIDataRestHour)

字段名	字段代码	字段类型	备注
ID	ID	数值型	主键,不为空
预测时间	Hour	文本型	不为空
备注	Note	文本型	

表 5-6 **站点流量表**(CJWILookWater)

字段名	字段代码	字段类型	备注
ID	ID	数值型	主键,不为空
站点 ID	WaterPortName	文本型	不为空
观测日期	LookDate	日期型	
观测时间	LookHour	文本型	
站点流量值	Water	数值型	

表 5-7 **系统模板配置表**(CJWIModelConfig)

字段名	字段代码	字段类型	备注
ID	ID	数值型	主键,不为空
模板类型	ModelType	文本型	不为空
模板名称	ModelName	文本型	
模板文件名	ModelFileName	文本型	

表 5-8 **系统角色表**(CJWIRole)

字段名	字段代码	字段类型	备注
角色 ID	RoleID	数值型	主键,不为空
角色名称	RoleName	文本型	不为空
备注	RoleNote	文本型	

表 5-9　预测软件表(CJWISoftWare)

字段名	字段代码	字段类型	备注
ID	ID	数值型	主键,不为空
软件类型	SoftwareType	文本型	不为空
软件名称	SoftwareName	文本型	
备注	Note	文本型	

表 5-10　单位信息表(CJWIUnit)

字段名	字段代码	字段类型	备注
ID	ID	数值型	主键,不为空
单位名称	UnitName	文本型	不为空
地址	Address	文本型	
网站	WebUrl	文本型	
办公电话	OPhone	文本型	
传真	OTell	文本型	
备注	UnitNote	文本型	
上级单位 ID	ParentID	文本型	
是否有站点	HasWaterPort	文本型	

表 5-11　系统用户表(CJWIUser)

字段名	字段代码	字段类型	备注
ID	RoleID	数值型	主键,不为空
用户名	UserName	文本型	不为空
邮箱	Email	文本型	
QQ	QQ	文本型	
办公电话	Phone	文本型	
手机号	Cell	文本型	
密码	PassWord	文本型	

表 5-12　用户角色表(CJWIUserRole)

字段名	字段代码	字段类型	备注
ID	ID	数值型	主键,不为空
用户 ID	UserID	数值型	不为空
角色 ID	RoleID	数值型	不为空

表 5-13　工作日志表(CJWIWaterDataDaily)

字段名	字段代码	字段类型	备注
ID	ID	数值型	主键,不为空
单位 ID	UnitID	数值型	不为空
区域局 8 时传真人 ID	Reader8ID	数值型	不为空
区域局 8 时传真时间	Read8Date	数值型	不为空
8 时接收人 ID	Recorder8ID	数值型	不为空
8 时接收时间	Record8Date	日期型	不为空
区域局 16 时传真人 ID	Reader16ID	数值型	不为空
区域局 16 时传真时间	Read16Date	日期型	不为空
16 时接收人 ID	Recorder16ID	数值型	不为空
16 时接收时间	Record16Date	日期型	不为空
区域局 24 时传真人 ID	Reader24ID	数值型	不为空
区域局 24 时传真时间	Read24Date	日期型	不为空
24 时接收人 ID	Recorder24ID	数值型	不为空
24 时接收时间	Record24Date	日期型	不为空
区域局 8 时预测人 ID	Rester8ID	数值型	不为空
区域局 8 时预测软件	Rest8SoftwareID	数值型	不为空
区域局 8 时预测开始时间	Rest8StartDate	日期型	不为空
区域局 8 时预测结束时间	Rest8EndDate	日期型	不为空
8 时预测人 ID	CJWIRester8ID	数值型	不为空
8 时预测软件	CJWIRest8SoftwareID	数值型	不为空
8 时预测开始时间	CJWIRest8StartDate	日期型	不为空
8 时预测结束时间	CJWIRest8EndDate	日期型	不为空
是否审核	HasCheck	布尔型	不为空
审核人 ID	CheckerID	数值型	不为空
审核时间	CheckDate	日期型	不为空
是否上报	HasReport	布尔型	不为空
上报人 ID	ReporterID	数值型	不为空
上报时间	ReportDate	日期型	不为空
8 时传真文件名	FileName8	文本型	不为空
16 时传真文件名	FileName16	文本型	不为空
24 时传真文件名	FileName24	文本型	不为空
区域局预测传真文件名	RestFileName8	文本型	不为空
预测传真文件名	CJWIRestFileName8	文本型	不为空
天气	Weather	文本型	不为空
备注	Note	文本型	不为空

表 5-14　站点观测值表(CJWIWaterData)

字段名	字段代码	字段类型	备注
ID	ID	数值型	主键,不为空
站点 ID	WaterPortID	数值型	不为空
观测日期	DataDate	日期型	不为空
8 时观测值	Data8	数值型	
16 时观测值	Data16	数值型	
24 时观测值	Data24	数值型	
备注	DateNote	文本型	

表 5-15　站点预测值表(CJWIWaterDataRest)

字段名	字段代码	字段类型	备注
ID	ID	数值型	主键,不为空
站点 ID	WaterPortID	数值型	不为空
预测单位 ID	RestUnitID	数值型	不为空
观测日期	DataDate	日期型	不为空
预测时间	DataHour	文本型	不为空
预测值 1	Data1	数值型	1 天后预测值
预测值 2	Data2	数值型	2 天后预测值
预测值 3	Data3	数值型	3 天后预测值
预测值 4	Data4	数值型	4 天后预测值
预测值 5	Data5	数值型	5 天后预测值
预测值 6	Data6	数值型	6 天后预测值
预测值 7	Data7	数值型	7 天后预测值
备注	DateNote	文本型	

表 5-16　站点信息表(CJWIWaterPort)

字段名	字段代码	字段类型	备注
ID	ID	数值型	主键,不为空
站点编号	PortNum	数值型	不为空
站点名称	PortName	文本型	
站点经度	PortJD	数值型	
站点纬度	PortWD	数值型	
所属区域	Area	文本型	

续表 5-16

字段名	字段代码	字段类型	备注
里程位置	Position	文本型	
站点类型	Type	文本型	
站点级别	Class	文本型	
所属单位 ID	PortUnitID	数值型	
吴淞冻结高程	WuSongDongJieGC	数值型	
状态	State	数值型	是否启用
备注	PortNote	文本型	

表 5-17　水位观测类型表(DIC_WaterLevelReadType)

字段名	字段代码	字段类型	备注
类型编码	TypeCode	文本型	主键,不为空
类型名称	TypeName	文本型	
类型信息	TypeInfo	文本型	

表 5-18　水位参考基准表(DIC_WaterLevelStander)

字段名	字段代码	字段类型	备注
类型编码	TypeCode	文本型	主键,不为空
类型名称	TypeName	文本型	
类型信息	TypeInfo	文本型	

表 5-19　水位站点来源类型表(DIC_WaterPortSourceType)

字段名	字段代码	字段类型	备注
类型编码	TypeCode	文本型	主键,不为空
类型名称	TypeName	文本型	
类型信息	TypeInfo	文本型	

表 5-20　水位站点类型表(DIC_WaterPortType)

字段名	字段代码	字段类型	备注
类型编码	TypeCode	文本型	主键,不为空
类型名称	TypeName	文本型	
类型信息	TypeInfo	文本型	

表 5-21　汇流参数表(CJWIHuiLiuParam)

字段名	字段代码	字段类型	备注
月份编码	MonthCode	整型	主键,不为空
汇流系数 1	HuiLiuParam1	数值型	不为空
汇流系数 2	HuiLiuParam2	数值型	不为空
汇流系数 3	HuiLiuParam3	数值型	不为空
汇流系数 4	HuiLiuParam4	数值型	不为空
汇流系数 5	HuiLiuParam5	数值型	不为空

表 5-22　站点历年流量表(CJWIYearWaterData)

字段名	字段代码	字段类型	备注
编号	ID	整型	主键,不为空
年份	YearCode	整型	不为空
月份	MonthCode	整型	不为空
日期	LookDate	整型	不为空
观测流量	WaterData	数值型	不为空
年度排序	DataIndex	整型	不为空

5.5.1.3　长江干线水位预测预报系统软件

系统运行主界面及主要操作界面如图 5-28 ～ 图 5-30 所示。

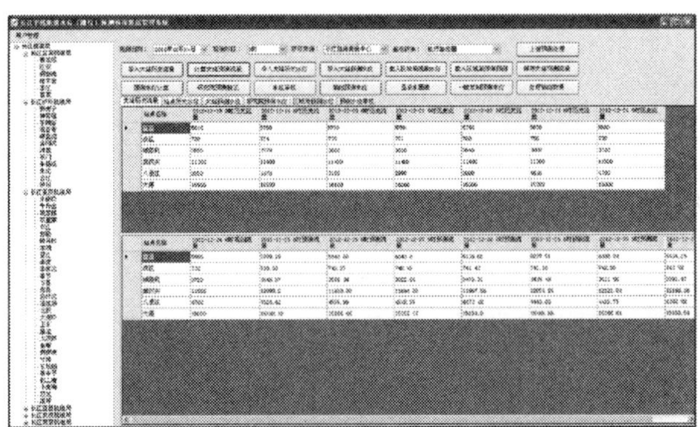

图 5-28　长江干线水位预测预报系统水位预测界面

图 5-29　长江干线水位预测预报系统大站预测处理

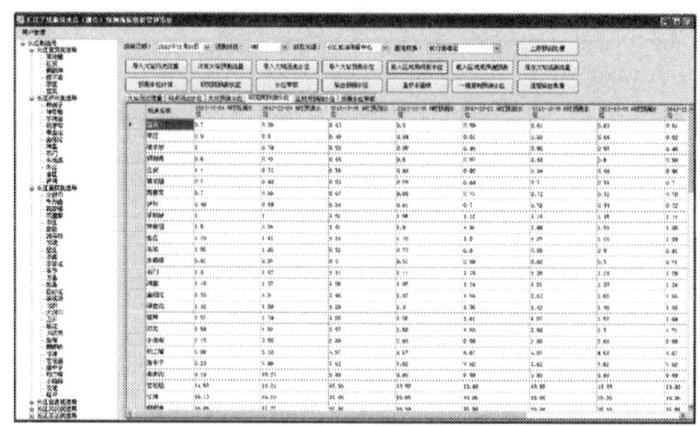

图 5-30　长江干线水位预测预报系统水位预测结果

另外，该系统还编制了软件接口，可以与长江电子航道图系统交换水位站点信息、实测水位信息和预测水位信息，自 2012 年 7 月正式运行以来，一直为长江电子航道图提供长江干线各水位站的滚动 7d 预测水位信息（江阴以上为水位、江阴以下为潮位）。

5.5.2　长江干线航道水位预测预报信息服务

5.5.2.1　为各区域航道局提供水位信息服务

目前长江航道局和下属的宜宾、泸州、重庆、宜昌、武汉、南京 6 个区域航道局的对外门户网站均对外发布各站点当前的实测水位信息，图 5-31 是长江航道局对外门户网站发布的实测水位信息截图。

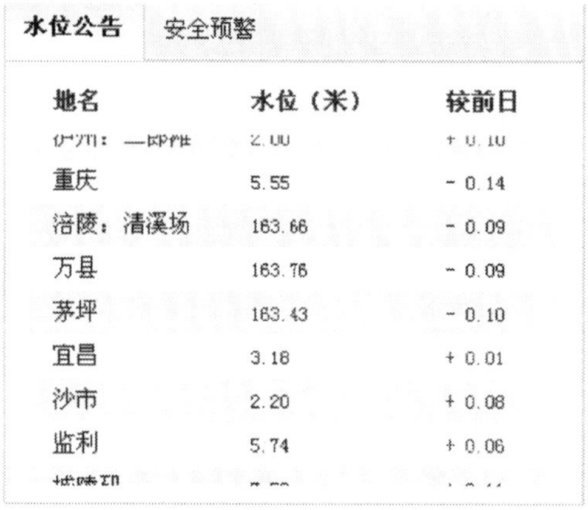

水位公告　安全预警

地名	水位（米）	较前日
[illegible]	2.00	+0.10
重庆	5.55	-0.14
涪陵：清溪场	163.66	-0.09
万县	163.76	-0.09
茅坪	163.43	-0.10
宜昌	3.18	+0.01
沙市	2.20	+0.08
监利	5.74	+0.06

图 5-31　依托长江航道局对外门户网站发布实测水位信息

依托建设的水位站，各区域航道局或采取人工观读（人工水尺）或采取水位遥测遥报（水位自动测报站点）的方式获取对应站点的水位信息，并录入各自的软件系统进行发布。

5.5.2.2　为长江电子航道图系统提供实测及短期预测水位信息

通过长江电子航道图向船舶终端用户发布水位实测及预测信息是水位信息利用的一种方式。依托建设的水位站，各区域航道局或采取人工观读（人工水尺）或采取水位遥测遥报（水位自动测报站点）的方式获取对应站点的水位信息，并录入长江电子航道图水位信息管理系统。长江电子航道图系统将依托长江电子航道图船舶终端向各类船舶用户提供实测及预测水位信息，如图 5-32、图 5-33 所示。

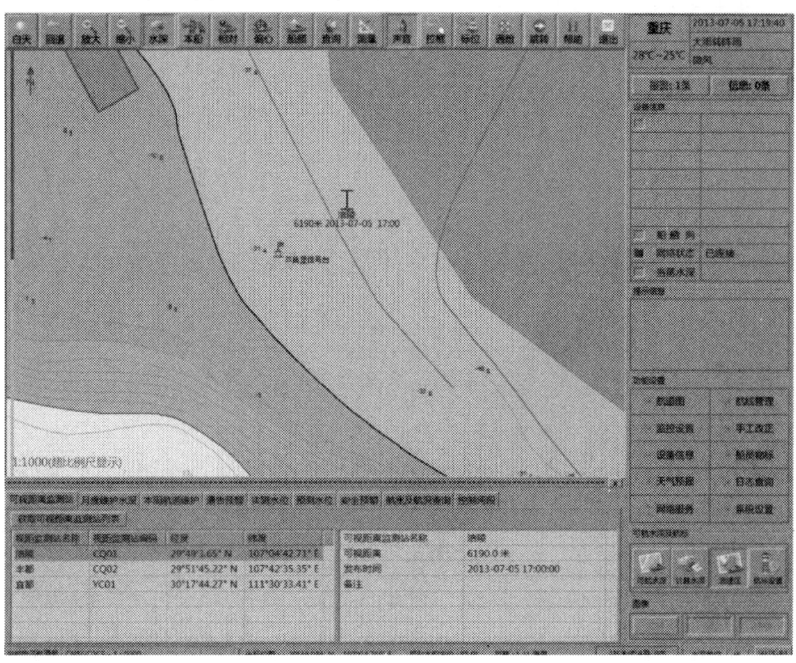

图 5-32　长江电子航道图船舶终端主界面

图 5-33　长江电子航道图船舶终端上显示的实测及预测水位信息

目前有 156 个长江电子航道图船舶终端投入应用，涉及 36 家单位 100 艘船舶。丰富、高时效、可靠的长江干线航道实测、预测水位信息对船舶安全航行决策至关重要，另外，能帮助用户规划合理的航行线路，实现不同吃水船舶根据水位、水深信息自由选择航行区域，实现深水深用、浅水浅用，在很大程度上将提高船舶的通航效率和通航安全性。

5.5.2.3　为长江航道在线提供实测及短期预测水位信息

通过长江航道局“长江航道在线”门户网站向社会公众发布水位实测及短期预测信息是水位信息利用的一种方式。依托建设的水位站，各区域航道局或采取人工观读（人工水尺）或采取水位遥测遥报（水位自动测报站点）的方式获取对应站点的水位信息，并录入长江电子航道图水位信息管理系统。长江电子航道图系统将依托公共服务平台（长江航道在线，网址：http://www.cjienc.com/EngineCms/cms/t/index.jsp）发布实测及预测水位信息，如图 5-34 所示。

图 5-34 依托长江航道在线发布实测及预测水位信息

从2012年10月至2014年3月依托长江航道在线发布的水位信息统计如表5-23所列。

表 5-23 依托长江航道在线发布实测及预测水位信息发布统计情况

时间	实测水位(条)	预测水位(条)
2012年10月	65343	2883
2012年11月	59013	2860
2012年12月	60411	2914
2013年1月	59274	2914
2013年2月	55815	2632
2013年3月	61382	2904
2013年4月	60555	2820
2013年5月	66120	2915
2013年6月	66470	2631
2013年7月	70971	2820
2013年8月	68531	2820
2013年9月	68750	2820
2013年10月	61987	2726
2013年11月	61872	2820
2013年12月	57255	2914
2014年1月	62696	2914
2014年2月	56254	2632
2014年3月	65918	2915

丰富、高时效、可靠的长江干线航道实测、预测水位信息为航道维护决策、航运安全监管、长江航运船舶配载等发挥着显著作用。

参考文献

[1]　蔡国正.论天然河流设计最低通航水位两种确定方法的矛盾与统一[J]. 水运工程,2005(2): 47-51.

[2]　荣天富,万大斌. 略谈长江干流航行基面及其有关问题[J]. 水运工程,1994(8):27-30.

[3]　夏云峰,闻云呈,张世钊,等. 长江南京至浏河口深水航道航行基面及理论基面初步分析[J]. 2012(1):13-18.

[4]　长江航道局.航道工程手册[M]. 北京:人民交通出版社,2004.

[5]　卢金友,等. 长江中游宜昌至城陵矶河段水位变化分析[J].人民长江, 1997,28(5).

6　航道能见度信息服务技术

6.1　概述

由于内河山区航道地形复杂，天气多变，气象监测和预报是保证船舶航行安全的重要信息，是数字航道不可分割的重要内容之一。其中山区河段受雾情影响比较严重，传统的气象预报所获取的信息过于粗犷，难以满足船舶航行的需要，目前尚缺乏服务航行船舶的、精细化的可视距离测报系统，为此需要实现内河航道山区河段能见度信息的实时、准确数字化采集、处理与服务，丰富长江电子航道图的服务内容，从而为高效引导船舶安全航行，为采取限航、限速、封航等水运交通管制提供科学依据，以利于航道气象的获取与服务方式的发展。

6.1.1　能见度监测传感器选择

6.1.1.1　能见度监测技术发展及应用现状

20 世纪 50 年代中期，国际上出现了透射型能见度仪，其原理是基于光的透射率确定大气能见距离。但透射型能见度仪体积大，基线较长，安置复杂，价格昂贵，仅被重要机场采用，难以在气象观测等部门中普及。20 世纪 60 年代散射型能见度仪诞生了，其原理是根据粒子对光的散射特性确定能见距离。这种仪器成本较低，安装方便，弥补了前者的不足，在以后的发展中又得到了进一步的研究和应用。世界上许多国家由于公路、航空、军事和生活等方面的需求，都在对大气能见度观测仪进行试验研究，并已取得相当大的进展，如日本早在 20 世纪 70 年代对森林烟雾进行监测，欧美一些国家也都相继在机场跑道、公路、港口设置了雾的检测仪器。我国自 20 世纪 60 年代中期开始了采用仪器测量能见度的探索研究，首先是应用激光探测能见度的研究，吕达仁等利用红宝石激光雷达在北京地区测量了水平方向大气平均衰减系数，并与目测能见度做了比较。之后赵燕曾等又利用激光雷达尝试了斜视能见度的测量。20 世纪 90 年代，北京市气象局与中国科技大学合作，利用 CCD 摄像方法来测量能见度。目前我国已有多个部门在研制能见度仪，研究最多的是散射型能见度仪，长春气象仪器研究所也研制过前向散射型能见度仪；洛阳卓航测控设备有限公司等联合研制过 XDN01 型前向散射能见度仪；南京气象学院研制过 WT-1 型能见度仪。此外还有南京 14 所和江苏无线电厂也研制过能见度仪，但未能推广应用。

6.1.1.2　能见度监测仪器类别及特点分析

目前研制的各类仪器，主要种类有透射型、散射型（后向散射式、前向散射式）、摄像型、激光雷达等。根据山区航道雾情特点，对能见度仪的要求主要有以下几条：

(1) 对 1km 以下的低能见度监测有很高精度；

(2) 仪器的环境适应性和抗干扰能力好，能适应各种非标准的条件；

(3) 仪器的体积小、功耗低、无辐射污染、便于在航道岸边安装；

(4) 价格低廉，以利于高密度组网；

(5) 维护方便、运行成本较低，便于管理。

根据以上综合分析，适用于内河山区航道专用的能见度仪器类型为：

(1) 单光路前向散射能见度仪：这种仪器技术比较成熟，测量精度与双光路相近，性能价格比较高，是目前比较理想的仪器，特别是对预警非常有用；

(2) 摄像型能见度仪：可充分利用现有设备潜力，减小投资，原理简单，但是有一些关键技术还有待进一步完善；

(3) 后向散射能见度仪：体积小，结构简单，功能与前向散射能见度仪相近，有应用前景。

6.1.1.3 能见度监测站主要功能要求

航道能见度监测站主要功能要求如下：

(1) 自动采集和预处理：自动采集能见度数据，对采集数据进行预处理，能对采集数据进行相关统计形成逐分钟的值并定位存储；

(2) 智能化管理存储器：自动管理采集器内置存储器，具有内存自动清除、循环管理、采集时间记忆、未测和缺测标记等功能，存储器可保存1个月(31d)内采集到的逐分钟数据；

(3) 自动上传监测数据：能自动定时(每1min、10min、30min或每小时)上传气象采集资料，每小时上传一次监测站机箱内工作状态参数集；

(4) 设置自动上传时间间隔：可设置成每1min、10min、30min自动上传当前的逐分钟气象要素值，或设置成每小时自动上传当前小时的逐分钟气象要素值，并反馈设置结果；

(5) 遗漏资料补传：可补传采集器中存储的气象资料，按1min、10min、30min或1h长度上传存储的历史记录；

(6) 时钟校准：由监控中心软件下传日期和时间值对监测站的采集器进行日期和时间校准，并反馈校准信息；

(7) 监测站工作状态参数：每小时上传一次监测站工作状态参数集，包括：监测站AC220V供电状态或太阳能供电状态、蓄电池工作电压、机箱内温度、无线通信在线状态、主要传感器工作状态参数等，并随时接收监控中心下达的指令上传监测站当前工作状态参数集；

(8) 监测站安全报警参数：每小时上传一次监测站安全状态参数集，包括：能见度仪镜头前蜘蛛网、机箱门未关闭、监测设备发生倾斜、太阳能板装置脱离、雨量传感器脱离等，并随时接收监控中心下达的指令上传监测站当前安全状态参数集。

6.1.2 监测站布设方法

内河山区航道地形及雾情分布复杂多变，能见度监测站网的布设也就变得较为复杂。当然尽量密集的站网布设可使航道雾情监测更贴近实况，但是考虑投资、环境等约束条件，统筹规划，逐步建设才是切实可行的布设方案。因此依据科学、经济、发展的需求，逐步优化站网布局是目前布设站网应该遵循的方法原则。需要深入了解内河山区航道的地形特点、航道雾情的分布规律、航运对可视距离的要求、航道的建设现状及未来规划，进行综合分析研究，依据各航道段地理特点、雾情特点、航运需求有针对性地布设；其次兼顾各类专业气象站网，集约利用，避免重复建设。

内河山区航道能见度监测与高速公路气象站网监测目的类似，都是服务于交通，保障交通安全，建设智能交通系统，减少经济损失。但由于两者服务的主体、地域不同，监测的项目不同，因此需遵循的原则方法也存在异同。中国气象局颁布的《高速公路能见度监测及浓雾的预警预报》与《公路交通气象观测站网建设指南》的适用范围也都提到航道或内河航运可参照其执行。因此参照高速公路气象监测站网布设原则，结合航道及其雾情特点，可提出内河山区航道能见度监测方法如下：

1）布设原则

（1）监测站点需安装在距江面 50m 高度以内航道水域上或附近；

（2）监测站点需选择在雾情多发区及雾情事故多发区，如河道拐弯处、支流入汇处、雾情较多的狭窄河道处等；

（3）安装点周边无高大障碍物阻挡，不受烟火源及强光源的直射、反射光的干扰和污染等；

（4）站址需选择在能保持长期稳定的地点。

2）布设密度

依据站网布设原则，内河山区航道可视距离监测站点密度应依据山区航道的雾区分布特点、地形地理特点、航道运营特点及服务需求、经济状况等因素确定。布设密度建议如下：

（1）雾情偶发河段：观测站的间距为 15 ～ 25km；

（2）季节性雾情多发河段：观测站的间距为 10 ～ 15km；

（3）雾情多发河段：观测站的间距为 3 ～ 5km。

6.2　提高内河山区航道能见度监测应用精度方法

由于气象站点定位观测获取的只是局部有限的空间点数据，要想得到区域尺度的有关参数，只能利用以点代面或者空间内插和外推方法得到气象要素的空间分布数据。地理信息系统（GIS）中获得的空间数据往往是离散点的形式。离散的点数据通常是通过对空间采样点进行观测获得的，无法对空间所有点进行观测，但可以设置一些关键的样本点，这些样本点的观测值能反映空间分布的全部或部分特征，然后利用空间内插方法来获取未采样点的值。人们比较熟悉和用得较多的是点内插，一般的空间内插就是指点内插。点内插根据其基本假设和数学本质可分为几何方法、统计方法、空间统计方法、函数方法、随机模拟方法、物理模型模拟方法和综合方法。内插法都是基于假设进行的，即空间位置上越靠近的点，越有可能具有相似的特征值，离得越远的点，其特征值相似的可能性越小。下面介绍几种常用的插值方法。

6.2.1　能见度多元回归法插值法应用

（1）多元回归法插值法原理

多元回归法主要是用数学表达式来描述相关变量之间关系的一种插值方法，是根据空间的采样数据，拟合一个数学曲面，用该数学曲面来反映空间分布的变化情况。可以利用气象站点的地理坐标和高程数据，结合其他的影响因子如坡向、坡度等，建立回归模型。使用多元回归法进行趋势面分析要考虑两个方面的问题：一是趋势面函数（数学表达式）的确定；二是拟合精度的确定。通常用的趋势面函数主要是多项式趋势面，因为多项式能够逼近任意连续函数,因此,用多项式作趋势面能较好地反映连续变化的分布趋势。在实际应用中,对起伏变化比较缓和的简单采样数据配合次数较低的趋势面,就可以反映出区域背景;而变化复杂且起伏较多的采样数据要配合次数较高的趋势面。

(2) 多元回归法插值法应用

选取中国气象局分布在长江山区航道重庆段的12个能见度观测站以及长江航道局39个雾情观测台作为能见度插值的样本来源。经筛选,2012年1月1日6时,能见度资料较为齐全。将长江航道局有能见度记录的19个观测台站雾的等级量化为对应的能见度,即没有雾取2500m,一级雾取1350m,二级雾取850m,三级雾取350m,与中国气象局12个能见度仪记录的能见度组成插值样本。对应台站即观测站经纬度选取台站海拔、站点河面宽度、河面高度、山体高度、落差作为自变量。气象要素的选用采取GFS-grib2的0.5×0.5格点的全球模式再分析资料,插值到各站点,将1000hPa的温度、相对湿度、经向风、纬向风、垂直风及925hPa的垂直风亦作为自变量。将自变量与因变量能见度做相关分析,根据检验相关系数的临界值,31个样本置信度大于95%的自变量有山体高度及以上气象要素。各自变量山体高度、1000hPa经向风、1000hPa纬向风、1000hPa垂直风、1000hPa温度、1000hPa相对湿度、1000 ~ 9000hPa湿度厚度、925hPa垂直风分别用 m_h、u_1、v_1、w_1、tmp、rh、rhh 和 w_2 表示。各自变量与因变量的散点图如图6-1所示。

可见,经向风、纬向风、温度和925hPa垂直风与能见度明显地正相关。山体高度、垂直风、相对湿度和湿度厚度与能见度呈负相关。即水平风速越小、1000hPa垂直风速越大、温度越小且湿度越大,则能见度也越大。回归方程的决定系数 R^2 为0.970,根据方程自变量的个数对 R^2 进行调整避免偏性,R^2 为0.960。对方程检验,F 为90.139,P 为0.000,统计学意义很大。

$$z = 4245.412 - 0.149 \times m_h - 14.226 \times u_1 + 1410.628 \times v_1 - 4610.054 \times w_1 + 65.213 \times tmp - 35.767 \times rh - 0.380 \times rhh + 360.721 \times w_2 \tag{6-1}$$

对方程内各自变量单独检验,自变量"v_1"、"tmp"和"rh"对因变量"z"有显著性影响,P 值分别为0.046、0.048和0.000。

6.2.2 距离权重反比法、协同克里金法应用

(1) 距离权重反比法

距离权重反比法(Inverse Distance Weighting,IDW)是一种常用而简便的空间插值方法,它以插值点与样本点间的距离为权重进行加权平均,离插值点越近的样本点赋予的权重越大。若权重用距离反比,称为距离反比法;若权重用距离的平方反比,称为距离平方反比法。在实际应用中,通常选择后者,表达式如下:

$$Z_{X,Y} = \frac{\sum_{p=1}^{r} Z_p d_p^{-n}}{\sum_{p=1}^{r} d_p^{-n}} \tag{6-2}$$

式中 Z_p—— 相邻点的高程;

d—— 插值点到 p 点的距离;

n—— 参数,范围从1.0到10.0,通常用的值是2.0,$-n$ 表示越靠近被插值点越重要。

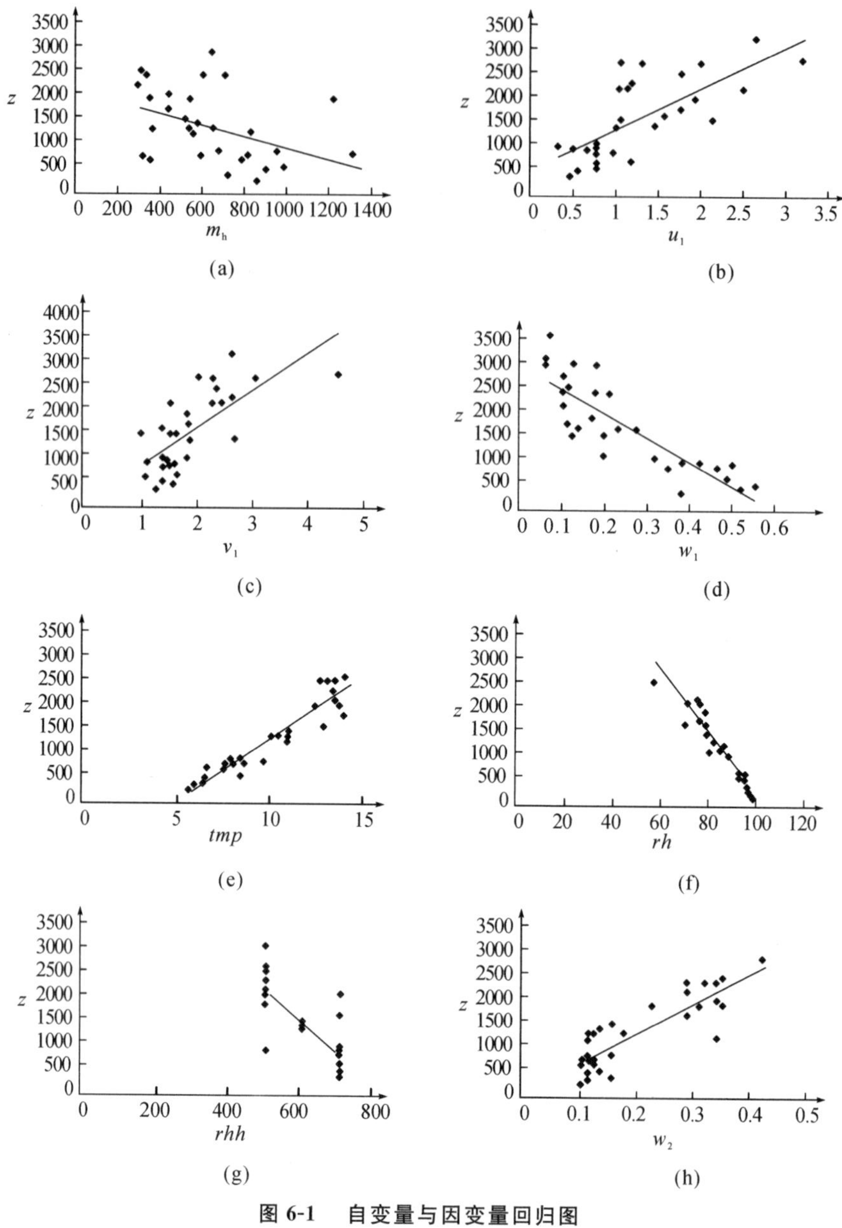

图 6-1　自变量与因变量回归图

(a) 山体高度;(b) 经向风;(c) 纬向风;(d) 垂直风;
(e) 温度;(f) 相对湿度;(g) 湿度厚度;(h)925hPa 垂直风

对于山区或者站点不是很密集的地区,距离权重反比法有助于提高所预测数据的精度。距离权重反比法在估算统计量(如降水量)时是根据距离衰减规律,对样本点的空间距离进行加权,当权重等于 1 时,是线性距离衰减插值;当权重大于 1 时,是非线性距离衰减插值。这种方法的优点是可以通过权重调整空间插值等值线的结构,缺点是该方法没有考虑地形因素(如高程等)对气象统计量的影响。

(2) 协同克里金法

协同克里金法(CorKriging,CK)是普通克里金法的扩展形式,它要用到两个或者两个以上的变量，其中一个是主变量，其他作为辅助变量，将主变量的空间自相关性和主辅变量间的交互相关性结合起来用于无偏最优估值中。降水量、雾等气象要素的空间分布除了受经度、纬度影响外，有时还会受海拔高度、地形地貌的影响。降水与海拔之间的关系较为复杂，一般会随着海拔的上升有增加趋势，但在有些区域降水与海拔之间却无明显关系。同样，雾与地形之间的关系也很复杂，不同地形地貌出现的雾的性质形态都不同。考虑高程影响的协同克里金估值方法可表示为：

$$z(x_0)=\sum_{i=1}^{n}\lambda_i z(x_i)+\lambda[y(x_0)-my-mz] \tag{6-3}$$

式中 $z(x_0)$——x_0 点的预测值；

$z(x_i)$——第 i 站点的测量值；

$y(x_0)$——x_0 点的高程；

n——观测站个数；

my,mz——高程和降雨的全局平均值；

λ_i,λ——协同克里金插值权重系数。

(3) 距离权重反比法、协同克里金法具体应用

根据上节所整理的 31 个点 2012 年 1 月 1 日 6 时的能见度，整理对应的经纬度及海拔信息，运用 ArcGIS 软件，进行空间插值，结果如图 6-2 所示。

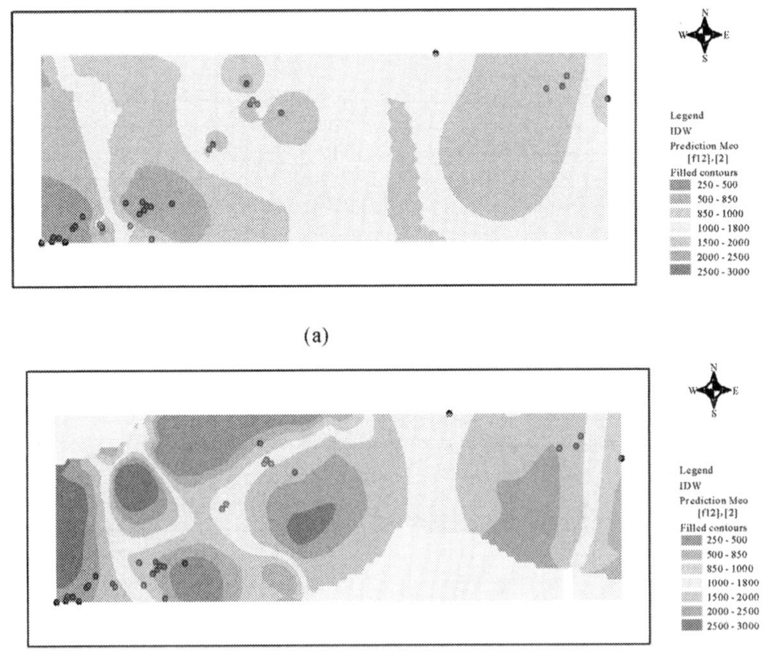

图 6-2 2012 年 1 月 1 日 6 时能见度插值结果

(a) 距离权重反比法；(b) 协同克里金法

选取距离权重反比法和协同克里金法对 31 个能见度站点进行空间插值分析，均显示从清溪台到戴家渡台能见度小，不到 1000m。采用交叉验证法对距离权重反比法和协同克里金法的预测结果进行分析对比。交叉验证即首先假定每一站点的要素值未知，用周围站点的值

来估算，这样轮流改变未知站点，最后计算所有站点实测值与估算值的误差，以此来评判估值方法的优劣。研究过程中，对全部 31 个站点都进行了全交叉验证，并使用平均相对误差（*MRE*）、平均绝对误差（*MAE*）和均方根误差（*RMSE*）作为检验标准。*MRE* 反映相对估计误差的大小，*MAE* 可以估算估计值可能的误差范围，*RMSE* 可以反映利用样点（气象台站）数据的估值灵敏度和极值效应。表达式分别为：

$$\left.\begin{aligned} MRE &= \frac{1}{n}\sum_{i=1}^{n}\left|\frac{Z_{ai}-Z_{ei}}{Z_{ai}}\right| \\ MAE &= \frac{1}{n}\sum_{i=1}^{n}\left|Z_{ai}-Z_{ei}\right| \\ RMSE &= \sqrt{\frac{1}{n}\sum_{i=1}^{n}(Z_{ai}-Z_{ei})^2} \end{aligned}\right\} \tag{6-4}$$

式中　Z_{ai}—— 第 i 个站点的实测值；

Z_{ei}—— 第 i 个站点的估计值；

n—— 检验站点数目。

对雾情的距离权重反比法和协同克里金法的预测结果进行交叉检验，选取标准差和正态 QQ 图做分析，见图 6-3。标准差越小越好，而正态 QQ 图是评估两个数据集分布的相似程度，

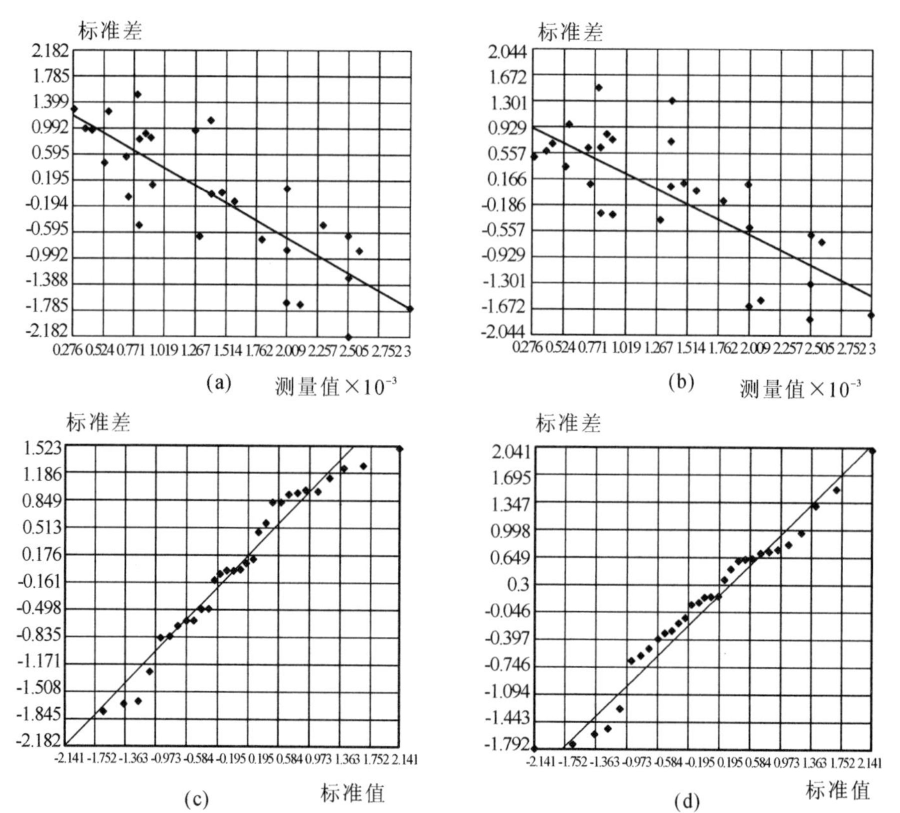

图 6-3　能见度插值检验

［(a)、(b) 为标准差，(c)、(d) 为正态 QQ 图。其中(a)、(c) 为距离权重反比法，(b)、(d) 为协同克里金法］

只是数据集的单变量分布的正态性，也是越接近参考线越好。经对比，协同克里金法标准差较小，正态 QQ 图较密集。

6.3 长江航道局航道能见度信息服务系统举例

航道能见度(可视距离)是影响船舶航行安全的重要因素之一，能见度自动监测是"数字航道"、"智能航道"的重要组成部分。长江航道局根据长江航道的特点，建设了航道能见度监测系统，并通过长江航道 3.0 版电子航道图信息服务系统实施长江航道能见度信息服务，系统船用终端可实时从服务器获得可视距离观测站的观测结果并显示，当船舶航行前方一定范围内(此范围值可由用户根据需求进行设置)的可视距离小于规定时，终端应以语音告警或文字闪烁告警等方式，提前向用户发出提示，以辅助用户合理规划航线。图 6-4 为长江航道能见度自动监测系统，图 6-5、图 6-6 为长江航道能见度信息服务系统。

图 6-4 长江航道能见度监测系统

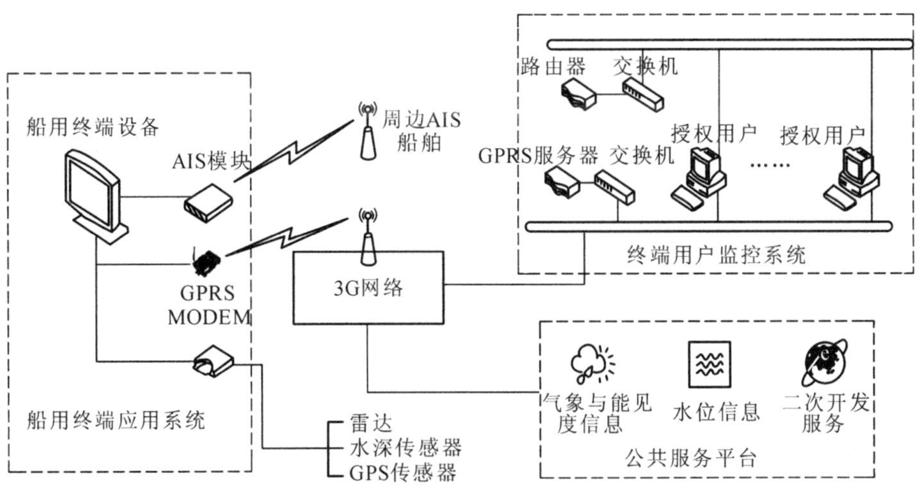

图 6-5 长江电子航道图信息服务系统架构

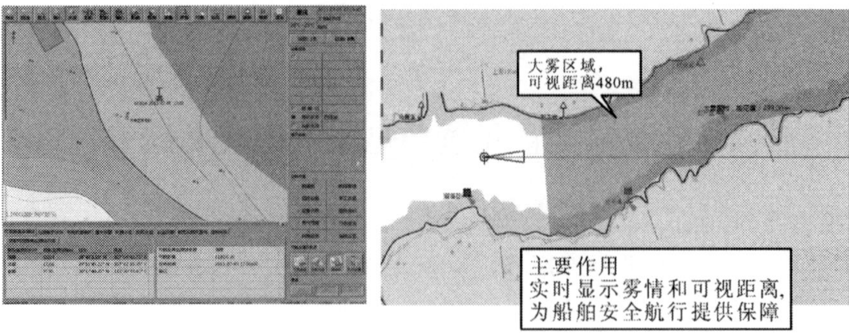

图 6-6　长江电子航道图雾情信息服务

参考文献

[1]　谢兴生，等. 数字摄像法测量气象能见度[J]. 科学通报，1999，49(1)：94-100.

[2]　王京丽，程丛兰，等，数字摄像法测量能见度仪器系统比对实验[J]. 气象科技. 2002，30(6)：353-357.

[3]　邓可，胡建平，张平华. 基于红外散射原理的能见度仪设计[J]. 测控技术. 2004，23(2)：1-21.

[4]　纪有才. 前向散射能见度仪通过设计定型[J]. 气象仪器装备. 2003(1)：53.

[5]　纪有才，邓可，王政. XDN01 型前向散射能见度仪[J]. 气象仪器装备. 2003(3)：11-13.

[6]　王改利. 雾探测器现场对比试验方法研究[J]. 气象科技. 2004，32(4)：286-290.

[7]　何润添，吴勇，初秀民，等. 基于多传感器的多功能航标系统设计[C]. 第三届武汉地区船舶与海洋工程研究生学术论坛论文集，2010.

7　控制河段交通指挥技术

7.1　概述

7.1.1　控制河段交通指挥信号台

7.1.1.1　控制河段定义

控制河段是指因航道狭窄、弯曲、通视条件差等因素，不能满足大型船舶间安全会让的航道。控制河段又称限制性航道，即由于水面狭窄、断面系数小等原因，对船舶航行有明显的限制作用的航道，包括运河、通航渠道、狭窄的设闸航道、水网地区的狭窄航道，以及具有上述特征的险滩航道等。如图 7-1 所示，需设置信号台控制船舶航行。

图 7-1　内河控制河段交通指挥信号台

这些控制河段所设信号台均采用传统的指挥办法，即依靠人工瞭望、VHF 电话联系等方式获取上下水船位信息，凭借信号员业务水平和经验揭示通行信号。

由于信号员难以主动掌握船舶准确位置，通行指挥比较被动，指挥的准确性较差、效率较低，人为地降低了控制河段的通航效率，易导致船舶滞航；且存在上水船舶虚报位置现象，造成指挥失当，引发船舶交通安全事故。因此，有必要开发控制河段交通指挥系统，来实现信息的资源共享，海量航运信息的采集、传输和处理等，以此来建立起控制河段的智能化交通管理，更加方便、简洁、高效、安全地梳理船舶的交通航行，提高控制河段的通航效率，最大程度上减少船舶交通安全事故。

7.1.1.2　控制河段船舶交通指挥规则

船舶驶入控制河段前，应当用甚高频无线电话 8 频道向信号台报告船名、船位、船长、载重量、主机功率、航速等内容，并密切注意控制河段内船舶动态。

船舶通过控制河段必须服从信号台的指挥，并遵守以下规则：

(1) 大型船舶必须按信号台揭示的通行信号通过控制河段；

(2) 信号台揭示上行通行信号时，下行小型船舶不得驶入该控制河段；

(3) 信号台揭示下行通行信号时，上行小型船舶限白天可驶入该控制河段，但不得占用大型船舶下行航路。

7.1.2 控制河段交通指挥发展趋势与关键技术问题

7.1.2.1 控制河段通行信号揭示现状

控制河段通行信号揭示方法主要经历了两个阶段。第一阶段：当船舶到达指定位置时，通过甚高频电话通知信号台信号员，信号员通过望远镜确认船舶位置，若船舶确实已经到达指定位置，根据经验判断出应该揭示的通行信号后，信号员人工摇动钢丝绳绕线盘带动信号旗上升或下降，到达指定位置后再锁死绕线盘，防止信号旗滑落；第二阶段：主要对信号旗升降控制部分进行了升级，信号员根据经验判断出应该揭示的通行信号后，按下对应信号的功能键驱动信号旗上升或者下降，当信号旗到达指定位置后，立即松开功能键，信号旗停止升降，完成信号揭示过程。因此，尽管目前信号台信号揭示过程较第一阶段有所发展，在一定程度上减轻了信号员的劳动强度，但仍然依靠人工瞭望、VHF 电台联系等方式获取上下水船舶船位信息，然后凭借信号员业务水平和经验揭示通行信号。采用此种方式，通行指挥受信号员业务能力、心情、心理状态等多因素影响，且信号员难以主动掌握船舶的准确位置，通行指挥比较被动，指挥的准确性较差、效率较低，人为地降低了控制河段的通航效率，尤其是在不良的天气状况下，不能有效保证上、下水船舶顺利通行；容易被上水船舶虚报位置欺瞒，影响信号揭示准确性，造成指挥失当，引发船舶交通安全事故；无法对密集通行船舶进行科学高效的控制指挥。信号台所有的工作日志、操作记录、语音记录以及船舶通行情况还无法实现自动记录及历史追溯，难以采用信息化的手段规范信号员的工作行为，无法在出现海损事故后利用历史记录作为确定肇事船舶的有力证据。

7.1.2.2 控制河段交通指挥发展趋势

控制河段交通智能化技术得到了广泛的关注。控制河段交通智能化是水上智能交通技术的一个方面。近年来，水上智能航运系统的相关研究与应用开发一直是国际航运界关注的问题。欧美等发达国家和地区是在 20 世纪 90 年代中期开始进行内河数字化和智能化系统的建设和探索的。1998 年，美国海岸警备与研究中心建立了以 AIS 岸台链为核心，覆盖全美东西海岸和可航行内陆水域的大部分范围的水上交通管理和信息系统。英国 ChartCo 公司也于1998年底推出了一种面向船舶，被称之为Inmarsat的服务。20世纪末，欧盟提出发展统一的内河航运综合信息服务(Harmonized River Information Services，RIS)。RIS 将先进的信息技术、通信技术、电子控制技术和计算机处理技术等集成应用于传统的内河航运体系，通过异构系统的互联互通、资源共享，实现海量航运信息的采集、传输和处理，建立起大范围内协同、实时、准确、高效的内河航运信息服务综合系统。

我国在内河航运数字化和信息化方面起步比较晚。中国长江航运集团在 2001 年 1 月开始启动 GPS/GSM 船舶监控系统项目。郭世钢对现有航道信号的发布状况进行分析，设计了航道信号自动揭示系统。2006 年，长江南京航道局启动了“南京至浏河口数字航道与智能航运系统示范工程建设” 项目。船舶自动识别系统(Automatic Identification System，AIS) 是国际船舶安全航行、安全监管的主流平台，我国沿海港口基本都已经安装，内河正逐步建设安装。可见，随着内河信息化技术的发展，在内河已经初步建立起以监控为主体的水上交通控制系统，为高一级的水上交通管理奠定了基础，因此，开展控制河段交通组织智能化研究是控制河段船舶交通指挥揭示系统发展的必然趋势。

7.1.2.3 需要解决的关键问题

尽管目前内河船舶交通控制智能化技术取得一定发展，但内河控制河段船舶交通指挥智能化研究尚处于起步阶段，需解决如下几个方面的问题：

(1) 控制河段船舶交通流信息感知方法。有效地感知控制河段船舶交通动态是实施船舶交通组织的前提条件与基础，由于控制河段山区自然环境的限制，AIS 等船舶感知方式的工作环境不理想，有必要建立基于岸基的船舶交通流采集系统，并开展控制河段船舶交通流多传感器融合识别方法研究。

(2) 控制河段船舶交通组织优化。控制河段影响船舶交通组织的因素非常多，如何确定这些因素与船舶交通排队服务的关联性，如何通过仿真技术优化控制河段船舶交通组织规则等均需要研究。

(3) 控制河段上下水船舶到达规律和服务时间分布模型以及控制河段船舶交通流特性。内河控制河段交通流信息难以采集实测数据，因此需要建立控制河段船舶到达规律和服务时间分布模型，但目前并没有一个具备普遍性与有效性的模型。

(4) 控制河段船舶指挥系统开发。信号台所有的工作日志、语音记录、操作记录以及船舶通航情况等还无法实现自动记录及历史追溯，难以采用信息化手段规范信号员的工作行为，无法在出现交通事故后利用历史记录来作为确定肇事船舶的有力证据。因此有必要开发控制河段船舶指挥系统，提高控制河段信号揭示的自动化、智能化和信息化水平，提高航道运行效率，同时减轻指挥人员的负担，保障航道运输的安全与畅通。

7.2 控制河段交通流感知技术

了解控制河段船舶交通流动态是实施控制河段船舶交通指挥的基础，在内河环境下采集船舶交通流的手段主要有两类：主动式与被动式。其中主动式方法主要有基于射频电子标签、AIS 交通流采集技术，被动式方法主要有 CCTV 与雷达交通流采集技术。

7.2.1 船舶交通流

(1) 船舶交通流

通过调查收集水上交通中船舶的交通实况数据，假设在一种理想的情况下，即船种单一、船速均匀、航向相同、航迹宽度不变，那么可以得到以下关系式：

$$交通流量 = 交通流速度 \times 交通流密度 \times 交通流宽度$$

上式就是船舶交通流的基本模型。

(2) 交通流模型的四个重要参数

交通流量、交通流密度、交通流速度和交通流宽度是水上交通流模型的四个重要参数，其中任意的三个量已知，则可根据(1) 中的船舶交通流模型的关系计算得出第四个未知量。然而在实际的水上交通运输过程中，要满足此关系式中的各种限定条件，几乎是不可能的。这是因为在实际的船舶运输中，船舶的大小及类型是不同的，每艘船的航行速度也各有差异，而且在航向和航迹宽度上也无时无刻不在发生着变化，因此，(1) 中的船舶交通流模型阐明的只是在理想情况下各参数之间的关系。

(3) 交通流信息的分类

通过(2) 中的分析可知，在船舶的实际运作中，用于描述交通流信息的参数(交通流量、交通流密度、交通流速度和交通流宽度) 由于种种因素的影响不能很好地测量出来，因此，在实际的操作中，通常采用更为直接易于测量的参数来描述交通流信息。本文中船舶交通流信息主要分为两大类，分别是静态信息和动态信息。

静态信息主要包括：船长、船型、船宽、货物信息、编号以及航道信息。其中航道信息是描述航道的基本数据，包括航线名称、起始里程数等。

动态信息主要包括：船舶速度、船舶位置、船舶方向，还有船舶在港、在航、抵港、开航四种状态下的动态信息。

7.2.2 主动式船舶交通流感知技术

7.2.2.1 基于 RFID 的感知技术

RFID 是 Radio Frequency Identification 的缩写，即射频识别技术，通常也称之为电子标签。RFID 是一种非接触式的自动识别技术，通过射频信号自动识别目标对象并获取相关数据，其最远可读取超过 20m 范围内的数据。一套完整的 RFID 系统，它的基本组成部分包括标签(Tag)、阅读器(Reader) 和应用软件系统。其基本工作原理是：当标签进入磁场后，要么接收解读器发出的射频信号，然后凭借感应电流所获取的能量发送出存储在芯片中的数据信息(这一类标签通常称之为被动标签)，要么主动发送某一频率的信号(这一类标签通常称之为主动标签)；阅读器读取信息并解码后，将这些信息送至中央信息系统进行数据的相关处理。一个典型的 RFID 系统结构组成如图 7-2 所示。

图 7-2 RFID 系统组成结构图

图 7-2 中 RFID 标签包括一个微型芯片和一个天线。标签通过天线发出射频信号与其他设备进行通信，按其工作频率可分为低频标签、高频标签、超高频标签以及微波标签；按其获取电能的技术又可将标签分为被动式标签、半被动式标签和主动式标签。阅读器负责的是收集标签的数据，分为移动和固定两种。它主要完成与标签、后端数据库系统的通信以及系统设定的其他功能。其使用方式分为两种：一种是在线式的，这种方式与后端数据库系统始终保持着通信；一种是离线式的，这种方式与后端数据库系统的通信是断断续续的。后端数据库系统主要是用来管理标签信息的数据中心，可以对采集到的信息数据进行查询、存储以及处理，并且通过后端数据库系统与阅读器的通信协作，以及对数据库系统的管理，能够使得整个系统实现对标签自动识别和管理等功能，其中阅读器与电子标签如图 7-3 所示。

RFID 自动感知技术运用于船舶交通流可不增加船舶报告负担，实现交通流信息的采集，包括航行计划、船舶实时运动数据、船舶固有属性、船舶所载货物种类等数据。

图 7-3 RFID 阅读器及电子标签

7.2.2.2 AIS 交通流感知技术

AIS 能够自动和连续地为其他船只和基站发送本船信息，也可以自主接收其他船只和岸台广播的信息，从而让船舶之间能够相互知道对方意图，采取必要的避让措施，避免船舶间碰撞，对船舶的航行安全有很大的帮助。

AIS 传输的消息主要分为以下四类：

(1) 船舶静态信息，包括海事移动服务标识(Maritime Mobile Service Identity，MMSI)、船名、呼号、IMO 编号、船长和船宽、船舶类型、GPS 天线位置等。

这些信息都与船舶自身特征有关，一般采用人工输入的方式设置。

(2) 船舶动态信息，包括船位、UTC 时间、对地航向、对地航速、船艏向、航行状态、转向率等。航行状态一般为船舶驾驶员手工输入，具体内容有：在航、锚泊、失控、操纵性受限、吃水受限、系泊、搁浅、捕捞作业以及风帆动力等。其他信息均通过连接于 AIS 的传感器自动获取。

(3) 与航次有关的信息，包括：船舶吃水、货物类型、预计到达时间、目的地、在船人数等。这些信息在每个航次前必须要求船舶驾驶员手工输入，通过船岸数据交换的方式向航行途经国家进行报告。

(4) 与安全相关的短信息：船舶为了航行安全向周围船舶和岸台发出的广播消息或点对点的通信消息。

1)AIS 报文格式

AIS 报文是 AIS 网络中交换和传输的数据单位，它包含了将要发送的船舶数据信息。AIS 报文采用符合 IEC 61162-1 和 ITU 1371-4 协议标准的 NMEA 语句的格式，以 6bit 二进制码对数据信息进行封装。格式如下："!"为语句起始标志；","为域分隔符；"*"为校验和识别符，其后面的两位数为校验和；"〈CR〉/〈LF〉"为终止符，表示回车、换行。以下仅对 AIVDM 语句进行分析，其结构如下：

!AIVDM，〈1〉，〈2〉，〈3〉，〈4〉，〈5〉，〈6〉* hh〈CR〉〈LF〉

!AIVDM 语句数据区的内容为：

〈1〉电文语句总数(1 ~ 9)；

〈2〉语句序号(1 ~ 9)；

〈3〉序列电文识别码(0 ~ 9)；

〈4〉AIS 信道；

〈5〉封装后的 AIS 消息内容；

〈6〉填充位比特数(0 ～ 5)。

2)AIS 消息

安装有 AIS 系统的船舶可以发送和接收 AIS 报文信息，AIS 报文信息包括：本船静态信息、本船动态信息、船位信息、数据链路管理信息、搜救飞机信息等。在 AIS 传输的数据信息中，封装信息部分的二进制比特中，前 6bit 是消息识别码，用于说明该报文是什么类型。最新的 ITU-RM.1371-4 建议书中规定，AIS 共有 27 种不同类型的报文，可以支持船位报告、安全消息广播、轮询等多种服务，如表 7-1 所列。

表 7-1　AIS 报文消息

消息 ID	名称	说明	通信状态	M/B
1	位置报告	计划中的位置报告(A 类船载移动设备)	SOTDMA	M
2	位置报告	指配的计划中的位置报告(A 类船载移动设备)	SOTDMA	M
3	位置报告	特定位置报告，对询问的响应(A 类船载移动设备)	ITDMA	M
4	基站报告	基站的位置、UTC、数据和当前基站的时隙编号	SOTDMA	B
5	静态和航行相关数据	计划中的静态和航行相关船只数据报告(A 类船载移动设备)	N/A	M
6	二进制寻址消息	寻址通信的二进制数据	N/A	M/B
7	二进制确认	确认收到寻址的二进制数据	N/A	M/B
8	二进制广播消息	广播通信的二进制数据	N/A	M/B
9	标准的 SAR 航空器位置报告	仅涉及 SAR 行动的空中台站的位置报告	SOTDMA，ITDMA	M
10	UTC/ 日期询问	请求 UTC 和日期	N/A	M/B
11	UTC/ 日期响应	若可用的话，当前 UTC 和日期	SOTDMA	M
12	寻址安全相关消息	寻址通信的安全相关数据	N/A	M/B
13	安全相关确认	确认收到寻址安全相关消息	N/A	M/B
14	安全相关广播消息	广播通信的安全相关数据	N/A	M/B

续表 7-1

消息 ID	名称	说明	通信状态	M/B
15	询问	请求特定的消息类型(可导致一个或几个台站发出多个响应)	N/A	M/B
16	指配模式命令	由主管部门通过基站指配特定的报告性能	N/A	B
17	DGNSS 广播二进制消息	由基站提供的 DGNSS 校正	N/A	B
18	标准的 B 类设备位置报告	替代消息 1、2、3 使用的标准的 B 类船载移动设备位置报告	SOTDMA，ITDMA	M
19	扩展的 B 类设备位置报告	扩展的 B 类船载移动设备位置报告；包含附加的静态信息	N/A	M
20	数据链路管理消息	为基站保留的时隙	N/A	B
21	助航设备报告	助航设备的位置和状态报告	N/A	M/B
22	信道管理	基站所用的信道和收发信机模式管理	N/A	B
23	群组指配命令	由主管部门通过基站为移动台指配特定的报告性能	N/A	B
24	静态数据报告	为 MMSI 指配的附加数据 A 部分、名称 B 部分，静态数据	N/A	M/B
25	单时隙二进制消息	非计划中的短二进制数据发送(广播或寻址)	N/A	M/B
26	带有通信状态的多时隙二进制消息	计划的二进制数据发送(广播或寻址)	SOTDMA，ITDMA	M/B
27	大量程应用的位置报告	计划的位置报告(基站覆盖范围以外的 A 类船载移动设备)	N/A	M

说明：M：由移动台发送；B：由基站发送。

3)AIS 数据解析模块的设计

AIS 数据解析模块应能够支持 GPS 报文和 AIS 报文的解析。报文解析的主要流程如图 7-4 所示。

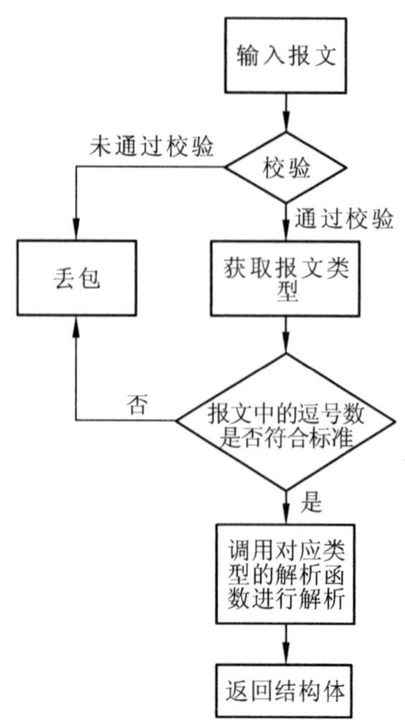

图 7-4　报文解析流程图

为了保障通信的可靠性，AIS 采用 CRC(循环冗余校验)，它是一类重要的线性分组码，编码和解码方法简单，检错和纠错能力强，在通信领域广泛地用于实现差错控制。

AIS 信息报文分为明码和暗码，明码虽易读，但使用了过多的字符；如果信息更新很快，就会减少整个系统的数据容量，所以 IEC 对明码有明确的字符限制，同时推出了数据封装的暗码，暗码则是封装的信息包。

下面以一条"暗码"消息为例，说明 AIS 信息的解码过程及解码方法，接收到的信息内容如下所示：

!AIVDM,1,1,,B,344FV@0Oh0`MNBH = v7Q7`66UrS41,0 * 03

参照 IEC 61162 协议中对各语句格式的定义，以上为一条完整的 VDM 语句。依据协议中规定的语句格式对 VDM 语句各数据域进行分割，可得到语句总数、当前语句序号、电文序列识别码、AIS 信道信息和封装数据等信息。对封装字符串的解码与解释过程分三步：首先字符串代码返回它们所代表的二进制数据；其次使用协议中规定的电文格式分解二进制数据；最后使用标准文件规则将二进制数据转换成相关信息。

(1) 字符串转二进制串

由于每个有效字符都是以 ASCII 码的形式存储在字节中，可以建立一种联系，直接将 ASCII 码转换成其对应的 6bit 二进制字段。转换流程如图 7-5 所示。

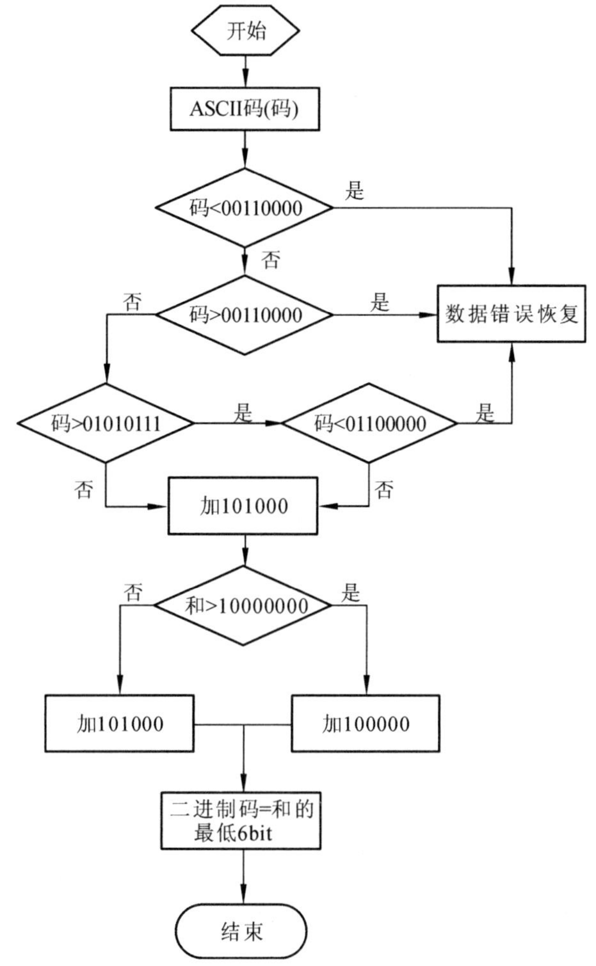

图 7-5　ASCII 码转换成 6bit 二进制字段流程图

(2)6bit ASCII 码转为标准 ASCII 码

有些电报规定了字符数据的内容，例如船只的名称、目的地、呼号或其他更多内容。这些字段需要将 6bit ASCII 码转为标准 ASCII 码。转换流程如图 7-6 所示。

(3) 将二进制数据转换成相关信息

封装的 ITU-RM. 1371-4 无线电文为：344FV@0Oh0`MNBH = v7Q7`66UrS41 转为的二进制字段共 168 位，AIS 解码结果如表 7-2 所列。

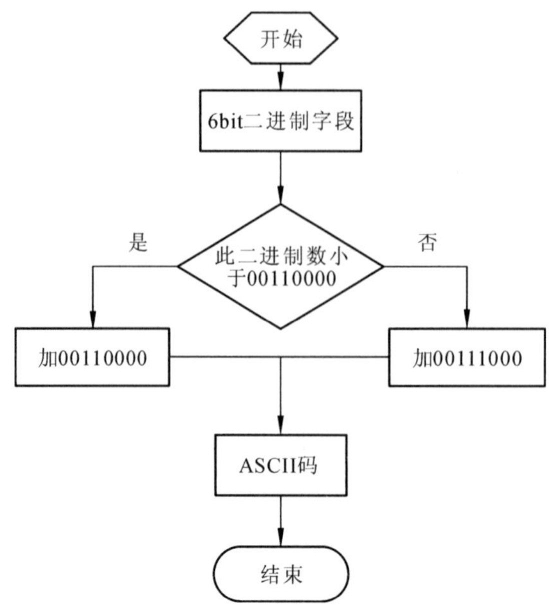

图 7-6　6bit 二进制字段转 ASCII 码流程图

表 7-2　AIS 解码结果

字符	6bit 二进制数	相应位的说明
3	000011	bit1 ~ bit6 报文类型:AIS3 报文
4	000100	bit7 ~ bit8 转发指示符:0
4	000100	bit9 ~ bit38 010000001000101101001100100000 0 发送方 MMSI 为:273000000
F	010110	
V	100110	
@	010000	
0	000000	bit39 ~ bit42 导航状态:0,即发动机使用中
O	011111	bit43 ~ bit50 旋转速率:01111111 = 127
h	110000	bit51 ~ bit60 对地航速:0000000000 = 0
0	000000	
`	101000	bit61 位置准确度:1,即定位精度高(< 10m)
M	011101	bit62 ~ bit89 经度:0100001110101111001001001100 = E118.286633
N	011110	
B	010010	
H	011000	

续表 7-2

字符	6bit 二进制数	相应位的说明
=	001101	bit62 ～ bit89 纬度： 0001101111111000011110000100 = N24.415367
v	111110	
7	000111	
Q	100001	
7	000111	bit117 ～ bit128 对地航向： 011110100000 = 195.2°
\`	101000	
6	000110	bit129 ～ bit137 实际航向： 011000011 = 195°
6	000110	
U	100100	bit138 ～ bit143 时间戳：010010 = 18s
r	111010	bit144 ～ bit145 特定操纵指示符： 11 = 3 即未进行特殊操作 bit146 ～ bit148 备用 bit149 RAIM 标志：1 = RAIM 未使用
S	100011	bit150 ～ bit168 通信状态
4	000100	
1	000001	

表 7-2 中主要运用以下换算公式：

转向率，$ROT = \left(\dfrac{N}{4.733}\right)^2$；

经度，$Longitude = \dfrac{N}{10000}$，单位为分，然后转化为度分秒的格式；

纬度，$Latitude = \dfrac{N}{10000}$，单位为分，然后转化为度分秒的格式；

真航向，$TrueHeading = \dfrac{N}{10}$，单位为度。

以上各式中的 N 表示按协议转换后得到的二进制数所对应的十进制数值。

7.2.3 被动式船舶交通流感知技术

7.2.3.1 基于视频的船舶交通流检测关键技术

采取的内河船舶识别算法流程图如图 7-7 所示。

当从摄像机或是视频文件中获得一帧图像时，先将其转化为灰度图像以便进行处理。为了消除摄像机拍摄过程及图像场景中出现的噪声，需对图像进行滤波处理，然后将经过中值滤波后的图像与当前的背景图像进行差分，与阈值比较之后二值化，此时前景运动像素点在图像中呈现为白色，静态背景为黑色（或是正好相反）。二值化后的前景图像中可能出现一些孤立的点或是线，我们采取邻近点判别的方法消除掉虚假目标点，然后再用区域生长法获得

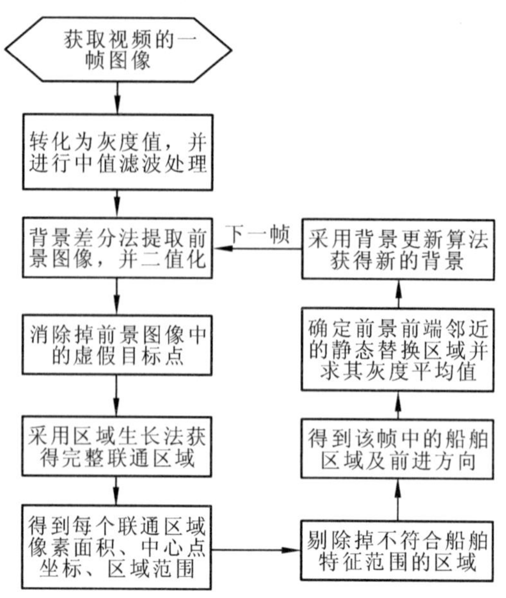

图 7-7 内河船舶识别算法流程图

完整的物体区域。

生长得到的区域中不仅仅含有船舶所呈的像，需要剔除掉水面波光、落叶、飞鸟等不符合船舶特征范围的区域，然后得到正确的船舶区域，进一步可以得到其中心点、区域坐标、前进方向等信息。在船舶前端的附近静态背景区域选择一矩形区域求得其灰度平均值，把该平均值代入背景更新算法中，可以获得新的背景图像，作为下一帧图像差分的背景，如此循环则可对每一帧中的船舶图像进行识别。

下文将从图像滤波、背景图像的生成和更新、区域生长法形成完整船舶图像三个方面介绍内河船舶快速识别的方法。

(1) 图像滤波消除噪声

由于水面波纹的反光对图像的影响较大，需要对内河视频的每一帧图像进行滤波预处理以消除噪声。常见的噪声处理方法有邻域平均滤波、高斯滤波、中值滤波等。

平滑滤波即邻域平均滤波，是将原图中每一个像素的灰度值和它周围邻近区域像素的灰度值相加，然后将求得的平均值作为新图中该像素点的灰度值，是最简单的图像滤波方法。它采用模板计算的思想，模板操作实现了一种邻域运算，即图像中像素点的灰度值不仅与自身像素灰度有关，而且与其邻域点的像素值也有关。平滑的效果与选取邻域的大小有直接关系，邻域越大平滑的效果越好，但邻域过大时，平滑滤波会使边缘信息损失变大，从而使输出的图像变得模糊，因此需要合理选择邻域的大小。邻域平均法也可以用数学公式表述：

$$g(i,j)=\frac{\sum f(i,j)}{N},(i,j)\in M \tag{7-1}$$

式中 $g(i,j)$—— 经过邻域平均处理后的图像；

$f(i,j)$—— 给定的含有噪声的原始图像；

N—— 选取的邻域中包含像素点的个数；

M—— 所取邻域中各邻近像素的坐标点。

3×3 邻域平均的模板为：$\frac{1}{9}\begin{bmatrix}1 & 1 & 1\\1 & 1 & 1\\1 & 1 & 1\end{bmatrix}$，中间的点为该像素的中心元素，即要进行处理的像素。在实际应用中，可以根据需要的不同选择使用不同大小尺寸的模板，如 3×3、5×5、7×7、9×9 等。

在原始图中，如果 $f(i,j)$ 是噪声点，则其邻近像素的灰度值与之相差很大，采用邻域平均法就是用邻近像素的平均值来代替它，这样能明显削弱噪声点，使邻域中灰度接近均匀，起到平滑灰度的作用，因此邻域平均法具有良好的噪声平滑效果。图 7-8 对比了不同滤波算法的处理效果，从中可以看出，高斯滤波后的图片较模糊，中值滤波虽然很好地消除了噪声，但对于水面波纹及阳光的反射滤波效果并不好，不利于后期的处理。项目组选择了邻域平均滤波进行图像预处理，消除波纹噪声，然后进行船舶图像提取。

图 7-8　不同滤波算法的处理效果对比

(a) 原始图像；(b) 高斯滤波图像；(c) 中值滤波图像；(d) 邻域平均滤波图像

图 7-9 中的(b)图是经过滤波处理后的二值化图像，与未经过滤波处理的(a)图相比，滤波算法对水面波纹的噪声消除效果比较显著。同时，滤波处理也会对远端船舶的二值化图像带来一定的影响，但由于远端船舶比较小，在后续处理中并不对其进行目标识别，滤波算法的影响可以忽略。

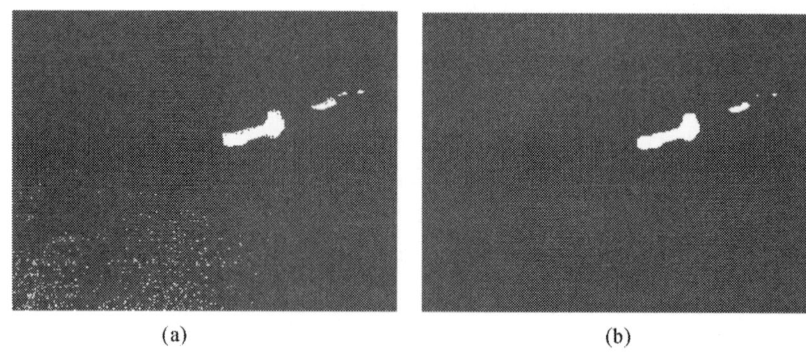

(a)　　(b)

图 7-9　滤波效果图

(a) 未经过滤波处理的二值化图像;(b) 滤波处理后的二值化图像

(2) 背景区域的生成与更新

在视频序列中对运动目标进行检测和分类有三种常用的方法:帧间差分法、背景差分法、光流法。本文针对的是内河船舶的识别,由于船舶的航行速度较慢,在前后几个相邻帧图像中区别不明显,采用帧间差分法会在运动船舶内部产生"空洞"现象;基于光流法的运动检测计算方法相当复杂,抗噪性能差,如果没有特别高性能的硬件设备则不能被应用于全帧视频流的实时处理;目前应用较普遍的方法是背景差分法,通过输入图像与背景图像进行比较分割运动目标,可以保持目标的完整性,从而得到比较精确的运动目标信息。本文采取了背景差分法提取船舶区域,而背景差分法的关键是背景图像的准确生成与快速更新。

背景提取及更新算法,既要能提取清晰的背景也要有较快的计算速度,以满足实际检测系统的要求。国内外的文献中已提出了大量背景重建的方法。背景对于视频检测至关重要,直接关系到在视频检测过程中对目标信息的识别效率与检测的精度。目前国内外比较传统的方法有采用前若干帧图像像素的平均值作为背景;采用最长静止帧的中值作为背景;还有利用前几帧图像像素的概率统计建立高斯分布背景模型。然而这些方法或者要求背景重建阶段没有运动目标,或者需要较长的背景重建时间。当初始的图像中有前景区域时,则不能生成正确的背景图像,或是生成正确的背景图像所需时间较长。在内河航运监控中,由于船舶行驶速度较慢,上面提到的背景生成方法并不适用。

采取的背景图像生成方法的思想来源于 Photoshop 中的"印章"功能,即将同一帧图像中其他区域的图像移植过来。与"印章"功能不同的是,在 Photoshop 中被替换区域由软件使用人主观决定,本系统中被替换区域由系统自动识别出。同时,不同于 Photoshop 中的仅处理单幅图像,对视频(即序列图像)进行处理使得自动找寻被替换区域成为可能。

由于内河视频中运动船舶的周边环境由静态的水面组成,则可在获得前景图像后,利用邻近静态区域的平均灰度值替换动态前景区域,再结合历史背景利用变权重系数的方法来更新背景。采用区域生长法获得船舶的坐标、确定背景替换领域的位置,同时由于对生长之后的区域进行判别去掉了干扰物体,使得船舶的图像提取更为准确。经过大量调研,确定内河中两船间的最小会遇距离(Distance to Closest Point of Approach,DCPA)为 500m。在日常的驾驶过程中,内河中两船之间的会遇距离最好是在 750 ~ 1000m 之间,即船舶在内河行驶时,船舶周围应该被水充斥。基于内河船舶航行的特点,本文提出了一种采用邻近静态区域替换运动区域的实时背景更新方法。然后利用背景差分法将运动船舶区域即前景图像与近乎静止的背景图像区分开来。在形成新的背景时可以认为运动区域若在这一帧没有船舶驶过，则它的数据应与其附近的静止区域水面的值接近，从而可以将其附近静态区域的数据赋予它，然后与静态区域的值一起可以得到当前帧所形成的背景，再与历史背景进行权重更新，便可获得新的背景图像。

算法需要首先生成背景图像。船舶的运动引起相邻帧之间像素点值的变化，但由于船舶的运动缓慢，在前后帧之间变化较小，本文在对实际采集的视频进行处理时，采取了将第一帧的图像与它之前五十帧的图像做差，获得变化的运动区域，通过区域生长法获得较为可靠的船舶区域，然后再进行替换生成背景。由于视频每秒钟播放25帧，则系统需要提前2s开始处理以生成第一帧背景$\{B_{i,j}^1\}$。背景更新算法流程图如图7-10所示。

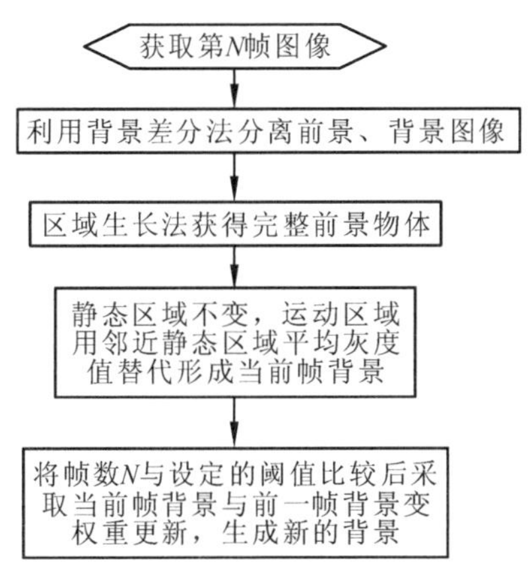

图 7-10　背景更新算法流程图

用二维数组$\{I_{i,j}^t\}$表示高度为H、宽度为W的第t帧输入灰度图像，其中$I_{i,j}^t$为第$i(0 \leqslant i \leqslant H-1)$列第$j(0 \leqslant j \leqslant W-1)$行像素的灰度值，定义二维数组$\{B_{i,j}^t\}$，$\{F_{i,j}^t\}$分别为第$t$帧的背景图像和前景目标，将第$t$帧图像的每一个像素点与背景像素点进行差减，并将其绝对值保存在二维数组$\{D_{i,j}^t\}$中。

将采集到的每一帧图像与背景图像做差，即

$$\{D_{i,j}^t\} = \{|I_{i,j}^t - B_{i,j}^t|\} \tag{7-2}$$

将二维数组$\{D_{i,j}^t\}$中的各值分别与一个预先给定的阈值T_0进行比较，如果大于T_0，则可以判断这在当前的帧图像中是运动的，因而可以将其归入前景图像。将前景和背景像素点进行二值化处理，结果放在数组$\{F_{i,j}^t\}$中。

$$F_{i,j}^t = \begin{cases} 255 & D_{i,j}^t > T_0 \\ 0 & D_{i,j}^t \leqslant T_0 \end{cases} \tag{7-3}$$

在得到前景图像后，利用区域生长法将$F_{i,j}^t = 255$的邻像素点合成一个区域，如果区域面积过小或者长宽比不符合船舶的一般特征，认为是水面波动或飞鸟等引起的干扰，舍去，归到背景区域。本文采用的区域生长及船舶判断的方法将在下一节介绍。经过区域生长得到真实的船舶区域记为$\{R_{i,j}^t\}_1$，$\{R_{i,j}^t\}_2$，…，$\{R_{i,j}^t\}_n$，其中n为得到的区域数。将数组$\{R_{i,j}^t\}_1$向i、j两坐标轴做投影，可以得到船舶的中心位置点，可以为进一步的船舶追踪提供方便。

对于每一个船舶图像数组$\{R_{i,j}^t\}_1$，($i_L \leqslant i \leqslant i_R, j_U \leqslant j \leqslant j_D$)，可以利用它的中心点变化规律得到它的运动方向，然后根据船舶运行的方向，在其前进方向取一小块背景区域数组记为$\{RB_{i,j}^t\}$，假设船舶向 j 的正方向航行，则取 $i_L \leqslant i \leqslant i_R, j_{U+a} \leqslant j \leqslant j_{U+b}$，且 $b > a$，求得该区域的灰度算术平均值记为：

$$RB^t = \frac{1}{(R-L)\times(b-a)}\sum_{i=L}^{R}\sum_{j=U+a}^{U+b}B_{i,j}^t, b > a \tag{7-4}$$

若是没有船舶驶过前景图像所在的区域，则该区域的像素点灰度值应该与它周围的灰度值近似，可用$\{RB_{i,j}^t\}$来替换它邻近的$R_{i,j}^t = 255$的像素点，并认为当此帧图像中没有运动船舶时的瞬时背景为：

$$U_{i,j}^t = \begin{cases} I_{i,j}^t & F_{i,j}^t = 0 \\ RB^t & F_{i,j}^t = 255 \end{cases} \tag{7-5}$$

背景更新则可采用瞬时背景和前一帧背景变加权系数更新算法：

$$B_{i,j}^{t+1} = \partial U_{i,j}^t + (1-\partial)B_{i,j}^t, 0 < \partial < 1 \tag{7-6}$$

式中的系数 ∂ 为更新比例，它直接影响背景更新速度。为了减弱背景图像开始形成的时候受到第一帧图像的影响，开始取较大的 ∂ 值，以进行快速更新；在形成正确的背景之后则需要稳定地更新背景，便放慢更新速度以避免更新了错误背景，因此更新比例 ∂ 应适当取小一点的值，即变权重系数的背景更新方法。获得了新的背景 $B_{i,j}^{t+1}$ 后，可以用来进行第 $t+1$ 帧图像的背景差分运算。

由于船舶周围的背景具有相似性，可以采用这种邻近静态区域替换动态区域形成新背景的方法。经过试验，最后确定 ∂ 取 0.4 时背景图像生成效果比较理想，如图 7-11 所示。无论第一帧图像中是否有船舶出现，它可以在第六十帧左右形成较为可靠的背景区域，大大加快了背景提取速度，提高了目标区域检测的效率。

(3) 区域生长法提取完整船舶图像

在二值化后的图像中需要用区域生长法剔除掉不明物体的干扰以保证正确识别船舶，进而获得完整船舶区域后确定背景替换区域从而完成背景的更新。区域生长法是将具有相似性质的像素集合起来构成同一区域。它的基本原理是：首先在要分割的区域选择一个代表像素做种子(生长的起点)，然后将种子像素周围邻域中与种子像素具有相同或相似性质的像素加入到种子所在区域。新加入的像素又作为新的种子，继续前述的生长过程，直到找不到新的符合条件的像素为止，这样就获得一个完整的区域。

由于船舶所处周边环境为波光粼粼的水面，经过中值滤波的图像可能出现原本不同的船舶区域被连通。所以在进行区域生长之前应先消除掉可能造成假连通的因素。针对二值化后的图像数组$\{F_{i,j}^t\}$中的每一个前景点进行判断，也就是对于 $F_{i,j}^t = 255$ 的点，判断它周围的 8 个点 $F_{i-1,j-1}^t, F_{i-1,j}^t, F_{i-1,j+1}^t, F_{i,j-1}^t, F_{i,j+1}^t, F_{i+1,j-1}^t, F_{i+1,j}^t, F_{i+1,j+1}^t$ 中同样也为前景点的个数，如果不大于 6 个，则舍弃掉这个点，认定它不属于船舶区域，应该为背景图像中的点，并将点 $F_{i,j}^t$ 的值置为 0。

这种方法对船舶区域轮廓线有一定的影响，比如船舶最前端的尖点可能会被舍弃掉，但这个影响可以忽略不计。

(a)　(b)　(c)　(d)　(e)　(f)

图 7-11　背景图像生成效果

(a) 第 10 帧；(b) 第 20 帧；(c) 第 30 帧；(d) 第 40 帧；(e) 第 50 帧；(f) 第 60 帧

在视频的一帧图像中可能同时存在多艘船舶，首先需要分别为多个船舶区域找到各自的第一个种子像素。在逐行扫描图像时，将第一个满足灰度值要求的像素点作为第一个种子。为了提高效率，采用栈储存得到的新种子像素，这样可以只对图像进行一次遍历就将所有满足生长准则的区域分割出来，并对区域分别进行标记，则可以统计出每个区域的面积、周长等。由于图像已经经过二值化，则区域生长的条件为该种子点相邻的像素点为前景图像即可满足，在本文中即为 $F^t_{i,j}=255$。具体方法描述如下：

Step1：创建一个与原始图像大小相同的矩阵 $\{M^t_{i,j}\}$，其元素值作为图像中对应像素点的访问标记，初始化为 0；创建一个栈 S 来记载种子点的位置，栈 S 初始化为空；创建一个整数值 n 用来表示当前循环是为了寻找第 n 条船舶的完整区域，初始化 n 值为 1。

Step2：逐行扫描当前帧图像二值化后的数组 $\{F^t_{i,j}\}$，遇到第一个满足 $F^t_{i,j}=255$ 且 $M^t_{i,j}=0$ 的像素点时，将该点认为是第 n 条船舶的种子点加入栈 S，同时将该像素的访问标记

$M_{i,j}^t$ 置为 n。

Step3：依次遍历栈中每一个种子的 8 邻域像素，将灰度值为 255 且访问标记 $M_{i,j}^t$ 为 0 的像素再加入栈，同时将该像素的访问标记置为 n。

Step4：对新加入的种子像素重复 Step3 的操作，直至没有新的种子像素被找到，且栈中的像素点已都被处理，则认为标志为 n 的物体区域生长完成。

Step5：创建一个预先定义好的数据结构对象作为该区域的标识，数据成员可以包括区域标号、中心位置、面积等用于识别及统计的特征要素。

Step6：将访问标记的值 n 加 1 后，重复操作 Step2 ～ 5，直至将数组 $\{F_{i,j}^t\}$ 遍历结束。

至此，对于二值化后的数组 $\{F_{i,j}^t\}$ 中包含的船舶已经全部识别出来了。但是生成的区域有可能是由于鸟、落叶等不是船舶的物体成像干扰造成的错误区域，需要对其进行剔除。

对于第 n 个区域，将标记数组 $M_{i,j}^t$ 中值为 n 的像素点取出，计数得到其包含的像素点数，认为是该区域的像素面积。由于船舶的面积远远大于其他干扰物体的面积，利用内河航行船舶的像素面积区域范围舍弃掉不符合要求的区域，则得到了船舶的正确区域，并在当前帧中进行标识。

同时需要对生长后的前景区域进行邻近静态区域平均灰度值替换以便生成新的背景图像。将动态区域最左、右边的点在 i 轴上投影，上下两端的点进行 j 轴的投影，利用投影值得到矩形区域记为 $\{R_{i,j}^t\}$，$(i_L \leqslant i \leqslant i_R, j_U \leqslant j \leqslant j_D)$，进一步可以获得矩形区域的几何中心点 $\left(\dfrac{i_R - i_L}{2}, \dfrac{j_D - j_U}{2}\right)$，利用前后两帧中心点坐标的变化趋势得到船舶运动方向，同时中心点可以用来进行船舶的追踪与统计，以及多艘船舶的识别；根据矩形区域以及其运动方向，在其前进方向上取一小块背景以实现邻近静态区域替换动态区域形成新背景。记静态替换区域为数组 $\{RB_{i,j}^t\}$，假设船舶向 j 的正方向航行则取 $i_L \leqslant i \leqslant i_R, j_{U+a} \leqslant j \leqslant j_{U+b}$，且 $b > a$，具体的 a 和 b 的值要根据实际应用情景的经验值来确定。在这里特别值得注意的是对于因像素面积不符合船舶范围而被舍弃的区域，在背景更新的时候仍然需要用其邻近区域来替换。

经过上述步骤，可以将当前帧中的一艘或多艘船舶目标识别出来，如图 7-12 所示。之后可以进行背景的更新，为下一帧图像的背景差分做好准备。

7.2.3.2　基于交通管理雷达船舶交通流采集关键技术

为提高雷达的实用性，降低人工操作的复杂性，交通管理雷达普遍具备标绘功能，即雷达可通过影像特征自动识别出运动船只，从而提高了效率，降低了驾驶人员的工作强度。然而当船舶驶入港口与内河，该功能会将岸线、航道建筑物都识别成船只。因此，在内河应用中，交通管理雷达自动标绘与跟踪功能的效果往往会急剧下降，如何提高交通管理雷达目标识别的准确性，是内河船舶交通流信息采集的关键。智能分类方法众多，其中模糊聚类 FCM(Fuzzy Cluster Meaning) 作为一种高效的分类工具，具有很强的适应性，是高效的人工经验建模方法。但 FCM 的主要局限性在于，它的分类目标是既定的，无法动态地修改分类种类；该方法也忽视了证据间重要性和离散性的差别，需要做出改进。要改进 FCM 模型，使之具备权重自适应的能力，首先应使其可对证据源信息做出评估，香农熵计算是一个合适的方法。综上所述，在 FCM 应用中，如何对分类数 C 与模糊系数 m 进行恰当的取值，尚无明确的定论。本文将以 ARPA 目标为研究对象，提出一套针对性方案。

(1) 分类数 C 优化算法

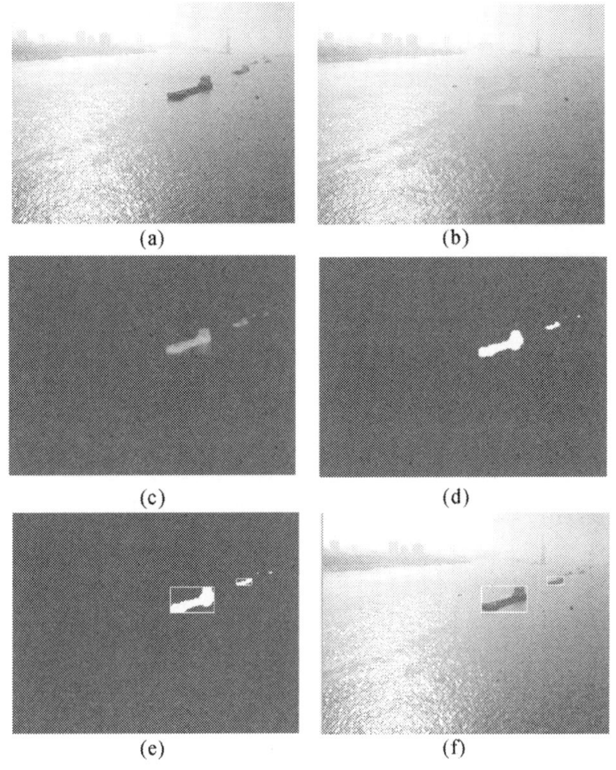

图 7-12　船舶目标识别效果

(a) 原始图;(b) 背景;(c) 前景图;(d) 二值化图;(e) 船舶区域生成图;(f) 船舶识别图

ARPA 目标的分类数 C 需要根据工况确定。通常情况下,ARPA 目标中包含的目标可分为五类:正常目标、岸线目标、浮标与航道建筑物目标、杂波目标等,但它们并不一定都存在。据此可知,对于 ARPA 目标,分类数 C 的取值范围是非常有限的,将 ARPA 目标分为太多的种类,没有实际意义。

对于分类数 C 的优化有三种主流方法,其中基于几何空间结构的模式是较为合理的,但计算非常复杂。在本应用中,分类数 C 的计算量可控,因此采用该方法较为合适。该方法主要思想为,分类后的子集应具有最大的紧致性,子集与子集之间应具有最大的分离性。紧致性有多种定义方法,最为常见的方法为,子集内所有点之间距离之和;分离性为子集之间的距离,常见的有边缘距离与中心距离两种,由于 FCM 算法可以自动给出各子集的中心,因此选用中心距离更为合理。而对于数据集的距离,包括欧氏距离、兰氏距离、马氏距离等。由于 ARPA 数据的分布随机性规律难以确定,后两者的计算难以处理,所以应选择欧式距离。

设 n 维欧式空间内 m 个向量的集合为 $X = \{x_1, x_2, \cdots, x_m\}$

紧致性:

$$K_{compactness} = \sum_{j=1}^{m} \sum_{i=1}^{n} \left[\sum_{k=i}^{n} (x_{ij} - x_{kj})^2 \right]^{\frac{1}{2}} \tag{7-7}$$

FCM 可以输出各个分类子集的中心点,设 n 维欧式空间内 s 个向量子集的中心点集合为 $O = \{o_1, o_2, \cdots o_s\}$

分离性：

$$K_{separability} = \sum_{j=1}^{s}\sum_{i=1}^{n}[\sum_{k=i}^{s}(o_{ij} - o_{kj})^2]^{\frac{1}{2}} \tag{7-8}$$

目标函数：

$$\min F = \frac{K_{compactness}}{K_{separability}} \tag{7-9}$$

约束函数 $s = \{2,3,4,5,6\}$。

(2) 模糊系数 m 动态取值方法

一般认为 m 越大，其应对噪点的处理能力越强，但同时结果的收敛性就越小。噪点即明显不隶属于任何一类的孤立点。m 的取值原则是，在最大限度解决噪点的基础上，尽可能使得函数收敛。

在 ARPA 目标中，噪点的特征是可以计算的，噪点越多，数据的不一致性就越强。要获得信息的不一致性，获得香农熵(Shannon Entropy)是一个非常有效的途径。在 ID3 等决策树算法中，香农熵用来描述特定信息的复杂程度或者杂散程度，包括论据与结论，通过论据与结论的对比，还可以衡量出不同论据对于决策的贡献度与贴合度，称之为增益(gain)。

熵的定义为，假如一组数据由 $D = \{d_1, d_2, \cdots, d_n\}$ 构成，其和是 sum，那么求信息熵的公式为

$$H(D) = \sum_{i=1}^{n}\frac{d_i}{sum}\log_2\frac{d_i}{sum} \tag{7-10}$$

设聚类后结果的熵为 $H(C)$，则增益的定义为

$$\text{gain}(D) = H(C) - H(D) \tag{7-11}$$

ARPA 目标分类的目标是，分类的最终结果符合或接近于人工的期望，这一切期望则源于对信息的基本判断。最终结果的熵必然与源信息的熵存在关联；当结果的熵与源信息的熵相去甚远，可以认为平滑系数 m 出现了问题；根据熵的定义，当结果的熵与某个源信息的熵更接近，则可以认为该信息发挥了更大的作用。

即在有限的信息源中，选取最具倾向性的一类或几类，穷举各种平滑系数 m，选择增益绝对值和最小的值，即结果熵和倾向信息源熵差异最小，作为最佳平滑系数 m。由于 m 的取值是连续变化的，FCM 算法输出结果的熵也难以用奇偶性或单调性描述，因此难以获得一个确切的值。

设倾向型信息源为

目标函数为：

$$\min F = \text{gain}(D) \tag{7-12}$$

约束条件为 $m = \{m \mid 1.5 < m < 2.5\}$。

为减少运算量，m 值的穷举步进可设置为 0.1，则约束函数转化为 $m = \{1.6, 1.7, 1.8, 1.9, 2.0, 2.1, 2.2, 2.3, 2.4\}$。

(3) 隶属度函数与流程

建立了适当的分类模型之后，下一个关键问题就是如何使用证据源信息。本文参照了人工判断过程，将速度、航向、位置作为判断 ARPA 目标是否为船只的核心论据。三个参数要共同使用，最大的问题是三个数据处于不同的量纲，需要将数据都映射到置信空间中。

以速度为例，不同的速度对应的是人工对于其是否判断为船的置信度，比如 3km/h 是一个合理的值，可以认为是“非常像一条船”；而 30km/h 是一个不合理的值，则被认为“不可能是船”。因此，可以建立起速度与是否类似于船的对应函数。以类似的方法处理航向与位置，就可以将三个参数映射到同一个量纲下，进行聚类运算。

① 速度隶属度函数

建立置信隶属度函数，最合理的方式是根据该信息的统计分布模式，选择最类似的模型。为获得更加合理的隶属度函数，进行试验如下，选取某控制河段，统计 2013 年 10 月 11 日到 13 日 72h 内，共 352 艘船的上下行速度，得到分布图如图 7-13 所示。

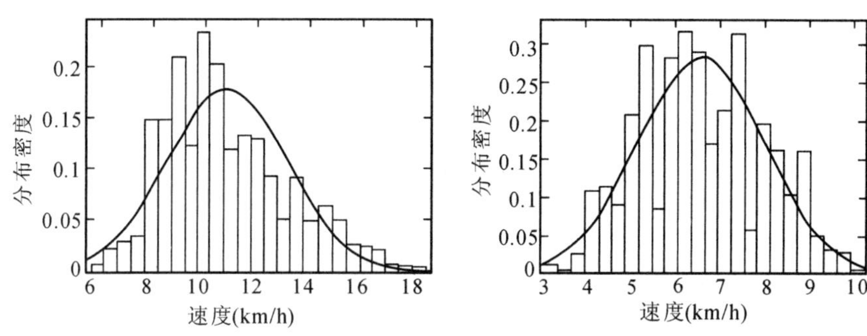

图 7-13 上下行船只速度分布与正态函数拟合

(a) 上行速度分布；(b) 下行速度分布

图 7-13 中，直方图代表了各个速度的分布情况，图中曲线为最大拟合的正态分布曲线。其中上行速度分布为 6 ～ 18km/h，下行为 3 ～ 10km/h。则对应的隶属度函数可以分别建立为：

上行置信隶属度函数

$$f_{\text{upstream}}(x) = \frac{1}{\sqrt{2\pi}\sigma_{up}}\exp\left[-\frac{(x-\mu_{\text{up}})^2}{2\sigma_{up}^2}\right] \tag{7-13}$$

其中 $\sigma_{up} = 11.0$，$\mu_{up} = 11.0$。

下行置信隶属度函数

$$f_{\text{downstream}}(x) = \frac{1}{\sqrt{2\pi}\sigma_{\text{down}}}\exp\left[-\frac{(x-\mu_{\text{down}})^2}{2\sigma_{\text{down}}^2}\right] \tag{7-14}$$

其中，$\sigma_{\text{down}} = 7.0$，$\mu_{\text{down}} = 7.0$。

② 方向隶属度函数

相较于速度，船舶运动方向的随意性更大，使用统计数据确定其置信隶属度并不恰当，更为合理的方式是以专家经验为基础，即在特定的航道条件下，判别各个航向的可能性的大小。选取与速度统计试验相同的试验地点，其电子航道图分布如图 7-14 所示。在此类内河条件下，分为航道主航向与穿越航向，在绝大多数情况下，船舶仅按照主航向运动，在不多的情况下可能出现穿越航道的行为，在更少的情况下，出现例外的情况。

以航向与航道主方向的夹角为自变量 T，T 的变化值对应相应的置信度。调查专家对于航向的置信度需要大量的调查，经简化处理，三个不同专家对于特征方向夹角的置信度如表 7-3 所列。

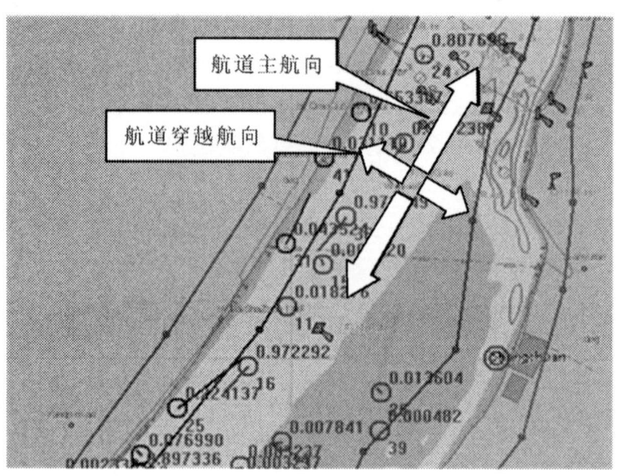

图 7-14　电子航道图置信区域划定

表 7-3　专家对于航向的置信度

	0°	45°	90°	135°	180°	225°	270°	315°
专家 1	0.9	0.1	0.6	0.1	0.9	0.1	0.6	0.1
专家 2	0.8	0.1	0.7	0.1	0.8	0.1	0.7	0.1
专家 3	0.6	0.1	0.6	0.1	0.6	0.1	0.6	0.1

取置信度均值，隶属度函数取最简化的三角形模式，形式如图 7-15 所示。

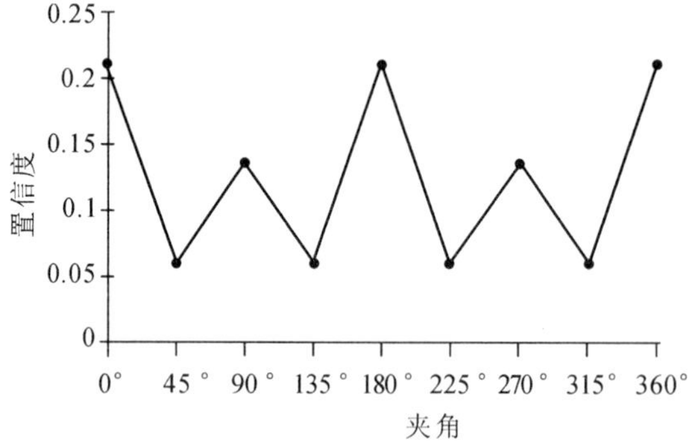

图 7-15　方向隶属度函数

③ 位置隶属度函数

相较于速度与航向的置信隶属度函数，位置的置信隶属度则更加直观，即位于航道内部的目标是“可信”的，位于航道外，乃至陆地上的目标是“不可信”的。然而在实际使用中，由于电子航道图的不准确与航道的变迁，完全相信电子航道图的边界也是不尽妥当的。

如图 7-16 所示，参照人工判断过程，在航道与岸线之间，存在一个模糊边界或者区间，在该区间内，并不能确定该目标是否在航道内。这个边界的确定可以根据实际情况划定，如图 7-16 中的模糊上界与下界。在区间内，随着目标离航道越远，其置信度越低，选取三角形

隶属度函数,则位置置信隶属度函数可以描述为:

位置 $P(x,y)$ 与上界、下界的距离分别为 D_1、D_2,则置信度为

$$F(p)=\frac{D_2}{D_1+D_2} \tag{7-15}$$

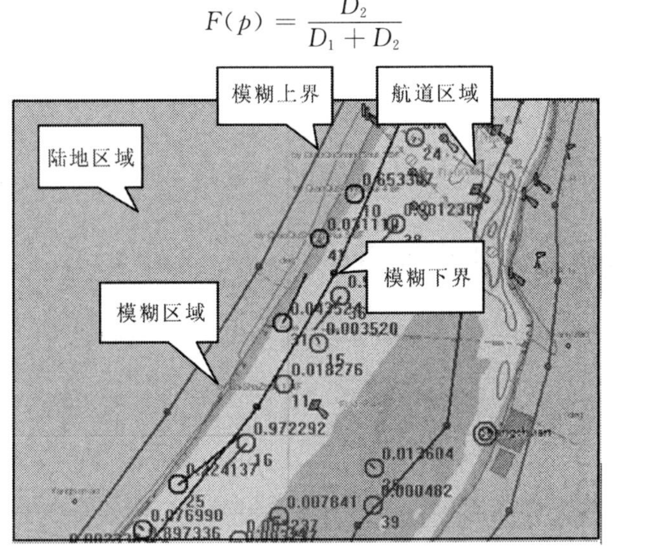

图 7-16 航道位置分界

④ 算法流程

建立了各个参数的隶属度函数后,算法整体流程如图 7-17 所示。

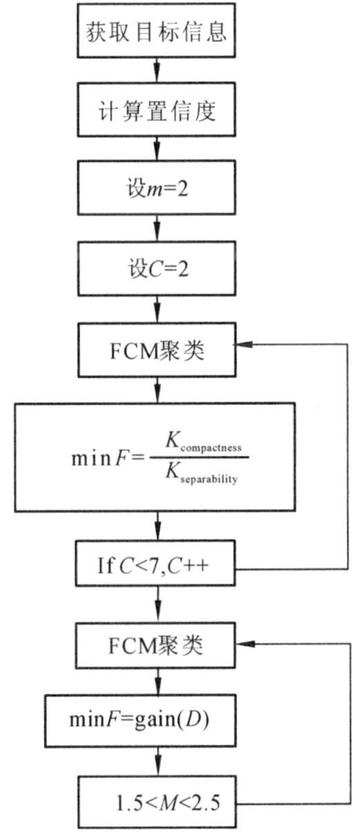

图 7-17 算法整体流程

a. 三个维度信息分别根据各自的隶属度函数取值；

b. 以模糊系数 m 为 2，穷举分类数 C 从 2 到 6，取得最优化的分类数 C；

c. 确定分类 C 后，修改模糊系数 m 从 1.5 到 2.5，分别计算各种 m 值下，各信息的熵 Entropy 与增益 gain，建立权重函数，获得最佳的模糊系数 m；

d. 输出最优 C 与 m 的分类结果。子集合中，中心点隶属度值较大的，可认为该类为船舶目标分类，各目标对于该子集的隶属度，可认为是其隶属于船只的隶属度。当任意子集的中心点的隶属度值都较低的时候，可以认为没有目标类似于船只。

7.3 控制河段交通指挥方法

为了保证控制河段船舶运输安全有序的运行，除了使用前面所介绍的一些技术手段来梳理船舶交通流外，还需要提出一些必要的交通指挥方法来配合使用，才能够更加完善地指挥交通系统，提高通航效率。本节提出了两种交通指挥方法：一种是基于规范标准的交通指挥方法，它是根据一些定义好的规范标准，以硬性指标的方式来指挥控制河段中的船舶航行；另一种是控制河段智能化交通组织方法，它采用一种可视化管理手段，为交通指挥提供信息，进而指挥船舶停泊、航行等一系列动态交通，同时它还可以实现船舶数据的智能统计与分析，合理配置控制河段航道资源。

7.3.1 基于规范标准的交通指挥

在这一节中的主要规范标准有：航速制规定、特殊区域划分、进出水域报告线位置。

(1) 航速制规定

进行航速制规定目的是规范船舶航行行为，提高航道整体通航效率，保障船舶、人命和设施的安全。根据不同的水域应有不同的航速限制。

① 桥区水域

该水域为一类水域。当船舶进入此水域前，应对航速进行控制；当船舶抵达该水域上界线或下界线时，应设置逆流最高航速、顺流最高航速；当进入该水域后，应采用安全航速。

② 通航密集区和交汇区、汊河口水域

该水域为二类水域。船舶航行在此水域时，相应的也应该设置逆流最高航速及顺流最高航速。

③ 其他水域

此类水域是除一类水域和二类水域以外的船舶通行水域。船舶在此水域航行时，可以进行时间阶段性的航速制定，比如：制定一年中哪几个月份顺流最大航速不能超过多少、逆流最大航速不能超过多少，其他月份顺流最大航速不能超过多少、逆流最大航速不能超过多少。

(2) 特殊区域划分

在《内河航区分级规范》中，将内河船舶的航区划分为 A、B、C 三级航区和 J1、J2、J3 三档急流航段。对在不同航区航行的船舶，有关船舶规范对稳性、结构、救生设备和无线电设备等分别有不同的技术要求。具体的划分如下：

① 根据水文和气象条件，将内河船舶航行区划分为 A、B、C 三级；航区级别规定的浪高

h 的范围为：A 级：$1.5\text{m} < h \leqslant 2.5\text{m}$；B 级：$0.5\text{m} < h \leqslant 1.5\text{m}$；C 级：$h \leqslant 0.5\text{m}$。

② 根据水流湍急情况，将急流航段分为 J1、J2、J3 三档；

③ 低等级航区的船舶一般不得在高等级航区内航行，各级航区的船舶，如不满足急流航段的特殊要求，亦不得航经该急流航段；

④ 该规范对我国主要通航内河划分了航区等级：包括黑龙江水系、海河水系、黄河水系、淮河水系、长江水系、钱塘江水系、京杭运河水系、珠江水系和独自入海的主要河流等。

(3) 进出水域报告线位置

当船舶进入到相关定线制水域时，需要船舶报告一些信息，以便更好地执行引航操作，保障船舶在定线制水域的航行安全。为此，需要遵照一些规范来完成实际的操作：

① 适用的船舶。要求什么类型的船舶必须报告，除此之外的船舶不用报告。

② 制定适用的地理范围以及相关航道图的编号和版本。

③ 报告的内容。比如：船名、地理位置、航向、航速、始发港、目的港等。

7.3.2 控制河段智能化交通组织方法

利用置信规则库及专家系统(BRB) 和证据推理(DR) 理论对 AIS 和岸基雷达采集的船舶信息进行融合，获取船舶特征和船舶在控制河段及其邻近水域的运动状态。根据航道环境特征和船舶行为特征统计分析船舶在控制河段邻近水域和控制河段内的船速分布，进而预测船舶抵达控制河段入口的时间和船舶通过控制河段的行程时间。然后根据排队模型分别求解先进先出(FCFS) 规则和具有优先通行权(PR) 规则下，控制河段通过量、货运量、上下水船舶不均衡系数和最大船舶等待时间，最后利用仿真模型和多目标优化算法得出控制河段船舶交通组织规则。其智能化交通组织结构图如图 7-18 所示。

(1) 控制河段交通流信息采集及融合

① 船舶 AIS 数据采集

在控制河段设置 AIS 基站，覆盖控制河段及其邻近水域。AIS 基站接收船载 AIS 发射的报文，并解析得到船舶类型、总吨、吃水深度、主机功率、GPS 坐标和航速航向等信息。

② 岸基雷达数据采集

在控制河段设置岸基监控雷达，雷达扫描覆盖控制河段及其邻近水域。雷达获取船舶位置信息及船舶航行轨迹，并标定船舶在航道中的实时坐标。

③AIS 与雷达信息融合方法

本项目的研究，将致力于利用 BRB 平台解决 AIS 与雷达的信息融合问题。

BRB 是传统 if-then 专家知识库的扩充

$$R = \langle x, A, D, F \rangle \tag{7-16}$$

其中，$x = \{x_i, i = 1,2,3,\cdots,M\}$ 表示由前提属性构成的集合，且每个前提属性从一组有限集 $A = \{A_1, A_2, \cdots, A_M\}$ 中取值；$A_i = \{A_{i,j}, j = 1,2,3,\cdots,J_i, J_i = |A_i|\}$ 表示由 x_i 的参考值(或假设)组成的集合，这些参考值可以取不同的值；阵列 $\{X_1 \to A_1, X_2 \to A_2, \cdots, X_M \to A_M\}$ 定义了一系列的前提条件，代表了所研究问题领域中的基本状态。它们之间可以由“∧”或“∨”连接，分别表示“与”和“或”的关系。$D = \{D_j, j = 1,2\cdots N\}$ 表示由评价结果组成的集合，且 D_j 代表一个结论或一个动作；F 表示一个逻辑函数，反映了前提属性与评价结果之间的关系。

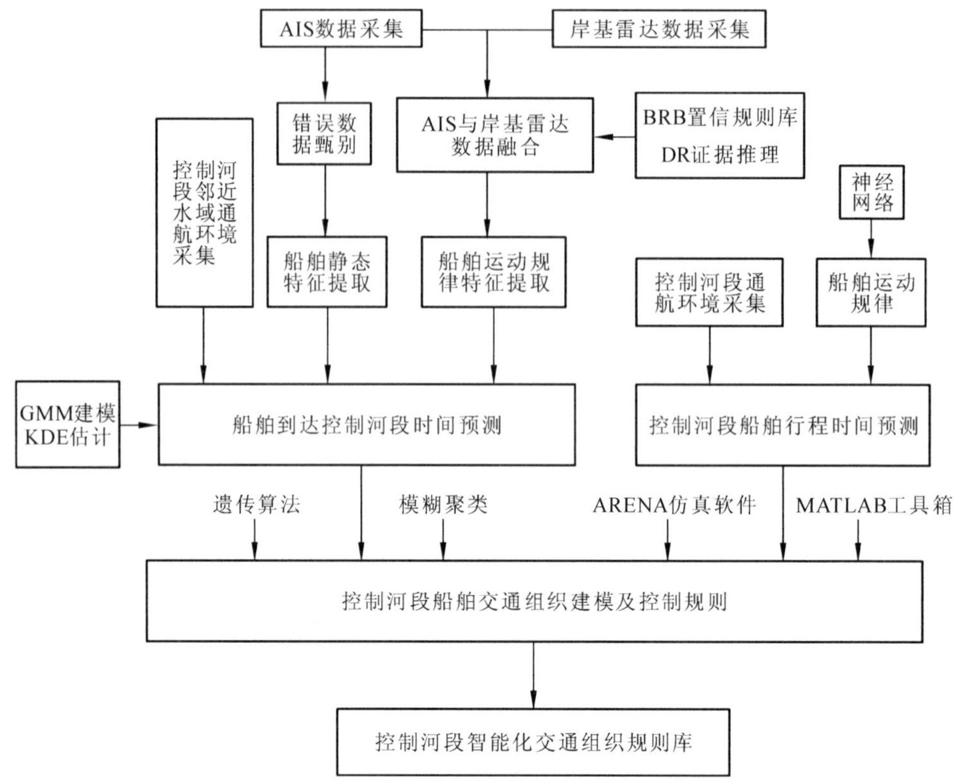

图 7-18　控制河段智能化交通组织结构图

基于以上分析，可以得到如下用逻辑“与”来连接的基于 if-then 规则的专家系统，其中，第 k 条规则的描述如下：

$$R_k: \text{if } A_1^k \wedge A_2^k \wedge \cdots \wedge A_{M_k}^k, \text{then } D_k \tag{7-17}$$

其中，$A_1^k \in A_i (i = 1,2,\cdots,M_k)$ 表示在第 k 条规则中第 i 个前提属性的参考值；M_k 表示第 k 条规则中前提属性的个数；$D_k (D_k \in D)$ 表示第 k 条规则的结果。

该模型的主要作用在于，它可以包含任意定量或定性的描述与判断。BRB 在此基础上，引入了三个关键参数，规则权重 θ、前提属性权重 δ 以及规则评价结果 D 的置信度 β，分别用来描述某条规则的重要性、规则对应前提属性的重要性、最终结果的可信性，使得原有的简单的 if-then 推理与现实的契合度更高。对于第 k 条规则描述如下：

$$\begin{gathered} R_k: \text{if } A_1^k \wedge A_2^k \wedge \cdots \wedge A_{M_k}^k, \\ \text{then}\{(D_1,\beta_{1,k}),(D_2,\beta_{2,k}),\cdots,(D_N,\beta_{N,k})\} \end{gathered} \tag{7-18}$$

BRB 对于完整性没有强制性要求，即对于所有规则结果的置信度 β 的和，可以为 1，也可以小于 1，这符合一般传感器运算的结果。

(2) 控制河段内船舶到达预测模型

① 控制河段邻近水域船舶交通特征采集

利用长江海事局 AIS 基站系统和岸基雷达采集控制河段邻近水域船舶特征和运动轨迹，获取控制河段邻近水域的完备船舶数据。通过多功能航标获取航道水深、水流流速、能见度和风速等信息。

② 船舶行为特征建模及到达规律

根据历史数据拟合通航环境、船舶特征与船速之间的关系，拟采用 GMM 模型和 KDE 方法建立控制河段邻近水域的船舶行为特征模型，根据船舶行为特征预测船舶到达控制河段入口的时间和到达规律。

(3) 控制河段内船舶行程时间预测

预测船舶通过控制河段的行程时间，即可对船舶占用控制河段服务窗口的时间进行预测，进而建立控制河段船舶排队系统模型。可以采用 BP 神经网络作为船舶行程时间预测模型。

(4) 控制河段船舶交通组织算法及控制规则

① 建立控制河段船舶交通组织排队模型

以航道通过量、船舶等待时间和上下水不均衡系数为优化目标，以船舶航行安全和船舶最大等待时间为约束条件，将控制河段作为单服务窗口，船舶视为系统客户，利用排队论可建立控制河段船舶交通调度排队模型，通过遗传算法求解控制河段船舶交通调度模型。

② 基于模式识别的船舶通行规则转换标准及仿真技术

a. 船舶到达流量的模糊聚类

控制河段船舶交通智能化组织方法的核心在于在不同交通流量下执行不同的船舶通行调度方案。因此，需要对船舶到达交通流量进行定量分析，将船舶到达流量按照大小分为多个等级，根据等级组织船舶调度方案。

b. 控制河段船舶交通组织仿真系统研究

利用 Arena 仿真软件，结合内河电子航道图构建控制河段船舶交通组织仿真系统，包括系统组成元素（实体、变量、资源等）的设定，逻辑模型与仿真模型的建立等。通过试验优化技术与仿真试验，提出最佳的船舶交通组织规则适应条件和上下水船舶通航轮换准则。

7.4　控制河段交通指挥系统开发与应用

7.4.1　控制河段交通指挥系统研发

7.4.1.1　系统总体架构

控制河段交通指挥系统主要由主控端、被控端、监控端等三部分组成，并包含内河电子航道图信息推送端口和区域协作指挥预留端口，系统总体框架如图 7-19 所示。其中：

主控端由控制河段智能交通指挥系统软件（主控端）、信号揭示及控制系统以及视频监控系统组成，用于船舶通行状况监控、通行指挥和信号揭示，部署于控制台；

被控端由控制河段智能交通指挥系统软件（被控端）和信号揭示及控制系统组成，用于接收控制河段通行信号智能指挥系统（主控端）所发布的通行指挥信号并予以揭示，部署于预告台；

监控端由控制河段智能交通指挥系统软件（监控端）实现，用于接收控制河段通行信号智能指挥系统（主控端）所发布的通行指挥信号，远程查看任意控制河段内已安装 AIS 设备船舶的通行状态和通行指挥状况；

内河电子航道图信息推送端口用于上传通行指挥信息至长江电子航道图系统数据

中心；

区域协作指挥预留端口用于多信号台协同指挥工作，本系统只设计并保留该功能接口。

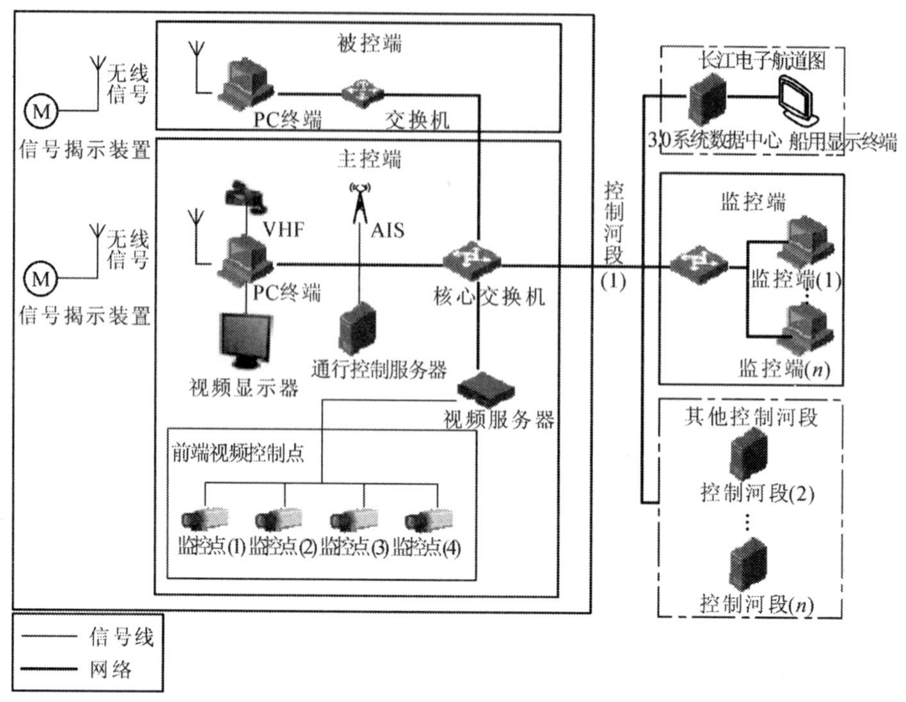

图 7-19 系统总体架构

7.4.1.2 系统设计

(1)VHF 数字语音播报

系统通过 VHF 电话完成控制命令的数字语音播报及记录船员与信号台间的交互语音。采用单片机控制继电器的吸合与断开实现对甚高频电话工作状态的控制，用音频线将对讲机与计算机声卡的 SPEAK 接口与 MIC 接口进行交叉相连，即将高频电话接收到的声音信号传到计算机声卡的 MIC 接口进行采集，将计算机声卡的 SPEAK 接口接到对讲机的 MIC 接口，使智能指挥系统的语音命令通过甚高频电话向附近广播。同时，单片机实时监测甚高频电话扬声器端经过整流滤波后的电平信息，当有高电平时，即通知系统开始录音。当高电平变为低电平时，通知系统结束录音。VHF 数字语音播报功能仅存在于控制台。

(2) 信号揭示及控制系统

信号揭示及控制系统主要由信号揭示控制器、信号驱动控制器以及传动装置组成，实现揭示信号命令生成、传输、识别和信号揭示等功能。如图 7-20 所示，其中虚线部分为系统预留接口，系统通过与控制河段通行智能指挥系统以及甚高频电话 VHF 连接扩展升级后，可实现“自动揭示与通行智能指挥” 功能。

① 传动装置

信号旗传动装置是用于控制信号升降的传动装置，它主要由机架、齿轮、传动轴、电机及位置控制器等组成。其中，根据信号旗的升降高度、升降速度及信号旗的质量等，选取卷帘门电机作为信号旗升降的动力装置，并将其安装于传动装置的机架上。它能够通过电机的转动

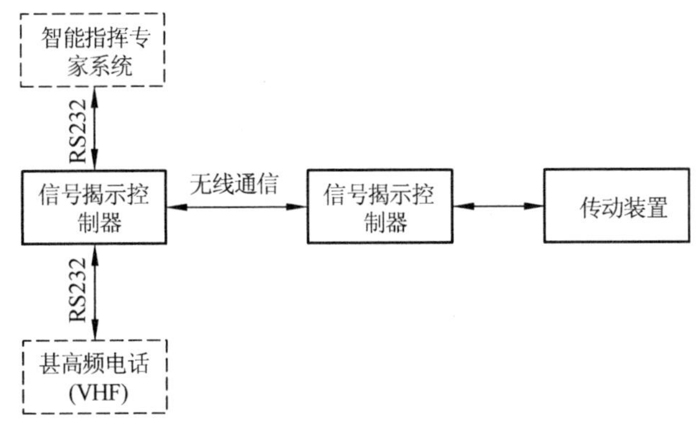

图 7-20　信号揭示及控制系统总体结构

带动钢丝绳升降信号旗实现信号揭示的作用。机架及位置控制结构如图 7-21 所示。

当电机转动时，通过传动装置带动行程螺丝转动，行程螺母由于无法自由转动，将在行程螺丝上滑动，通过检测行程螺母滑行到的位置即可获取信号旗的位置，从而达到精确控制的目的。在行程螺丝两端设有限位开关，当位置传感器失效时，可以对电机直接断电，避免发生电机堵转，如图 7-21 所示。

接近传感器主要实现位置状态的自动检测和控制信号旗位置。接近传感器采用爱福门接近传感器，如图 7-22 所示。

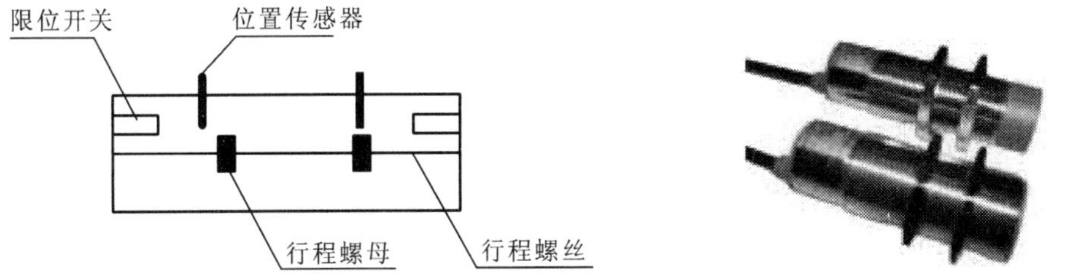

图 7-21　信号旗位置控制器示意图　　图 7-22　爱福门接近传感器实物

② 信号揭示控制器

信号揭示控制器包括控制面板、单片机、无线通信模块、VHF 接口、RS232 接口等组成，其结构图如图 7-23 所示。

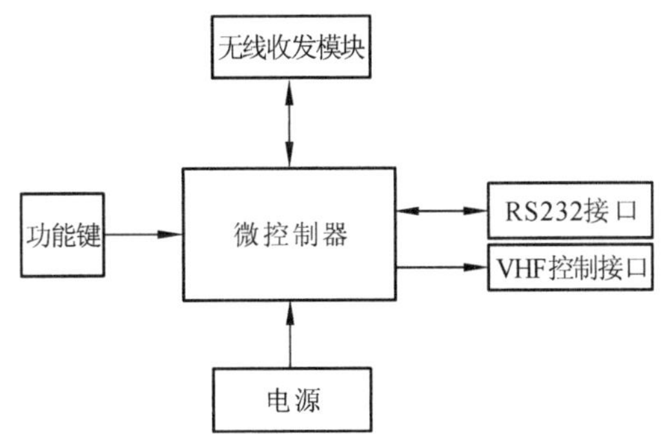

图 7-23　信号揭示控制器结构

信号揭示控制器工作流程图如图 7-24 所示。

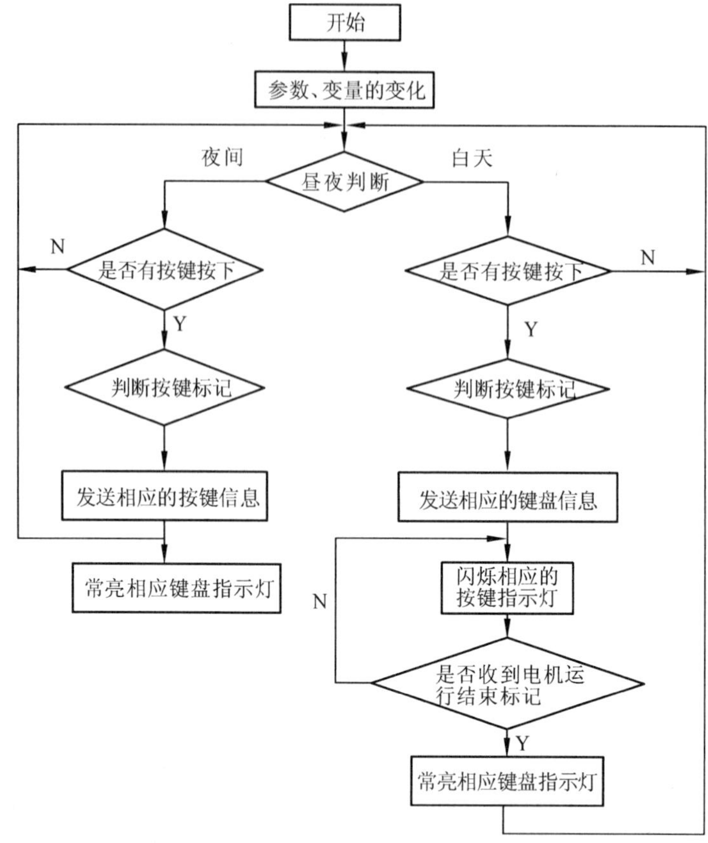

图 7-24　信号揭示控制器工作流程图

③ 信号驱动控制器

信号驱动控制器由单片机、电机控制模块、无线通信模块、信号灯揭示模块、信号旗位置检测模块等组成，其结构图如图 7-25 所示。

信号驱动控制器的工作流程如图 7-26 所示。

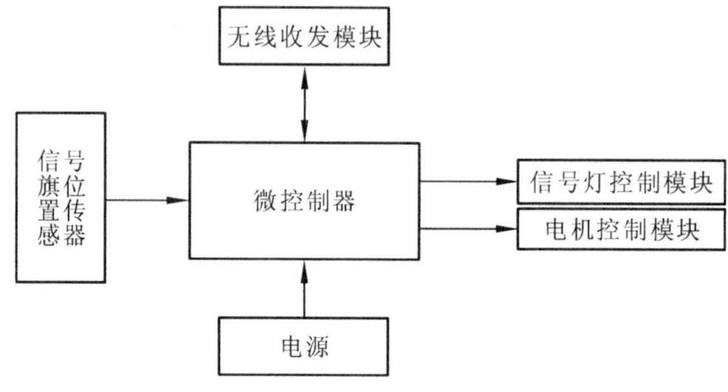

图 7-25　信号驱动控制器结构图

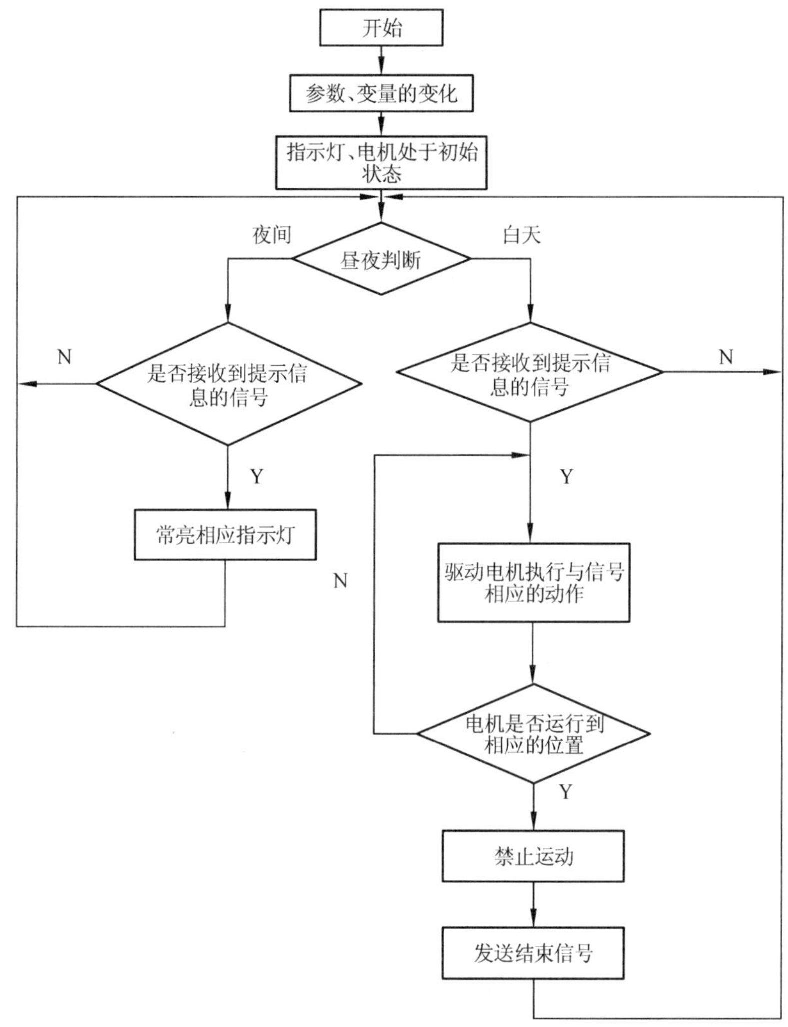

图 7-26　信号驱动控制器工作流程图

④ 电子航道图监控

主控端(控制台)通过 AIS 接收装置接收船舶基本信息(包括位置、航向、航速、船名等),通过数据接口,系统能够将船舶动态信息和控制河段界限标等信息叠加到电子航道图上,实时反映船舶航行信息,全面掌握船舶周边情况。

同时,系统可以实时计算出船舶的预告时间、半杆时间、进槽时间、出槽时间、通过时间,并连续记录本船航行轨迹及实现航迹回放等功能;在操作上,电子航道图能够实现放大、缩小、显示模式选择及配色模式选择等符合国际相关标准的显示,通过图上的地物地貌信息可以获取航标、临跨河建筑物、水深等立体航道综合信息。

⑤ 远程监控

控制台(主控端)通过网络自动对连接本控制台的监控端用户发送船舶通行动态和通行指挥命令,监控端能够实时接收并处理控制台发送过来的数据,在电子航道图上显示控制河段船舶动态信息,同步显示控制河段通行信号等,能方便、快捷地监控控制河段通行情况,使得航道通行指挥更科学、高效。

远程监控功能用于实现航道局机关对辖区内各控制河段现场状况的实时监控以及历史状况查询。采用典型的 C/S 结构，由监控端与服务端两部分构成，基于 Winsock 技术，利用 TCP/IP 协议实现了监控端用户对各控制河段、各信号台的监控，实现了航道局对控制河段的实时船位监视，实时指挥信号监视，通行指挥记录查询以及历史通信信息再现等功能。如图 7-27 所示。

客户端 —状态信息→ 服务端 —综合信息→ 航道局监控端

图 7-27　远程监控信息流程图

7.4.1.3　系统主要功能

控制河段船舶指挥系统实现的功能如下：

(1) 基于 AIS 的控制河段船舶动态主动监控

系统通过 AIS 接收机获得船舶的动、静态监控信息，构建船舶动、静态数据库，实现对控制河段范围内的船舶动态监控。并在长江电子航道图上显示控制河段及附近水域内所有 AIS 船舶，并通过 VHF 语音广播，告知船舶所在位置，准确掌握船舶的基本信息以及船舶位置、航向、航速等动态信息。

(2) 基于人工智能的通行指挥决策专家系统

利用控制河段通行指挥规则、信号员的经验及 AIS 构建信号智能辅助揭示专家系统。当监测到船舶驶入预定范围时即自动向信号员发出提示，并根据预设通行控制规则自动生成信号揭示指令进行自动揭示，信号员亦可参考信号揭示指令进行信号揭示操作；实现指挥命令语音自动生成和发布。

(3) 信号旗、VHF 语音和电子航道图三位一体的信号自动(手动) 揭示

当监测到船舶驶入指挥断面时即自动向信号员发出提示，并根据通行指挥决策专家系统自动生成信号揭示指令。自动(手动) 揭示的通行命令能分别向长江电子航道图、信号揭示及控制系统和 VHF 电台推送及发布通行信号。

(4) 信号台连台(预告台和控制台) 的信号同步控制

当船舶驶入指挥断面时，控制台(主控端) 将根据通行指挥决策专家系统自动生成信号揭示指令，并将该命令通过网络发送至预告台(被控端)，控制预告台信号旗升降从而实现连台通行信号的同步揭示；同时，预告台将预告台信号旗(灯) 的当前状态实时反馈至控制台，以实现控制台对预告台信号状态的实时监控。

(5) 信号台对通行船舶的精细化指挥

将智能专家系统给出的揭示信号和指挥指令自动转化为语音，通过 VHF 针对船舶以指名和广播方式发布通行信息，实现精细化指挥，为船舶揭示高效、清晰、明确的航道信息，提高通行效率和服务质量。

(6) 控制河段视频监控系统

采用 4 路固定点摄像机对控制河段通行情况进行全视野监控，形成视频信息，与 AIS、语音等信息构成船舶通行状况的历史记录。

(7) 远程监控

主控端(控制台) 将船舶通行状况和通行指挥命令通过网络实时发送到被控端(预告

台）的同时也发送到各监控端，通过监控端，航道管理部门可以通过电子航道图和音、视频（视网络带宽而定）信息查看整个控制河段的概况，实时了解和掌握辖区内所有控制河段船舶航行与指挥情况；一旦发生事故，上级机关可以通过远程终端及时了解事故的处理进程，并及时给予必要的指导。

（8）船舶指挥信息的控制管理

系统能够自动保存指定时间段内所有船舶的运行轨迹，便于事后查询分析使用；自动记录信号台所有的操作记录、监控视频以及语音记录，且所有记录均不可更改，以便规范信号员的工作行为，可在出现事故后利用历史记录作为确定肇事船舶的有力证据。

（9）基于多源信息的数据保存和热点回溯

通过建立音、视频和AIS等信息间的映射关系，实现船舶和工作日志的实时保存和历史回溯；实现热点提示、热点保存和多信息热点检索（可以根据船名、时间、航速、经纬度、事故状况等进行检索）；构建多媒体轴，直观表现音、视频和AIS信息间的对应关系和航道有效信息的密集区域，方便信号员进行历史回溯。

7.4.1.4 系统软件设计

（1）软件系统开发模式

① 主控端：控制河段通行指挥系统软件（主控端）采用C/S开发模式；

② 被控端：控制河段通行指挥系统软件（被控端）采用C/S开发模式；

③ 监视端：控制河段通行指挥系统软件（监控端）采用C/S开发模式。

系统开发模式关系如图7-28所示。

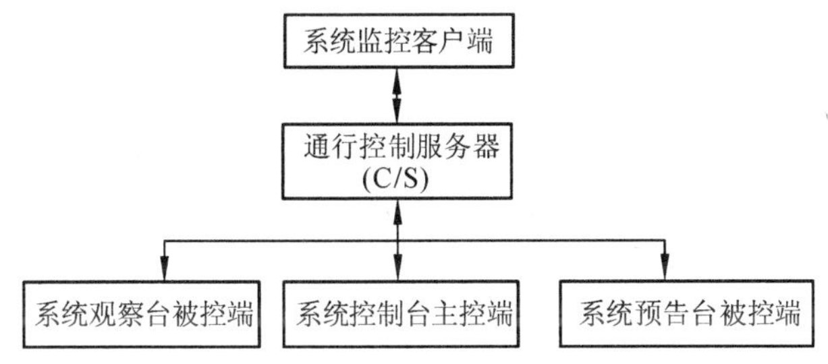

图7-28 系统开发模式关系示意图

（2）系统软件功能详细设计

① 基于电子航道图的船舶动态监控

功能：实现地图的移动、居中、放大、缩小、还原等操作；对AIS消息进行解码，获取船舶的动静态信息；实时显示通行船舶信息；系统语音提示信号员船舶进入该河段或重要区域；将解码后的船舶动静态信息存储于通行控制服务器数据库。

② 船舶通行指挥

功能：自动生成信号揭示指令和船舶通行顺序列表，并在该控制河段的控制台终端预告台上同步显示；信号揭示指令和船舶通行列表自动保存在通行控制服务器数据库中；控制河段的界限标和鸣笛标可以根据需要进行调整。

③ 通行信号命令揭示

功能：向控制台、预告台、电子航道图推送揭示命令；向信号揭示及控制系统发送控制命令;向 VHF 发送语音 TTS 信号;实时检测网络连接情况;上传信息至通行控制服务器中。

④ 工作信息管理

功能:工作日志管理;船舶信息管理;气象/值班管理;昼夜时间配置;手动备份还原数据库;特殊船舶信息;工作人员信息;操作记录信息;气象信息;货物信息;事故信息;电子航道图管理;历史数据与报表管理。

⑤ 数据库信息管理

功能:数据库自动备份;数据库手动恢复;数据库定时删除;数据库自动清空;保留操作记录;数据库加密。

⑥ 音视频数据管理

功能:音视频文件自动保存与定期删除。

⑦ 远程通行指挥

功能:获取船舶动态信息;获取指挥信号;实现基于工作日志的数据统计与分析。

⑧ 电子航道图接口

功能:将控制河段船舶通行信息、指挥命令上传至电子航道图系统中心。

7.4.2 控制河段自动指挥系统示范应用

示范工程选择长江朝天门航道管理处辖区内的莲花背信号台及其指挥的控制河道是最具有典型代表意义的,该位置离市区最近,且汇集了川江航道弯、窄、浅、险特征;汛期,水流湍急、流态紊乱,水位陡涨陡退频繁,变化较大;枯水期航道弯曲狭窄、险滩密布、雾大瘴浓,航行条件比较恶劣。选择长江重庆航道莲花背信号台及其指挥的控制河道进行智能助航系统试点工程的建设,实现对雷达系统、AIS 系统、CCTV 系统等的整合,在统一电子航道图界面上同时显示各控制航道水域的助航信息,如雷达、AIS、CCTV 通行指挥等数字航道信息。长江重庆莲花背控制河段航道图如图 7-29 所示。

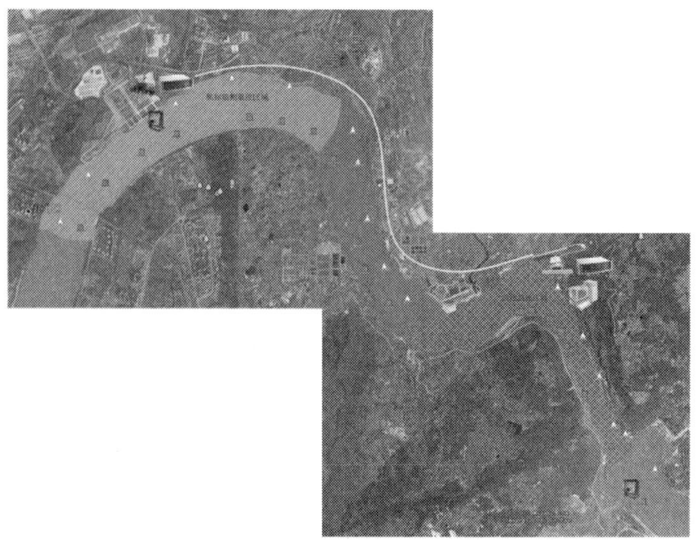

图 7-29 长江重庆莲花背控制河段航道图

7.4.2.1　控制河道通行信号指挥系统实施方案

(1) 莲花背信号台小型雷达站

莲花背信号台所在的信号台顶部安装有 1 个小型雷达以实现对其前沿控制河道局部水域的雷达监控，雷达视频信号通过雷达处理系统和雷达目标录取跟踪系统在现场数字化处理，然后通过用户提供的专线网络将信号传输到重庆航道局监控中心。包含主要设备为：雷达、雷达处理系统、雷达目标录取跟踪系统、室内设备机柜、雷达安装支架等。莲花背信号台雷达与服务器安装示意图如图 7-30 所示。

图 7-30　莲花背信号台雷达与服务器安装示意图

(2) 莲花背信号台 CCTV 监控站

因 CCTV 视频信号具有直观可视的特点，可与雷达、AIS 联动集成以更好地实现对船舶的监视和跟踪，本试点工程拟在莲花背信号台上建设 1 个 CCTV 监控站点以实现对其前沿控制河道局部水域进行监控，CCTV 视频监控信号通过视频压缩处理设备在现场数字化处理，然后通过用户提供的专线网络(该部分需要用户提供网络带宽 2M，以太网接口，并提供 1 个内网 IP 地址) 将信号传输到重庆航道局监控中心。本部分包含的主要设备为：彩色 / 黑白一体化摄像机，热成像夜视摄像采集设备，室外全方位云台，室外全天候防护罩，智能控制单元，视频分配器，多码流视频压缩设备等。莲花背信号台 CCTV 安装示意图如图 7-31 所示。

(3) 控制河段船舶指挥系统架构

控制河段船舶交通指挥系统涉及多传感器综合处理系统这一关键设备和技术：多传感器综合处理系统负责雷达目标与 AIS 目标的融合和雷达重复覆盖区域的融合。本系统原理如图 7-32 所示。

雷达目标与 AIS 目标的融合：雷达目标由跟踪 ID、经纬度、航向、航速几个关键数据组成，多传感器综合处理系统根据雷达目标的经纬度选出其附近的所有 AIS 信号，将这些 AIS 信号逐一与此雷达目标进行比对，比对的内容包括航向、航速和历史航迹，如果仅有一个

7-31 莲花背信号台 CCTV 安装示意图

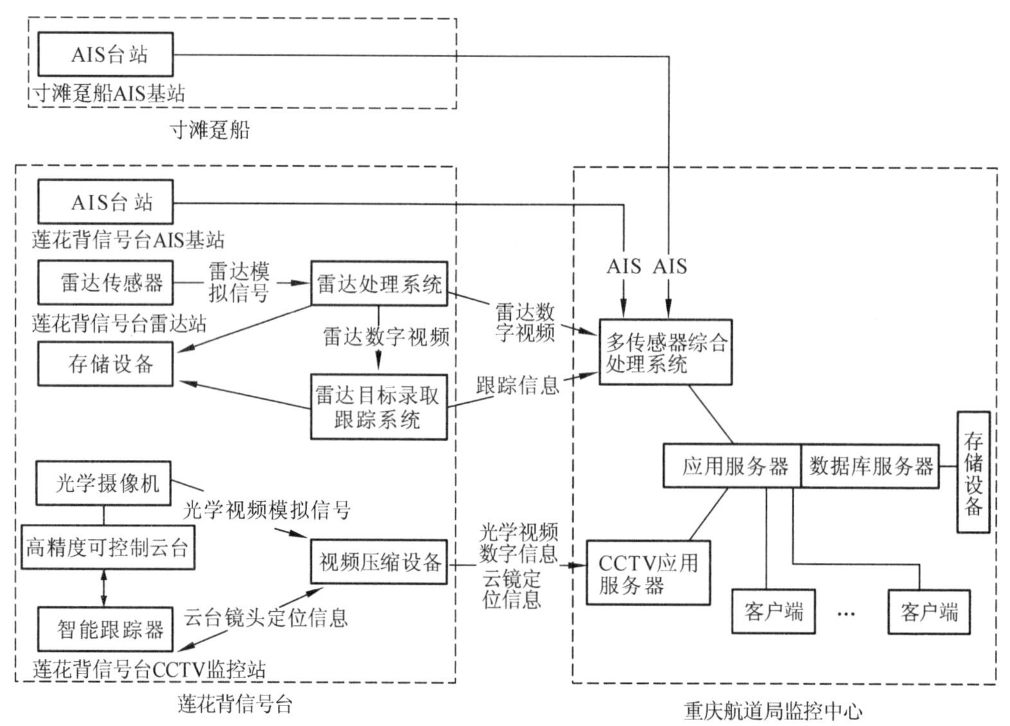

图 7-32 控制河段船舶指挥系统原理

AIS 信号与此雷达目标比对成功，则认为此雷达目标与此 AIS 信号代表同一目标，可以融合。

雷达重复覆盖区域的融合：雷达重复覆盖区域的融合分两部分，视频融合和目标融合。系统提供三种雷达视频融合方式，分别是时间优先模式、组合模式和手动选择模式，用户可以手动切换融合方式。考虑到不同雷达对于重复覆盖区域扫描的时间不同，因此系统优先考虑时间，显示最新的扫描结果，时间优先模式等于在重复覆盖区域提高了扫描频率。组合模式不考虑不同雷达对于重复覆盖区域扫描的时间不同，将各个雷达的扫描结果组合显示，加强重复覆盖区域的视频强度，此种模式有助于发现回波微弱的小目标，对于高速移动的目标易出现残影。手动选择模式是指系统不进行自动融合，而是由用户选择显示哪些雷达传感器的视频。

雷达目标的融合与雷达目标与 AIS 目标的融合类似，都是靠经纬度、航向、航速和历史航迹模拟和比对实现融合。此外，考虑本项目为试点工程，项目中所需的服务器采取应用服务器和数据库服务器合二为一，由用户提供。数据库服务器作为整个系统的核心负责保证数据的快速同步和完整性；应用服务器负责接收和解析各种实时数据，并负责将处理过的数据发布给客户端应用，同时为本中心局域网络内的相关监控终端访问中心服务器直接获取数据，以实现终端应用。

7.4.2.2　控制河段船舶智能监控系统平台主要系统功能

(1) 电子航道图/电子地图混合显示

以电子航道图/电子地图作为系统的显示平台，可综合显示航道相关基础数据信息等，并在此平台上整合其他应用子系统，如航标信息等。

电子航道图须符合国际 S-57 标准，电子地图须为 MapInfo 或 ArcGIS 格式，系统应支持电子航道图/电子地图混合显示，至少达到同时显示 10000 个动态物标无闪烁。参见图 7-33。

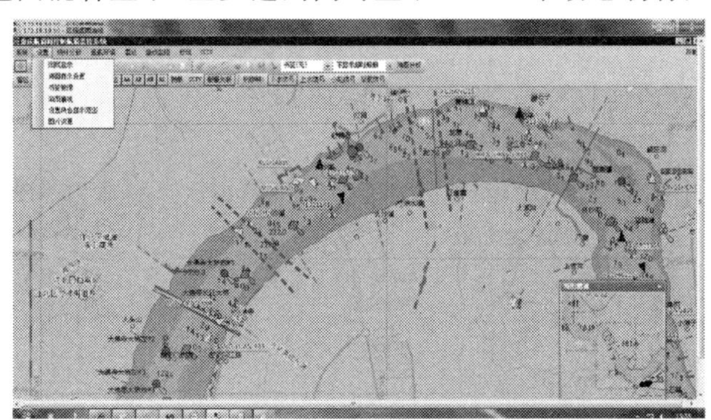

图 7-33　电子航道图/电子地图混合显示

(2) 动态目标监管

系统可在电子航道图/电子地图平台上同时监管多种动态目标，如雷达、AIS、CCTV，并将同一船舶的不同类型的定位信号进行融合显示。见图 7-34。

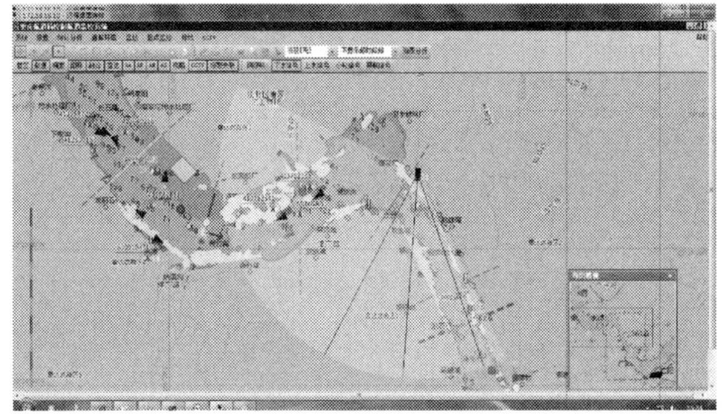

图 7-34　动态目标监管

(3)CCTV 视频监控及联动追踪

用户可在电子航道图/电子地图平台上选择要监控的摄像机，系统会自动弹出视频显示窗口，选择摄像机控制功能按钮实现镜头变焦和云台转动，且可同时打开多个视频显示窗口，可对视频显示窗口大小进行拉伸。对于 CCTV 联动监控点，还可实现视频联动追踪，当船舶驶出当前摄像头的覆盖区域时，系统会自动选择最近的可用联动摄像头进行接力跟踪。见图 7-35。

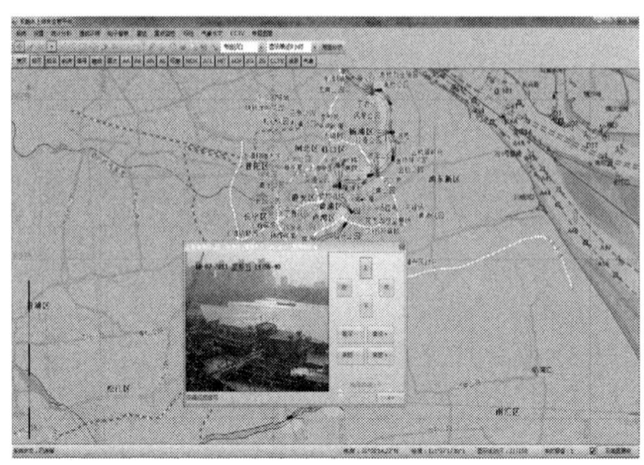

图 7-35 CCTV 视频监控及联动追踪

(4) 控制河段交通指挥系统客户端

可以接收控制台发送的实时信号，并控制揭示装置的运行，其主界面如图 7-36 所示。

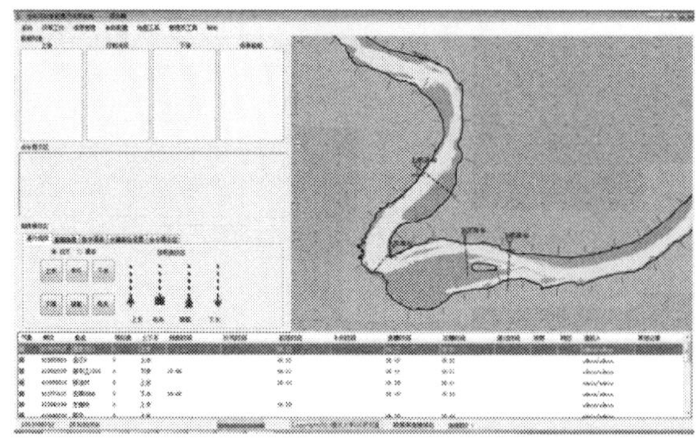

图 7-36 控制河段智能指挥系统客户端系统

参考文献

[1] Bilal J M，Jacob，D. Intelligent Traffic Control System[J]. Signal Processing and Communications，2008.

[2] Niu Yan，Yinjiang Zhang. Road Monitoring and Traffic Control System Design[J]. Information Enginerring and Computer Science，2005.

[3] 刘文远，李志强，陈红梅. 海上智能交通指挥系统结构研究[J]. 中国水运，2013.

[4] 郭世刚.航道信号自动揭示系统的研究[C].电路理论与新技术2004年学术研讨论文集,2004.
[5] 毕方全.信号台信号自动揭示与船舶通行智能辅助指挥系统技术研究[J].科技传播,2011.
[6] 胡炜.物联网中基于RFID的系统安全技术研究与应用[D].江苏科技大学,2012.
[7] 杨品福.内河控制河段智能助航系统设计与应用[J].武汉理工大学学报:信息与案例工程版,2013(03).

8 内河电子航道图技术

国家已经把发展内河航运，特别是提高长江航道的通过能力纳入国家战略规划中，构建数字化航道和智能航道已是大势所趋。作为数字航道核心部分的内河电子航道图的应用需求迅速提升，构建内河电子航道图平台对建立内河航道助航系统具有良好的推广示范作用。内河电子航道图平台包括电子航道图的显示、管理、应用和发布等方面，本章主要围绕航道图的显示介绍内河电子航道图的原理、标准、关键技术及应用。

8.1 电子航道图概述

内河电子航道图是电子海图在内河航道的应用拓展。狭义上讲，电子海图是指电子海图数据。而从广义角度，电子海图可分为电子海图数据和各种基于电子海图数据显示的应用系统。电子海图显示与信息系统(Electronic Chart Display and Information System ,ECDIS)被认为是继雷达/自动雷达标绘仪(Automatic Radar Plotting Aid,ARPA)之后在船舶导航方面又一项伟大的技术革命，从最初纸质海图的简单电子复制品到过渡性的电子海图系统，ECDIS已发展成为一种新型的船舶导航系统和辅助决策系统。它不仅能连续给出船位信息，还能提供航行相关的综合导航信息。内河电子航道图(Inland Electronic Navigation Charts,IENCs)是电子海图系统的一个分支，在遵循相关国际标准和国内技术规范的前提下，有机地融入了大量的内河航道要素。

8.1.1 电子航道图由来

航道图是船舶导航系统中最重要的工具之一，它包含了许多重要的影响航行安全的航道信息。例如，航道图能反映河床范围的地形、地物、水深和岸上一定范围的地物标志、礁石等障碍物的位置和高度等信息，及经航道图制作人员从原始测量数据加工提炼出来的等深线、等深面、相关警告性标志物标等重要信息。

传统的纸质航道图是一种静态的纸质文件，在用于船舶导航时，完全依赖于船舶驾驶人员的理解和识别。纸质航道图在船舶导航系统中的应用是被动的，相对来说，应用效率低下，紧急情况下难于快速获取所需信息。驾驶人员靠纸质航道图的手工作业来满足航海的需要，显然难以精确反映出船舶的航行状态信息和周围地理环境信息，不利于驾驶员做出快速及时的决策。

随着经济技术的发展，船舶数量迅速增加、船舶容量快速提升、船舶航速逐步加快，使得世界各种航道变得越来越拥挤，水上交通事故的频率在不断上升，船舶安全航行面临着巨大的威胁。因此，传统的纸质航道图不能满足船舶安全航行所面临的各种新的要求。现代化的计算机技术、信息化处理技术、通信技术等为研究一种全新的电子航道图提供了可能和保障。电子航道图能够集中本船航行状态信息，周围动、静态目标信息，以及所处地理位置信息、航道信息和环境状态信息等，并直观地展现在屏幕上，能够让操作人员实时获取到这些信息，快速做出判断和预测。电子海图的自动海图作业保证了船舶航行的效率，同时也提高了船舶航行的安全性。电子海图能够任意、快速地改变海图数据显示的比例，可对感兴趣区域进行放大与缩小，可对显示的物标和航线进行标注，可在海图上叠加显示雷达信息和 AIS 信息，便于驾驶人员及时、精细地了解自身状况和周围地理环境信息，从而增强船舶航行的安全性。因此，人们称电子海图为航海世界里一场新的技术革命。

国际上电子海图研究始于 20 世纪 70 年代，1993 年国际海事组织(IMO) 正式颁布了电子海图技术标准，正式确立了电子海图的法律地位，使之成为海事基础性资料。

8.1.2 纸质航道图与电子航道图的关系和比较

电子航道图之所以在航运界引起高度重视，是因为它具有传统纸质海图无法比拟的优点。一套性能完善的电子海图系统可以进行航线辅助设计、船位实时显示、航向航迹监测、航行自动警报(如偏航、误入危险区等)、自动存储本船航迹和 ARPA 目标、历史航程重新演示、快速查询各种信息(如水文、港口、潮汐、海流等)、船舶动态实时显示(如每秒刷新船位、航速、航向等)，与其他航海仪器(如 GPS、电罗经、计程仪、雷达、Navtex、AIS 等) 进行数据与信息交流，将雷达 /ARPA 捕捉到的目标船动态叠显在海图上，与电子海图系统相配的雷达信号综合处理卡可直接处理和显示来自雷达天线的视频信号，自动生成若干类型的搜救(SAR) 航线，对海图进行手动改正或编辑，或对海图进行自动改正。

电子航道图是用数字形式表示的以描述地理信息和航道信息为主的电子地图，它与纸质航道图等效。

纸质航道图很早就已存在，是船舶导航的重要辅助工具。船舶驾驶及管理人员需要借助航道图进行航线设计、查询水文、港口、潮汐、海流等相关信息，并结合罗经等航行器以确定航行的正确性和安全性。

早期的电子航道图就是纸质航道图的简单复制，只不过其保存和查看可以通过计算机进行。但是，这种简易的电子航道图不能实现航道及航行相关信息的快速查找。电子航道图分为栅格电子航道图和矢量电子航道图两大类。

8.1.2.1 栅格电子航道图

栅格电子航道图(Raster Navigational Chart，RNC) 是指以栅格形式(即图像方式，如 TIF、JPG 等格式图像文件) 表示的数字航道图，通常由纸质航道图扫描得到，是以像素点的排列反映出航道图中的要素，可以用图像软件打开，依靠眼睛识别航行要素。RNC 在电子航道图应用时也只是起辅助作用，不支持智能化航海。主要的 RNC 产品有：英国海道测量局(UKHO) 生产的 ARCS 和美国国家海洋及大气管理局(NOAA) 生产的 RNC。

Raster Charts—— 光栅式航道图，是电子海图数据库的一种形式，通过对纸质航道图的一次性扫描，形成单一的数字信息文件。光栅航道图可以看作是纸质航道图的复制品，包含的信息(如岸线、水深等) 与纸质航道图一一对应。可定期更正，可与定位传感器(如 GPS) 连接，但使用者不能对光栅航道图进行询问式操作(如查询某一航道图要素特征，或隐去某类航道图要素等)。因此有人称光栅航道图为“非智能化电子航道图”。

8.1.2.2 矢量电子航道图

矢量电子航道图是指以矢量形式(即图形方式) 表示的数字航道图。航道中的每个要素是以点、线、面等几何图元的形式存储在电子海图数据文件中，具有数据量小、显示速度快、精度高、支持智能化航海等优点。电子航道图应用系统应用时，既可以人工查询到每个要素的属性，也可以由系统根据要素的属性自动实现某些智能化的功能。

Vector Charts—— 矢量式航道图，是电子航道图数据库的另一种形式，数字化的航道图信息分类存储，因此可查询任意图标的细节（如灯标的位置、颜色、周期等），海图要素分层显示，使用者可根据需要选择不同层次的信息量（例如只显示小于 10m 的水深），并能设置警戒区、危险区的自动报警，还可查询其他航海信息（如港口设施、潮汐变化、海流矢量等），有人把矢量海图称为“智能化电子航道图”。

8.1.2.3 静态数字航道图和动态数字航道图比较

数字制图是传输和表达空间地理信息的主要技术，其主要研究的内容有两个：一是使用数字制图技术完成纸质地图生产；二是屏幕地图制图，也即电子地图。由于地图载体（纸张和屏幕）具有不同的特性，因此在制图方法上需要采用不同的技术手段。在生产纸质地图的过程中，空间信息具有静态表达的特性，因此把这种类型的数字制图叫作静态数字制图。而制作屏幕电子地图的过程中，空间信息具有动态表达的特性，因此把这种类型的数字制图叫作动态数字制图。动态数字制图大量应用在桌面 PC 机和基于互联网技术的地理信息系统中。

静态数字制图是研究利用计算机技术进行纸质地图生产及以地图为基础进行空间数据生产的一系列技术。

纸质地图需要把地图要素的属性尽可能地表示出来，如桥梁的各种参数使用分式注记的形式表示。而电子地图不一定表示，它通过用户属性查询形式提供信息。因此静态数字制图主要是追求纸上的全面、固定的图形效果，因此必须以图形符号为主要操作对象。

静态数字制图主要是完成纸质地图生产和空间数据生产的任务，因此应用的技术有：多源数据综合利用技术、地图全符号化技术、属性管理及地图编辑技术、空间数据生成与检查技术、地图出版处理技术。

动态数字制图是在已有空间数据的基础上，利用动态显示技术、多媒体技术和三维技术进行信息表达。

动态数字制图展示的舞台是计算机屏幕，它是利用了计算机系统的特点，如动态性、交互性、超媒体，在可视范围较小的屏幕上实现空间信息的动态传输和表达等一系列制图方法。它所产生的电子地图具有更新快、可视化效果好、便于统计分析、多媒体等特点，是空间认知的一种非常有效的手段。实现空间信息的动态表达主要应用了三大技术：动态显示技术、多媒体技术和三维技术。主要表现在三个方面：一是利用闪烁、动画等动态显示技术来表示静态现象以吸引用户的注意力，如通过符号的跳动、闪烁突出反映感兴趣地物的空间定位；二是利用交互性，用户可以自己定义需要显示的内容；三是由于屏幕尺寸是有限的，当地图比例尺缩小到一定程度时，屏幕地图显示内容太多，就会变得不清晰、不可读，因此，要根据地图的实际比例尺和屏幕显示比例的关系，以及地图要素的等级和重要性，实现地图要素的自动屏蔽与显示处理，即采用 LOD(Level of Detail) 技术进行地图的分级显示。利用文本、图形、图表、图像、声音、动画和视频等媒体形式，提高地图表达的程度，从而以视觉、听觉等形式，直观、形象、生动地表达空间信息，提高读者的兴趣，有利于信息的获取。

地形三维的显示可以使用户更加直观地了解区域的地形情况，与现实世界更贴近。评价动态数字制图的标准是地图显示，它是电子地图进行查询检索和分析应用的基础，同时也是影响和评价电子地图质量好坏的最重要的标志。在地图数据源集中统一和数据精度较好的前提下,电子地图质量的核心问题则是地图色彩的设计处理与图形显示速度的快慢。

空间数据是纸质地图的数字化形式,具有“静态”的稳定特征。与动态制图相比,静态制图与之有很大的差异性,纸质地图生产中,地图的数学基础在开始生产之前就已经确定,一直到地图出版,在整个过程中具有不变性。而在动态制图中,对数学基础的要求不高,只需要地图数据文件,多数处理在后续的显示系统中。因此在其制图过程中可以随时更换或者取消地图投影,直接使用经纬度等信息作为位置描述数据。

两种数字制图技术都是在计算机屏幕上进行的,但是静态制图因为有严格的数学基础和比例尺的控制,屏幕上所进行的放大、缩小对地图要素之间的关系没有影响,是纯粹的几何放大,此时的屏幕地图是制图过程的一个环节,而不是结果。而动态制图中屏幕地图是输出的结果,为了强调信息的表达,需要进行动态显示处理,并需要多媒体和三维技术的辅助。因此它没有确定的比例尺概念。要根据屏幕载负量和放大缩小的关系,确定显示的内容,符号没有实际尺寸的概念,必要时需要多尺度数据的支持。

动态数字制图受屏幕的局限,为突出要显示的内容需要经常动态地更新屏幕,利用要素属性编码进行控制就非常方便,因此必须以属性编码为主。这也就是地理信息系统的地图显示输出功能较弱的根源所在。

8.1.2.4 电子航道图特点分析

相对于传统的纸质航道图,电子航道图有其无法比拟的优势,表现在以下几点:

(1) 直观性:电子航道图形象、直观、生动、灵活地显示和处理地理信息、助航信息和航行信息,更多地使用简单、易操作的文字和地理信息,将电子航道图与雷达图像叠加,可以全面掌握船舶周围区域情况。

(2) 高效性:电子航道图使航道管理人员不受时间、空间限制地对所管辖航道区域进行监控和管理,可以迅速转换比例尺,详细观察感兴趣区域及关键航段。电子航道图系统能够自动将 GPS 定位设备所获取的船舶位置信息实时地显示在航道图上,有效地克服了纸质航道图人工标绘所造成的信息滞后现象。

(3) 便捷性:电子航道图具有自动生成若干类型的搜救航线、航道图手动改正或编辑、航道图自动改正、航向航迹监测和航行自动报警(如偏航、误入危险区等)等功能。以电子航道图为核心组成的电子航道图平台系统结合了卫星定位设备、无线电通信设备和水上设备,提高了内河航道安全航行的自动化,改进了航道工作人员的管理方式,提高了工作效率和管理水平。

以上诸多优点使得电子航道图技术得到突飞猛进的发展。同时相关软件、外界硬件、协议和标准的发展和技术突破,使得电子航道图的广泛使用变成了现实。这些相关领域中的技术进步和发展,为电子航道图更好地服务于海事、航海和助航领域起到了关键的作用。

8.1.3 电子航道图的发展历程

电子海图的研究和应用起源于20世纪70至80年代。在20世纪70年代末至80年代初,人们主要是从事电子海图系统的研制和试用;到了90年代,电子海图系统产品以及相应的国际规范相继出台。这一时期的一款名为 Chart Plotter 的设备,实际上是 GPS 液晶屏幕在显示本船位置的同时显示简单的岸线和水深。Chart Plotter 可以看作是电子海图的雏形或前身,目前国外许多人仍把电子海图系统称为 Chart Plotter。实际上,电子海图系统的英文为 Electronic Chart System，简称为ECS，它的功能比Chart Plotter要完善得多。一种功能更加完备的海图系统称为“电子海图显示与信息系统”，英文缩写为 ECDIS。根据 1995 年 The Future of Electronic Charts in Merchant Ships 统计，当时使用Chart Plotter和ECS的各类船舶有 20 万艘之多。与此相适应，在 20 世纪 90 年代研制或生产 ECS/ECDIS 的厂商和单位也迅速增加，据《1999 年 ECS/ECDIS》指南列出的电子海图产品名录，以及近几年出现在各类航海杂志上的广告，参与研制或生产电子海图的厂商和单位有几百家之多。

电子海图的发展大致经历了三个阶段：(1) 纸质海图等同物阶段。1970 年末到 1984 年，人们主要是想减轻海图作业的劳动强度，因此，仅仅是把纸质海图经数字化处理后存入计算机中。此类海图纯粹是一个静态的图像文件，任何有效信息均依赖于人工对图像的识别。(2) 功能开拓阶段。自 1986 年后，人们开始挖掘电子海图的各种潜能，如在电子海图上显示船位、航线设计，显示船速、航向等船舶参数，报警等。(3) 航行信息系统阶段。将电子海图作为航行信息核心，包括电子海图数据库的完善及与雷达、定位仪、计程仪、测深仪等各种设备和系统的接口和组合等。

国际海事组织(IMO) 和国际海道测量组织(IHO) 于 1986 年成立了由多国专家组成的电子海图委员会，着手电子海图世界标准的研究。1995 年，IMO 第十九届大会正式采纳了电子海图执行标准，从此 ECDIS 的 IMO 性能标准被确定。而 IHO 先后于 1987 年和 1992 发布了专用出版物《ECDIS海图内容和显示规范》(即 S-52 篇) 和《IHO数字海道测量数据传输标准》(即 S-57 篇)，并进行了多次修改，到 1997 年 9 月正式发行了 S-57 V3.10 格式，使它成为各国相关部门广泛采用的国际民用数字海图数据传输标准。国际电工技术委员会(IEC) 应 IMO 的要求也于 1996 年公布了 IEC 的 ECDIS 性能标准，对于按照 IMO 和 IHO 的 ECDIS 技术规范和标准研制的有关设备进行必要的性能测试和评定，IEC 的这个标准已成为 ECDIS 形式认可技术规范的开发基础。

国外在内河电子航道图系统研究方面，比较有代表性的是美国的密西西比河和欧洲的莱茵河。总结两大河流 IENCs 的发展过程可知，国外在 IENCs 标准制定和区域性发展方面，有效地借鉴了 ENC 的技术模式，比如 CCNR 和欧洲 Inland ECDIS 专家组致力于区域性 Inland ECDIS 标准的制定；北美洲和欧洲在 2003 年成立了内河电子航道图协调小组(IEHG)，该组织先后发布了内河电子航道图生产规范、内河电子航道图物标目录、内河电子航道图地理信息编码指南等区域性标准。尽管有这些区域性组织的出现，但能够统一协调指导世界范围 IENCs 发展的国际组织至今未成立。

我国是一个航海历史悠久的大国，发展符合国际标准的电子航道图及相关应用系统是我国航海事业不可或缺的一部分。相比发达国家，我国 ENC 研究起步较晚，现在仍停留在研究、试制阶段。我国 ENC 研究立足自主研发，并不断借鉴、吸收发达国家的先进经验和技术。自 20 世纪 80 年代起，我国就有一些与航海相关的大学或科研机构开始研究电子航道图系统，并在电子江图的显示和船舶航行信息的处理方面取得了宝贵的经验和成果。我国海事局也开发了电子航道图制作和显示系统，该系统已经用于内河航标巡检、航运、助航管理、海事管理、船舶交通管理等诸多领域，但产品数据格式不一致，性能不能完全符合 IMO 性能标准。上海海事局完成了国际标准电子海图制作软件的设计；天津海事局应用加拿大的软件 HOM 已具备了批量生产 S-57 标准 ENC 和 ER(电子海图改正) 的能力，目前正与武汉大学测绘学院联合研制 S-57 标准电子海图质量控制软件。同时，许多非专业公司和单位进行了电子江图的研发，并且已经有多家公司和单位的电子航海图产品投入使用。

目前，我国 IENCs 研究尚处于起步阶段。随着 IENCs 应用需求的迅速提升，其发展和应用得到相关部门的重视，相关标准规范开始研究制定，相应工程建设得到支持，在借鉴国外 ENC 和 IENCs 生产经验的基础上，也取得了较大成绩。比较有代表性的是长江航道局和长江三峡通航管理局分别通过南浏段数字航道建设和长江三峡坝区河段数字航道建设工程，有效地将 ENC 标准应用到长江电子航道图的生产上。在标准研究制定方面，交通运输部长江航务管理局参考 ENC 标准，已制定了《长江电子航道图制作规范》，这将对我国长江（内河）电子航道图及其应用系统的建设发展起到良好的规范作用。

长江是唯一贯穿我国东、中、西部的水上交通大动脉，为了提高长江航道通航能力，提升长江黄金水道航运的地位和作用，尽快实现长江航道的现代化和智能化，长江航道局于 2011 年正式发行了长江电子航道图（1.0 版）。2011 年 12 月 28 日，长江电子航道图（2.0 版）的研发取得了初步成功，并在 2012 年 10 月 1 日正式上线试运行。2013 年 10 月 1 日长江电子航道图（3.0 版）正式上线试运行。

长江电子航道图（1.0 版）完成了纸质航道图的数字化，标志着长江航道图实现了从纸质信息到电子信息、由静态信息到动态信息的关键跨越。

长江电子航道图（2.0 版）彻底改变传统的航道信息服务方式，基于标准航道数据库，拥有独立的生产编辑系统，功能更加强大。2.0 版可及时更新航道、航标等信息，为船舶航行提供准确的助航标志、航道数据、地物地貌等航行信息。具有航道信息丰富、通用性强、定位精度高等特点。船舶可以根据自身航行需求，制订计划航线并实时计算航线距离、航行时间、到达时间，并连续记录本船航行轨迹及实现航迹回放等功能；在操作上，电子航道图能够实现放大、缩小、显示模式选择及配色模式选择等符合国际相关标准的显示，船舶通过图上的地物地貌信息查询，能够获取航标、临跨河建筑物、水深等立体航道综合信息，以供船舶航行参考。此外，系统还能够根据终端用户需求实现航行报警功能，其中包括航行危险报警、航线偏移报警、限速报警、逆航报警等诸多报警功能。

长江电子航道图（3.0 版）系统在长江电子航道图（2.0 版）系统的基础上，拓展完善了应用服务功能，进一步丰富充实了航道服务信息。新增以下五个方面的服务和应用功能：一是数字雷达扫描信息集成应用，可将数字雷达扫描信息应用于电子航道图船用终端上，实时跟踪船舶周边目标信息，保障船舶的安全顺畅航行；二是山区航道可视距离信息显示与应用，为船舶提供山区航道实时雾情信息，并对可视距离情况设置预警报警功能，以避免可视距离较小情况下发生的航行危险；三是流速流向信息显示与应用，能够在船用终端上显示主流区、缓流航标区，以指导用户更好地利用水流的作用，实现节能、快速、安全地航行；四是控制河段智能通行指挥系统应用，更好地指导航行船舶在控制河段安全、高效通航；五是虚拟航标显示和应用，可实时显示长江干线航道虚拟信息，为航行船舶提供航道标识服务。

长江电子航道图系统的发展推进着长江智能航道建设的不断发展，更加有力地推动着长江航道事业的现代化发展，促进了航道信息服务的全面升级，更好地满足了社会的应用需求。

8.1.4　电子航道图的组成部分

电子航道图包含：航道图数据和电子航道图导航显示系统。

电子航道图系统主要由电子航道图显示平台、数据文件、显示标准等组成。其主要原理是用符合 IMO 的 S-57 标准的 ENC 数据转换为 SENC，然后按照 S-52 标准表示库的要求将电子航道图内容显示在计算机显示器上。如图 8-1 所示。

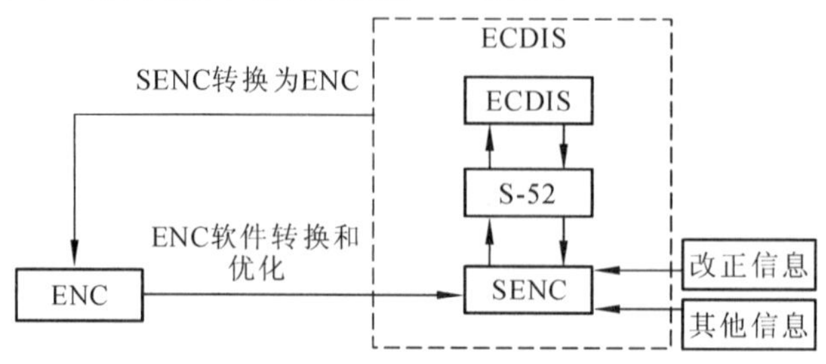

图 8-1　电子航道图系统

从图 8-1 可以看出，电子航道图主要由 ENC、SENC 和 S-52 表示库组成，其各部分功能如下：

(1) 电子导航海图(ENC) 是由官方授权的权威航道测量部门依据国际航道测量组织(IMO)S-57 标准制定的矢量电子海图，也是唯一可以合法应用于 ECDIS 内容、结构、格式标准化的电子海图数据库。ENC 以“数据库 - 数据集 - 物标”的分层模式管理 SENC 中的海图数据。数据库用于组织、维护和管理某水域的海图单元，提供与数据集投影方式一致的坐标转换接口。数据集实现了对单幅海图数据的访问和控制，其数据模型满足 S-57 标准，能够导入 S-57 文件，然后进行数据处理和格式转换之后生成 SENC 数据单元。该单元能有效地支持 S-52 相关坐标显示，能很好地读取、存储数据，并包含了原始数据的完整信息。物标通过 S-57 的物标类目体系来具体表示地理实体。数据库、数据集和物标的数据结构及相应的操作算法是 ENC 的主体。

(2) 系统电子导航图(SENC) 是通过恰当的方式将 ENC 进行格式转换，航海人员在此基础上添加其他信息而形成的数据库。ECDIS 为实现显示海图和其他导航功能而读取的数据库就是 SENC，该数据库等价于最新的纸质航道图。SENC 能有效地支持航道图信息的浏览、查询、更新、维护，同时实现航迹设计与监控、选定某一区域、自动报警等功能。

(3)S-52 表示库提供的信息可以将一个相对抽象的 S-57 物标转化为有效的 ECDIS 显示。对表示库内容的具体实施是实现航道图 S-52 显示风格的基础。符号指令及符号体系是电子航道图图形的描述语言，检索表是联系 SENC 物标和符号指令的纽带。显示生成器详细地描述了表示库的用法和检索表的操作规章，以保证 S-57 数据的准确显示。因此，以 S-52 表示库的显示生成器的规程为指导，对检索表的内容进行结构设计和对符号标绘算法的设计，以实现物标的符号化显示，是这一部分的主要内容。

8.1.5　电子航道图生产制作服务流程

电子航道图生产制作流程规范依据电子航道图生产制作平台及数据质量要求而制定，以指导电子航道图的规范生产。

长江电子航道图制作的主要步骤包括：数据预处理及检查，源数据入库、编辑及检查，ENC 生产、检查及产品输出，产品入库管理。

源数据中心库(NIS)是一个多时态、多比例尺的数据仓库,依据CJ-57定义长江电子航道图的数据模型,存储所有空间物标信息,通过生产编辑系统中的源数据导入及编辑模块批量导入并存储数据,并可对其进行编辑、维护与管理,是生产电子航道图和纸质地图的数据来源。

生产数据库是一个空间数据库,它指定了所使用的数据模型和数据集,定义产品的地理范围和数据抽取条件,并定义、存储和描述电子航道图产品信息,可直接用于创建和维护产品数据。它包括以PL库表形式存在的两部分:基础注册库和产品库。基础注册库用于存储并集中管理所有电子图数据模型、数据校验、工作流管理、产品信息等注册信息;产品库用于存储生产新的电子航道图或者新纸图产品时的相关描述信息以及与NIS源数据库和产品实例库交互相关的内容。

产品实例库(MDF)是产品数据的集合,主要用于电子航道图和纸质地图实例的生产、编辑、校验、生成产品实例等。

产品数据库是产品数据的集合,主要存储与管理电子航道图EN和ER文件、纸质航行参考图文件,以及对这些文件的描述性文档数据,可直接供用户调用。

长江电子航道图的生产编辑系统为基于数据库的生产模式,采用多客户端同时操作的方式进行生产,整个系统包括源数据中心库(NIS)、生产数据库(PL)和产品数据库(PD)。

源数据中心库、生产数据库和产品数据库之间为相互依存的关系,原始数据进入系统后被存储到源数据中心库,经过处理后的数据进入生产数据库按图幅划分规则建立元数据层并输出电子航道图产品,最后电子航道图产品进入产品数据库存储、管理并提供给用户使用。

电子航道图生产系统中同时还有航标数据库和水深数据库。航标数据库用于存储航标信息并快速生产航标异动更新文件,水深数据库则用来存储历史及最新的水深数据。

长江电子航道图生产制作流程见图8-2。

8.2　电子航道图主要标准

8.2.1　IHO系列电子海图标准

ECDIS是一个实时的航行系统,它汇集了各种导航传感器以及ARPA和船舶自动识别系统(Automatic Identification System,AIS)的信息,并由航海人员来显示和解译这些信息。

许多国际组织一直致力于ECDIS规范标准的制定工作,并且已经通过了许多相关的国际标准和规范。其中,国际海道测量组织(IHO)制定了与数字数据格式相关的数字海道测量数据传输交换标准(IHO S-57)以及ECDIS内容和显示规范(IHO S-52)。IHO S-57和IHO S-52在1995年11月被批准为IMO有关ECDIS的国际通用性能标准。S-58标准提供了对于ENC数据是否有效,是否符合S-57标准的检验列表,由IHO传输标准维护与应用开发工作组负责。S-63是由IHO制定的一个保护数字海图数据安全的标准。该标准规定了安全框架及需遵守的操作规则和程序,使用了密码技术中的密码加密、数字签名、数字证书等核心技术手段以保证实现数据安全。但是对电子海图来说,最重要的是S-57和S-52标准。

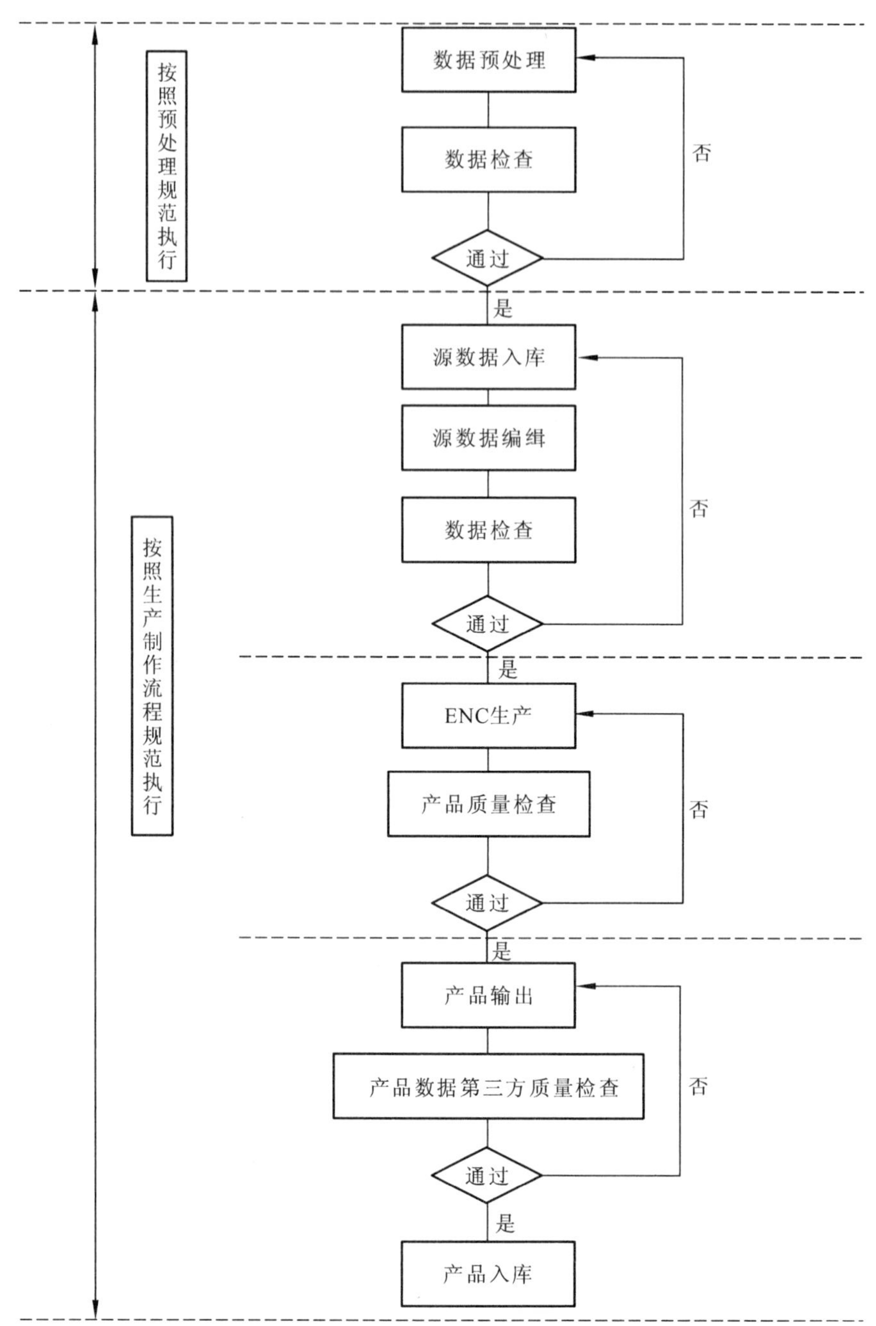

图 8-2　长江电子航道图生产制作流程

8.2.1.1　电子海图数据交换 S-57 国际标准

为了使电子海图及其应用系统形成统一的国际标准，方便数据交换和共享服务，国际海道测量组织(IHO) 成立了电子海图显示与信息系统工作委员会，就电子海图及其应用系统所涉及的各个方面开展标准化和规范化的研究。国际海道测量组织电子数据委员会于 1992 年 4 月第九届国际海道测量大会上通过了《S-57 篇 IHO 数字海道测量数据传输标准》为

IHO 正式标准的决议。

《S-57 篇 IHO 数字海道测量数据传输标准》旨在对各国海道部门之间用于交换数字化海道数据以及将这些数据传递给生产厂家、航海者和其他数据用户的标准加以说明。例如，该标准可用作 ECDIS 的数据源，并且，在交换传递过程中，数据的含义不能有任何改变。

S-57 标准专门用于描述真实世界数据的传输。由于真实世界复杂得难以完全描述，因此必须使用简单的高度专业化的真实世界观察方法，这种方法用模拟真实世界来实现。该模型将真实世界实体定义为特征物标(Feature Object) 和空间物标(Spatial Object) 的组合，在模型中这些属性集定义为特征物标和空间物标。物标被定义为可标识的信息组。物标可以具有属性并且可能与其他物标相关。特征物标描述了实体的种类、性质、特征等属性信息，而空间物标则描述了实体的空间位置特性。

特征物标含有描述属性但是没有任何几何属性(如关于真实世界实体形状和位置的信息)。空间物标可能有描述属性但必须有几何属性。特征物标由它与一个或多个空间物标的关系定位，可以不参照空间物标存在，但每个空间物标必须参照一个特征物标。特征物标之间也有相互参照关系，以指示它们之间的相互联系。

为了转换真实世界的信息，采用分层逼近的方式，产生的模型被转换成被命名的结构(即记录和字段)。首先，真实世界由于建立了现实模型从而使其易于理解，获得的模型被转换成已命名的组成部分(如记录和字段)，实现这种转换的部分是指对组成部分及其内容的各种规则和约束的定义，转换的结果便产生了数据结构。图 8-3 为模型到数据结构的转换关系。

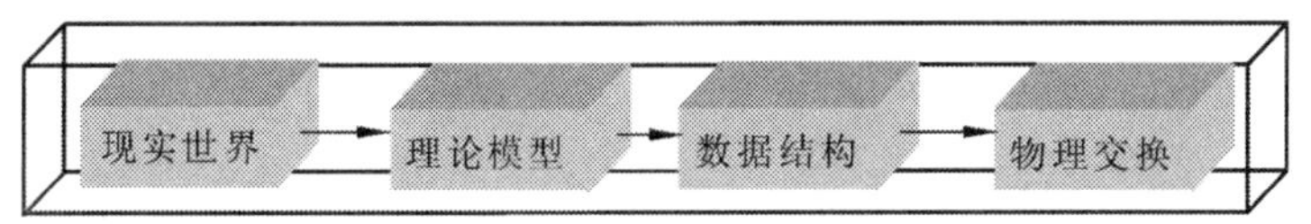

图 8-3　模型到数据结构的转换关系

数据结构本身不能直接从一个计算机系统转换到另一个系统，为了实现这种转换，结构必须封装于一种物体转换标准中。S-57 采用 ISO/IEC8211 作为它的封装标准。通常，参与交换的物标不止一个，由于一个物标构成一个记录，一个交换集由多个记录构成，为了方便，将记录组成文件，最后交换的信息集被称作交换集。记录组成文件和文件组成交换集的方式由产品规则制定，一般遵守以下四个规则：

(1) 一个交换集由一个或多个文件构成；

(2) 一个文件由一个或多个记录构成；

(3) 一个记录由一个或多个字段组成；

(4) 一个字段由一个或多个子字段组成。

S-57 将真实世界的航行环境对象定义为特征物标和空间物标的集合。物标：一组可识别信息，可以具有属性，可能与其他物标相关。空间物标：可能有描述信息，但是一定要有几何信息，最常见的空间物标就是特征物标的经纬度。特征物标：包含描述信息，不能包含几何信息，可以由一个或几个空间物标定位，也可以不对应空间物标，如灯塔、浮标、岛屿。

下面以浮标作为物标的例子：首先有一个浮标的特征物标，包含了浮标的相关描述信息，例如物标分类(物标标号)，几何形状信息(点) 等。同时该物标对应空间物标，一个点物标，描述了浮标的经纬度，以及该点的水深信息。物标结构如图 8-4 所示。

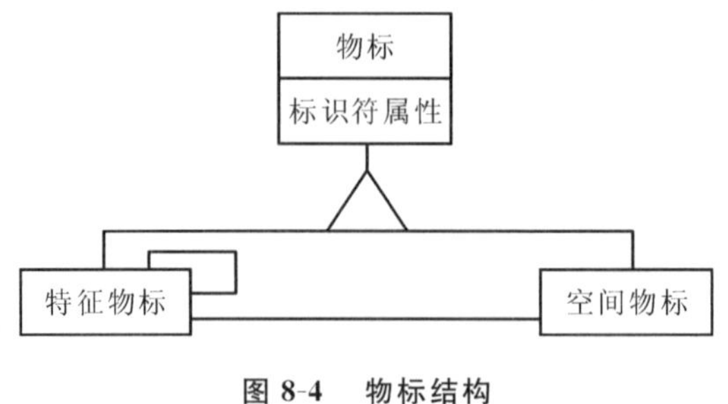

图 8-4　物标结构

图 8-4 中关系说明如下：

真实世界中的物体由一个或多个特征物标描述，每个特征物标对应相关的空间物标，也可以只是描述信息，空间物标可以是多个的，但不能独立于特征物标存在。

S-57 数据模型的特征物标分为 4 类：

元物标：包含其他物标共有信息的特征物标，是从多个具有相同信息的物标中提取出来的。例如海图的基准经纬度、绘图比例尺、水深乘数因子、坐标乘数因子，以及各个数据的计量单位等共用信息。

地理物标：包含真实世界物体的描述信息的特征物标。S-57 系统使用最多的就是这类物标，小至一般的道路、浮标、沉船，大到岛屿、陆地、海洋区域等，都属于这一分类。

制图物标：包含真实世界物体，由实际制图符号代表信息组成的特征物标。该分类只在出版纸版海图时需要，在 S-57 第 3 版中规定，在电子海图的交换集中，禁止使用制图物标类，因此不予考虑。

集合物标：包含描述另外两个物标关系的特征物标，这一分类在 S-57 海图中也不使用。

S-57 数据模型的空间物标为矢量空间物标。矢量空间物标采用二维方法，把三维信息（深度，高度）作为物标的属性。矢量空间物标分为：点、线、面。三者之间的关系为：独立点包含于面，边包围面，链结点决定线的起始。实际中采用 4 个拓扑层次描述空间物标之间的关系：制图结构，链结点，平面结构，完全拓扑。

现在广泛采用的是链结点结构。该结构由结点和边表示，结点分为链结点和孤立点，边由起始结点以及终止结点定位。点编码为链结点和孤立点，线编码为一组边和链结点，面编码为线（边以及链结点）围成的闭合区域，向量物标可共享。

根据以上数据模型分析，可以建立一个完整的理论模型（链结点拓扑结构），如图 8-5 所示。

以一个岛屿的 S-57 数据模型为例：首先岛屿对应一个特征物标，由物标中的特征标识号域定义了岛屿的标识码，由属性域定义了岛屿的相关信息。然后特征物标中的特征记录到空间记录指针域，指出了一个或多个存储边信息的空间物标的地址，又由边的空间物标中的链结点地址指出了链结点的对应空间物标。

8.2.1.2　电子海图显示 S-52 国际标准

电子海图显示国际标准规范的最初草案于 1987 年 5 月在摩纳哥召开的第 13 届国际海道测量会议上提出，后提交给 IHO 各成员国。此草案也分发给了各国航运管理部门、航海人员协会和制造商以广泛征求意见，自此以后，《ECDIS 海图内容与显示规范》（S-52 篇）及其

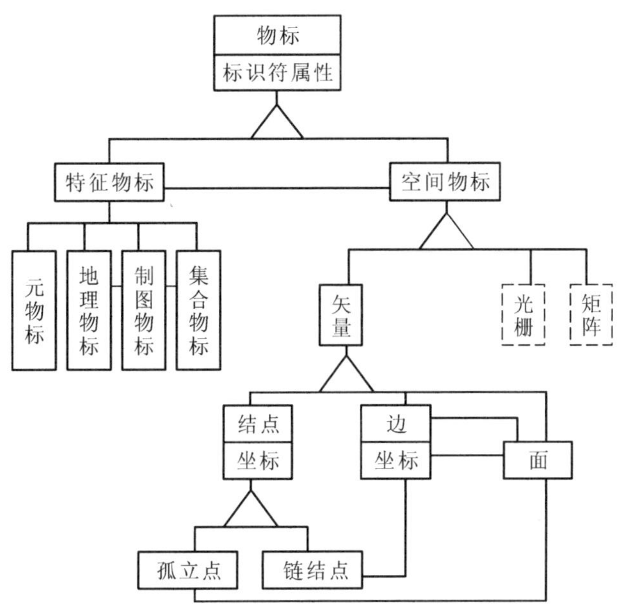

图 8-5 链结点拓扑数据模型结构图

相关附录已被修改了多次。

发表在专用出版物(S-52)上的《ECDIS 海图内容与显示规范》及其附录是 IHO 制定的规范，为了确保海道测量局成员国所提供的海道测量数据在使用时能提高航行的安全性和有效性，数据应满足 IMO 的 ECDIS 性能标准中所提出的要求。包含在 ENC 中的数据质量指示符可作为重要海图要素精度的定量评估，与卫星导航位置精度的评估共同使用时，可确定距危险物的安全距离。按照顺序，航海人员可以知道所使用的信息的质量。

ECDIS 系统的生产者都可以设计自己的存储格式或数据结构，而使其系统满足本规范所述的性能要求，由此产生的数据库称为系统 ENC(SENC)。任何 ECDIS 应能接收和转换官方 HO 数据(ENC)作为各自的 ECDIS 的内容存储结构(系统 ENC 或 SENC)。这样的数据包括两部分，即 ENC 数据和以数字格式传送的 ENC 改正数据。该转换过程应在 ECDIS 内完成，但并不意味着 HO 提供的数据要做实时处理。它只允许在接收 HO 数据时做一次转换，由 HO 提供的 ENC 的正式拷贝应保存在船上。由此拷贝 ECDIS 生成系统 ENC，系统 ENC 是实际操作 ECDIS 所使用的数据库。通过同样的转换方法，可将官方的改正加到系统 ENC 上。

若有区域在 ECDIS 的显示覆盖范围内，但该区域无 HO ENC(包括某些适于通航的水域)，则应给航海人员发出一个指示，告知该区域需要参考纸质海图。对此情况，下列限制也适用：

(1) 应保持 HO 提供数据的精度，即用度和小数度给出的 HO 数据，当转换为制造厂商专用格式和结构并用于计算时，也应保持同样的精度；

(2) 用数据的组织和容量来优化 ENC 数据是海道测量局的职责。制造商可使用点压缩或平滑操作来压缩 SENC 中的海图信息，用此方法产生的以 ENC 比例尺显示的海图影像应与 ENC 影像的显示清晰度相同；

(3)HO数据是用单元结构提供的,若此单元结构被修改,则ECDIS制造商有责任保持单元相关特性;

(4)若航海人员没有设定安全等深线,则采用30m的默认值,若设定的安全等深线在SENC中不存在,则安全等深线应被默认为是其下较深的等深线。若由于源数据的改变而使所用的安全等深线不适用时,则安全等深线应默认为其下较深的等深线。

ENC数据应以单元来组织,无论是对ECDIS的数据操作还是对海图的修改均如此。在国际ENC中,为与TNT海图相对应,交流语言应是英语。若要求用其他语言或字母,则是一种附加的选择,非英语信息的显示不应降低海图的显示能力。

海图信息显示分为三部分:标准显示、显示基础、显示概要。在显示时为建立数据的优先次序,需要分层。

此外,其制图框架分为水平基准面、垂直基准面、导航用图及比例尺和ECDIS的单位显示。其中,为了使不同来源的位置信息汇合到一个数据库(地区性的),只能采用一个水平基准面。根据IHO技术决议B.11,这个基准面应为WGS-84,这也是使用全球定位系统(GPS)时适用的基准面。各国HO应使用官方的IHO指导文件或等效文件将当地基准面转换到WGS-84。而将不同的海图进行数字化或从其他途径收集而获得的深度数据可能与不同的垂直基准面有关。ENC定义的每个区域应用一个特定的垂直基准面。ENC应定义每个区域,对此应用一个特定的编辑比例尺,正是这个比例尺决定使用的数据是否超比例尺显示。在选定导航用图后,当屏幕不能完全用ENC数据覆盖时,显示的剩余部分可根据更广泛的导航用图的数据去填充。在显示屏上指明的数据应有相同的比例尺。若在显示屏上指明比例尺界线,则对超比例尺区域中指出的信息可不依赖显示的比例尺。ECDIS显示上使用的单位有如下表示方法:位置用度、分和小数分表示纬度和经度;深度用米和分米表示;高度用米表示;距离用海里和小数海里或米表示;速度用节和小数节表示。

ENC的最低性能要求包括计算和显示功能两个方面。在计算中,ECDIS至少能够执行大地坐标与显示坐标的相互转换,地方基准面与WGS-84之间的变换,两地理位置之间的真实距离和方位等。这些计算的精度应使数据之间在显示上没有可见的失真,所有的计算应根据ENC中区域最详细的导航用图所用的数据进行。在显示功能里,信息应能在ECDIS中分开的多个显示器中的一个或多个物理屏上显示,信息可以自动显示,根据需要显示或按手工输入的结果显示。

《电子航海图更新指南》由国际海道测量组织(IHO)信息系统海道测量需求委员会(CHRIS)下设的更新工作组(UWG)制定。自从该工作组成立以来,在ECDIS的技术、知识以及实际经验方面均取得了很大进步。下面将逐步介绍本文所涉及的范围、目标及各种构想。

世界电子航海图数据库(WEND)系统是一个公用的、世界联网的ENC数据包。WEND象征着一个依赖于各成员国协力合作的IHO系统。为保证ENC服务的质量,应启用公认的质量管理标准(如ISO9000),应该服从所有有关的IHO和IMO标准和衡量尺度的制约。产品的分发可与数据库的管理相互分离,将采纳的任何分发方式均须由负责发行的海道测量局(HO)加盖印章以示认可,应建立技术和经济上均有效的更新解决方案。各国的HO在提供原始数据的时候,有责任将更新信息及时通报给负责发行的HO。

电子航海图的更新被看作是一个涉及数个真实系统的应用过程。下面的分析与各个数据更新实体之间的信息交流有关。其中，更新模型的范围包括：

(1) 规定能够为 ECDIS 传输 ENC 更新信息的可能的传输类型；

(2) 为每种可能的传输类型确定处于终端系统和处于更新过程内部的接口；

(3) 规定接口处的服务内容和服务需要的详细说明。

ENC 更新信息指在某一时刻能够保证一幅 ENC 正确和不过时的必要信息。ENC 更新指 ECDIS 中的 ENC 更新信息的生产、传播和综合过程，它包括以下内容：

(1) 从事 ENC 更新信息处理的实体；

(2) 用于携带更新信息的物理媒介；

(3) 更新操作方式，由更新信息的发行人自行选择并置于发行人的职责范围之内，以便用最高的效率向 SENC 提供更新信息；

(4) 更新信息的传输程序，取决于所使用的媒介和渠道以及为保证正确性而必须采用的核实程序；

(5) 数据库运行，以便综合更新信息和核实已更新的数据库。

1988 年 11 月，IHO ECDIS 委员会设立了一个颜色与符号工作组，以制定海图符号及颜色的规范和准则，并由各国海道测量部门、ECDIS 用户及生产商决定。1989 年 1 月，IMO 海上安全委员会航海安全分会指出了为制图和航海定义符号及颜色的必要性，并责成国际无线电海事委员会(CIRM) 和 IHO 制定详细的技术指标。

IHO 的《ECDIS 颜色与符号规范》(PS&SS) 作为《ECDIS 海图内容及显示规范》的附录 2 在满足 IMO 性能标准及 IHO S-52 需要的前提下，确定了在 ECDIS 显示中表示 SENC 信息的方法和意义。

要实现对 ECDIS 的安全操作，颜色与符号规范必须达到以下几点：

(1) 确保显示是清晰明确的；

(2) 明确显示中无超出颜色与符号意义之外的不定因素；

(3) 确定一种为用户所熟悉、认可的 ECDIS 图形表示方法，以便迅速准确地判读要素。

PS&SS 分为文字部分和数字表示库两个部分。PS&SS 文字部分阐述要求及一般术语的意义；数字表示库可以给出详尽的颜色、IMO 规定符号等的信息及其显示指南。表示库(PL) 指南(PS&SS 附件 A) 可以辅助 ECDIS 制造商完成表示库。其中，数字表示库是直接用于 ECDIS 的，是颜色、符号及显示规则的详细依据。

ECDIS 显示中用到的符号在数字表示库中有详细的规定。由于表示库可以进行数字更新，因此表示库磁盘的最新版本便是线、符号和字符的权威规范。一些物标不具有符号(如领海)，这类无符号物标在显示中可以用光标选择进行查询，或者存储起来，为海域通用光标查询所用。表示库包含有附加条件的要素符号示意图，用于那些依赖于环境而不能用一个固定查询表提供的要素。例如，等深线符号取决于它是不是安全等深线。其中一些程序非常复杂，应对它们进行仔细估价。

一个简单的海图符号大约占 12 个像素(在 IHO 标准屏幕上约为 4mm)。所有符号的大小在表示库中都以毫米表示。所画符号不能小于规定的尺寸。另外，显示一个符号所占像素数量至少应与表示库中规定的数量相同甚至更多。

S-52 指出，HO-ENC 是用北向上显示方式编辑的，以其他显示方向重新编辑海图的适当方法仍未开发。如果使用了其他显示方向，HO 数据必须随北箭头旋转，即所有符号数字应保持北向。

在 ECDIS 中，为了提取更详细的信息，通常有两种可行的方法：

(1) 命令显示海图上一种普通类型的信息，例如显示所有灯标的特性或所有浮标的说明；

(2) 某一单个要素的光标检索，如一条导航线、一座灯塔或一个可获信息符号，应答信息通过窗口或辅助屏显示出来。

在表示库中，对字级、颜色和字体有详细规定。字符必须使用直体并水平书写。表示库中将一些字符作为符号来处理，以确保它们的精确定位。水深注记便是其中一例。ECDIS 颜色规范的总则是既可以用于海图显示操作，也可以用于与海图同屏显示的各种文本要素。

由于所显示的图形、导航线、符号必须明显地区分于背景色，所以在建立颜色表时，首先选择的是背景色，然后再选择与之形成鲜明对比的线和符号的颜色。对颜色和符号的设计，应致力于确保重要的海图和航行要素在强烈的阳光下和黑暗的夜晚都能保持清晰的可视性。

由于标准的 CRT 亮度控制不能均衡地减弱所显示颜色的亮度，因而必须在操作者的控制下，根据驾驶台上的光亮程度，用软件来调整 ECDIS 的显示亮度。颜色表中的规定足以满足亮度和颜色调整的灵活性要求。

8.2.2 我国内河电子航道图标准简介

内河电子航道图必须符合电子海图的国际标准，并在此基础上进一步扩展形成具有内河特色的长江电子航道图标准。

内河 ECDIS 是数字航道应用层的核心内容，有极其重要的意义。根据现有内河标准的情况，我国也在对长江电子航道图标准的制定进行着积极的探讨和努力。许多长江航运单位都从各自的实际应用需求出发，单独研制电子航道图。由于缺乏统一的技术标准的指导，这些电子航道图自成体系、互不兼容，无法实现数据交换和信息共享，难以形成长江电子航道图系统的整体性和一致性，不仅造成重复开发和资源浪费，也严重制约了长江电子航道图技术发展。为了规范长江电子航道图的制作及应用，交通部将“长江电子航道图制作标准研究”列为 2005 年度重大科研课题，于 2007 年底形成研究成果并通过验收，最终形成了《长江电子航道图制作规范》(JT/T 765—2009)，于 2009 年 12 月 23 日发布，2010 年 4 月 1 日实施。该规范包括五个部分，其中数据传输(JT/T 765.2—2009) 规定了长江电子航道图数据的制作和传输规则，包括数据模型、数据结构、物标目录和产品规范等内容。

该规范在着重分析 S-57 标准物标分类及属性定义方面相对于长江电子航道图的局限性和差异性的基础上，在 S-57 理论模型、数据结构和产品规范约束下，扩展 S-57 物标分类及属性定义，增补有关的数据格式转换标准，增补有关的物标标准，形成了长江电子航道图数据传输标准(以下简称 CJ-57)。

交通运输部办公厅《关于印发第一批需严格执行的交通运输信息化标准目录的通知》(厅科技字[2011]79 号) 中规定长江电子航道图制作应执行《长江电子航道图制作规范》的第二部分，即数据传输标准(CJ-57)。

CJ-57 和 S-57 中均包含四种类型的物标：地理物标、元物标、组合物标、制图物标，同时包含三种属性：物标特征属性、国家语言属性和空间及元物标属性。增加修改的物标和属性数量参见表 8-1。

表 8-1　CJ-57 和 S-57 中各类物标和属性个数统计

物标	CJ-57 个数	S-57 个数	属性	CJ-57 个数	S-57 个数
地理物标	154	163	特征物标属性	194	192
元物标	13	13	国家语言属性	5	5
组合物标	3	3	空间及元物标属性	3	3
制图物标	5	5			
合计	175	184	合计	202	200

CJ-57 没有对 S-57 中的国家语言属性、空间及元物标属性进行增删，在 S-57 的基础上删除了 21 个特征物标属性，同时新增了 23 个特征物标属性。删除的属性为长江上不需要的属性，新增属性为长江上物标特有的属性，在 S-57 物标属性基础上进行扩展，充分体现了长江航道要素特点，因此属性的增删在两个标准之间不存在矛盾。

为适应长江内河电子航道图需要，CJ-57 对同一个物标的属性也进行了一定的修改，以下给出对比分析。

(1) 元物标、组合物标、制图物标的属性更改

CJ-57 对 S-57 的所有元物标、组合物标、制图物标均增加了 UPDMSG(更新信息) 属性，此外，元物标 M_SREL(测量可靠性) 还增加了 SPDMAX(最大测点间距) 属性。除此之外，元物标、组合物标、制图物标的属性没有其他变化。

(2) 地理物标的属性更改

CJ-57 中除 DRGARE(疏浚区) 和 SISTAT(交通信号站) 物标外，其他地理物标均在 S-57 的基础上增加了属性 UPDMSC(更新信息)。除此之外，对 13 个地理物标所包含的属性进行了增加和删除。CJ-57 只是在 S-57 的基础上，对同一物标的属性进行增删，对长江电子航道图的数据生产不会造成影响。

(3) 国家语言属性的属性值没有变化，空间和元物标属性中的 HORDAT(水平基准面) 的属性值发生了变化。CJ-57 中的 1、2 属性值相同，均为全球地心坐标系，需要进一步验证。属性值 1、2 及 5～8 在 S-57 的属性值基础上进行了更改，导致同一属性值在不同标准中表达的含义不一致。

(4) 特征物标属性的属性值对比

CJ-57 对 S-57 中 43 个特征物标属性所包含的属性值进行了增加和删除。除此之外，还对 8 个特征物标属性所包含的属性值进行了更改，共计更改属性值 16 个。属性值的增删对长江电子航道图制作无影响，但属性值的更改将给数据的应用带来影响。

通过以上对比分析发现 CJ-57 与 S-57 间存在不兼容的方面，即不仅删除和扩展了 S-57 的物标和属性，还对 S-57 中部分物标的部分属性值进行了更改。侧面浮标、港口设备、灯标等常用物标所包含属性的属性值在 CJ-57 与 S-57 两个标准中存在差异。

8.2.3　长江电子航道图标准

长江电子航道图标准包括：长江电子航道图生产预处理规范、长江电子航道图生产制作流程规范、长江电子航道图图幅划分规范、长江电子航道图物标制作及符号显示规范等。

8.2.3.1 长江电子航道图生产预处理规范

(1) 航道地形图规范

长江电子航道图生产预处理规范将航道所有要素划分为22个图层,包括控制点、地物地貌、境界和地名等,见表8-2。

表8-2 图层划分

序号	图层名称	图层描述
1	控制点	图中所有控制点要素
2	地物地貌	包含图上所有地物地貌要素。地物指地球表面上相对固定的物体,地貌指地球表面的各种形态,如土堆、丘地等
3	境界和地名	境界是各种边界如省界、县级、市界等的总称。地名是具有部分人文、地理环境范围代指意义的名称
4	标准线	标准等深线是根据长江干线不同航段航道的维护特点而制定的用于指导航道维护的等深线。该层包含图中所有标准等深线
5	计曲线	图中每隔四条首曲线加粗描绘一根等深线,这根加粗的等深线就是计曲线。该图层包含图中所有计曲线
6	首曲线	按固定等高距(航道图中等高距为1m)描绘的等深线为首曲线。该图层包含图中所有首曲线
7	零米线	图中所有零米等深线
8	高程	绝对地形图中所有高程点相对于绝对基面的高度
9	水深	相对水深图中所有水深点相对当地航行基准面的高度
10	…	…

各类航道要素必须使用规定的四位编码及几何类型编绘,未涉及的编码不得使用,否则视为数据不合格。如有特殊要素确需增加编码或修改几何类型,应与测量中心联系,以修改制图模板。

其他扩充的属性表及填写规范要求包括:控制点、地物地貌、水工设施、整治建筑物表、水文要素、境界和地名表、临跨河建筑物、水深线表、航行障碍物、植被、其他图层及其要素。

(2) 要素绘制要求

① 等深线的绘制

根据图上水深数据利用4749编码生成等深线,上游库区每隔5m生成一根等深线,其余河段0～10m每米生成等深线,0m以下和10m以上每隔5m生成一根等深线。

绘制时计曲线必须连续不能中断。尽量保证计曲线的连续性,在地形极为陡峭的地方可以中断。整数的水深值放入浅区中,如3m的水深点应放入2～3m的深度区间。同时将每条等深线的深度值填入扩展属性表中。

② 水-岸分界线(岸线)

水-岸分界线统一采用编码6610,绘制时保证线段的连续性,同一条线不能在中间打断

(包括遇到桥梁、码头等要素也不能打断)。大堤等常年位于岸上的航道要素位于水－岸分界线的一侧且不能与水－岸分界线交叉,实际为水中的要素位于水－岸分界线的另一侧。

上游库区以吴淞高程175m等值线作为水－岸分界线;其他以航行基准面－10m等值线作为水－岸分界线。绘制水陆分界线时不需要闭合,如果遇到175m或－10m整数点,应将其放在陆地区的一侧。除此之外,还需要绘制洲滩的边界线并保证其闭合。

③ 码头的绘制

面状码头应该绘制为闭合的线。浮码头的趸船部分和栈桥部分统一用编码4770(已建)或4763(在建)。固定码头的趸船部分和栈桥部分统一用编码4761(已建)、4762(在建)。

为了保证数据的整体性,丁字形码头的第二条线需在开启捕捉状态下绘制,从而使其起始端点位于第一条线上。同时两条线的属性应保持一致。

④ 独立要素

独立要素应单独绘制,不应连为一个整体。

⑤ 要素不能自相交,如图8-6所示。

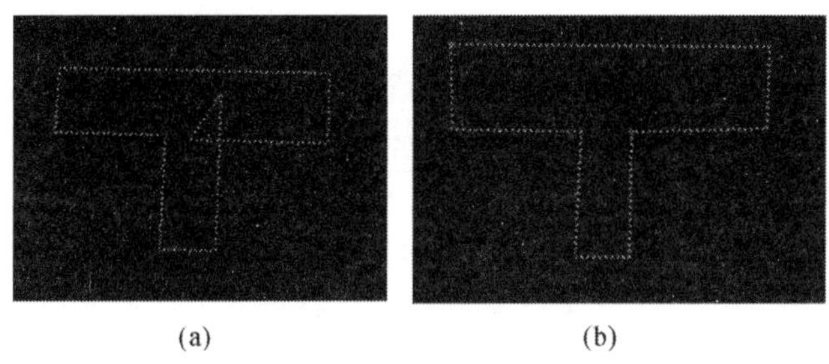

(a)　(b)

图8-6　要素绘制不能出现自相交

(a) 绘制错误;(b) 绘制正确

⑥ 根据最新航标坐标位置正确绘制航标边线并保证线段的连续性。

⑦ 正确绘制深水航路、航道中心线,保证线段的连续性。

⑧ 上游庙河至宜宾河段每隔1km绘制里程线,每隔5km绘制里程数,其余河段每隔5km绘制里程线和里程数,并且左右岸均需绘制。

⑨ 相邻的清华山维edb文件之间应进行接边,保证所有要素无缝拼接。

(3) 注记要素的处理

部分注记可作为点、线、面要素的属性保存。如码头名称注记可填入码头名称属性中。当填写中文名称属性后必须填写相应的英文名称属性。地理名称注记和里程注记以及其他注记(无法与已有要素属性对应的注记)用相应的编码表示。

8.2.3.2　长江电子航道图生产制作流程规范

1) 源数据生产规范

(1) 源数据入库

电子航道图的生产中需要处理以下数据:航标数据、水深数据、物标空间数据、物标属性数据。

航标数据由各区域局通过航标数据库管理系统的用户终端输入(导入)各局(全能处)辖区的航标数据,通过区域局进行数据审核后进行数据提交。测量中心航标数据库管理员将航标数据导出为Excel表格或航标数据库,通过程序导入ArcGIS平台系统的源数据中心数据库中。

水深数据批量导入后，自动生成所需的等深线，经过编辑修正后构成深度区。

其余物标的空间属性按照编码对应规则导入中心库。

预处理阶段制图员在常规制图的基础上为电子航道图物标输入物标属性，ArcGIS平台系统通过程序将属性数据批量导入数据库中。

（2）源数据编辑

① 物标编绘

对源数据中心库中的各类要素进行人工检查及编绘，保证物标及属性值正确齐全。物标编绘参照S-57/CJ-57附录A《物标目录》、S-57/CJ-57附录B.1《电子航行图产品规范》中规定的物标、属性和属性值，且规定的物标必备属性必须赋值。

② 人工编辑

人工编辑的内容包括：根据水深数据自动生成等深线及深度区后，进行人工编辑以保证其平滑且勾绘无误；正确建立物标间的拓扑关系以及主从关系。

③ 接边处理

电子航道图数据在数据库中为连续无缝存储，而原始数据文件是分幅导入数据库中的，因此在每幅数据间需进行接边处理，保证拼接处数据的连续性，实现无缝拼接。

（3）源数据检查

数据导入及编辑完成后应依据S-58/CJ-58及按照长江航道自身特点自定义的检查规则，对源数据进行数据有效性检查。检查完成后对于错误数据应核对原始资料，改正后重新入库并进行再编辑。

2）ENC生产

ENC的生产是依据图幅划分规范将源数据库里编辑好的数据裁切成单幅的ENC。ENC的分幅及命名规则详见《长江电子航道图分级组织及图幅划分命名规范》。分幅完成后依据图幅范围，生产单幅ENC数据。ENC的生产流程如下：

步骤一：设置ENC的产品生产环境，包括PL和Nautical的属性设置；

步骤二：创建一个生产数据库，定义ENC产品树目录，包括定义Series，Product，Instance和AOIs，并为整个数据范围建立元物标；

步骤三：根据定义的数据范围从NIS数据库中抽取数据；

步骤四：检出ENC数据到本地；

步骤五：对本地产品库进行编辑操作；

步骤六：设置物标最小比例尺及水深分组；

步骤七：建立物标类之间的主从关系和集合关系等；

步骤八：修正几何拓扑；

步骤九：依据CJ-58验证规则进行数据质量检查；

步骤十：提交到Default版本；

步骤十一：导出CJ-57标准的.000文件；

步骤十二：发布导出的版本。

3）质量检查

电子航道图制作完成后，需进行三级质检，即自检 — 数据中心质检 — 质检科质检。质量检查应满足以下要求：

符合相关标准的数据有效性检查；

根据长江航道的特殊情况设置自定义检查规则，并据此进行符合性检查；

利用第三方数据检查软件进行标准符合性检查。

4）电子航道图输出

电子航道图数据经三级质检合格后，将数据输出为.000 产品文件。电子航道图文件名按生产数据库（PL）中定义的产品命名。

5）产品入库管理

电子航道图经过第三方数据检查软件检测合格后即可进行产品入库管理。产品入库时需按规定填写产品信息，管理员审查无误后即可录入产品数据库（PD）。

6）数据更新

数据更新流程中，主要涉及三个方面，分别为局部水下地形更新流程、航标数据更新流程，以及其他物标要素更新流程。

局部水下地形更新流程：如局部水深地形有变化，首先应将变化范围内的水深数据更新，然后通过程序重新计算等深线，通过手工编辑更新的等深线，与未更新部分进行接图处理。

航标数据更新流程：区域局（全能处）通过航标数据库系统提供所辖河段的航标更新数据，经区域局审核后提交给航标数据管理员，通过 ArcGIS 平台系统中的航标数据对比更新模块将航标数据导入源数据中心数据库，进行自动更新。

其他物标要素的更新流程：航标、水深数据以外的其他数据，通过程序导入源数据中心数据库中，进行编辑更新。

8.2.3.3 长江电子航道图分幅规则

(1) 长江电子航道图分幅方式

长江电子航道图采用自由分幅的矩形分幅方式，依据水道范围来划分图幅。每一个水道按水道走势及水道长度可划分为 1 ～ 3 张 ENC 图幅，每个 ENC 文件的大小不超过 5MB。长江电子航道图的分幅设计原则如下：

分幅的基本原则是在保证航行安全和方便使用的前提下，尽可能减少图幅的数量。

电子航道图采用自由分幅的方法，根据需要确定图幅的具体范围。

一条重要航道在可能的条件下，应该完整地放在图幅航道内。尽量不要在它的中间或转折点处中断图幅，使航道一截两段，造成读图困难。电子航道图的分幅，不能像海图分幅一样，保持规定的经纬度差。电子航道图图幅面积的大小是不固定的，它由描绘图形的面积来决定。

(2) 长江电子航道图分幅要求

总图要保持制图区域的相对完整；航行图要保持航线的相对完整，图幅内要有比较充分的航行区域和足够的航行目标，并尽量避免在复杂航行区域拼接邻图；港湾图应相对完整地表示出港口、海湾、港区或锚地区域，出口要有较充分的水域。

岸线应尽可能保持连续，图内水陆面积比例要适当，一般情况下，陆地面积不宜大于图幅总面积的三分之一。

图幅尽可能设计为横幅，必要时也可设计为直幅图。

图幅形式以整幅图为主，根据具体情况可制作主附图、拼接图等。

对航行安全具有特别重要意义的助航标志和显著物标等，无法表示在内图廓线内时，可破图廓表示或绘在图廓外方；如在图廓外方仍无法表示时，可根据需要标绘图外目标方位引示线。

(3) 长江电子航道图命名规则

电子航道图的文件命名规则如下：

① 主要部分由八个字节识别形成。

② 第一、二位字节标识生产者，这在 IHO 物标目录附录 A 中给出(S-57，附录 A)。目前长江航道局不在 IHO 目录中，暂用 CN 为生产者标识。

③ 第三位字节表示电子航道图的类型，与制图比例尺相关。

④ 第四到第八位字节是由生产者提供的唯一文件名，能用任何方式给出。如果数字以外的字符被使用，只能用大写字母。

8.3 电子航道图关键技术

8.3.1 地图与制图技术

8.3.1.1 地图学简介

传统地图学是基于手工作业方式并发展起来的，随着计算机和信息化处理技术的发展，地图学进入了数字地图学时代。但是，两者主要内容均包括：地图数学基础的建立、地图要素表示、制图综合、地图应用等。

地图学是研究空间地理环境信息采集、存贮、传输、管理和分析，并建立相应的地理信息系统的理论和方法的学科。地图学的空间信息处理的一般过程由四部分组成：对地理环境的认识和抽象，对空间实体的编码，对空间信息的处理、分析，对空间信息的可视化表示。

(1) 客观世界的认知与抽象。地图是对所描绘现实世界的图解抽象，是制图者通过对现实世界进行选择、归纳和研究并且加入自己思想的图形形式。

(2) 空间实体的编码(数字化)。地图要素按点、线、面数据结构存储，是空间实体经抽象后的数字化表示。这些数据经可视化处理后，地图读者能从它的图形表示中认知客观世界。

(3) 空间数据处理和分析。通过各种计算模型进行相关的处理和分析，确定要素的具体位置和结果。

(4) 数据表示可视化。通过各种图形可视化的手段，对结果进行表示。

数字地图学涵盖了目前所有涉及空间信息处理的应用领域，如数字制图、地理信息系统、地形仿真等。数字制图、地理信息系统、地形仿真技术等构成了地图学的基本应用技术。

8.3.1.2 地图到空间数据表达

地图和空间数据可以相互转换、相互关联。从地图上获取空间数据的过程，称之为“地图到空间数据表达”，根据空间数据生成地图，称之为“空间数据到地图表达”。

空间数据的生产过程就是对地理环境的数字化过程。空间数据所表达的内容是有一定的约束条件的，如分辨率、用途等，而实际的地理环境和地理现象必须经过抽象和概括，才能满足要求。地图是反映地理环境最为直观的、经过抽象概括后的产品，因而在获取空间数据的过程中，地图是最为重要的数据源。

描述空间实体一般要包括三种基本信息：语义信息、度量信息和关系结构信息。语义信息表明实体的类型，度量信息用于描述实体的形状和位置等几何信息，关系结构信息用于描述一个实体与其他实体的关联信息。要素编码是空间数据的语义描述模型，描述要素的分类、分级；要素的质量特征、数量特征和其他附属信息归为要素的属性数据，在属性数据的数据项中具体描述；要素的空间分布特征和空间相互关系归为要素的空间几何数据，在数据体中描述。

8.3.1.3 空间数据到地图表达

空间数据是地理环境的数据抽象，这种抽象的过程也是地图制图的过程。

要完整地描述空间实体或现象的状态，一般需要同时具有空间定位数据和属性数据。如果要描述空间实体或现象的变化，则还需记录空间实体或现象在某一时刻的状态。所以空间数据具有三个基本特征：空间特征、属性特征和时间特征，它们反映了所表现的空间实体的本质。但是对空间数据来讲，它并不是不受限制地反映空间实体，在描述空间目标时有一定的限制，不能无限膨胀，这个限制就是空间数据的第四个特征 —— 地图约束性特征。

空间矢量数据的生产是基于地图数字化来完成的，它继承了地图自身的特性，如地图用途、比例尺、地图要素、要素关系等。因此，空间数据受到原始地图的约束，在使用其他途径对空间数据进行更新时，这种约束性依然存在。例如使用航片或者遥感影像，空间数据会受到航片、遥感影像分辨率的限制。因此不管使用哪种数据源，空间数据都会受到来自数据源的约束，而地图的约束最具有代表性，因而统称为“地图约束性”。由此看来，不存在所谓“无级”的空间数据。

空间数据的地图约束性是对由 Kate Beard 提出的地图概括约束概念的继承。Kate Beard 将地图概括约束分为图形约束、结构约束、应用约束和过程约束四种类型。图形约束反映距离、长度、面积等度量关系，与地图符号相关。结构约束则要求保持对象间的空间和语义联系以反映对象的本质特点。应用约束则与地图目的相联系。过程约束控制地图概括操作的执行顺序及其相互作用。从这里可以看出，空间数据的地图约束性主要反映在前三个约束上，而空间数据及其地图表达具有一致的目的，因此空间数据主要体现了地图的图形约束和结构约束。

空间数据的地图约束性特征是实现根据空间数据直接进行地图等尺度表达的基础，并且反映了地图符号、地理属性和拓扑关系的相互依赖关系。

在地图到空间数据表达的过程中，空间数据的要求决定了在数据采集中不会把地图全部信息采集下来，这就构成了地图信息传递中的第一次转换矛盾，损失了部分地图信息。而空间数据到地图表达是地图信息的第二次转换，它是第一次转换的逆运算。因为第一次转换矛盾的存在，导致了空间数据不可能完全恢复到地图原来的面貌，这造成了第二次转换矛盾，这两个转换矛盾互为因果关系。

数字制图目前要重点解决的关键问题是消除第二次转换矛盾，也就是补充第一次转换时损失的地图信息。由于这个问题复杂、难度较大(“创造”要比“丢弃”困难得多)，因此有人为了回避它而提出了“地图应该适应空间数据的表现，不必严格遵循纸质地图的编绘要求”。这样的认识是错误的，地图作为人类智慧的结晶应该随着社会的发展越来越美观、完善，而不是倒退。

造成空间数据与地图之间不能完全匹配的根本原因是它们之间存在以下主要矛盾：

(1) 概括范围上的矛盾，最为详细的数据标准不能完全匹配图形规范。

(2) 数据标准中要素的描述不对应图形标准中的符号规范。

(3) 在地图上的要素不对应数据标准中的编码。

8.3.1.4 数字地图制图的关键技术

1) 地图数据库

基于GIS技术建立的地图数据库具备GIS空间数据的大部分特点，其主要功能有数据获取、要素分类分层管理、要素编辑、地图整饰、居民地密度选取、生成里程、投影变换、生成经纬网、地图裁切、转换格式等。其中有几项功能在地图制图中较为实用。

(1) 要素编辑

在GIS地图数据库中进行要素编辑，充分利用GIS软件的空间分析、数据编辑、要素分类分层提取。编图者根据所编地图的主题，确定要提取的地理底图要素和专题地图内容，并进行分类分层管理，以便分层输出后文件的匹配。例如，在编制交通地图集时，主要利用数据库中水系、境界、居民地、山脉等基础地理要素和道路及与之相关的旅游等专题要素，在GIS软件中进行要素的提取和分层管理，并可根据制图综合选取的原则，利用计算机自动选取居民点密度，为图集的编制提供方便、准确、可动态更新的底图数据。

(2) 投影变换

地图投影变换是从一种地图投影点的坐标变换为另一种地图投影点的坐标。GIS中的空间数据往往源于多种信息源，而多种信息源与地图所采用的投影并不一致，不同投影的变换在GIS软件平台中易于实现。各种地图根据其内容主题、制图目的及制图区域的位置、使用方式等以及为了满足制图的长度、面积和角度变形的要求，可选择不同的地图投影，提高地图的使用精度。如等角圆锥投影适合绘制中纬度沿东西方向延伸地区的地图，因此常用双标准纬线等角圆锥投影编制中国大陆全图、省(区)图。这种操作只需在GIS软件平台中设定投影参数和投影方式即可，这也是利用GIS数据的优势所在。

(3) 格式转换

GIS数据的格式通常为E00、Shape和Mif等，需要转换为计算机辅助制图软件能够接受的格式，在系统中完成地图的编制和出版。通过转换格式可以实现不同软件之间的数据转换与共享，利用计算机辅助制图软件打开GIS数据的中间数据格式，如在GIS数据平台中将Mif转换为Dxf或Dwg格式，将E00、Shape转换为AI格式，利用目前在地图制图行业中使用较为普遍的CorelDRAW制图软件打开AI、Dxf和Dwg格式等，在CorelDRAW中采用VBA功能对地图要素进行分离分层、符号化处理、印前处理等。这种输出方式在地图行业中便于接受，利于推广。

2) 地图电子编辑出版

在彩色桌面出版系统中，用地图制图的专业化软件，通过格式转换接收来自GIS地图数据库的数据，并进行编辑处理和印前处理。

(1) 编辑处理

地图数字化输入后，在计算机上进行设计与制作，包括将矢量的数据进行分离分层，置入版式设计中，图形、符号和注记的编辑，色彩管理，图面整饰，形成成果文件，彩喷校样等工作。使用各种图形软件进行编辑后，在屏幕上看到的地图就是最终地图样式，大大丰富了表现手段，提高了成图质量。要实现地图制图过程的全数字化，一个好的专业制图软件是必不可少的。目前普遍使用的地图制作软件主要有两类：一类是计算机辅助设计类软件，如CorelDRAW、Illustrator等，这类软件界面丰富，具有较好的地图整饰功能和效果，在地图制图行业中使用较多；另一类是GIS类软件，如ArcGIS、Map Info、MapGIS等。

（2）印前处理

在地图编制出版系统中，印前处理是完成地图印刷出版的一个重要环节。在计算机直接制版工艺中，印刷前看到的是数码样，它永远不会出现露白、漏色或重色现象，而在印刷中，由于续纸的不稳定性会引起各印刷色之间的相对位置偏离标准位置；同时当纸张随滚筒高速旋转时，会发生横向移动或拉伸；而且纸张吸收了润版液和油墨后尺寸会发生改变，引起不同程度的变形等，这些因素都会引起套印不准。套不准的颜色会在印品上相邻色块之间因套印误差而产生白色缝隙，即人们所说的露白，从而影响印品的美感，造成印品质量不合格。为了解决因套印误差而产生的白边，应在印前输出系统中进行印前处理，主要包括陷印处理和压印处理。陷印是指相邻两个色块衔接处要有一定的交错叠加，以避免印刷时露出白边。压印是一个色块叠印在另一个色块上，细线和小文字可以使用这种方法，要注意的是黑色文字在彩色图像上的压印，不要将黑色文字底下的图案镂空，不然印刷套印不准时黑色文字会露出白边。地图出版软件MapGIS、CorelDRAW、Photoshop等不仅有良好的图形处理、图形编辑功能，而且有完善的陷印和压印处理技术。

3）计算机直接制版

随着现代印刷技术的发展，印刷产品的地图印前技术发展迅速。CTP建立在彩色桌面出版系统之中，它使用新型板材与成像技术，改变了以往传统工艺流程中的出胶片、拼版、晒版等手工环节，实现了数据由计算机直接到印刷版的过程，使地图出版完全转变为数字生产，大大地提高了印刷质量和生产效率，降低了生产成本。CTP系统包括：数码打样、组版、直接制版生成印版、印版上机印刷。其中数码打样是CTP流程中较为关键的技术。数码打样是指以数字出版系统为基础，在印刷生产过程中按照出版印刷生产标准与规范处理好页面图文信息，直接输出彩色样稿的打样技术。

（1）色彩管理技术

色彩管理是将印前数据的色空间与要输出该色的色空间进行对比，并根据输出端的呈色特性进行线性化调整，制作出不同特性的线性化曲线，使要处理的地图文件在从一个设备到另一个设备的转换过程中和各个输出端（如计算机屏幕显示、数码打样、印刷）上显示的颜色尽可能保持一致。在数码打样中，图像的分色已被定义用数字来交换，呈色是基于喷墨打印机的介质和墨水（模拟印刷的纸和墨），不同于传统打样中的纸张和油墨。喷墨系统的呈色原理与胶印过程的呈色原理不同，意味着和印刷一致的分色不能从数码打样直接实现，因此分色的数值必须转化为合成的数码打样墨值才能获得相同的颜色。通过一个反映印刷特性的色彩描述文件，运用国际通用的ICC色彩管理技术，贯穿于从屏幕软打样、输出数码打样样张、印版输出及印刷的全过程之中，才可使色彩管理技术的优势在每个环节都得到真实的体现，以保证打样输出结果与印刷输出结果的颜色一致。

（2）RIP技术

光栅图像处理器（Raster Image Processor，RIP）是一种输出软件，它可将图形、图像文件转换成各种大幅面打印机相应的打印语言，然后传给打印机输出。目前，RIP已经变成了印前生产的核心技术。它影响到从色彩和文件管理到印刷的整个生产过程，而且还具有陷印和拼大版的功能。RIP 打样可在很短的时间内获得样张，样张可用于印前检查，发现错误可以直接修改地图数据，从而使整个打印过程及审校、修改都比传统打样具有优越的时效性，提高了生产效率，满足了现代地图出版周期短、时间紧的要求。

8.3.2 航道测绘技术

航道图可作为船舶安全航行导航系统的重要工具，同时能作为航道整治、维护、管理的主要依据，应用在沿岸的工业、陆上交通、国防等领域。主要技术简要分析如下：

8.3.2.1 测图比例和分幅

测图比例尺一般比出版社的比例大一倍，滩险、重点水道、重要港口的局部扩大图，图比根据需要选定。测图分幅的原则是在充分容纳所需测区范围的基础上，能稍留空白供写必要的备注说明。在幅面大小全线一致的情况下，相邻图幅可错口对接，也可纵幅与横幅相接，拼图时注意尽量使图幅数最少，同时绘制索引图，以利于测量和编绘的安排与检核。简图可采用小于上述测图比例尺的图比。

8.3.2.2 平面控制和高程控制

航行图的平面控制和高程控制必须全测区整个河段连贯完整、精度一致。对于测区内的国家高级点和系统不同的原有控制点应联测，换算遵循低级服从高级、局部服从整体的原则，强制平差、附合。

在测区未有国家等级控制点又急需测航行图时，可建立独立平面系统，定临时水准基面，但应考虑以后国家高级点与整个河段控制网锁的连接。

8.3.2.3 绘图基准面

航道图全测区必须用统一的绘图基准面成图。航行图的绘图基准面一般采用航行基准面。确定绘图基准面（航行基准面）的方法与步骤如下：

(1) 确定基本水位站航行基准面：根据所测航段的航道等级，按规定的最低通航水位要求的保证率，用综合历时曲线法或保证率频率法来确定测区内各基本水位站的航行基准面（具体操作程序和方法可参阅国家现行的航道测量规范）。

(2) 推算基本水尺航行基准面：在基本水位站之间，沿河每隔 5 ～ 12km 设置一根基本水尺，以控制各个区间内的水位。对基本水尺应在枯水期接近航行基准面的水位时，与临近的基本水位站进行水位同步观测。基本水尺航行基准面水位采用与基本水位站水位相关法来推求。

(3) 测定临时水尺的航行基准面、基本水位站与基本水尺和上、下基本水尺之间各点的航行基准面一般用临时水尺瞬时水位法测定。其具体做法是选择枯水期水位接近最低通航水位而水情变化稳定的日期，在河段控制、比降变化明显处或滩险地段 300 ～ 500m，一般河段 1.5 ～ 2.0km 的间距（水流平缓、比降小的平原河流可适当放宽以满足水深换算时的要求为度），设置临时水尺或水位桩，在规定的时间与基本水位站、基本水尺同时观测得出瞬时水位。基本水位站、基本水尺（或上、下两基本水尺）瞬时水位与其航行基准面水位的较差相同时，临时水尺水位减去较差即为该临时水尺的航行基准面的水位。当不一致时采用落差插入法进行临时水尺的航行基准面计算。

8.3.2.4　水深测量

航行图原图是内容完整、图幅连续的水道图集，对水深测量来说除应按航道测量一般要求测深外，应特别注意图幅之间、深水浅水之间、水下陆上之间的衔接，不容空漏更不允许相互矛盾。对浅点、暗礁、沉物等不能确定其最浅的位置和深度时，应考虑用扫测来确定。

8.3.2.5　地形测量

航行图的地形测量除满足一般地形测量技术要求外，尚应每幅图测出图廓线外一、两排测点作接图和校对用，高水位（高潮位）时淹没的地形、地物，特别是可能碍航的，其最高点、航道一侧的次高点以及整个范围必须测出。溪沟要测进 300 ～ 500m。港区及重点航槽要详细测绘，必要时另测大比例尺测图。洪水位、高潮位以上，堤岸以外地形，有近期测图的，经现场校核后，可加以利用。

8.3.2.6　碍航物、助航物（助航标志）的测量

碍航物是指妨碍航行安全的物体，包括水下的沉船、沉物、水下管线、空中的过江线缆、跨河桥梁、堤坝等。助航物（助航标志）是枯、中、洪或涨退潮期不同水位时对船舶航行有导向或帮助的物体和标志。助航物包括山头、孤石、塔尖、烟囱、大树等。对于其他碍航物、助航物的测定，除按一般碎部测量要求进行外，尚应注意以下几点：

（1）对于离测站较远的物体，采用多余观测的交会法施测，以检验和保证成果的质量。

（2）对枯水期露出水面，水位涨到一定高度就碍航的，而施测时又不能攀登的礁石或桥底，可用水准仪逐步凑平的方法测量其高度。

（3）水下碍航物用点测水深不能反映其地貌特征，应用扫测的办法施测。

8.3.3　地理信息与服务技术

在信息化高速发展的现代社会，各种各样的管理信息系统、咨询服务系统、决策支持系统、专家系统帮助人们进行着规划、管理、决策、事务处理及信息咨询，极大地提高了人们的工作效率和方便了人们的生活。但在更多的时候，人们规划、管理、决策、事务处理及信息咨询的信息内容常常要求必须与周围的地理环境和地理位置相关联，就像人们经常使用的地图或图纸，不仅要求能表达事件发生的过程和结果，还要求能表达事件发生的地点、周围环境，以及与其他事物之间的空间相互关系等，这就产生了地理信息系统（Geographic Information System，GIS）。

从地理信息系统的专业角度，可以将人们经常使用的信息划分为空间信息和非空间信息。所谓空间信息，就是本身就包含有形状、分布、空间定位、空间相互关系等内容的信息。如一条道路、一座桥梁，或一幢建筑物、一个行政区、一个天体等的几何形状及其所处的空间位置等。

地理信息是人们应用最多的空间信息，根据统计，人们日常使用的信息 80% 以上都是地理信息。远在四千多年前，人们就知道使用地图，从而掌握了与地理空间信息打交道的直观、简易的方法。而现代科学技术的发展，已将人们带入了一个以前从未想象到的高速发展的信息时代，计算机的使用和数据库技术的快速发展更使得人们学会了使用信息系统管理和使用信息。

地理信息系统就是能够输入、存储、管理并处理分析地理空间数据的信息系统。地理信息系统是信息系统技术发展到高级阶段的产物，它不仅是随计算机软件技术的发展“应运而

生”，而且在很大程度上也依赖于计算机硬件水平的发展而发展。

地理信息系统区别于其他管理信息系统的最主要特征，就是其具有管理地理空间数据的能力，并能按照其在实际空间的相对位置关系对之进行处理分析。它对地理空间数据的这种处理分析功能，组成了地理信息系统实际应用的主要方面。以下对地理信息处理和服务相关技术做简要介绍。

(1) 数字地面模型(Digital Terrain Model, DTM)

数字地面模型通常定义为描述地面特征空间分布的有序数值阵列。其坐标空间用 X、Y 或经、纬度来定义，地面特征可以是地貌、土壤、土地利用、土地权属等。DTM 可以是每三个坐标值为一组元的散点结构，也可以是整体的数字阵列，或由多项式或傅里叶级数所确定的曲面方程。

数字地面模型是对区域地理空间数字描述的基本形式和基本手段之一，是进行地理空间分析的基础数据。

(2) 数字高程模型(Digital Elevation Model,DEM)

将数字地面模型的地面特征用于描述地面高程，这时的 DTM 被称为“数字高程模型”，简称 DEM。

数字高程模型是建立各种数字地形模型的基础，通过 DEM 可以方便地获得地表的各种特征参数，其应用可遍及整个地学领域。在测绘中它可用于绘制等高线、坡度图、坡向图、立体透视图、立体景观图，并应用于制作正射影像图、立体匹配片、立体地形模型及地图的修测；在各种工程中可用于体积和面积的计算、各种剖面图的绘制及线路的设计；军事上可用于导航(包括导弹及飞机的导航)、通信、作战任务的计划等；遥感中可作为分类的辅助数据；在环境与规划中可用于土地现状的分析、各种规划及洪水险情预报等。

(3) 空间统计分析

空间统计分析即以空间地理实体为对象，就其形状、分布、空间相互关系而进行的统计分析。空间统计分析在动、植物分布及生物种群研究，景观生态学，环境保护等领域有广泛的用途。

如在景观生态学及相关研究中，常用的多样性指数(如丰富度、均匀度、优势度等)、镶嵌度指数(如集聚度)、距离指数(如最小距离指数、连接度指数等)、生境破碎化指数等，都可以通过对地理空间数据的坐标和属性数据进行诸如空间自相关分析、变异矩和相关分析、波谱分析、空间趋势面分析及空间插值方法得到。

(4) 空间叠置分析

空间叠加就是将两个或多个图层以相同的空间位置重叠在一起，经过图形和属性运算，产生新的空间区域的过程。叠加的每幅图层称为一个叠置层，每个叠置层带有一个将用于综合运算的属性，一个叠置层反映了某一方面的专题信息。

叠加中的图形运算的复杂程度视数据结构的不同而有所不同。由于栅格数据已是对空间的规则划分，所以没有空间图形的运算，各个栅格的位置、大小对叠置层都应该是一致的。相比之下，矢量图的叠加就要复杂得多，这种复杂性来源于对空间线划相交的判断与计算，以及空间对象拓扑结构的重建等。由于矢量数据的图形精度高于栅格数据的精度，矢量数据叠加的结果一般也优于栅格数据叠加的结果。

空间实体有点、线、面三种基本类别，叠加运算一般是在面状数据层之间或点、线要素数据层对面状数据层进行的，极少数情况也涉及点、线的叠加操作。

（5）缓冲区分析

缓冲区是以某类图形元素（点、线或面）为基础拓展一定的宽度而形成的区域。

缓冲区在实际工作中具有重要意义，如查找一个噪声点源的影响范围可以以该点源为中心建立一个缓冲区，缓冲区的半径即最远的影响距离；又如一个飞机场噪声的影响范围是以飞机跑道为基准向外扩展的范围；在城市建设中，常常涉及拓宽道路的问题，拓宽道路需要计算房屋拆迁量，这需先用现有道路边线向外扩展一定的宽度而形成一个缓冲带，将该缓冲带与有关建筑物的数据层进行对比分析（或叠加分析），即可计算出拆迁量。

缓冲操作后形成一个或多个多边形区域，单独的缓冲区操作并没有太大的实际意义。

缓冲区功能必须与其他的空间分析一起使用才能发挥应有的作用。如前面的道路扩建例子，如果没有房屋层数据，不利用叠加功能，那么拆迁量是无法计算的。因此，缓冲区操作应理解为为达到某种目的而进行的一系列空间分析中的一个部分，其数据可能来源于其他分析结果，其成果也将为进一步的分析提供数据支持。

另外缓冲区操作可以是以矢量数据结构为基础进行的，也可以是以栅格数据结构为基础而进行的。栅格数据的缓冲区操作具有相同的规律，只是运算更为简单，并且具有明显的扩展特色。

（6）空间扩展（Spread）

缓冲区的区域内部是同值的，没有远、近与强、弱之分。如一个人从某点出发，十分钟所能走的路程范围是以该点为中心的一个圆，在缓冲区操作中该圆的内部被认为具有一致的属性，在上述例子中，即为统一的“十分钟路程”区域。现假定要考察该区域内部的情况，如想知道每分钟向外行走的区域分布，此类问题就是所谓的空间扩展问题。

空间扩展是从一个或多个目标点开始逐步向外移动并同时计算某些变量的过程，适用于评定随距离而累加的现象。如以上例子中，向外行走累计的是时间，该值随距离的增大而增大。

扩展功能的突出特点是对每一步的评价函数的累计值都进行了记录，常见的评价函数为距离求和、时间求和（累计），其间也考虑到限制因素。

（7）网络分析

对地理网络进行地理分析和模型化，是地理信息系统中网络分析功能的主要目的。网络分析是运筹学的一个基本模型，它的根本目的是研究、筹划一项网络工程如何安排，并使其运行效果最好。这类问题在生产、社会、经济活动中不胜枚举，因此研究此类问题也具有重大意义。

所谓网络（Network），是指线状要素相互连接所形成的一个线状模式，如道路网、管线网、电力网、河流网等。网络的作用是将资源从一个位置移动到另外一个位置。资源在运送过程中会产生消耗、堵塞、减缓等现象，这表明网络系统中必须有一个合理的体制，使得资源能够顺利地流动。

网络功能用于模拟那些难以直接测量的行为。一个网络模型中，实际的网络要素由一套规则及数学函数描述。而基于空间信息系统的空间网络分析则往往是将这些规则及数字上的描述通过某些形式转换到空间及属性数据库中，以便于运算。

网络分析是在线状模式基础上进行的，线状要素间的连接形式十分重要，而以矢量数据结构最能准确描述这种连接，因而一般系统中的网络功能都通过矢量数据来实现。但是，栅格数据模型通常也能完成类似的功能，极少数情况下可能更为方便。

网络分析的形式可有多种，常用的三类分析功能为：网络负荷的预测、线路优化（最优路径）和资源分配。

（8）三维分析

三维信息是二维平面信息向立体方向的扩展，日常人们所见的地形起伏、高矗的建筑物等都是三维的概念，它们是现实世界的真实体现。而从测绘的角度讲，地形图纸是一个平面，它不能直观描述真实世界的三维景观，于是只能在测绘图上间接地表示出来，如用等高线方式描述地形的起伏状况，用层数标注来大体说明建筑物的高度等。随着对二维平面数据结构及其分析方法研究取得比较成熟的成果，对三维方法的研究势在必行。三维分析功能也逐渐成为地理信息系统功能的一个重要构成部分。

8.4 电子航道图功能与应用

8.4.1 地理信息功能

8.4.1.1 水深水位服务功能

航道的水深水位信息决定了航道尺度大小，作为航道尺度维护的重要指标，是指导船舶合理配载、保障船舶安全航行的重要参考因素。电子航道图中包含丰富的水深水位信息，电子航道图的动态更新和水位预测更增加了航道图的应用服务功能。

（1）航行基准面

水深测量通常在随时升降的水面上进行，因此不同时刻测量同一点的水深是不相同的。为了方便表达航道中的水深水位，必须确定一个起算面，把不同时刻测得的某点水深归算到这个面上，这个面就是深度基准面。深度基准面通常取在当地多年平均水下深度为 L 的位置。求算深度基准面的原则是既要保证船舶航行安全，又要考虑航道利用率。

（2）电子航道图中的水深水位信息

电子航道图中，包含有丰富的等深面、等深线，及离散的水深点信息，如图 8-7 所示。因

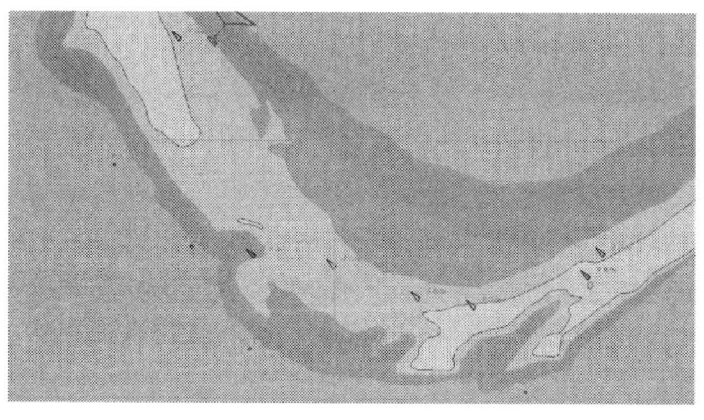

图 8-7 等深面和等深线信息

为不同水域采用的深度基准面不相同，所以，电子航道图标绘的水深信息是相对当地航行基准面的参考值。获取航道中各点的水深信息后，需要按照当地的航行基准面进行转换计算才能得到该点的完整水深信息。等深面内，航道水深近似相等，而等深线通常是表示不同水深区域的分界线。电子航道图中的等深面和等深线表示的是近似的相等，等深面内各点的水深实际上不完全相等，因此，电子航道图中增加了更详细的离散水深点，如图 8-8 所示。

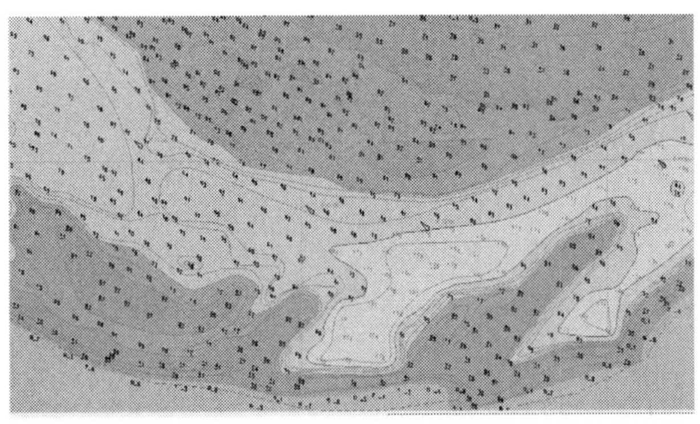

图 8-8 离散水深点信息

8.4.1.2 航行尺度服务功能

航行尺度是航道船舶通过能力计算的重要依据。内河航行从通航环境、通航条件到交通管理等方面与海上航行都有较大的差别，因此，航道通过能力计算亦有很大的区别。航道可能通过能力是指假定在最大的船舶吃水深度条件下，航道断面在单位时间内的最大交通量，即航道现实条件下所能承担的最大交通流量。航道航行尺度如图 8-9 所示。

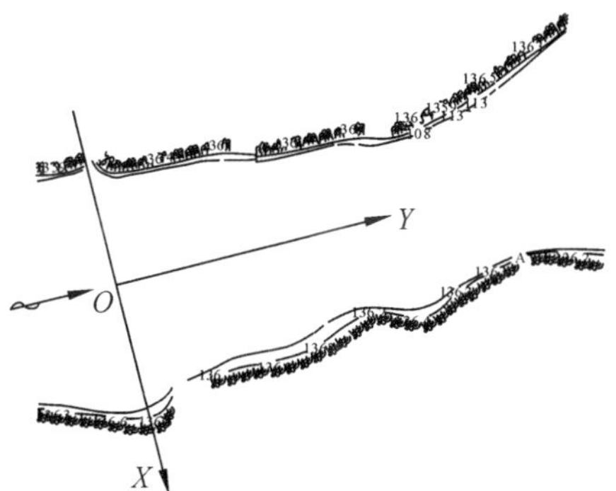

图 8-9 航道航行尺度信息

依照电子航道图中的水深点信息可以计算各个航段中的航行尺度，并通过船舶终端、Web 网站、智能手机等手段向船舶驾驶员、船舶公司、社会大众提供动态的航行尺度服务。

8.4.1.3 其他航行相关服务功能

电子航道图除可以提供水深水位信息、航行尺度信息外，还可以提供可视距离、主缓流、通航净空尺度等航行安全和导航相关信息。

电子航道图中，通过鼠标很容易获取航道中各点的地理位置信息，并通过相应位置方便地计算出两点的距离。距离信息对于船 - 船之间、船 - 岸之间、船 - 桥之间的避碰具有重要作用。

在电子航道图中叠加水流信息、桥梁高度信息，结合动态的水流、水深、水位信息，可以方便计算动态的主缓流、通航净空信息，并采用声音、图示等不同方式提示船舶驾驶人员及海事监管人员。

8.4.2 船舶定位定向功能

8.4.2.1 电子航道图中的位置信息及漫游功能

电子航道图是按规定的坐标系、要求的投影方式、标准的数据格式和通用的编码生成的数据文件。每张航道图由两类数据文件来表达航道图上要素的信息：一类数据文件是空间数据，它表示事物或现象分布在什么位置；另一类是属性数据，它说明事物和现象是什么。电子航道图空间数据使用逻辑坐标来表示，常用的坐标是与纸质图相对应的航道图坐标系。根据一定的投影方式和海图比例尺就可以得出地理坐标与逻辑坐标、屏幕坐标与逻辑坐标之间的换算关系。

显示电子航道图的基本过程如下：

首先，从图形文件中读出图幅控制信息，包括海图比例尺、投影方式、图幅范围，读出地理实体的结构数据；

其次，解析形成系统电子航道图；

最后，将数据描述解释为相应的计算机屏幕上的图形表示。

与纸质海图不同，ECDIS系统必须要考虑船员的选择对海图显示的影响，系统应可以根据船员的选择更改屏幕显示内容。例如安全水深、时间变化以及传统或是简化符号等。因此，显示模型不仅要包含符号的颜色和画法定义，还要包括符号动态显示处理的说明。ECDIS显示模型主要由两部分构成：

(1)ECDIS表示库。它将物标描述转化为符号说明所需的颜色表，点、线和面符号画法说明以及查找表。

(2) 显示驱动。这是一种可编程结构的描述，作为ECDIS系统图形的功能模型，解释了符号库基本要素的使用方法和正确显示S-57数据结构的方法。

与纸质航道图不同，电子航道图可以实现无极缩放。无极缩放是指对于一幅海图可以进行任意的开窗放大与缩小(有一定的比例尺限制，避免过大或者过小的缩放导致显示的海图区域没有意义)。如前面所述，S-57海图采用的是矢量记录。在矢量记录的基础上进行海图缩放需要进行坐标变换之后，重新进行缓冲、填充，直接使用Windows的GDI＋相关函数从后台缓冲区中裁剪出当前显示区域，并填充显示区域，从而显示新比例尺下的航道图。

漫游是指在同一张航道图不同比例尺下的漫游，即航道图缩放后超出显示器可视部分之间的漫游。也就是通过键盘或者鼠标的操作，需要移动航道图显示的中心位置时，在当前窗口中显示出原本没有显示的内容。由于显示系统已经提供了一个完整的海图缓冲区，因此单幅海图漫游的实现有两种选择：在当前区域补上漫游后的新区域，或者直接在缓冲区中读取漫游后的区域进行贴图。

8.4.2.2 船舶定位与位置叠加功能

借助于GPS、北斗导航系统、雷达扫描信息等，可以方便地获取本船及周边船舶当前位置信息。通过位置的动态更新，容易计算出船舶的航速航向信息，并采用变长度的方向指示线表示船舶的动态位置信息。

利用GPS定位卫星，在全球范围内实时进行定位、导航的系统，称为全球卫星定位系统，简称GPS。GPS是由美国国防部研制建立的一种具有全方位、全天候、全时段、高精度的卫星导航系统，能为全球用户提供低成本、高精度的三维位置、速度和精确定时等导航信息，是卫星通信技术在导航领域的应用典范，它极大地提高了社会的信息化水平，有力地推动了数字经济的发展。

中国北斗卫星导航系统(BeiDou Navigation Satellite System，BDS)是中国自行研制的全球卫星导航系统。是继美国全球定位系统(GPS)、俄罗斯格洛纳斯卫星导航系统(GLONASS)之后第三个成熟的卫星导航系统。北斗卫星导航系统(BDS)和美国GPS、俄罗斯GLONASS、欧盟GALILEO，是联合国卫星导航委员会已认定的供应商。

北斗卫星导航系统由空间段、地面段和用户段三部分组成，可在全球范围内全天候、全天时为各类用户提供高精度、高可靠定位、导航、授时服务，并具短报文通信能力，已经初步具备区域导航、定位和授时能力，定位精度10m，测速精度0.2m/s，授时精度10ns。

GPS和北斗导航系统的基本原理相似，测量出已知位置的卫星到用户接收机之间的距离，然后综合多颗卫星的数据就可知道接收机的具体位置。要达到这一目的，卫星的位置可以根据星载时钟所记录的时间在卫星星历中查出。而用户到卫星的距离则通过记录卫星信号传播到用户所经历的时间，再将其乘以光速得到(由于大气层电离层的干扰，这一距离并不是用户与卫星之间的真实距离，而是伪距)；当卫星正常工作时，会不断地用1和0二进制码元组成的伪随机码(简称伪码)发射导航电文。当用户接收到导航电文时，提取出卫星时间并将其与自己的时钟做对比便可得知卫星与用户的距离，再利用导航电文中的卫星星历数据推算出卫星发射电文时所处位置，用户在WGS-84大地坐标系中的位置、速度等信息即可计算出。

8.4.3　电子航道图助导航功能

为保证船舶的安全航行和正常航行，通常船舶驾驶人员希望助导航系统能提供如下重要信息：

船舶定位：连接GPS、AIS、电罗经、计程仪等设备，获取并分析来自该类设备的相关数据，判断船舶当前精准位置信息，进而掌握周边地理位置信息。了解自身航行状况和周围环境信息，以便及时做出正确判断与决策。

航路监视：能够自动计算在船舶航行过程中，船舶与计划航线的偏离距离，必要时及时给出指示或是发出警告，保证船舶能按预定计划航行；能够自动检测出船舶运动前方的危险区域，及时报警。

信息咨询：能够方便查询周边目标的详细信息以及周围的环境信息，如流速流态、气象等因素。

航行记录：能够自动存储过去一段时间内的航道及水位气象环境信息、时间信息，并且能够记录船舶航行时的航速、航向等航行状态信息和船舶周围环境信息。一旦出现意外事件，这些信息可以作为事故原因追溯的依据。

传统的助导航工具中，很难有效地为驾驶人员提供快速便捷的助导航手段。随着GPS和电子航道图技术的出现，彻底改变了传统的助导航方式。驾驶人员可以很方便地知道船舶当前位置信息和周边的环境信息，以近似最优的目标规划航行线路，且 GPS 和电子航道图为最优航行路线提供了保障。

长江航道要实现现代化，航道的数字化、智能化是关键，而长江电子航道图又是关键中的基础，起着“基石”的作用，对长江航道的建设和水运事业的发展至关重要。

随着我国经济的高速发展，社会对长江航运需求日益增加，2011 年国务院把“加快长江等内河水运发展”作为“十二五”时期的重要建设内容，长江航道实现“现代化、数字化、智能化”势在必行。在交通运输部、长江航务管理局的密切关注下，长江航道局将长江电子航道图系统确定为“十二五”时期重点科研攻关项目，交通部也将该项目纳入“十二五”水运信息化建设的示范项目。

长江电子航道图系统的作用包含三个方面：

首先是全方位提升船舶的航行安全，提高经济效益。长江电子航道图能够为船舶提供准确的船舶位置信息、水深数据、航标位置、最新航行通告、航道地物地貌信息、周边航行船舶信息、未来 7 天内预测水深等，根据这些信息，行驶船舶能够设计出最佳航线。针对航行过程中存在的危险，终端还能够及时进行报警，有效提升船舶航行的安全性，变单纯依靠船员经验驾驶为终端智能导航。船舶公司能够根据长江电子航道图及时了解航道水深、通航状态，合理配载，设计最合理、最经济的航线，推动航运物流的发展，提高航运企业的经济效益。

其二是变革传统航道养护模式，提升管理服务水平。利用现代化的无线通信技术，通过电子航道图及相关系统，足不出户就可以直观地了解全长江的航标位置信息、航道情况，使航道维护、应急指挥更加便捷、迅速，转变传统航道维护管理模式，变劳动密集型为技术密集型，从而提升管理水平和公共服务品质。

其三是有效监控长江行驶船舶，增强船舶监管能力。利用长江电子航道图系统能有效地监控安装了船用终端的船舶的航行状态，包括航向、航速、历史航迹等，不仅为船舶公司、船东提供船舶监管服务，还可以为海事、公安等部门在水上监管、水上搜救等方面的工作提供方便。

长江电子航道图生产编辑系统是基于世界先进的地理信息系统（GIS）平台软件 ArcGIS 平台搭建而成，为全线电子航道图的生产、制作、更新、维护提供了便利条件。

系统具备实用性强，与国际接轨的特点。电子航道图生产编辑系统基于 ArcGIS 平台及空间数据库进行搭建，其数据模型支持 S-57 国际标准，并按照交通部颁布的《长江电子航道图制作规范》即 CJ-57 标准进行定制，既与国际标准接轨，也符合长江航道的特色。如此，同一数据源就可生产出基于不同标准的数据，实用性强。

系统的定制性也很强。在 ArcGIS 平台的基础上，可依据长江航道特点及数据生产要求，进行深入的二次开发，优化工作流程。针对物标和要素编辑，定制出许多实用性强、自动化程度高的工具，如此便可以批量导入物标及相关属性信息，大大提高长江电子航道图的生产效率。

同时，系统还具备通用性好的特点。ArcGIS 平台的开放性决定了其数据的通用性，在此基础上搭建的生产系统，其数据源可以通过处理生产出不同的产品数据，同时，通过通用性的接口，还可为各种应用平台提供相关的数据服务。

长江电子航道图 1.0 版已于 2009 年全线贯通，2.0 版也已投入试运行，为用户提供一套信息量丰富、安全性高、可靠性强、操作简便的电子航道图，提供更加优质、更加人性化的服务。2.0 版之后，还会继续开发 3.0、4.0 等版本，深入挖掘电子航道图系统的功能，增强完善发布服务平台、船用终端、监控显示等系统，逐渐改变以往的航道维护作业模式，真正实现智能导航甚至无人驾驶。

参考文献

[1] International Hydrographic Organization. IHO Special Publication No. S-57, IHO transfer standard for digital hydrographic data. http://www.iho.org.

[2] International Hydrographic Organization. IHO Special Publication No. S-52, Specifieation for chart content and display aspects of ECDIS. http://www.iho.org.

[3] 陈磊，李忠新. 电子海图导航系统的构想与实现[J]. 航海技术，2003(6)：25-27.

[4] 张立华，朱庆，刘雁春，等. 电子海图平台下的航线自动设计方法[J]. 大连海事大学学报，2007，33(3)：109-112.

[5] Graham R. An Efficient Algorithm for Determining the Convex Hull of a Finite Point Set[J]. Info Proc Lett, 1972(1)：132-133.

[6] 谭吉学，曹文利. 矢量数据压缩方法研究[J]. 测绘通报，2010：294-305.

[7] 汤青慧. 基于电子海图的最佳航线优化算法[J]. 中国航海，2010，33(4)：6-9.

[8] 张民. 基于 HLA 的 OGRE 引擎的实现及应用研究[J]. 电子科技大学学报，2007，36(1)：111-115.

[9] 朱世立. 电子海图应用系统设计[M]. 北京：国防工业出版社，1997.

9 内河航道助航技术展望

近年来由于内河航道尺度不断提高、跨河及临河建筑物的快速增加、船舶交通量的持续加大、内河水运信息化飞速发展，信息化技术已经逐步渗透到助航系统的设计、维护以及运行等各个环节，内河助航系统设计的虚拟化、养护决策的科学化以及助航系统功能的集成化与智能化日益明显，下文将展望与分析虚拟仿真、智能决策、智能系统等技术在内河助航技术中的应用。

9.1 仿真技术在内河航标工程设计中的应用

9.1.1 航标布设仿真模型构建

9.1.1.1 航标布设基本原则

内河航道航标布设总体原则主要有以下几点：

(1) 航标布设应根据航道条件和船舶航行特点以及所属区域水文气象条件进行。

(2) 根据航道条件并考虑船舶航行特点，科学合理地标示出安全、经济、便于船舶航行的航道，并满足规定的航道水深、航道宽度和弯曲半径的要求。

(3) 在一标接一标布设航标的一侧应保证航标所标示的航道界限内有规定的维护水深。在水位上升时期，侧面浮标在保证维护水深的前提下，适当将航道放宽。在水位下降时期，可逐步缩窄航道宽度，保持维护水深。

(4) 航标布设满足《内河助航航标》、分道航行制、船舶定线制等标准制度。

(5) 按航标的重要性依次递减进行布设。一般先布设碍航浅滩航道、凹凸岸航道、桥区航道的航标，再顺延这些航标布设顺直、深槽航道航标。

9.1.1.2 航标布设模型

航标布设模型主要是实现对航标布设宽度、间距、水深等因素的量化计算，即如图 9-1 和图 9-2 所示的 B、L、H 等，各因素各具特点，但又彼此紧密相连，需要深入分析。

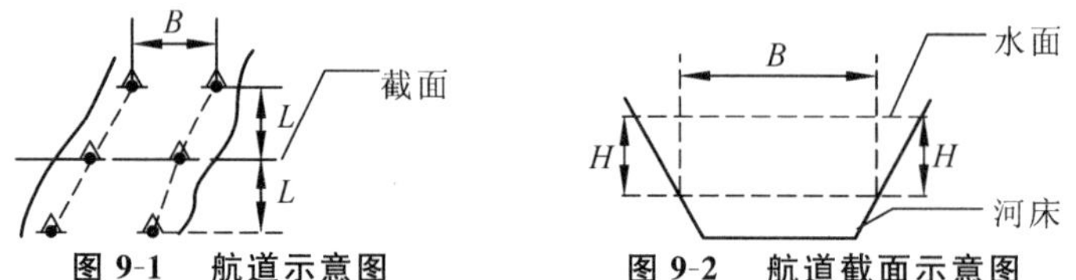

图 9-1 航道示意图　　图 9-2 航道截面示意图

(1) 布标水深

内河航道航标的布设，其水深和宽度是紧密相连的，只有在保证水深的情况下才能尽量拓展航道宽度。

布标水深(H)首先应根据航道条件满足对应航道等级可通过船舶的尺度要求，其次要保证管理部门规定的维护水深。以 Ⅰ 级航道为例，在条件允许的情况下必须保证最小 3000

吨级的船舶通过。3000 吨级的船舶设计吃水为 3.5m，航道最小水深 H_1 为 $H_1 = T + \Delta H = 3.5 + \Delta H$，其中 ΔH 取 0.4～0.5，为简化仿真步骤，不考虑河底条件，ΔH 取最大值，即 Ⅰ 级航道水深最低保证值为 4.0m。其他等级航道水深计算方法类似，不同等级航道水深值计算结果如表 9-1 所列。

表 9-1　航道布标设计水深

航道等级	Ⅰ	Ⅱ	Ⅲ	Ⅳ	Ⅴ	Ⅵ	Ⅶ
布标水深(m)	4.0	3.2	3.0	2.7	1.9	1.4	1.2

此外，还应考虑实际维护水深 H_2。当少部分航段通过维护也无法达到最低水深 H_1 时，则应降低通航水深标准，即 $H_2 \leqslant H_1$；当条件允许时，应尽可能提升维护水深，以保证更大吃水船舶的顺利通航，即 $H_2 \geqslant H_1$。

在航标布设中，布标水深基本以维护水深为参照，在没有维护水深参照的情况下，则以设计水深为依据。

(2) 布标宽度

在确定布标水深的条件下，布标宽度应尽量大，以获得更宽的航道，提升航道船舶通过量，提升航道利用率。布标宽度(B)必须满足至少单线航道能保证规定吨位船舶的安全通过，在此基础上，如果航道宽度符合要求，可以设置多线航道。

以 Ⅰ 级航道为例，3000 吨级标准船宽为 14.2m，其航迹带宽度计算公式为：

$$B_F = B_S + L\sin\beta \tag{9-1}$$

式中　B_S——船舶或船队宽度(m)；

L——顶推船队长度或货船长度(m)；

β——船舶或船队航行漂角，Ⅰ～Ⅴ 级航道可取 3°，Ⅵ 级和 Ⅶ 航道可取 2°。

则单船直线段单线航道宽度为：

$$B_1 = B_F + 0.8B_F = 1.8 \times (B_S + L\sin\beta) = 1.8 \times (17.2 + 110.0 \times \sin 3°) = 41.3\text{m}$$

其他等级航道单船单线航道设计布标宽度计算结果如表 9-2 所列。

表 9-2　航道布标设计宽度

航道等级	Ⅰ	Ⅱ	Ⅲ	Ⅳ	Ⅴ	Ⅵ	Ⅶ
单线航道宽度(m)	41.3	34.6	24.4	25.8	18.3	14.6	11.9

双线和多线航道航标布标宽度计算模型，可根据实际情况适当调整。当实际宽度不满足单线航道宽度时，应做特殊警戒标注。

在符合上述设计宽度的基础上，布标宽度应在布标水深满足的前提下尽量放宽。此外，考虑设置的航道维护宽度，应在维护水深下维护宽度不足时进行警示，以便航道管理部门及时采取维护措施。

(3) 布标间距

我国内河助航标志标准在航标布设间距方面没有定量的描述(桥区航标布设除外)，只定性地规定了布设的航标在视距上的要求，即是否满足白天船舶能从一座航标看到下一座航标以及夜间船舶能从一盏航标灯看到下一盏航标灯。在实际航道航标布设中更多是根据历史经验而定，没有一个定量的计算方法。通常侧面标志布设间距为 2.0n mile 左右，但在航道附近浅滩、礁石等碍航物较多，通航密度较大，航道附近水深差异较大，航道区域能见度差等特殊情况下，标志间距可适当减小。在航标布设仿真系统中，航标设置间距的确定将以能见度为主要参考依据，并参考实际航道条件和调研获取的经验值。

航标视距影响因素主要包括观测距离、大气反射率、大气透射率、航标水面高度、观测者视力、观测者眼睛高度以及观测环境等因素。

在能见度非常好的条件下，标志或光源与观测点之间的距离如图 9-3 所示，能被看见的最远距离(R_g) 与眼睛、物体距水平面高度之间的计算关系(h_0、H_m) 见式 9-2。

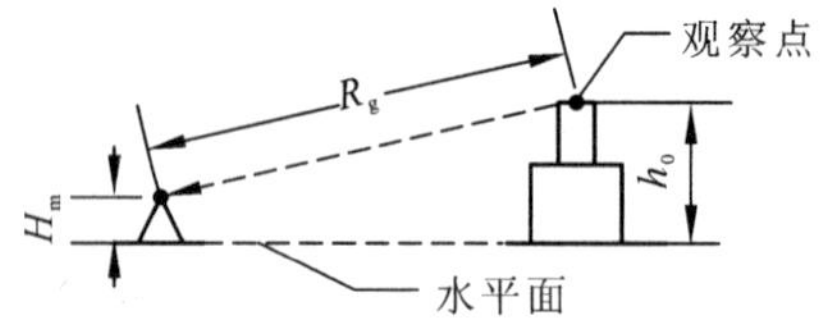

图 9-3　标志与观察点距离示意图

$$R_g = \alpha \times (\sqrt{h_0} + \sqrt{H_m}) \tag{9-2}$$

式中　R_g—— 最远可视距离(n mile)；

h_0—— 人眼高度(m)；

H_m—— 标志高度(m)；

α—— 大气折射率，一般取 2.03。

考虑能见度及标志与背景对比度等因素的影响，实际视距不足最远可视距离的 2/5。

此外，对应航道在低于一定能见度范围时需禁航，因此布标间距不应小于禁航视距。航标布设间距实际取值还需综合考虑河段航运需求、航道弯曲遮挡等因素进行确定：在雾情较严重区域，可适当缩小，以保障船舶航行安全；在航行船舶多、能见度条件好的区域，可适当放大，以减少航标对船舶的碍航。

9.1.1.3　特殊航道布设模型

(1) 桥区航道航标配布

桥区河段的航标配布大多由桥涵标、侧面标和左右通航标等组成。在双孔和多孔通航的桥梁，一般选择通航净宽较大，且主流通过的桥孔作为下水通航桥孔，选择流速较缓的通航桥孔作为上水通航桥孔，桥区航标布设示意图如图 9-4 所示。

下水通航桥孔，在桥孔向上游一侧设置桥涵标；上水通航桥孔在该桥孔向下游一侧设置桥涵标。对于单孔双向通航的桥梁，在下水和上水航道水域中央上方面对来船方向的桥梁的横梁上，引导上下水船舶靠各自过桥航道行驶。

在桥区下水航道，根据航道条件和航行需要，在进入通航桥孔前的航道上配布侧面标。当桥梁位于顺直河段，水流流向与桥梁轴线基本垂直时，在由上游驶向桥孔的航道上，距桥轴线上游 100 ～ 300m 和 400 ～ 800m 处各设置侧面标一对，两侧标志的连线与桥梁平行。桥梁上游航道弯曲和水流流向与桥梁轴线法向方向夹角较大时，在桥梁上游 800 ～ 1200m 处增设侧面标一对。对于部分多孔通航的桥梁，且两通航桥孔相邻时，在侧面标上游，再设置一座左右通航标。由单孔桥组成的双向分道通航航路，也可在分界线上设置安全水域标。

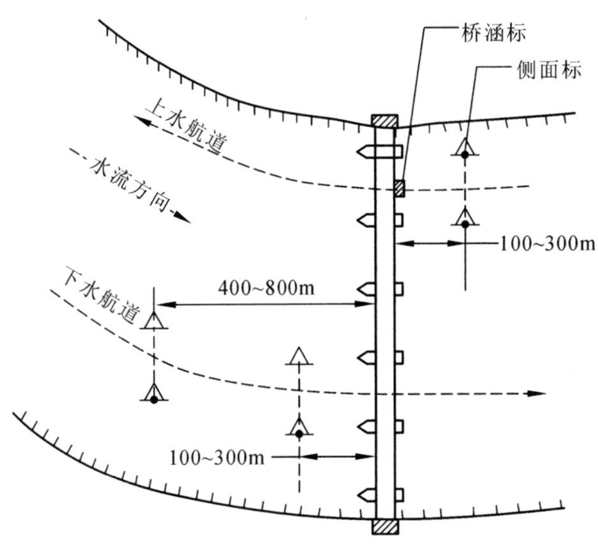

图 9-4 桥区航标布设示意图

(2) 弯曲航道航标配布

弯曲航道对应一系列船舶操纵,分为转向段、恢复段或航迹保持段,每一航段中的操纵类型决定必须提供给船舶驾驶人员作为航标系统的信息。转向段涉及最困难的船舶操纵,需要经常迅速判断船舶的纵向和横向航迹的位置和速度。因此,该航段中的航标数量和定位是关键,且风险因素最高。转向段在顶点每边的长度大约是 0.5n mile。如果涉及的船舶较小,航速较慢,或者转向角度较小,则可以考虑较短的距离。为了帮助径向操舵,可以在转向的中心处设置一座标志。如图 9-5 所示。

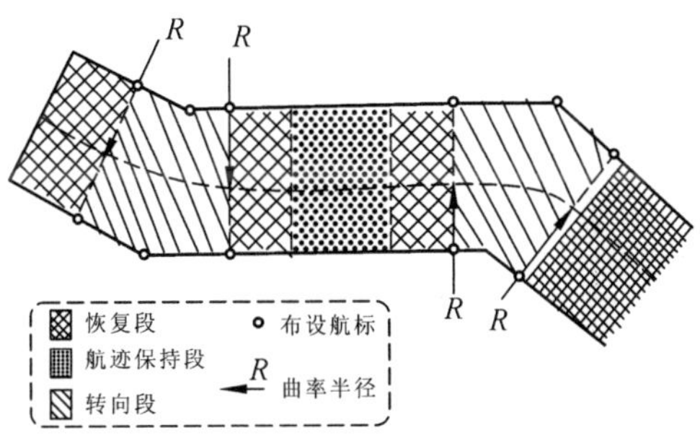

图 9-5 弯曲段航标布设示意图

内河航道弯曲段的航道宽度在直线段宽度的基础上应当加宽,其加宽值应根据可通航船舶计算而得,即最小弯曲半径应当为货船最大单船长度的 4 倍,在达不到上述要求的特殊河段,如果宽度可以加大并且驾驶通视条件都能满足,弯曲半径可以适当减小,但不得小于货船最大单船长度的 3 倍。

(3) 小河流航标配布

航运需求较小的小河流,可只在航行条件困难河段重点配布航标。白天通航的河段,主要配布一些标志狭窄航道边缘碍航物的侧面标,侧面标可以不遵循同侧浮标之间连线不得小于维护水深碍航物存在的要求，只要求在相邻两标连线上有足够水深，指示船舶遵循标志顺序航行。航标配布示意图如图 9-6 所示。

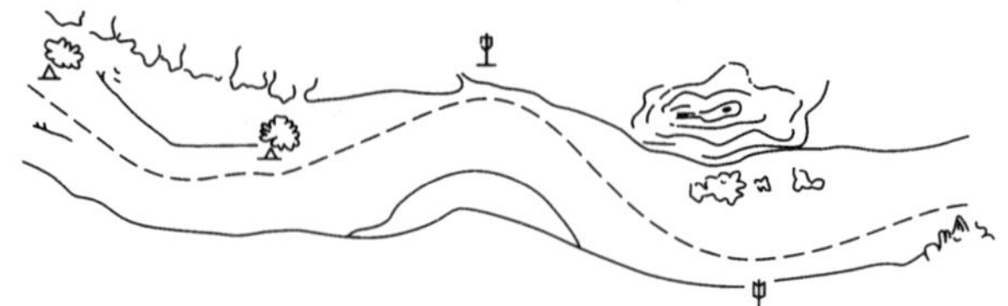

图 9-6　小河流航标配布示意图

夜航河段，除上述标志应发光外，在弯曲河段、河岸突嘴处还应适当配布发光的侧面标表示岸线，使船舶能按照灯标所标示的岸形驶过弯曲河段，避免发生触岸的危险。

9.1.1.4　虚拟航标布设模型

虚拟航标一般是指 AIS 电文系航标电文，但 AIS 电文中指示的位置实际上不存在物理航标。随着我国 AIS 岸基的规划建设和 AIS 接收机（包括电子海图）在内河船舶上的应用普及，AIS 虚拟航标已经逐步应用到了内河航标布设中，为船舶提供在显示器上可辨识的全天候可靠的航标。

较传统实体航标，AIS 虚拟航标不受环境因素（能见度、水流、风浪等）影响，不存在漂移、航标灯损坏等问题，而且可通过软件全部实现，维护运营费用低，是航标发展的一大趋势。但虚拟航标对 AIS 信号的可靠性要求高，而且只有装了 AIS 和 ECDIS 的船舶才能正常接收显示，目前在内河范围内不能完全取代实体航标。

在内河航道航标布设仿真系统中，将提出以下两种虚拟航标布设模型：

(1)AIS 虚拟航标模型

AIS 虚拟航标布设基本以实体航标布设仿真结果为依据，主要对实体航标进行补充完善。其布设基本思路是：

① 确定需要布设 AIS 虚拟航标的位置；

② 将位置信息按规定格式打包；

③ 通过 AIS 基站广播该航标报文信息。

(2) 三维虚拟航标模型

针对内河安装 AIS 和 ECDIS 设备的船舶数量不多、AIS 基站覆盖范围不广等不同于海域的特点，本文在 AIS 虚拟航标之外提出另一种航标，即三维虚拟航标。该航标是利用虚拟现实技术，针对航行船舶特征，不依赖 AIS 技术，为提供航道内最适合本船的航标布设方案而设置的系列航标。与 AIS 虚拟航标不同，它以船舶这一最终服务对象的需求为出发点，通过在江图上布设虚拟航标规划出最适合本船的航道，实现航道尺度利用的最大化。

三维虚拟航标的布设受水文气象、航行船舶等因素影响相对较小，对航道尺度依赖性较强，其模型主要需确定以下几方面内容：

① 布标水深及布标宽度：布标水深为航行船舶尺寸对应的安全水深（对应前文布标水深）；布标宽度理论上是在满足布标水深的前提下航道的最大宽度，但结合船舶路线最短、最大利用航道原则，航标布设应在让船舶减少拐弯操作的同时尽量靠近对应宽度水深较浅的一边，为其他需要的船舶让出较深航道。

② 布标间距：三维虚拟航标的同侧相邻航标间距以能直观显示通航航道为准，无须考虑水域环境因素，具体布标间距取实体航标间距的一半。

③ 布设规则：以让航行船舶更安全更经济通过航道为原则布标。参照公路车辆通行规则，实施航道两侧布标，在航标间显示中间线及多线航道的分隔线。重点航段航标布设间距可适当缩短。

9.1.2　内河航道航标布设模拟仿真系统

9.1.2.1　总体框架

内河航道航标布设模拟仿真系统以三维场景构建为基础平台，通过虚拟现实技术的综合应用，实现通航环境可视化、航标布设（包括虚拟航标）以及船舶航行等应用的模拟仿真。系统包括数据层、逻辑层和应用层，其总体框架如图 9-7 所示。

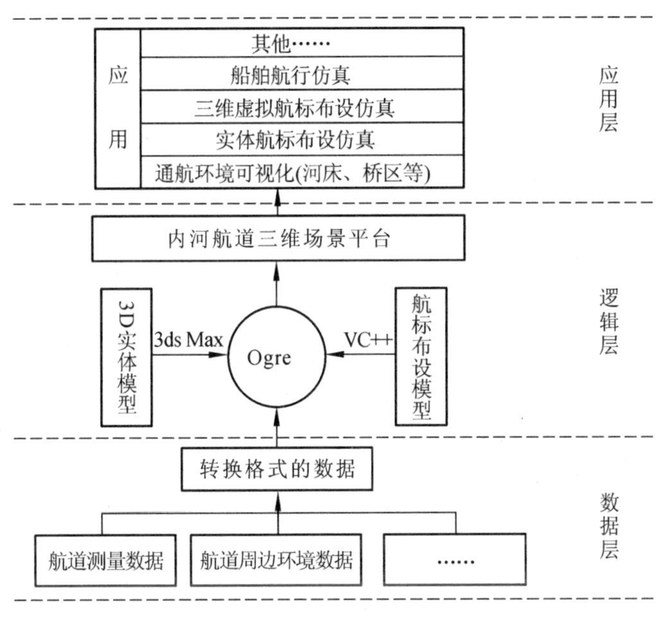

图 9-7　系统总体框架

9.1.2.2　布设模拟仿真

要完成航标布设的模拟仿真，就要先设置仿真参数，再根据航标布设模型及各计算方法，实现航标的正确布设。该功能模块主要包括参数修改设置、实体航标布设模拟、虚拟航标布设仿真三个子模块，各模块关系如图 9-8 所示。

(1) 参数修改设置子模块：设置修改航道属性、布设标准规范和航道环境等参数。这些参数对航标布设是否合理实用具有决定性作用，在对不同航道进行模拟仿真时需深入调研了解这些信息。

(2) 实体航标布设模拟子模块：对实际航道上的实体航标布设进行模拟仿真。该模块主要结合三维航道信息对实体航标布设相关信息进行计算，得出航标布设结果，包括布标位置、布标间距以及布标水深等数据。

(3) 虚拟航标布设仿真子模块：针对航行船舶而设计的功能，实现船舶航行对应航道航

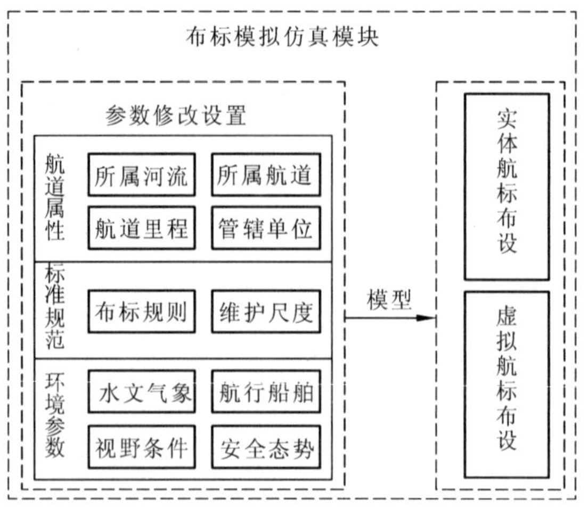

图 9-8　布标模拟仿真模块关系图

标布设的仿真，为船舶提供最佳航行路线。在实体航标仿真结果的基础上，增加船舶对应的航道信息。

9.1.2.3　*系统软件仿真实现范例*

本文采用 MFC 编程以及数据库管理来进行仿真系统的实现，包括利用 Ogre 开源引擎实现航道三维可视化以及航标布设的模拟仿真。其中在进行仿真的应用时，选取的对象是荆州长江大桥河段，即荆江上游河段中的涴市水道、太平口水道。

(1) 仿真参数设置

荆州长江大桥河段属于 Ⅱ 级航道，满足要求的水深应该为 3.2m，单线航道布标宽度为 34.6m，另根据提出的航道宽度计算模型，可知双线航道宽度应满足 58.5m。不考虑船舶等其他因素，若双向都是单线，则航道宽度应不小于 75.2m；双向都是双线，则航道宽度不小于 117m。

根据上述数据，可首先确定满足通航标准的航标布设尺度：标准布标水深：$H_{标} = 3.2\text{m}$；标准布标宽度：$B_{标} = 75.2\text{m}$；标准弯曲半径：$R_{标} = 360\text{m}$。河段航道维护尺度为 3.2m × 80m × 750m，若要符合航道通航标准要求，则航标布设尺度应根据航道实际条件进行，即应当满足：

$$H_{布设} = 3.2\text{m}, B_{布设} \geqslant 80\text{m}, R_{布设} \geqslant 750\text{m}$$

根据荆州海事局规定，当能见度低于 1000m 时，下行船舶禁航；能见度低于 500m 时，上行船舶禁航。因此，下行一侧航道航标配布间距应当大于 1000m，上行一侧航道航标配布间距应当大于 500m。由于荆江河段多在秋冬发生大雾，而该时段内过往船舶量较少，在保障航行安全的条件下，应当减少航标，以节省航标生产维护成本，故航标配布间距可适当放宽，$L_{布设} = 1000\text{m}$。

模拟仿真基本参数设置及航标布设参数生成结果界面如图 9-9、图 9-10 所示。

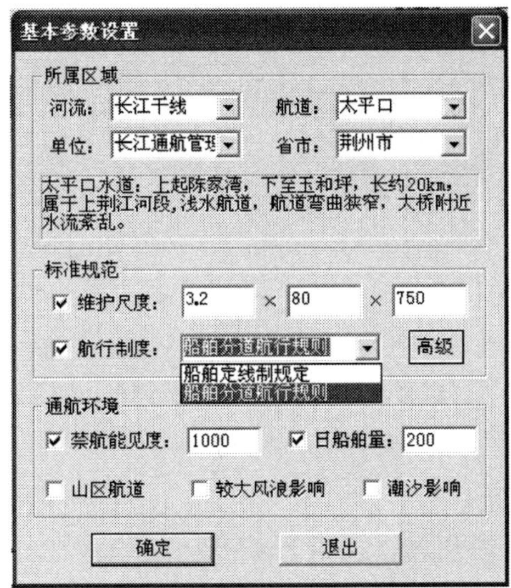

图 9-9 航标基本参数设置界面

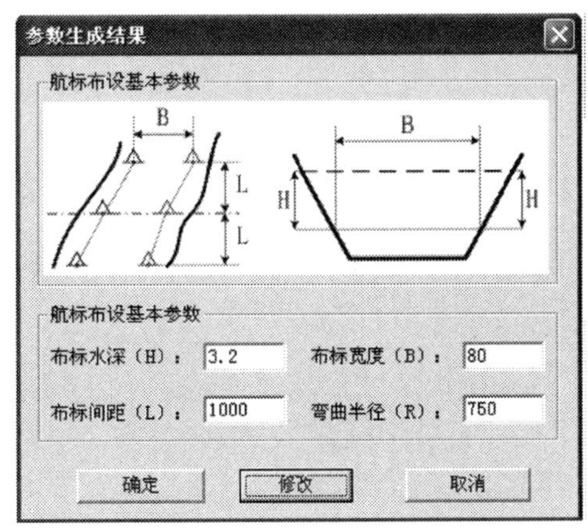

图 9-10 航标布设参数生成结果界面

在初步设定航标参数后，还需具体考量航道实际环境，在部分重点碍航、弯曲航段，间距应适当缩小，开阔顺直航道则可适当放大。由于荆州长江大桥河段不属于航路改革河段，故不要求双侧设置对标，但在重点航段应两侧设标，双侧航标可间隔配布。

(2) 航标布设

在上一节中对航标参数进行了设置，要实现航标布设，还要提取航道基本信息，即首先获取满足维护水深的航道区域，其实现效果如图 9-11 中 ① 类线所示。

满足维护水深的航道区域还要符合船舶航行条件，即获取满足对应航道等级的航道宽度和转弯半径的航道，结果如图 9-11 中 ② 类线所示。

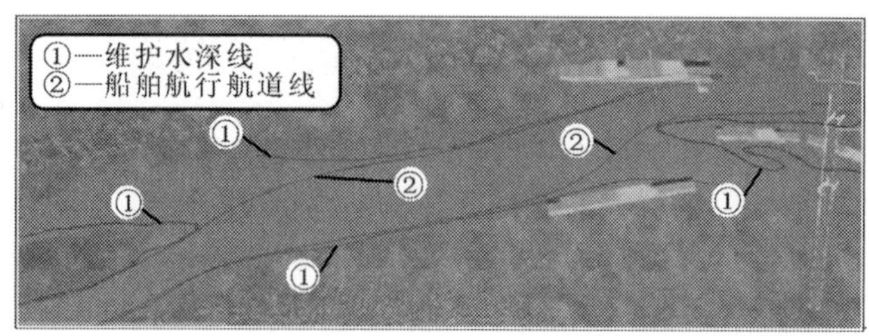

图 9-11　航道信息获取结果

在获取航道基本信息后，即可进行航标布设，航标布设按其重要性先后确定位置，首先确定桥区航标位置，如图 9-12(a) 所示，再确定洲滩、拐弯段以及碍航处的航标位置，布设效果如图 9-12(b) 所示，最后完成航标布设，总体效果如图 9-13 所示。不同环境下航标布设效果如图 9-14、图 9-15 所示。

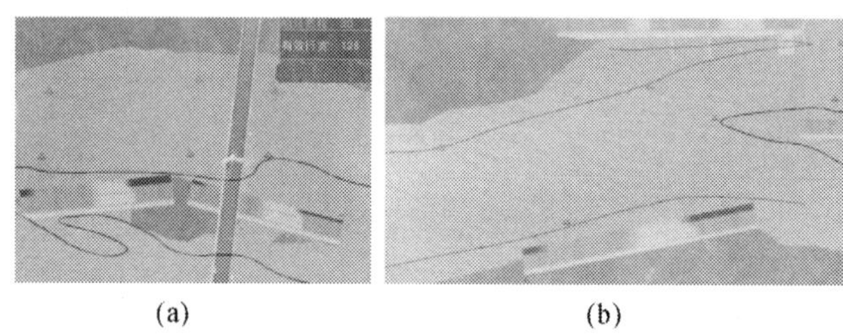

(a)　　(b)

图 9-12　桥区与洲滩(拐弯) 河段航标配布图

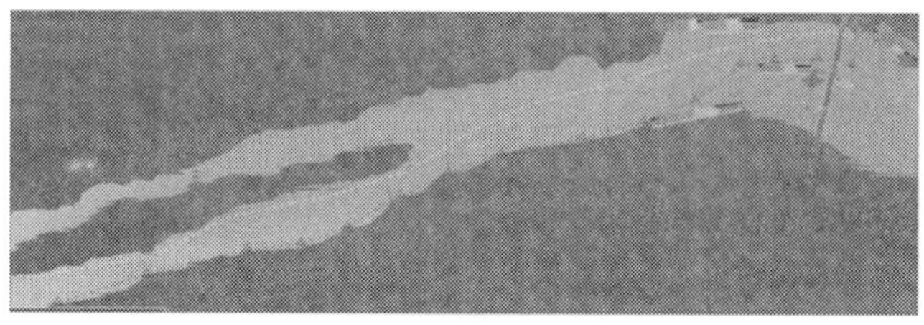

图 9-13　航标整体布设效果图

图 9-14　近距离航标布设效果

图 9-15 大雾下航标布设效果

(3) 虚拟航标布设

虚拟航标布设主要为航行船舶服务，即在实体航标标示航道的基础上，指示适合指定船舶的最佳航道。以荆州营运船舶的平均载重船舶为例(1000t 船舶)，进行航道虚拟航标的布设。

按照 1000t 船舶标准，Ⅲ 级航道即可满足船舶航行要求，而太平口水道属 Ⅱ 级航道，故实体航标标示的航道肯定能满足其航行需求。此吨位船舶单船单线航道宽度至少应为 24.4m。在此基础上，只需考虑航道利用率、船舶航行安全性和经济性，即推荐航道要求拐弯尽量少、弯曲半径尽量大、航道尽量靠近航线右侧。系统虚拟航标布设结果如图 9-16 所示。

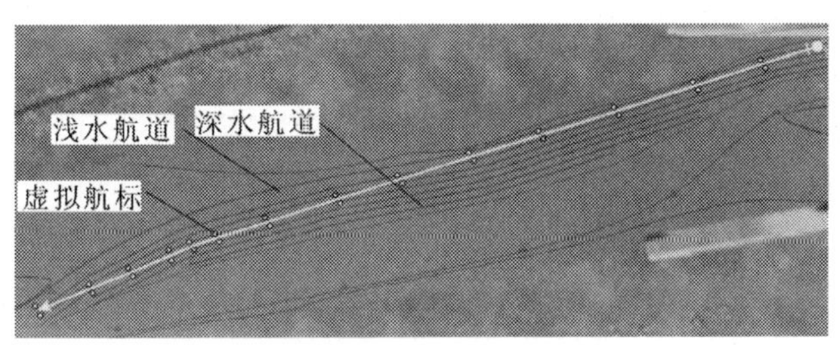

图 9-16 虚拟航标布设结果

图 9-16 中表示船舶逆水上行，其中深水航道离岸边最外侧标示线为左右通航分道安全线，浅水航道靠近岸边最内侧标示线为航标标示线，在两条线之间的若干条线将满足船舶航行宽度的航道标示出来，为船舶航行提供参考。1000t 船舶属于小型船舶，故应尽量走浅水航道。颜色标识即为推荐船舶通行航道，该航道以内侧浅水航道为主要通行航道，为大型船舶让出深水航道，从而提高航道利用率。同时，推荐航路较好地控制了船舶转弯操作(只有一处较小转弯)，能最大程度降低船舶操作复杂度，保障船舶安全通行。虚拟航标标示航道效果如图 9-17 所示。

图 9-17　江面虚拟航标标示效果图

9.2　助航系统资产管理智能化技术概述

9.2.1　助航系统资产管理现状

随着内河航运的不断发展，内河的交通量呈现出逐年递增的趋势。为了有效地管理内河船舶，帮助内河船舶安全通航，必须开发和研究内河助航设备。由于我国内河航道繁多且分布广泛，随着各类助航设备推广，必定在各个河段投入使用，内河使用的固定资产规模大幅度增加，存在着结构复杂化、管理难度大、资金占有率增加的特点。基于这些因素，助航资产管理工作面临着许多新的挑战，在海事企业也存在着由于管理体系的不完善，导致的资产流失，内河航运的快速发展将不允许这种管理体系的存在。

随着信息技术的不断发展以及相关应用的不断推广，海事部门的固定资产管理也实现了一定的信息化管理，资产管理部门也安装了相关的资产管理软件，这些管理软件大部分提供了资产的存储、查询等功能，有些软件还包括了资产数据的统计、分析、报表、数据上报等功能，基本满足了助航资产管理所需要的基本要求。

但是，随着内河航运的不断发展壮大，助航方面的资金投入力度在不断地加大，种类繁多的助航设备投入其中，海事部门积累了相对多的助航资产。这就要求对助航资产的管理更加严格、更加规范、更加精确化。一些落后的资产管理模式，会使航运企业在助航方面面对新的挑战，将不适应当今助航方面发展的需要，因此需要对助航资产管理进行改革，满足以后助航发展的迫切需要。

9.2.2　助航系统资产管理系统

助航资产管理系统要实现助航系统资产的动态式管理和静态式管理。

所谓动态式资产管理是指管理助航资产的变化形式，如资产的增加、减少或者其他状态。固定资产增加在助航领域主要是指购置引起的助航资产数量和价值量的增加；助航资产减少主要是指淘汰不适于继续使用的产品，如技术落后、质量差、耗能高、效率低的产品，使用年限较长、严重损坏、精度和性能严重下降、已属不能正常运转并无修复价值的产品，虽能修复但累计修理费已接近或超过原仪器设备价值的产品，主要附件损坏、无法修复所引起的固定资产数量和价值量减少的产品。除了上述两方面动态管理以外还包括验收和变动、闲置停用等。

所谓静态式管理就是助航系统资产在相当长时间内所表现出的某一种稳定的形态，可以通过资产的编号、分类、性质、档案、来源、附属单位、统计等一系列管理方式在系统中实现。

9.2.2.1　设计要求与原则

(1) 设计要求

助航资产管理系统主要依托于助航资产的日常化管理，结合现代先进的信息技术如计算机技术、网络通信技术和数据库管理技术，使助航资产的管理更加方便、可靠、有效，这套系统对助航资产进行了动态管理，关于资产的各个阶段的信息都可以通过查询得到，且尽量利用计算机处理的方式代替人工处理，属于资产管理工作的管理平台。具体要求如下：

① 较为完善的实用功能

助航资产管理系统应该包括助航资产的增加、变更、报废、毁损、折旧、归还、分配使用部门、使用部门变更、管理人员设定、资产在部门间调换、各种报表打印、组合查询等。对于每一件助航资产从购入到投入使用再到折旧情况等一系列全过程都可以进行动态的监管，以方便工作人员及时了解助航资产各个环节的使用情况，防止资产在某个环节中出现差错，保证数据的正确性，利用计算机处理大部分的工作，如自动报表的编制工作，减少人工操作。助航资产管理系统将各部分管理集中起来，组成一个功能更加强大、实用性更好的综合资产管理平台。

② 先进的射频卡管理方式

利用现代射频盘点机的先进技术，每购入一批新的资产，就会把信息输入到射频卡内，射频卡内的内容由用户自己定义，包括资产的基本情况如名称、购入时间、所属部门等。这给资产盘点带来了很大的方便，这种机器携带方便，工作人员可以携带到任何地方，同时也避免了人工错误。

③ 高效的数据传输

助航资产管理系统不仅能够在本地进行助航资产的查询等管理，还能够通过网络进行双向传输，与其他管理部门共享资产信息。

④ 独特的用户权限

由于助航资产管理系统由不同的工作人员使用，考虑到不同工作人员的职责是不同的，管理权限也是不同的，因此需要设定不同的权限，保证工作人员只能够在自己的职责范围内对助航资产进行管理。

⑤ 友好的界面，操作简单易学

助航资产管理系统应方便用户使用，使资产管理的各个环节一目了然，利用功能提示帮助用户进行相关的工作。系统的可视化功能也是很重要的，大量数据的统计都可以通过图形的方式进行呈现。

(2) 设计原则

固定资产系统应该遵循先进性、标准性、可视性、安全性、准确性、独立性以及容错性等设计原则。

① 先进性和标准性。设计应该符合标准，结合各类先进的技术，确保该软件的操作性，也应适应信息化发展需要。

② 可视性。具有友好的用户界面，操作简单，清晰明了，可操作性强。用户易学、易用。

③ 容错性。系统对于用户错误的操作，设置了相应的提示功能，系统有数据恢复功能，使系统的可恢复性进一步提高。

9.2.2.2　流程分析

助航资产管理系统的系统流程如图 9-18 所示。

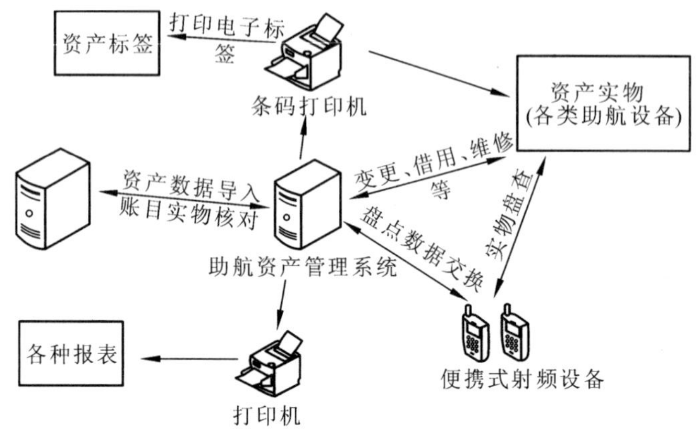

图 9-18　助航资产管理系统流程图

助航资产管理系统流程详细描述如下：假如某段航道区域需要新增加一批助航设备，就需要新增助航资产验收单，并提交给设备处进行审核，若审核通过即成为助航资产并录入系统的固定资产中，若未通过就返回等待处理。固定资产在录入系统中时一般采用射频设备为系统分配唯一的识别条形码，里面包含了该资产的名称、所属单位等具体信息。当助航设备成为固定资产以后就要接受财务部门对账务的清查，由于使用了条码识别资产，对资产的清查也容易很多，同时该助航资产也被记入财务账表和统计报表中。

如果需要对该资产进行处置或者变动，这时就可以通过助航资产系统对该资产进行查询，然后处理。

9.2.2.3　功能设计

助航资产管理系统根据实际需求以及助航资产管理工作，设计了以下几个基本模块的主要功能，主要包括资产的管理、资产的审核、资产的查询、账表管理、资产清查、系统设置、系统辅助七个具体模块，具体功能如下：

(1) 资产的管理

资产的管理主要包括助航资产的新增、修改、退出、删除、折旧等资产的日常管理功能。通过对新增资产验收单的数据自动录入，增加一条与该资产相关的详细信息的数据项；对于变动的资产要填写相关的资产变动单，通过审核，方可进行变动；资产处理(包括资产的删除、丢弃)、调出等也需要填写资产处理报告单，经过审核方可删除当前资产项。

(2) 资产的审核

资产的增加、变动和处理等操作都需要经过资产的审核这一操作，它是保证资产数据正确、权威的一个环节，包括资产数据的归口审核，资产增加、变动、处理的财务审核。

(3) 资产的查询

可以使用各种复杂的条件组合查询助航资产数据库中的某一条或者某一类的资产数据，包括资产信息的查询、变动信息查询、处理信息查询等。

(4) 账表管理

可以对各类财务账表、统计数据表及用户自己定义的表格进行管理，从已有的助航资源数据库中获取数据，根据所需要的统计分析条件，自动生成所需要的表格，并进行相应的统计和分析。

(5) 资产清查

资产清查也是助航资产管理的一个重要部分，通过射频技术可以有效提高资产清查的效率，也可以利用条形码采集设备进行清查，提高工作效率和准确率，降低人工工作量。

(6) 系统设置

系统功能设置模块应该包括系统日志管理、管理权限管理、数据的恢复与保存、系统参数设置等。其中系统参数设置主要是指对资产数据的属性设置、资产清查设置，可根据各自不同情况相应做出调整。

(7) 系统辅助

主要包括人员、单位、位置等信息的设置，包括人员设置、单位设置、存放位置设置以及单位、人员一览表等方面的功能。

9.2.3　助航系统维护决策支持系统

9.2.3.1　概述

(1) 助航系统维护决策支持系统的概念

在传统的助航系统维护体系中，工作人员在很多情况下都无法预知助航设备可能存在的故障风险，从而采取防范措施，导致助航设备经常发生故障，严重影响了船舶的正常航行，可能导致船舶意外事故的发生。助航系统维护决策支持系统将结合概率统计、自动控制论、行为学等多门学科，利用现代先进的信息技术包括计算机技术、通信技术，通过编程、软件仿真进行决策对象的确定和助航设备相关问题的分析，建立、修正和优化决策的算法分析模型，提供最佳的检修方案，帮助相关的工作人员找到最正确的决策，在很大程度上保障了助航设备的稳定性，保障船舶的通航安全。

(2) 设计的原则

助航系统维护决策支持系统可以作为助航系统下面的一个高级的应用模块，主要为助航系统设备的维护提供相应的服务，包括设备的监测预警、状态的评价以及检修的决策建议等。助航系统决策支持系统的设计应该满足以下几点原则要求：

① 助航系统维护决策支持系统要满足航运部门对安全性的要求，从系统的通信、数据存储、角色验证等方面都要考虑安全性问题，保证该系统可以与航运部门的其他系统进行互联。

② 助航系统维护决策支持系统要满足航运部门各单位不同的管理和业务，要表现出良好的适应能力，满足助航设备方面新技术、新标准所带来的新要求，在未来一段时间内可以

对发展进行良好的适应。

③ 要与其他航运部门的助航信息系统保持良好的交互性，可以与其他系统进行数据的交换与处理，该系统对数据进行分析统计的结果还可以被其他系统直接利用。

④ 助航系统维护决策支持系统应具有灵活性，满足不同业务层的功能需求，且有较长的生命周期和扩展能力。

9.2.3.2　框架

助航系统维护决策支持系统采用数据接口层、应用支撑层、应用层三层架构的模式，具体见图 9-19。

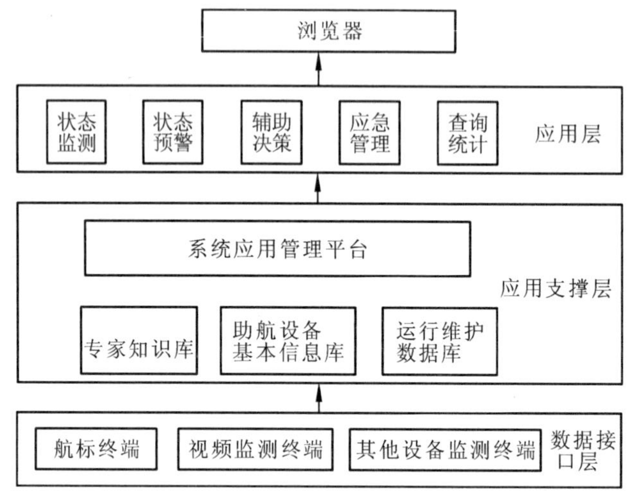

图 9-19　助航系统维护决策支持系统框架图

系统框架的层次如下：

(1) 数据接口层

数据接口层是助航系统维护决策支持系统的数据信息的来源接口，通过该接口与外部各设备的监测终端、环境的监测终端进行数据的交互，可以接入助航设备的状态信息、运行维护信息等。

(2) 应用支撑层

应用支撑层是助航系统维护决策支持系统的公共服务基础设施，充分利用了应用支撑平台和中间功能组件，对系统进行融合，主要功能包括：① 模块间的通信，数据共享。② 数据服务总线平台。在应用支撑层的基础上，可以支持各种应用，为其他应用提供具体服务的基础。

(3) 应用层

应用层应该包含以下主要功能：数据的管理，包括助航设备各终端监测的数据；数据的分析，包括监测预警、状态诊断、预测评估等；系统管理，包括用户管理、数据的备份与恢复等；查询统计，包括各类信息的查询和数据的统计。

9.2.3.3　功能设计

助航系统维护决策支持系统主要的功能就是故障的诊断，以助航设备的信息作为基础，充分利用监测终端、各设备自身的数据、设备的运作环境，通过故障诊断对数据进行分析、比较、判别，从而实现对助航设备的监测预警、状态的评价与诊断、预测评估、风险分析等，如果发现可能存在的故障，将会做出维修的建议，供工作人员参考，提前采取维护措施。即使故障已经发生，也可以提供发生故障的位置、类型、原因等信息，同时也可以给出维修的建议，方便工作人员对助航设备进行维修，也为运行维护提供决策依据，推动内河航道助航的发展。

助航系统维护决策支持系统利用故障诊断专家系统完成故障的诊断，专家系统的设计框架如图 9-20 所示。

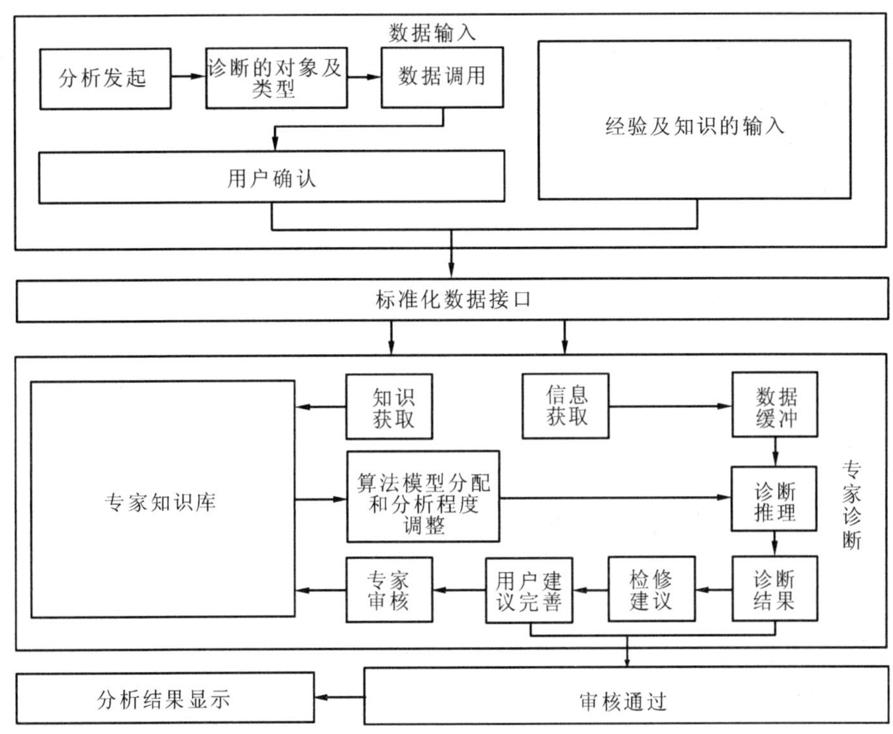

图 9-20 故障诊断专家系统设计框架

故障诊断专家系统从功能可划分为监测预警、状态评价、状态诊断、预测评估、风险分析和维修建议六个方面。

(1) 监测预警

监测预警主要是根据助航系统监测终端检测出来的数据，对于超出指标和阈值范围的数据，根据设备采集到的不同类型的数据向相关的工作人员发送可视化的信息来表示预警信息。同时系统也将启动状态诊断功能，帮助分析助航设备出现故障的具体信息，包括故障的原因、发生位置。对于符合指标要求的数据，可以根据相关的分析方法，及早发现助航设备可能存在的问题。

(2) 状态评价

状态评价可以根据助航设备运行的状态以及相关状态评价的指导准则，反映各助航设备的健康状况，通过划分等级来区别健康状况。可以分为单元评价和整体评价两个部分。

单元评价是指对助航设备所划分的具体单元进行评价，单元评价可以结合各设备具体的特点，设计不同的评价方法，以便于将设备的健康状况进行细化，便于工作人员进行维护。

整体评价可从单元评价得来，根据一定的组合方法和单元评价的结果获取整体评价的健康等级。

(3) 状态诊断

状态诊断主要是根据监测模块检测到的预警信息或者在状态评价模块显示的状态评价的不健康状况，采用状态诊断功能来分析助航设备具体故障的原因与故障的发生位置，为工作人员进行维修提供重要的参考。

(4) 预测评估

预测评估是根据助航设备以往的状态数据的变化规律，采用满足业务需求的预测算法，通过具体的分析，得到该设备在未来某一段时间内的健康状况发展的趋势。

(5) 风险分析

风险分析主要是分析设备潜在的威胁，分析助航设备发生威胁的概率和威胁发生后导致资产的损失程度，可以通过相关的风险分析模型量化风险，从而得到风险的等级。

风险分析综合考虑到资产、资产的损失状况以及发生故障的概率得到风险值，并将这个作为指标。可以按照三者相乘的公式模型计算风险值。

(6) 维修建议

维修建议以系统的状态评价、风险评估等作为基础，综合设计助航设备应该优先维修的顺序、维修的时间等。

9.3　内河智能航道系统概述

智能航道是智能技术在航道服务领域中的应用，目前尚属于初创阶段，随着智能航道先进的技术与理论不断发展，智能航道框架以及相关技术将不断丰富完善。下文将概述智能航道的定义、构成、逻辑框架以及物理框架，构建智能航道基础知识体系。

9.3.1　智能航道的定义

在借鉴相关系统定义域分析智能航道建设需求的基础上，本文定义智能航道如下：

智能航道(Intelligent Waterway)是指在数字航道基础上，利用智能传感器、物联网、自动控制、人工智能等技术，自动获取航道系统要素信息，通过融合处理与深度挖掘，动态发布航道有关信息，实现航道规划科学化、建设养护智能化、管理现代化，为航运企业运输决策、船舶航行安全、航运监管、政府水上应急等提供全方位、实时、精确、便捷的服务。

9.3.1.1　智能航道系统的特点

(1) 航道信息感知更为全面、透彻

通过智能传感器、射频识别、无线传感网络、无线网络、机器人等手段，从空中、水面、水下实现航道要素信息全方位透彻的获取。同时基于航道演变模型计算高空间分辨率的航道水位、水深、流速、流态等信息，实现航道通航要素信息的精细感知。

(2) 航道信息交互更为通畅、友好

航道要素信息以不同方式嵌入网络，与各先进的感知工具连接，实现更全面的互联互通。同时依托多功能电子航道图系统，利用三维显示技术实现航道信息实时、顺畅的友好交互。

(3) 航道信息服务更为实时、便捷

基于云数据库平台，结合智能化电子航道图系统，利用云计算技术对海量数据进行整理分析，实现从数据到信息，从信息到知识，从知识到洞察力的过程，进而实现航道信息全面定制化服务。同时，通过多源航道信息服务发布平台，实现实时、便捷的航道信息服务。

(4) 航道管理与养护更为科学、低碳

基于航道知识库，利用人工智能技术对航道规划、执法、养护、资产等管理过程进行决策分析，实现航道管理的科学化。同时利用遥测遥控与智能控制技术，对航道工程船舶、航标状态进行主动监测与智能控制，实现航道养护过程的智能化，达到节能降耗的目的。

9.3.1.2 内河智能航道的构架

内河智能航道由数据感知层、通信层、数据处理层、支撑平台层、服务应用层和制度保障层组成。其架构如图 9-21 所示。具体由船舶感知系统、航道感知系统、船 - 标 - 岸一体化信息网络、数据处理系统、通用技术平台(航道与船舶云数据库、多功能电子航道图系统平台等)、七大服务系统(先进的航道规划与建设服务系统、航道智能管理养护系统、航道智能机务系统、先进航道安全管理体系、先进的航道信息服务系统、航道智能助航系统、航道智能应急服务系统)、航道智能管理平台、先进的航道综合服务平台、规范与标准保障体系组成。

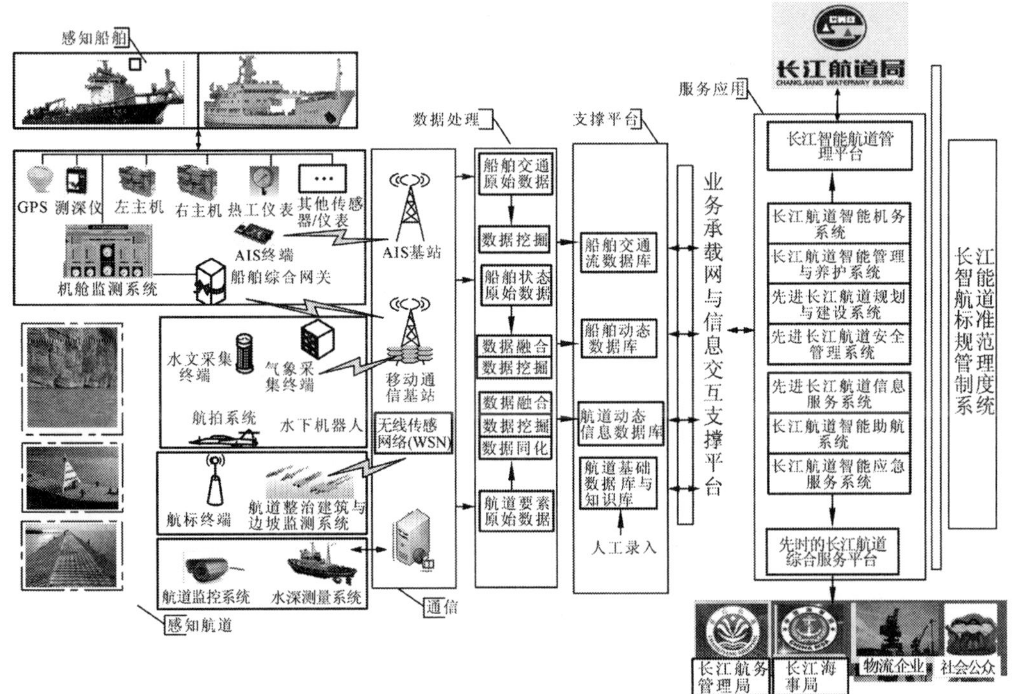

图 9-21 智能航道架构

9.3.2 内河智能航道服务与用户

内河智能航道概念设计首先必须明确内河智能航道的服务内容和服务对象。

服务领域的划分涉及逻辑框架顶层结构的确定，内河智能航道在服务领域划分时，从实际需求出发，通过有效的方法对目标体系进行需求分析，主要有需求获取和需求描述等方面的内容。通过需求分析，明确内河智能航道的服务领域。

需求获取，是从相关人员挖掘“潜在的”需求活动。需求分析人员与需求提供者沟通，获取仅存在于这些人员脑海中的需求，将这些零散的潜在需求进行整理分析，得到相关文档资料。需求获取目前有许多成熟的方法，例如专家会谈、问卷调查、报表收集等。

需求描述，是用适当的形式或规则把用户需求的主要特征描述出来。需求获取所得到的信息不具备系统性、一致性、完备性、可跟踪性等特点，需要进一步提炼、加工。规范地描述“潜在的”需求，以便于理解与沟通，反复沟通以确定体系需求的各项定性、定量指标。

根据内河航道局管理业务体系以及前期调研结果，本研究将内河智能航道系统主要划分了七大服务领域：航道信息服务、智能助航服务、智能应急服务、管理与规划、智能维护、智能机务和航道安全管理，见表 9-3。

表 9-3　内河智能航道系统服务领域

编号	名称	英文名称
F1	航道信息服务	Waterway Information Services
F2	智能助航服务	Intelligent Voyage Aid Services
F3	智能应急服务	Intelligent Emergency Services
F4	管理与规划	Management and Planning
F5	智能维护	Intelligent Maintenance
F6	智能机务	Intelligent Technical
F7	航道安全管理	Waterway Safety Management

航道信息服务：通过信息采集处理技术、通信技术、计算机技术、网络技术和大规模存储等多种技术，全面感知航道，为不同用户、不同系统在不同地点提供准确的、动态的航道信息服务，包括自然条件信息和人工设施条件信息，从而为用户和管理者提供决策支持，保障通航的高效、安全、绿色。

智能助航服务：利用先进的电子技术、无线通信技术和传感器技术等，完善内河航道航标物联网，实现对航道助航物与信号揭示系统的智能化管理和控制，为船舶提供全面的航道维护、施工等信息，并针对突发事件（沉船、搁浅、自然灾害等）向船舶及时预警，最终实现对船舶的智能化通行诱导。

智能应急服务：利用现代通信和控制技术，在事故发生时，根据当前采集的实时信息，由紧急事件管理中心对船舶进行合理调配，并为船舶、管理者、航运企业、码头等提供碍航物的信息，同时提供航道突发事件的相关信息。

管理与规划：内河智能航道的管理与规划服务主要为航道管理者提供服务，由航道建设决策系统、航道潜力评估系统、规划设计辅助系统以及知识库组成。航道建设决策系统为航道建设提供决策支持；航道潜力评估系统利用仿真手段来研究内河干线航道通过能力，建立航道服务水平评价体系，全面研究内河干线的通过能力；规划设计辅助系统提供实现航道规划计算、评估以及仿真的有效手段；知识库利用数据库、数据挖掘等技术手段，形成结构化、易操作、易利用、全面有组织的知识集，这些知识包括与领域相关的理论知识、事实数据、专家经验得到的启发式知识等。

智能维护：建立内河航道管理执法辅助系统、内河航道观测平台、航道演变分析系统和航道演变分析显示平台。执法辅助系统辅助海事、公安等部门，及时准确地收集到违反航道法规事件的信息，并利用先进的传感器技术、机器人技术，以及先进的人工智能和控制理论，在航道演变、航道疏浚、航道养护等方面为管理者提供决策支持，实现对航道相关信息的自动观测，以及航标等其他助航设施的自适应或者人工远程调节和维护。

智能机务：利用船舶自动识别系统、全球卫星导航系统，电子航行参考图显示和信息系统，以及航行记录系统和船舶智能导航计算等技术，全面地感知船舶，根据船舶状态信息、船舶设备运转信息、船舶报警信息等，通过决策支持系统对船舶维护管理提供智能决策，实现对船舶运行状态的实时监测和控制，从而也达到了节能减排的目的。

航道安全管理：运用人工智能理论与方法，智能识别航道生产安全风险因素，建立航道生产安全分析模型，构建航道生产安全数据库，利用数据挖掘与知识发现工具生成航道生产安全知识库。在此基础上构建预警决策支持系统，向航道安全应急指挥系统提供航道生产安全预警方案，并对生产现场进行调度指挥和远程监控。

9.3.3 内河智能航道技术支撑分析

9.3.3.1 内河智能航道通用技术平台

(1) 内河智能航道通用技术平台信息构成及特征

内河智能航道通用技术平台按一定的标准规范整合多源异构的内河智能航道各个子系统信息资源，成为信息采集、传输、处理、管理和发布内河航道各类信息的载体，是实现各个子系统间信息交互与共享的重要保证。由于内河智能航道各个子系统的建设时间、发展水平不一致，造成智能航道通用技术平台中涉及的信息多源异构、类型复杂、数量庞大，既有内部信息，也有外部信息；既有动态实时共享信息，又有公用基础信息和静态信息。图 9-22 给出了智能航道通用技术平台的信息来源示意图。

(2) 内河智能航道通用技术平台系统结构

根据智能航道通用技术平台的信息源构成，从信息流流向出发，将通用技术平台分为三个层次，数据接入层、内部结构层和应用服务层，如图 9-23 所示。数据接入层提取现有业务系统中的共享数据资源、航道实时数据信息以及其他信息，并传递到内部结构层。内部结构层负责对原始数据进行规格化处理后再进行存储和管理。应用服务层从内部结构层提取数据，采用数据挖掘、智能决策等技术手段为航道局内外用户提供信息服务及决策服务。

通用技术平台的主要功能是从各业务子系统提取共享数据，并对多源异构数据进行数据融合，完成多类动态数据、静态数据、时间数据、空间数据等的组织，以保证数据间关系的正确性、一致性以及避免数据的冗余，并对外提供决策支持和信息查询等服务。智能航道通用技术平台可具体划分为以下四个平台：数据共享平台、应用服务平台、安全管理平台、通信平台。

9.3.3.2 内河智能航道通用技术平台关键技术

为建成内河智能航道通用技术平台必须重点解决一些关键技术问题，其中重要的关键技术有：云数据库技术、航道信息智能处理技术、多功能电子航道图系统等。

1) 云数据库技术与智能决策支持系统

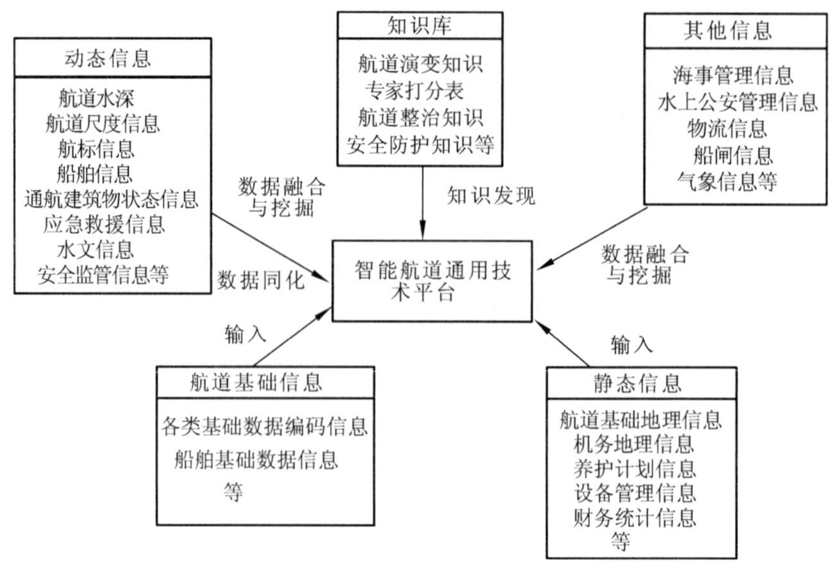

图 9-22　智能航道通用技术平台的信息来源

(1) 云数据库技术

云数据库技术即 CloudDB，或者简称为“云库”。它把各种关系型数据库看成一系列简单的二维表，并基于简化版本的 SQL 或访问对象进行操作。传统关系型数据库通过提交一个有效的链接字符串即可加入云数据库。云数据库解决了数据集中共享的问题，剩下的是前端设计、应用逻辑和各种应用层开发资源的问题。使用云数据库的用户不能控制运行着原始数据库的机器，也不必了解它身在何处。

(2) 智能决策支持系统

智能决策支持系统是人工智能(Artificial Intelligence，AI) 和 DSS 相结合，应用专家系统(Expert System，ES) 技术，使 DSS 能够更充分地应用人类的知识，如关于决策问题的描述性知识、决策过程中的过程性知识、求解问题的推理性知识，通过逻辑推理来帮助解决复杂的决策问题的辅助决策系统。

2) 航道信息智能处理技术

智能航道的实质就是实现航道与船舶信息的自动采集传输、高度共享和深层次应用，从这一角度出发，智能航道的关键技术应包含以下几类：

(1) 针对内河航道异构、多态、分布式的相关资源与结构特点，研究实现智能航道信息开放互操作机制的理论和方法；

(2) 面向航道维护管理特有的核心 / 关键业务流程，研究实现航道维护管理的智能建模、优化与控制的理论和方法；

(3) 针对航道信息资源的共享和深层次应用，研究实现智能航道中海量异构异域数据间的信息融合及决策支持的相关理论和方法；

(4) 针对航道水位变化具有不确定性的特点，研究航道演变的不确定性模型；

(5) 针对航道水位变化频繁的特点，研究具有三维显示以及航道要素信息动态更新等功能电子航道图的制作技术与标准；

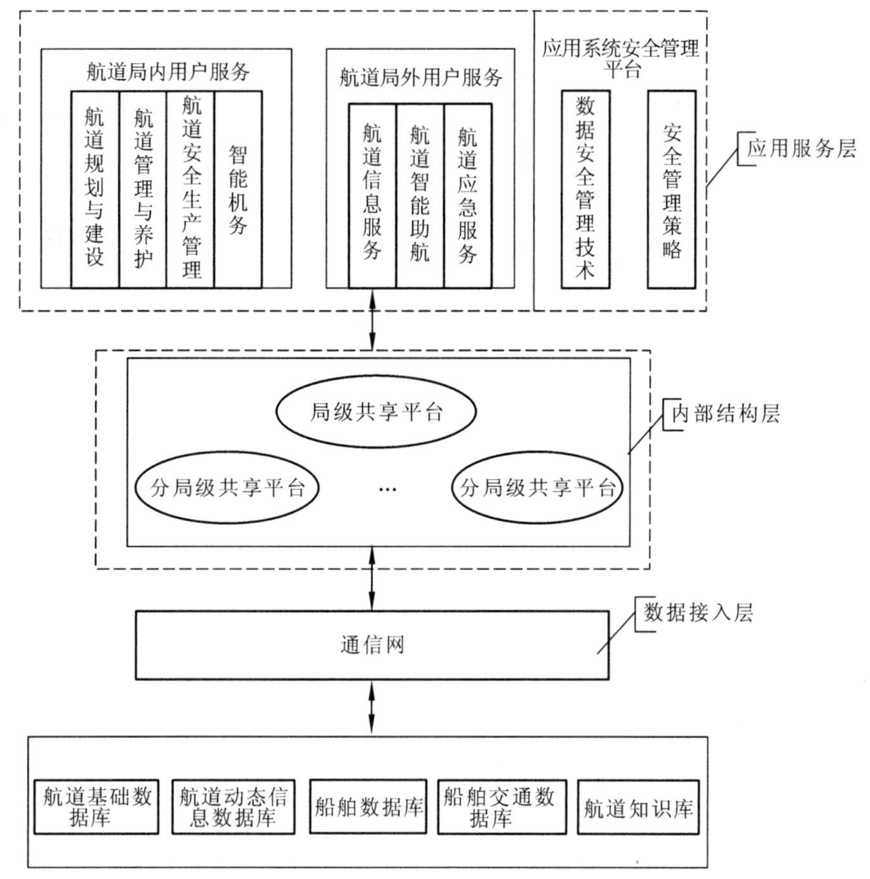

图 9-23　智能航道通用技术平台架构

(6) 针对内河航道环境复杂的特点，研究传感器与智能化信息处理的理论与方法。

3) 多功能电子航道图系统

多功能电子航道图系统以数据库为核心，通过整合内河全线航道基础地理信息数据、航标数据、水位数据、航道实际维护尺度数据等，实现航道地理信息数据的统一管理。通过开发电子航道图生产编辑系统软件，实现产品数据的快速生产与更新。在此基础上，搭建内河电子航道图公共服务平台，为用户提供最新的航标更新数据、水位信息及最新航道实际维护尺度等信息，辅助用户安全航行，以提高内河航道的通航能力。

多功能电子航道图系统建设完成后，可为用户提供如下功能：

(1) 实现不同水深信息的显示，即：

① 可航水深。可航水深是由船舶吃水和富余水深所确定的适用于本船可航行的水深值。船用终端用户可在终端上选择适用于本船的可航水深并查看相应的可航水深范围。

② 计划维护水深。内河航道局每月对外公布的计划维护水深，船用终端系统可予以显示。

③ 实际维护水深。为更大限度地提高航道通过能力，内河航道局根据不同河段的特点把内河全线分为若干个河段，分时分段定期发布各河段航道实际维护尺度信息(水深、航宽、弯曲半径)，以充分利用航道自然水深。终端设备可及时、准确地获取并显示分时分段航道实

际维护尺度信息。

④ 深水航路。一般设置在深沟附近，位于左、右侧侧面标之间。

⑤ 计算水深。为及时反映不同水位时的航道水深，以电子航道图所反映的河床地形为基础，假定水下地形不变，利用最新水位数据通过计算得到计算水深，为用户提供参考信息。船用终端可实时获取船舶所在河段的最新水位数据，在原图水深的基础上，通过计算得到计算水深值，在原电子航道图上进行计算水深的显示。用户可在采用电子航道图原图水深导航时，随时切换并查看计算水深信息。

(2) 电子航道图的显示(含船舶安全水深和深水航路)与导航。

(3) 周边船舶信息查询。

(4) 逆航道行驶等状态的报警。

(5) 水位信息查询。

(6) 气象信息查询。

(7) 历史回放。

(8) 电子航道图更新。

(9) 记录、编辑与简单数据管理功能。

(10) 公共信息服务。

(11) 净空高度动态显示。

(12) 流速信息显示。

(13) 山区河段可视距离显示。

(14) 三维电子航道图的显示。

(15) 航道预测参考水深显示。

9.3.4 内河智能航道体系框架制定

9.3.4.1 体系框架的概念和主要目标

内河智能航道体系框架从系统工程的角度明确了内河航道系统如何构成，确定其功能模块以及模块之间的关系。内河智能航道体系框架研究的目的在于从根本上改变单纯从技术的角度看待航道信息化的偏向，它是一个贯穿于智能交通系统结构和标准研究制定过程的指导性框架，它可为编制内河智能航道未来发展规划、设计内河智能航道各系统提供指导。

从开发流程的角度来说，内河智能航道体系框架开发主要包括三部分：用户服务、逻辑框架、物理框架。从本质上来讲，这三部分内容是从不同角度对内河智能航道进行解释的过程，即用户服务是从用户的角度对内河智能航道能提供的服务内容进行描述；逻辑框架则是从系统如何实现内河智能航道服务的角度进行分析，给出内河智能航道应具有的功能及功能之间的数据流关系；物理框架则是把内河智能航道逻辑功能落实到现实实体，如航道相关部门、航道设施、船载设备等。

研究内河智能航道体系框架的目标主要有：

(1) 通过对面临问题和解决方案的深入理解，满足用户需求、保证各种用户和利益体间的有效信息共享、保证每一个人对最终系统的概念模型是相同的。

(2) 为集成或开发的系统提供稳定的基础，保证系统设计者和开发者的目标稳定。体系框架的主要作用是实现：

① 不同学科的交叉和融合；

② 不同系统的集成；

③ 商业需求和技术要求的统一；

④ 多利益主体的统一协调，包括用户与管理者的统一、管理者与管理者的统一。

内河智能航道体系框架的设计采用面向过程(结构化)的方法。结构化方法基于功能分解设计系统结构，是面向系统结构，基于数据流和功能的建模方法。同时，在设计内河智能航道体系框架时，侧重于系统所实现的功能结构，应用"问题分割"的方法，自顶而下将系统分解为具有一定层次、一定功能的逻辑"功能模块"，最终将其按层次结构有机地结合起来，形成系统总体功能层次结构。

体系框架设计点的基本思想是：用系统的思想、系统工程的方法，从用户需求出发，结构化、模块化、自顶而下对系统进行分析与设计，其主要原则有：

用户参与原则；"先逻辑，后物理"原则；"自顶而下，逐步求精"原则。

(1) 体系框架的设计方法

结构化方法作为系统分析方法已得到广泛的发展和应用。结构化方法利用抽象模型的概念，按照系统内部信息传递、变换的关系，以数据为中心，依照"自顶而下，逐步求精"的原则进行系统功能的分解与设计，最终找到并设计出满足用户需求的可实现的物理模型。面向过程的设计开发是一个线性过程，要求实现系统的业务管理规范，处理数据齐全。它把系统分解为过程，产生自顶而下、结构清晰的系统结构。主要使用数据流图、数据流描述表、系统结构图、框架流描述表、实体关系图等对体系框架加以描述。

(2) 体系框架的设计步骤

内河智能航道体系架构的设计是按以下几个步骤进行的，如图 9-24 所示。

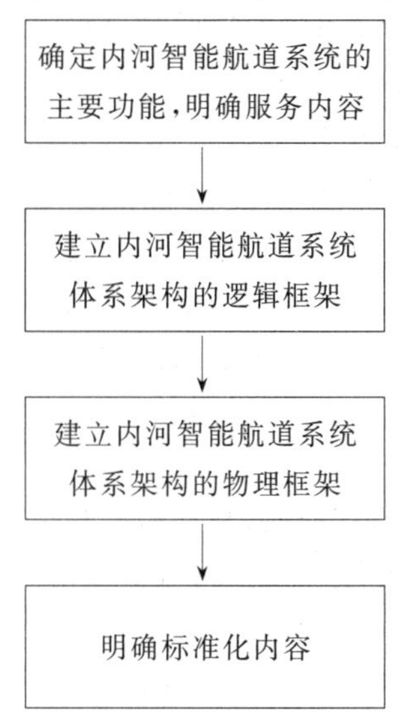

图 9-24 智能航道物理框架设计步骤

步骤 1：确定内河智能航道系统的主要功能，明确服务内容

在内河智能航道体系框架研究时，首先定义服务功能域、用户主体、服务主体，从而明确

服务的双方，所有的服务内容都围绕这两者的关系展开。内河智能航道系统用户服务描述了系统“应该做什么”。

步骤 2：建立内河智能航道系统体系架构的逻辑框架

该部分主要从分析用户服务入手，确定系统应该具有的主要功能，并将功能划分成系统功能域、功能、过程、子过程等几个层次；分析内河智能航道系统的逻辑框架和各个功能之间的交互关系；明确功能和过程之间交互的主要信息，并以数据流的形式对交互信息进行定义。逻辑框架的建模过程不关心系统功能的时序关系，只描述每一个逻辑功能“是什么”以及功能间的数据交互问题。

步骤 3：建立内河智能航道系统体系架构的物理框架

该部分主要从物理系统的角度分析实际的内河智能航道系统应该具有的结构，并按照系统、子系统、模块等层次对系统进行结构分析；分析内河智能航道系统物理系统之间交互的信息，并以框架流形式对此信息进行定义；物理框架中还明确了系统对系统功能的实现关系和框架流对数据流的包含关系，从而从根本上反映了物理框架和逻辑框架的关系。

步骤 4：明确标准化内容

(3) 逻辑框架

内河智能航道逻辑框架主要描述系统的主要功能和功能之间的交互关系。在确定的用户服务的基础上，系统的功能通过某种组合就可以完成某一项特定服务。系统的功能也不是孤立的，需要从系统的其他部分获取信息，同时也为其他功能模块提供信息。换言之，逻辑框架就是将系统按层次分解成单一功能模块的处理过程。

(4) 物理框架

内河智能航道物理框架是对逻辑框架层次的具体实现，描述了内河航道系统中各部分的相互关系，但需要注意的是，它并不与实际的物理设备和硬件挂钩，即并不研究与实际技术相关的具体物理模型，避免个别技术的发展对物理框架的影响。从数学的角度讲，物理系统划分事实上是可以随意的，只要可以全部覆盖和完成逻辑框架中规定的功能。

9.3.4.2　智能航道逻辑架构设计

逻辑框架通常用层次数据流图(DFD)来描述。层次数据流图(DFD)是一种描述分解的结构化过程建模工具，能以直观的图形清晰地描述系统中数据的流动和数据的变化、系统所执行的处理等。层次 DFD 图通常由顶层、中间层和底层组成，顶层图说明系统的边界，即系统的输入输出数据流，底层图由一些不可分解的处理构成。中间层描述某个处理的分解，同时其组成部分还要进一步分解。每一层 DFD 图通常由数据流、处理、实体、数据存储等元素组成。

数据流就是一组带有箭头的数据流向，是逻辑框架中处理过程之间以及处理过程和终端之间传输的信息。在数据流图中，处理是对数据进行加工，表示要执行的功能，用圆圈表示。实体是数据流的源点或终点，用方框表示。

内河智能航道系统的顶层逻辑框架由七个逻辑过程组成：① 先进的内河航道信息服务系统(DFD-1)；② 内河航道智能助航服务系统(DFD-2)；③ 内河航道智能应急服务系统(DFD-3)；④ 先进的内河航道规划与建设系统(DFD-4)；⑤ 先进的内河航道智能管理与养护系统(DFD-5)；⑥ 内河航道智能机务系统(DFD-6)；⑦ 先进的内河航道安全管理系统(DFD-7)。顶层逻辑框架如图 9-25 所示。

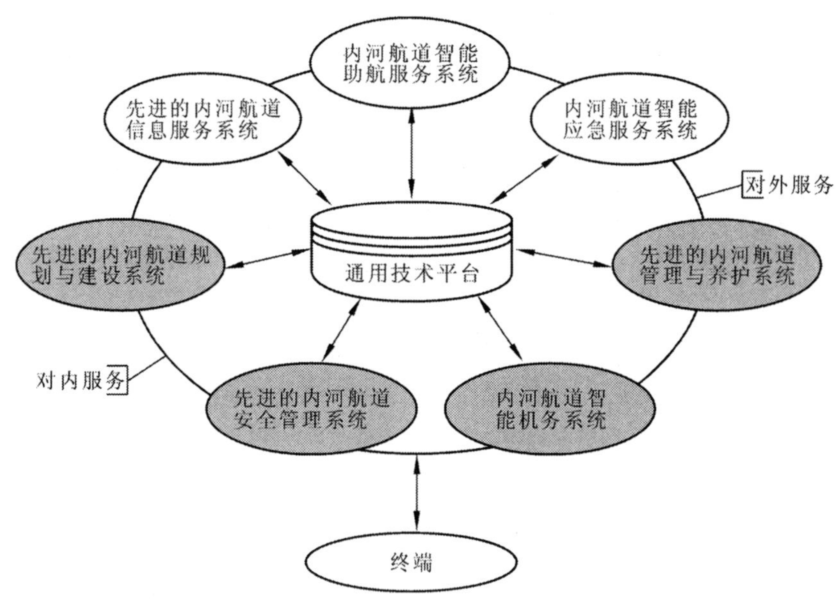

图 9-25　内河智能航道顶层逻辑框架

先进的内河航道信息服务系统包括电子航道图动态信息服务、通航环境动态信息服务和船舶交通流信息服务功能(注:船舶交通流信息服务属于海事部门业务,为了保证系统的完整性,这部分信息需要与海事部门共享)。

内河航道智能助航服务系统包括智能航标助航服务、虚拟航标助航服务和控制河段助航服务功能。

内河航道智能应急服务系统包括内河航道智能应急调度指挥服务、内河航道安全应急预警服务和内河航道应急虚拟演练服务功能。

先进的内河航道规划与建设系统包括内河航道建设决策支持服务、内河航道潜力评估服务、内河航道规划设计辅助服务和航道知识库。

先进的内河航道管理与养护系统包括内河航道管理执法辅助服务、航道演变分析服务、智能疏浚服务、航道维护管理协调决策支持、航道智能化测量、航标智能化维护和航道整治物智能化维护服务功能。

内河航道智能机务系统包括船舶感知服务、船舶维护管理决策支持、航道接岸设备自动调节和内河航道节能减排控制功能。

先进的内河航道安全管理系统包括航道生产安全预警、航道生产安全决策支持和航道生产安全调度指挥决策三大功能模块。

9.3.4.3　智能航道物理框架设计

物理框架是对逻辑框架层上定义的各类过程及数据流进行整合,形成若干个具有一定功能、满足内河智能航道系统需求的物理子系统。物理子系统的确定既要考虑功能需求,也要考虑非功能需求,包括管理体制、市场等方面的因素。功能需求通过逻辑框架确定的过程和数据流来体现,决定内河智能航道物理实体必须完成的功能。非功能需求则影响内河智能航道系统功能在物理实体上的分配方式。显然由逻辑框架层的处理过程到物理框架的系统或子系统的形成是一个映射优化的过程。

根据现行的航道管理体制及未来的改革要求，将内河智能航道总体物理框架分为 7 个子系统，如图 9-26 所示。

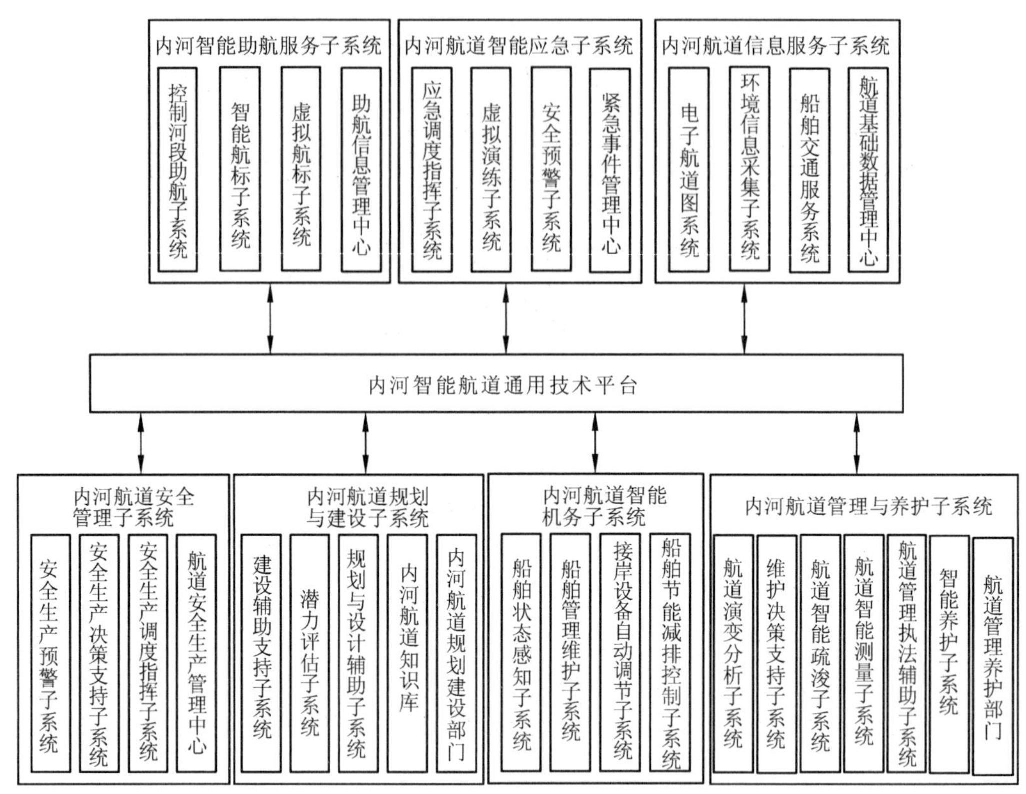

图 9-26　内河智能航道系统顶层物理框架图

内河航道智能助航服务子系统由 3 个业务子系统和 1 个助航基础数据库组成，分别为：控制河段助航子系统、智能航标子系统、虚拟航标子系统和助航信息管理中心；

内河航道智能应急子系统由应急调度指挥子系统、虚拟演练子系统、安全预警子系统和紧急事件管理中心组成；

内河航道信息服务子系统由电子航道图系统、环境信息采集子系统、船舶交通服务系统和航道基础数据管理中心组成；

内河航道安全管理子系统由安全生产预警子系统、安全生产决策支持子系统、安全生产调度指挥子系统和航道安全生产管理中心组成；

内河航道规划与建设子系统由建设辅助支持子系统、潜力评估子系统、规划与设计辅助子系统和内河航道知识库以及内河航道规划建设部门共同组成；

内河航道智能机务子系统由船舶状态感知子系统、船舶管理维护子系统、接岸设备自动调节子系统和船舶节能减排控制子系统组成；

内河航道管理与养护子系统由航道演变分析子系统、维护决策支持子系统、航道智能疏浚子系统、航道智能测量子系统、航道管理执法辅助子系统、智能养护子系统和航道管理养护部门共同组成。

参考文献

[1] 郑望贤.三维内河通航环境仿真系统关键技术研究[D].武汉理工大学,2013.

[2] 陈厚忠,黄晶晶,严新平.基于模糊证据理论的航道安全性评价[J].中国航海,2009,32(04):53-57.

[3] 宋成果.基于虚拟现实的内河航道航标布设的仿真研究[D].武汉理工大学,2012.

[4] 王如政.航标遥测遥控系统关键技术的研究[D].大连海事大学,2004.

[5] 陈建亭.黑龙江航标遥测遥控系统的设计与实现[D].大连海事大学,2009.

[6] M Lucchi,A Giorgetti,M Chiani. Cooperative Diversity in Wireless Sensor Networks [C]. ProcEigth Int. Symposium on Wireless Personal Multimedia Communication. (WPMC'05). Aalborg,Denmark, 2005:1738-1742.

[7] 张治斌,王玉芬.无线传感器网络的新技术标准 ZigBee[J].现代计算机,2007(1):41-43.

[8] 张燕,李海泉.智能化航标系统的设计[J].交通运输工程学报.2003(3):24-31.

[9] 王义,陈新,孙炳达.基于 GPS 的航标遥测系统数值优化方法[J].电子技术应用,2004(6):33-35.

[10] 张兢,范军.欧盟 RIS 对我国内河航运信息化建设的启示[J].航海工程,2010(5):148-150.

[11] European Commission. White Paper European Transport Policy for 2010: Time to Decide[R]. Brussels: European Commission, 2001.

[12] 李柏丹.内河航运信息化规划研究[D].北京交通大学,2004.

[13] 张鹭,高倍力,唐安慧.内河智能交通系统研究[J].水运工程,2006(9):1-4.

[14] Manuela Osterthun, Michael Seifert. Information Management for the Waterways in Germany Part 2: WaGIS-Geoinformation system for waterways and shipping management. In: R J Cox, eds., Proceedings on CDROM of the 30th PIANC-AIPCN Congress. Sydney: 2002.

[15] 刘家宏,王光谦,王开.数字流域研究综述[J].水利学报,2006(2):240-241.

[16] 王建群,张显扬,卢志华.秦淮河流域数字水文模型及其应用[J].水利学报,2004(4):42-44.

[17] 赵学问,邓年生,周作付,等.珠江三角洲高等级航道网航道数字化的探讨[J].中国水运,2008(1).

[18] 万大斌,李国祥,颜昌平.建设内河"数字航道"的构想[J].水运工程,2004(11):22-24.